经济法通论

谢维华　王宏军　马慧娟　高崇慧 等编著

云南大学出版社

图书在版编目（CIP）数据

经济法通论/谢维华等编著. —昆明：云南大学出版社，2009（2012重印）

ISBN 978-7-81112-963-2

Ⅰ. 经… Ⅱ谢… Ⅲ. 经济法—中国 Ⅳ. D922.29

中国版本图书馆CIP数据核字（2009）第216025号

经 济 法 通 论

谢维华 王宏军 马慧娟 高崇慧 等编著

责任编辑 张丽华
封面设计 丁群亚
出版发行 云南大学出版社
印　　装 云南大学出版社印刷厂
开　　本 787mm×1092mm 1/16
印　　张 26
字　　数 480千
版　　次 2009年12月第1版
印　　次 2012年8月第2次印刷
书　　号 ISBN 978-7-81112-963-2
定　　价 46.00元

地　　址：云南省昆明市翠湖北路2号
　　　　　云南大学英华园（邮编：650091）
发行电话：（0871）5033244 5031071
网　　址：http：//www.ynup.com
E－mail：market@ynup.com

目　录

前　言

社会主义市场经济是法治经济，市场经济的建立和完善需要相应的法律制度作保障。我国近年来加快了经济立法的步伐，制定并出台了大批适应社会主义市场经济需要的法律、法规。作为当代大学生，特别是财经院校的大学生，学习和掌握这些必备的经济法律知识，其意义尤其深远和重大。为此，我们曾于2001年1月组织编写了《经济法概论》教材，2003年公开出版发行，经过六年的使用，师生反映良好，现编著后重新出版。

在编著过程中，编著者考虑了如下问题：

首先，在社会主义市场经济条件下，经济法是一个重要的法律部门。相对于刑法、民法及商法等其他法律部门，经济法是自改革开放以来才开始形成和发展的，是新兴的法律部门；所以法学界对一些理论问题的认识存在一定分歧。本书较少涉及各种学说之争，这主要是考虑到本书的使用对象以本科生为主，其学习目的主要是以掌握各种经济法律制度为主。

其次，考虑到本书的使用对象主要是非法学专业的学生，为了突出实用性，所以本书在内容选取上没有严格按照法学类经济法教材的框架，而是编入了在严格法学意义上也许并不属于经济法的一些内容，比如民法、商法及诉讼法等其他法律部门的一些内容，目的也是为本科生学习目的考虑。

最后，在结构上，本书也没有严格遵循经济法体系的法学逻辑结构，而是以非法学类学生，尤其以财经院校学生学习效果的考虑为主，进行各章节先后顺序的编排。

总之，本教材的编写以邓小平理论和依法治国方略为指导，以最新颁布的经济法律、法规为依托，突出财经院校本科教学的特点，力求表述简明、概念准确、内容新颖、观点正确并理论联系实际，努力做到理论性、实用性和系统性的统一。

本书由谢维华、王宏军、马慧娟共同提出教材的指导思想、编写大纲，并负责统稿、修改和定稿。全书各章的作者分别为：

马慧娟，张玲（第一章），于定明（第二章），欧阳杉、石现明（第三章），张世湫（第四章），许敏（第五章），张吟竹（第六章），周珏（第七章），刘革（第八章），冯忠明（第九章），杨静（第十章），杨超（第十一章），谢维华（第十二章），欧阳杉、张玲（第十三章），吕涛、安科颖（第十四章），吴凡（第十五章），王宏军（第十六章），姜平（第十七章），冯璩、谢明斌（第十八、十九章）。

本书在写作过程中，吸收了许多教材、专著中的成果，在此向这些成果的作者们表示深深地谢意，同时本书在编著、出版过程中，得到了云南大学出版社的大力支持，责任编辑为本书的尽快出版做了大量的工作，在此致以最诚挚的谢意。

经济法体系庞杂，部分内容理论上争议颇多，有很多问题尚需进一步的研究。因此，本书的内容有许多问题及定位也许值得商榷。另外，因为编著者水平所限，疏漏和错误在所难免，所以敬请各位读者批评指正。

编著者

2012 年 6 月

第一章　经济法概述

第一节　经济法的产生和发展

一、经济法的词源

1755年，18世纪法国著名空想共产主义者摩莱里（Morelly）在其著作《自然法典》中首次提出了“经济法”的概念。[①] 在这部法典的概述第四篇中，摩莱里提出了一个被其称为“法律草案”的“合乎自然意图的法制蓝本”，在该蓝本的第二部分，他编制了“分配法或经济法”这样一个共12条的单行法律草案，该草案主要就其所设想的未来公有制社会的“自然产品或人工产品的分配”作出了规定。尽管摩莱里并未对经济法的概念作出确定界说，并且他所指的经济法的调整范围仅限于分配领域，但他所提出的“分配法或经济法”的法律草案构想已经蕴含了国家对社会生活的干预这一经济法的本质特征。

继摩莱里之后，19世纪30～40年代法国著名空想共产主义者德萨米（Dezamy）在1842－1843年分册出版的《公有法典》一书中也使用了经济法这一概念，在法典的第三章，德萨米将“分配法或经济法”进行了专章论述，德萨米的论述继承并且发展了摩莱里的经济法思想，德萨米认为，人应该是平等的，这种平等只有伴随公有制才能实现。他还指出，最好的分配方式是按比例的平等分配。

1865年，法国著名的经济学家、政治家蒲鲁东（P. J. Proudhon）在他的《工人阶级的政治能力》一书中指出“经济法是政治法和民法的补充和必然产物”[②]，从蒲鲁东对经济法的理解可看出他已关注到社会经济生活中存在政治

---

① 李昌麒主编：《经济法学》，法律出版社2007年版，第27页。

② 转引自［法］阿莱克西·雅克曼、居伊·施朗斯著，宇泉译，《经济法》，商务印书馆1977年版，第2～3页。

法和民法调整不了的经济关系，此种理解已较接近现代经济法的主张。

1916年，德国学者赫德曼（Hedeman）在《经济学字典》中使用了“经济法”的概念。他认为经济法是经济规律在法律上的反映，他将有关保护、监督卡特尔的法律称为经济法。赫德曼关于经济法概念的认识已经是对现实经济法律制度的概括，至此，现代意义上的经济法概念基本形成。

从经济法的词源分析可看出，和空想共产主义的其他观点一样，摩莱里和德萨米的经济法思想虽然也具有“空想”的性质，但这种空想却预示了国家干预经济生活的经济法思想的最初萌芽，正是在这些思想的指引下，人们不断赋予经济法以新的内涵，建立在现实经济基础之上的现代经济法概念也正是在这一进程中逐步形成的。

二、西方国家经济法的产生和发展

在西方国家，经济法产生于19世纪下半叶自由竞争的资本主义向垄断资本主义过渡的阶段。在这一阶段，出于克服市场自身调控的不足、实现国家公共管理职能、经济职能的需要，经济法因此得以产生。在资本主义自由竞争时期，受亚当·斯密提出的“自由放任主义”经济学观点的影响，资产阶级国家反对国家对经济生活的干预，政府对社会经济运行采取完全放任自由的政策，与之相适应，在这一时期，提倡平等、自由、自治的民法获得了极大发展，“私有财产神圣不可侵犯”、“契约自由”、“权利平等”原则成为当时资本主义国家最重要的三大法律原则，社会经济的运行完全任由市场这只“看不见的手”进行调节，[①] 政治国家与市民社会有着严格界限。

当自由资本主义发展到末期，自由竞争引起的生产集中必然导致垄断，迅速扩大的垄断势力凭借其自身的资源优势操纵或独占市场，市场经济所固有的竞争机制和市场调节失去了应有的效应，自由竞争的环境被破坏殆尽，经济危机频繁爆发，社会矛盾日益激化，这些都严重地威胁着资本主义的经济和政治制度。资产阶级国家逐渐意识到，仅凭市场这只“看不见的手”已不能解决市场中存在的问题，资产阶级国家必须把国家干预和市场调节结合起来，实行政府对经济的全面干预，加强国家的组织管理经济的职能。由于政府介入了经济生活，打破了传统的市民生活和政治生活的划分界限，在经济生活中出现了单纯的公法和私法手段都不能解决的经济关系，这种经济关系需要一个新的法律部门来调整，这就是经济法。

从19世纪末20世纪初，西方国家对经济进行干预开始，至20世纪30年

---

① 徐杰主编：《经济法概论》，首都经济贸易大学出版社2000年版，第1页。

代的资本主义世界大危机，以美国为代表的资本主义国家转为全面、自觉干预社会经济，再到20世纪60年代以后西方国家面对全面干预已阻碍经济发展的事实转而寻求有限、适当干预经济，其间西方国家完成了由自由发展、零散干预经济到自觉、全面干预经济，再到适度干预经济的转变，现代经济法在此过程中日趋成熟。

鉴于经济法在振兴和扶持企业稳定发展，反对垄断、保护竞争、提高生产力等方面具有重要作用，现代西方各国都较为重视经济法制建设。

三、中国经济法的产生和发展

中国的经济法是随着新中国的诞生、成长而产生和发展起来的。中华人民共和国成立初期，为了迅速恢复和发展国民经济，党和国家在经济领域已开始着手进行社会主义法制建设，除了在1949年的《中国人民政治协商会议共同纲领》和1954年《宪法》中对我国经济制度和经济管理等重大问题作出原则性规定外，还制定了大量经济法规，这些经济法规对中华人民共和国成立初期国民经济的恢复和发展起了推动和保护作用。这一时期为经济法的产生和初步发展时期。

党的十一届三中全会以后，随着党和国家的工作重点转移到以经济建设为中心的轨道上来，经济法制建设开始受到重视，经济法进入了前所未有的发展时期，大量的经济法律、法规应运而生。这一时期的经济法主要有《中外合资经营企业法》、《土地管理法》、《中外合资经营企业所得税法》、《个人所得税法》、《全民所有制工业企业法》等，这些立法使我国经济法制的主要框架得以形成，经济活动和经济关系的许多方面都基本实现了有法可依。

1992年党的十四大作出了建立社会主义市场经济体制的历史性选择，全国人大及其常委会抓住法制建设的契机，重视经济立法，我国经济法制建设进入了一个前所未有的快速发展时期，初步形成了比较完善的社会主义经济法体系。这一时期的经济法主要有《公司法》、《合伙企业法》、《个人独资企业法》、《反不正当竞争法》、《消费者权益保护法》、《产品质量法》、《中国人民银行法》、《商业银行法》、《审计法》、《价格法》等，这些经济法律、法规涉及改革开放和国民经济建设的各个方面，对改革开放和国民经济的发展起到了重要的保证和促进作用。这一时期为经济法走向勃兴和成熟的时期。

从以上分析不难看出，中国经济法的生成路径迥然相异于西方国家，中国经济法并非脱胎于自由竞争的经济环境，并非是经济发展到一定阶段“水到渠成”的产物，而是政府作为法制工程的一部分予以推动形成的。

综上所述，无论是中国还是西方国家，经济法的产生都源于各国对经济的调控、组织和管理等的需要，对经济进行干预的实践而真正产生并出现的。

第二节 经济法的概念和调整对象

一、经济法的概念

不论在中国还是在外国，“经济法”的概念已为越来越多的人所承认和使用。但由于各国经济和法律制度以及经济法理论的差异，不同的国家对于经济法概念的理解各不相同。

在我国，学者们依据各自对经济法现象的认识程度和角度的不同，提出了众多关于经济法定义的主张。鉴于经济法的产生是源于国家对社会经济生活的干预的需要，本书认为经济法是调整国家在组织、管理、调控和监督社会经济活动，即国家干预社会经济活动所发生的经济关系的法律规范的总称。其有它独立的调整对象。

二、经济法的调整对象

与经济法的概念一样，关于经济法的调整对象问题在学术界仍未达成共识。本书认为，经济法的调整对象是国家在组织、管理、调控和监督，即干预社会经济活动中所发生的经济关系，这些经济关系主要应包括市场主体调控关系、市场运行调控关系（也即市场规制关系）和宏观调控关系。

（一）市场主体调控关系

市场主体调控关系是指国家在对市场主体的组织和行为进行必要规制过程中所发生的社会关系。这里所指的市场主体，主要是指在市场中从事交易活动的经济组织，包括企业和非企业性市场主体，前者如独资企业、合伙企业、公司等，后者如个体工商户、农村承包经营户、公民个人等。其中，企业是最主要的、最具灵活性、最具拓展力量的市场主体。经济法调整市场主体调控关系，主要通过规范市场主体的资格和条件，明确市场准入法律规则，规范市场主体的经营管理来实现。

（二）市场运行调控关系也即市场规制关系

市场运行调控关系是指国家在干预市场过程中所发生的经济关系。如关于反不正当竞争、反垄断、产品质量、消费者权益保护等方面所涉及的社会关系。经济法调整市场运行调控关系，主要是通过完善市场规则、规制垄断、禁止不正当竞争、保护消费者权益等措施来实现。

（三）宏观调控关系

宏观调控关系是指国家为了实现经济总量的基本平衡，促进经济结构的优化，推动国民经济的发展，对国民经济总体活动进行调节和控制过程中与各类社会组织所发生的具有隶属性或指导性的社会经济关系。主要包括产业调节、计划、税收、金融证券监管、国有资产管理等方面的社会关系。经济法对宏观调控关系的调整主要通过预算法、银行法、税法等从经济标量方面加以规范，通过自然资源法、环境保护法等从经济资源方面加以规范，以及通过会计法、审计法等经济监督性规范，充分发挥宏观调控的自觉性、高层次性的优势。

三、经济法的地位

经济法的地位，是指经济法在法律体系中的地位。中国经济法经过长期的立法实践和理论研究，已经逐步发展成为一个独立而重要的法律部门。经济法作为一个独立的法律部门，与宪法及宪法相关法、民商法、行政法、社会法、刑法、诉讼及非诉讼程序法六个法律部门，即共七个法律部门一起共同组成了中国社会主义法律体系。

作为一个重要的法律部门，经济法还在更高层次上实现了对经济生活的法律调整，对于保障国民经济持续、快速、健康和稳定的发展起到了重要作用。

四、经济法的重要作用

经济法最主要、也是最重要的是对国家经济的发展起到保驾护航的作用。

（一）经济法有助于对经济的宏观调控

无论是西方资本主义国家经济发展的历史实践，还是新中国成立后经济体制所历经的种种变革均证明，国家需保持对经济的适度调控。对于中国来讲，建立和发展市场经济体制，同时坚持必要的宏观调控，是中国经济发展的必由之路。

有效的宏观调控将主要通过经济手段、法律手段，并辅之以行政管理手段进行。其中，经济法在保障国家对经济的宏观调控方面起到重要作用。经济法通过建立宏观调控的法律机制，发挥宏观调控的优势，将市场经济固有的缺陷和消极作用，控制并减少到最低限度，同时防止经济发展中的总量失衡和结构失调，优化资源配置，引导市场经济健康有序地发展。

（二）经济法有助于维护良好的市场秩序

经济法作为国家干预经济的基本法律，其存在的主要目的之一，就是维护良好的市场秩序，使市场良好运行、健康发展。经济法通过调整市场主体调控关系，规范市场主体的设立和运行，从而维护市场交易的安全，稳定市场秩序，并促进市场主体改善经营管理，提高经济效益。

经济法通过调整市场运行调控关系，弥补市场机制的缺陷和不足，恢复市场的功能，打破“行政垄断”，清除市场障碍，完善市场规则，消除垄断和反对不正当竞争，保护消费者权益，为社会主义市场机制创造良好的外部条件，对市场活而不乱、繁荣有序具有重要意义。

（三）经济法有助于保障和加强国际竞争

世界经济发展中全球经济一体化的趋势，使社会化大生产的发展已超越国界限制，国际经济技术合作与交流也日渐增多。在此背景下，积极参与国际经济技术合作交流，积极参与国际竞争，使我国经济建设的步伐加快，是我国发展经济、加快经济建设的必然选择。

我国自改革开放以来，在吸引外商投资、对外贸易、技术引进、涉外税收、金融、经济特区、沿海开放城市和开发区建设等方面，制定了大量的涉外经济法律、法规，这些法律、法规的实施对于发展我国对外贸易、利用外资、引进先进技术和管理经验，共同开拓国际市场、进行国际竞争和发展外向型经济方面，发挥着积极和重要的作用。

总之，经济法就是实现对经济生活的法律调整，对保障和促进国民经济持续、快速、健康和平稳地发展起着重要的作用。

第三节　经济法律关系

法律关系是法律规范所确认和调整的人们行为过程中形成的权利和义务关系，经济法律关系就是由经济法律规范调整而在经济法主体之间形成的权利和义务关系。经济法律关系由经济法主体、经济法客体和经济法内容三个要素构成。这三个要素缺一不可，它们共同构成了经济法律关系。

一、经济法律关系的主体

经济法律关系的主体是指参加经济法律关系、依法享有经济权利，承担经济义务的当事人。根据我国现行法律规定，经济法律关系主体主要包括：

（一）国家机关

作为经济法律关系的主体的国家机关是指通过承担组织、管理、调控和监督经济的职能而参与经济法律关系的各种机关。主要包括国家权力机关及行政机关。其中，行使国家经济管理职能的国家行政机关是国家管理经济的最主要、最直接的环节，因此是经济法律关系的重要主体。

经济管理机关主要分为三类：1. 综合性经济管理机关。例如财政部、中国人民银行等。2. 行业性经济管理机关。例如建设部、农业部等。3. 专门职能部门。例如国家税务总局、国家工商管理总局等。

（二）企业及其他社会组织

企业、事业单位及社会团体法人在参加国家组织、调控本国经济运行过程，依法享有经济权利及承担经济义务时，即成为经济法律关系的参加者。其中，企业法人作为以营利为目的，从事生产、流通和服务性活动的经济实体，在经济法律关系中是最活跃的主体。还有非法人企业（非法人经济组织），是指依法取得营业执照、具有生产经营资格的非法人企业或组织。例如合伙企业、分公司、个人独资企业等等。它们也可以通过组织生产经营活动，参加经济法律关系，依法享有经济权利，承担经济义务，成为经济法律关系的主体。

（三）个体工商户、农村承包经营户及公民

个体工商户是指公民在法律允许范围内，依法经核准登记，以营利为目的，从事工商业经营的个体经济。农村承包经营户是指农村集体经济组织的成员，在法律允许的范围内，按照承包合同规定从事商品经营的形式。个体工商户、农村承包经营户、公民如果在国家组织、调控本国经济运行过程中与国家机关、企业及其他法人发生经济权利义务关系，即为经济法律关系的主体。如公民个人承包或租赁企业、工商管理法律关系等。

二、经济法律关系的内容

经济法律关系的内容是指经济法律关系的主体享有的经济权利和承担的经济义务。

（一）经济权利

经济权利是指经济法律关系主体在经济法所调整的经济关系中所依法享有的自己为或不为一定的行为以及要求他人为或不为一定行为的资格。经济权利主要包括：

1. 经济职权。经济职权是国家机关行使经济管理职能时所依法享有的带有命令和服从性质的权利。经济职权的表现形式多种多样，包括经济立法权、经济决策权、指挥权、协调权、监督权及其他经济职权。

2. 财产所有权。财产所有权是财产所有者对其财产所依法享有的占有、使用、收益和处分的权利。所有者对自己财产所享有的这种支配权在法定范围内不受任何限制，是一种绝对排他的权利。根据我国生产资料所有制的性质与主体的不同，财产所有权可分为国家财产所有权、集体财产所有权和个人财产所有权，其中，国家财产所有权居于主导和核心地位。

3. 企业法人财产权。企业法人财产权是指企业（公司）法人对出资者或股东投资形成的全部财产所享有的独立支配权。企业法人财产权的内容包括占有、使用、收益和处分的权利。

4. 工业产权。工业产权是权利人对专利、商标等智力成果所享有的权利。包括专利权、商标权、企业名称专用权等。

（二）经济义务

经济义务是指经济法律关系主体依法负担的必须为或不为一定行为的必然。经济法律关系的主体承担的经济义务主要有：贯彻国家的方针政策，遵守法律、法规；履行经济管理职责；依法纳税；不侵犯其他经济法律关系主体的合法权益等等。

上述义务有的是特定经济法律关系主体应履行的义务，有的是所有经济法律关系主体均须履行的义务，经济法律关系主体如未履行自己的应尽义务，须承担相应的法律责任。

三、经济法律关系的客体

经济法律关系的客体，是指经济法律关系主体享有的经济权利及承担的经济义务所共同指向的对象。包括物、行为和无形财产等。

物是能够为人所控制和支配的、具有一定经济价值和实物形态的物品。物可以是自然物，也可以是人造物，还可以是货币和有价证券。行为是经济法律关系的主体为达到一定目的所进行的活动。包括行使经济管理职权的行为、生产经营行为等。无形财产是指不具有直接的物质形态、却可以产生经济效益的非物质财富。包括商标、专利技术、技术秘密等。

四、经济法律关系的产生、变更和消亡

经济法律关系就是由经济法律规范调整而在经济法主体之间形成的权利和义务关系。但是经济法律规范本身并不能当然在经济法主体之间形成权利和义务的关系，只有在一定的经济法律事实出现后，才能使经济法律关系产生、变更和消亡。

所谓经济法律事实是指由经济法律规范所规定的，能够引起经济法律关系产生、变更和消亡的客观现象。经济法律事实可以分为事件和行为。

（一）事件

是指不依经济法主体的主观意志为转移的，能够引起经济法律关系产生、变更和消亡的现象。它包括自然现象和社会现象两类。自然现象又称相对事件，例如自然灾害；社会现象又称绝对事件，例如战争、罢工等等。

（二）行为

是指不依经济法主体的主观意志为转移的，为达到一定的经济目的而进行的有意识的活动。按其性质分，可以分为合法行为和违法行为。这两种行为都可以引起经济法律关系产生、变更和消亡。

经济法律事实和经济法律关系产生（变更、消亡）之间，并不是一一对应的关系，它们之间关系很复杂。有的经济法律关系产生、变更和消亡，只需要一个法律事实出现即可成立；而有的经济法律关系产生、变更和消亡，则需要两个以上的法律事实同时具备，才能引起经济法律关系产生、变更和消亡。

五、经济法律关系的保护

经济法律关系的保护是指国家为确保经济法律关系主体的经济权利能够得以实现、经济义务能够得以履行而制定的各种法律保障措施。经济法律关系的保护手段主要有奖励和惩罚两种。

（一）奖励

奖励是国家行政机关或国家授权的单位依法对贯彻执行经济法成绩显著的单位或个人采取的鼓励措施。奖励有物质奖励和荣誉奖励之分，前者是一种经济鼓励措施，后者是一种精神鼓励措施，两者既可单独适用，也可同时适用。

（二）惩罚

惩罚是指国家行政机关、审判机关或国家授权的组织，对不履行或不正确履行经济法义务和其他违反经济法的行为所给予的惩治和处罚。惩罚的方法，也即是制裁的方法，可以采用经济制裁、行政制裁和刑事制裁等多种形式方法。这三种方法的适用可以分别情况，或单独适用，或同时适用。

1. 经济制裁。对违反经济法的经济组织和公民的经济制裁措施有以下几种：（1）赔偿损失，即指责任方用钱财来弥补受害者的物质利益损失，并以此消除造成损害的后果。这是最常用的经济制裁方法。（2）偿付违约金，即对不履行合同义务的违约方所采取的一种经济制裁，由合同当事人中的违约方向对方偿付一定数量的货币。（3）罚款，是国家经济管理机关在法定职权范围内，对违反经济法的组织或公民依法强制其缴纳一定数量的货币的制裁方法。（4）强制收购，即对违反国家价格法等其他有关经济法律、法规的当事人，其违法情节较轻的，有关财物可由国家强制收购。（5）没收非法所得，即对经济违法行为的当事人的财产实行强制收归国库所有的一种经济制裁。

对违反经济法律法规，不依法行使经济管理职权的国家行政机关的经济制裁措施，主要有罚款和赔偿经济损失两种。

值得注意并强调的是，上述罚款、强制收购和没收非法所得三种制裁方法实际上都是对违反经济法的组织或个人依法采取的行政制裁措施，是一种行政责任的追究。但由于这些制裁措施均涉及财产的移转，都使有关组织或个人的经济利益减少，因此，我们把它们直观地归纳为经济制裁。

2. 行政制裁。行政制裁是由国家经济管理机关对违反经济法的单位和个人依法采取的行政性制裁措施。它对企业和经济组织采取通报批评、警告、限制停业整顿、吊销营业执照、吊销许可证书、撤销注册商标等方法；对国家行政机关的工作人员和经济组织的职工可采取批评、警告、记过、记大过、降级、撤职、开除等处理方法；对公司和个体经营者，可采取批评、警告、责令停业、扣缴或吊销营业执照和其他许可证书、行政拘留等方法。

3. 刑事制裁。刑事制裁是对违反经济法律法规，并已触犯国家刑律的经济犯罪分子，依法追究刑事责任，给予刑事处罚。这是最为严厉的一种法律制裁方法。近年来，全国人大常委会颁布了许多从重打击经济领域类严重经济犯罪活动的有关规定，人民检察院加强了对经济犯罪的检察工作，人民法院加强了对经济犯罪的审判工作，在全国范围内有力地打击了各种经济犯罪活动。

附　录：

本章复习思考题

1. 我国经济法的概念是什么？
2. 我国经济法的调整对象是什么？
3. 我国经济法在法律体系中的地位如何？
4. 如何认识经济法律关系的构成要素？

第二章　公司法律制度

公司法，是指调整公司在设立、运营和解散过程中所形成的法律规范的总称。我国《公司法》于1993年12月29通过，分别于1999年12月25日和2004年8月28日、2005年10月27日进行了三次修改。第三次修改后的《公司法》自2006年1月1日起施行。《公司法》分十三章，共二百一十九条。另外，我国《刑法》、《证券法》、《企业破产法》、《公司登记管理条例》等法律法规也对与公司有关的行为也进行了规范。

第一节　公司法概述

一、公司的概念和法律特征

公司是依法设立的以营利为目的的企业法人。它具有以下法律特征：

（一）公司股东责任的有限性

有限责任公司的股东以其认缴的出资额为限对公司承担责任；股份有限公司的股东以其认购的股份为限对公司承担责任。但根据公司人格否认制度，[①]如果公司股东滥用公司法人独立地位和股东有限责任，逃避债务，严重损害公司债权人利益的，应当对公司债务承担连带责任。

（二）公司的营利性

公司作为一种经济组织，其与公益性的组织具有很大的不同，即公司是以营利为目的的。公司的营利目的直接来源于股东，股东设立公司或向已有的公司投资，就是为了实现自己的经济利益。如果公司不从事营利性活动，就无法满足股东的愿望。[②] 但公司在追逐利润的同时，还必须遵守法律、行政法规，

---

① 公司人格否认制度，又称“刺破法人面纱”制度，或“揭开法人面纱”制度，是指为阻却公司独立人格的滥用，保护债权人利益及社会公共利益，就具体法律关系中的特定事实，否认公司的独立人格和股东的有限责任，责令公司股东对公司债权人或公共利益负责，以实现公平、正义之目的的一种法律制度。

② 甘培忠：《企业与公司法学》，第264页，北京大学出版社，1998

遵守社会公德、商业道德，诚实守信，接受政府和社会公众的监督，承担社会责任。[①] 例如，公司应当保护职工的合法权益，依法与职工签订劳动合同，参加社会保险，加强劳动保护，实现安全生产。

（三）公司是企业法人

公司具有独立的法人地位，公司有独立的法人财产，享有法人财产权。公司以其全部财产对公司的债务承担责任。

（四）公司必须依法设立

设立公司，应当按照《公司法》、《公司登记管理条例》等法律法规的规定进行筹备，并依法向公司登记机关申请设立登记。法律、行政法规规定设立公司必须报经批准的，应当在公司登记前依法办理批准手续。

二、公司的分类

（一）无限责任公司、有限责任公司、两合公司、股份有限公司、股份两合公司

根据股东对公司所负的责任不同，可以将公司划分为五种形态，即无限责任公司、有限责任公司、两合公司、股份有限公司、股份两合公司。无限责任公司，简称无限公司，是指全体股东对公司负连带无限责任的公司。有限责任公司，简称有限公司，是指股东以其认缴的出资额为限对公司承担责任的公司。两合公司，是指由一人以上的无限责任股东和一人以上的有限责任股东共同组成的公司。股份有限公司，简称股份公司，是指公司全部资本分为等额股份，股东以其认购的股份为限对公司承担责任的公司。股份两合公司，是指是指公司全部资本分为等额股份，由无限责任股东和有限责任股东共同认购而设立的公司。股份两合公司与两合公司的区别在于股份两合公司的资本分成等额的股份，而两合公司的资本则无需采用等额股份形式。我国《公司法》所规定的公司形态，只限于有限责任公司和股份有限公司。

（二）母公司与子公司

按照一个公司对另一个公司的支配关系为标准，可以将公司分为母公司和子公司。母公司，又称控股公司，是指因拥有其他公司一定比例股权或者根据协议可以控制或支配其他公司的公司。传统上，母公司对其他公司的控制需持

---

① 刘俊海认为，公司的社会责任，是指公司不能仅仅以最大限度地为股东们营利或赚钱作为自己的唯一存在目的，而应当最大限度地增进股东利益之外的其他所有社会利益。这种社会利益包括雇员（职工）利益、消费者利益、债权人利益、中小竞争者利益、当地社区利益、环境利益、社会弱者利益以及整个社会公共利益等内容。刘俊海：《公司的社会责任》，第6页，法律出版社，1999

有该公司50%以上的股权，但随着公司股东的多元化、股权的分散化，母公司取得控制权往往无须持有半数以上的股权。子公司是母公司的对称，是指全部股份或达到控股程度的股权被另一个公司控制，或者依照协议被另一个公司实际控制的公司。[①] 母公司和子公司都具有法人资格，依法独立承担民事责任。

（三）总公司与分公司

按照公司的内部管辖系统为标准，可以将公司分为总公司和分公司。总公司，又称为本公司，是指管辖公司全部组织的总机构。总公司具有独立的法人地位。分公司是总公司的对称，是指被总公司所管辖的公司分支机构。总公司与分公司是同一公司在内部组织系统上的不同，并非各具法人资格互相独立的两个公司。公司可以设立分公司。设立分公司，应当向公司登记机关申请登记，领取营业执照。分公司不具有法人资格，其民事责任由公司承担。但分公司具有营业资格，可以以自己的名义对外独立订立合同，也可以以自己的名义参加诉讼。分公司的这一特征使其与公司的职能部门区别开来。[②]

（四）本国公司与外国公司

按照公司的国籍为标准，可以将公司分为本国公司和外国公司。本国公司，是指依据本国法律在本国设立的公司。外国公司是指依照外国法律在本国境外设立的公司。区分本国公司和外国公司，不在于股东是本国人，还是外国人，关键在于公司是否依照本国的法律在本国境内设立。因此，外商在我国境内设立的有限责任公司或股份有限公司，也应当被视为本国公司。

但是，需要注意的是，外国公司可以在本国境内设立分公司。按照我国《公司法》的规定，外国公司在中国境内设立分支机构，必须向中国主管机关提出申请，并提交其公司章程、所属国的公司登记证书等有关文件，经批准后，向公司登记机关依法办理登记，领取营业执照。外国公司在中国境内设立分支机构，必须在中国境内指定负责该分支机构的代表人或者代理人，并向该分支机构拨付与其所从事的经营活动相适应的资金。对外国公司分支机构的经营资金需要规定最低限额的，由国务院另行规定。外国公司的分支机构应当在其名称中标明该外国公司的国籍及责任形式。外国公司的分支机构应当在本机构中置备该外国公司章程。外国公司在中国境内设立的分支机构不具有中国法人资格。外国公司对其分支机构在中国境内进行经营活动承担民事责任。经批准设立的外国公司分支机构，在中国境内从事业务活动，必须遵守中国的法

---

① 石少侠：《公司法概论》，第31页，当代世界出版社，2000

② 石少侠：《公司法概论》，第31页，当代世界出版社，2000

律，不得损害中国的社会公共利益，其合法权益受中国法律保护。

外国公司撤销其在中国境内的分支机构时，必须依法清偿债务，依照有关公司清算程序的规定进行清算。未清偿债务之前，不得将其分支机构的财产移至中国境外。

三、公司债券

（一）公司债券的概念

公司债券，是指公司依照法定程序发行、约定在一定期限还本付息的有价证券。公司债券的实质是公司向购买人借款，这不同于股东出资设立公司或购买公司股票。从主体的角度看，公司债券持有人是公司的债权人，享有的是债权；而股东是公司股东（大）会的组成人员，享有的是股权。从利益分配的角度看，不论公司是否有盈余，公司债权的持有人都可以要求公司按约定支付本金和利息；而股东则仅能在公司有充分盈余时依法分配股利或公司终止时才可以分配剩余财产。①

（二）公司债券的主要分类

1. 按照是否记名为标准，可以将公司债券分为记名债券和无记名债券。记名债券，是指在债券券面上记载债权人姓名或者名称的债券。记名公司债券，由债券持有人以背书方式或者法律、行政法规规定的其他方式转让；转让后由公司将受让人的姓名或者名称及住所记载于公司债券存根簿。记名公司债券的登记结算机构应当建立债券登记、存管、付息、兑付等相关制度。不记名债券，是指在债券券面上不记载债权人姓名或名称的债券。发行无记名公司债券的，应当在公司债券存根簿上载明债券总额、利率、偿还期限和方式、发行日期及债券的编号。无记名公司债券的转让，由债券持有人将该债券交付给受让人后即发生转让的效力。

2. 按照公司债券是否可以转化为股票为标准，可以将公司债券分为可转换公司债券和非转换公司债券。可转换公司债券，是指按照债权人与公司的约定可以变更为公司股票的债券。非可转换公司债券，是指按照债权人与公司的约定不可以变更为公司股票的债券。

发行可转换为股票的公司债券的，公司应当按照其转换办法向债券持有人换发股票，但债券持有人对转换股票或者不转换股票有选择权。上市公司经股东大会决议可以发行可转换为股票的公司债券，并在公司债券募集办法中规定具体的转换办法。上市公司发行可转换为股票的公司债券，应当报国务院证券

① 施天涛：《公司法论》，第201页，法律出版社，2006

监督管理机构核准。发行可转换为股票的公司债券，应当在债券上标明可转换公司债券字样，并在公司债券存根簿上载明可转换公司债券的数额。

（三）公司债券的发行和交易

公司发行公司债券应当符合《中华人民共和国证券法》规定的发行条件。① 发行公司债券的申请经国务院授权的部门核准后，应当公告公司债券募集办法。公司债券募集办法中应当载明下列主要事项：（1）公司名称；（2）债券募集资金的用途；（3）债券总额和债券的票面金额；（4）债券利率的确定方式；（5）还本付息的期限和方式；（6）债券担保情况；（7）债券的发行价格、发行的起止日期；（8）公司净资产额；（9）已发行的尚未到期的公司债券总额；（10）公司债券的承销机构。

公司发行公司债券应当置备公司债券存根簿。公司债券存根簿上应当载明下列事项：（1）债券持有人的姓名或者名称及住所；（2）债券持有人取得债券的日期及债券的编号；（3）债券总额，债券的票面金额、利率、还本付息的期限和方式；（4）债券的发行日期。

公司债券可以转让，转让价格由转让人与受让人约定。公司债券在证券交易所上市交易的，按照证券交易所的交易规则转让。

四、公司财务、会计

（一）公司财务、会计制度

公司应当依照法律、行政法规和国务院财政部门的规定建立本公司的财务、会计制度。公司应当在每一会计年度终了时编制财务会计报告，并依法经会计师事务所审计。财务会计报告应当依照法律、行政法规和国务院财政部门的规定制作。有限责任公司应当按照公司章程规定的期限将财务会计报告送交各股东。股份有限公司的财务会计报告应当在召开股东大会年会的二十日前置备于本公司，供股东查阅；公开发行股票的股份有限公司必须公告其财务会计报告。

公司聘用、解聘承办公司审计业务的会计师事务所，依照公司章程的规定，由股东会、股东大会或者董事会决定。公司股东会、股东大会或者董事会就解聘会计师事务所进行表决时，应当允许会计师事务所陈述意见。

公司应当向聘用的会计师事务所提供真实、完整的会计凭证、会计账簿、财务会计报告及其他会计资料，不得拒绝、隐匿、谎报。公司在依法向有关主管部门提供的财务会计报告等材料上作虚假记载或者隐瞒重要事实的，由有关

① 相关条件请参见本书有关证券法的规定。

主管部门对直接负责的主管人员和其他直接责任人员处以三万元以上三十万元以下的罚款。

公司除法定的会计账簿外，不得另立会计账簿。对公司资产，不得以任何个人名义开立账户存储。公司违反规定，在法定的会计账簿以外另立会计账簿的，由县级以上人民政府财政部门责令改正，处以五万元以上五十万元以下的罚款。

（二）公积金制度①

公积金，又称储备金或准备金，是指未巩固公司的财务基础，依据法律和公司章程的规定或股东会的决议，按确定的比例从公司利润或其他收入中提取的，用于维持公司资本的基金。公积金只能留存于公司，不能作为股利分配。根据是否强制提取未标准，可以将公积金分为法定公积金和任意公积金。

1. 法定公积金。法定公积金，是指依据法律规定而强制提取的公积金。依据法定公积金的来源不同，可以将其分为法定盈余公积金和资本公积金。

法定盈余公积金，是指公司在税后利润中提取的公积金。公司分配当年税后利润时，应当提取利润的百分之十列入公司法定盈余公积金。公司法定公积金累计额为公司注册资本的百分之五十以上的，可以不再提取。公司的法定盈余公积金不足以弥补以前年度亏损的，在提取法定盈余公积金之前，应当先用当年利润弥补亏损。公司不依照规定提取法定盈余公积金的，由县级以上人民政府财政部门责令如数补足应当提取的金额，可以对公司处以二十万元以下的罚款。

资本公积金，是指直接由公司资本或资产以及其他原因形成的公积金。股份有限公司以超过股票票面金额的发行价格发行股份所得的溢价款以及国务院财政部门规定列入资本公积金的其他收入，应当列为公司资本公积金。

2. 任意公积金。公司从税后利润中提取法定公积金后，经股东会或者股东大会决议，还可以从税后利润中提取任意公积金。公司弥补亏损和提取公积金后所余税后利润，有限责任公司依照实缴的出资比例分配，但全体股东约定不按照出资比例分取红利的除外；股份有限公司按照股东持有的股份比例分配，但股份有限公司章程规定不按持股比例分配的除外。股东会、股东大会或者董事会违反前述规定，在公司弥补亏损和提取法定公积金之前向股东分配利润的，股东必须将违反规定分配的利润退还公司。公司持有的本公司股份不得分配利润。

公司的公积金用于弥补公司的亏损、扩大公司生产经营或者转为增加公司

---

① 该部分主要参见石少侠：《公司法概论》，第242~243页，当代世界出版社，2000

资本。但是，资本公积金不得用于弥补公司的亏损。法定公积金转为资本时，所留存的该项公积金不得少于转增前公司注册资本的百分之二十五。

五、公司合并和分立

（一）公司合并

公司合并，是指两个或两个以上的公司依照法定程序归并为一个公司或创设一个新公司的行为。

1. 公司合并的种类。公司合并分为吸收合并或者新设合并。吸收合并，是指一个公司吸收其他公司，被吸收的公司解散的行为。新设合并，是指两个以上公司合并设立一个新的公司，合并各方解散的行为。

2. 公司合并的程序。公司合并，应当由合并各方签订合并协议，并编制资产负债表及财产清单。公司应当自作出合并决议之日起十日内通知债权人，并于三十日内在报纸上公告。债权人自接到通知书之日起三十日内，未接到通知书的自公告之日起四十五日内，可以要求公司清偿债务或者提供相应的担保。公司合并，登记事项发生变更的，应当依法向公司登记机关办理变更登记；公司解散的，应当依法办理公司注销登记；设立新公司的，应当依法办理公司设立登记。

3. 公司合并与公司债务的承担。公司合并时，合并各方的债权、债务，应当由合并后存续的公司或者新设的公司承继。

（二）公司分立

公司分立，是指一个公司依法定程序分离为两个或两个以上公司的行为。

1. 公司分立的程序。公司分立，其财产作相应的分割。公司分立，应当编制资产负债表及财产清单。公司应当自作出分立决议之日起十日内通知债权人，并于三十日内在报纸上公告。公司分立，登记事项发生变更的，应当依法向公司登记机关办理变更登记；公司解散的，应当依法办理公司注销登记；设立新公司的，应当依法办理公司设立登记。

2. 公司分立与公司债务的承担。公司分立前的债务由分立后的公司承担连带责任。但是，公司在分立前与债权人就债务清偿达成的书面协议另有约定的除外。

六、公司增资和减资

（一）公司增资

有限责任公司增加注册资本时，股东认缴新增资本的出资，依照《公司法》法设立有限责任公司缴纳出资的有关规定执行。股份有限公司为增加注册资本发行新股时，股东认购新股，依照《公司法》设立股份有限公司缴纳股款的有关规定执行。公司增加注册资本，应当依法向公司登记机关办理变更登记。

（二）公司减资

公司需要减少注册资本时，必须编制资产负债表及财产清单。公司应当自作出减少注册资本决议之日起十日内通知债权人，并于三十日内在报纸上公告。债权人自接到通知书之日起三十日内，未接到通知书的自公告之日起四十五日内，有权要求公司清偿债务或者提供相应的担保。公司减资后的注册资本不得低于法定的最低限额。公司减少注册资本，应当依法向公司登记机关办理变更登记。

七、公司解散和清算

（一）公司解散

1. 公司解散的概念。公司解散，是指公司因特定的事由出现而停止营业活动，并开始处理未完结的事务，逐渐终止公司法人主体资格的一种法律程序。

2. 公司解散的原因。公司因下列原因解散：（1）公司章程规定的营业期限届满或者公司章程规定的其他解散事由出现；（2）股东会或者股东大会决议解散；（3）因公司合并或者分立需要解散；（4）依法被吊销营业执照、责令关闭或者被撤销；（5）公司经营管理发生严重困难，继续存续会使股东利益受到重大损失，通过其他途径不能解决的，持有公司全部股东表决权百分之十以上的股东，请求人民法院解散公司，人民法院裁定予以解散。

公司有前述第（1）项情形的，可以通过修改公司章程而存续。依照前款规定修改公司章程，有限责任公司须经持有三分之二以上表决权的股东通过，股份有限公司须经出席股东大会会议的股东所持表决权的三分之二以上通过。

（二）公司清算①

1. 公司清算的概念。公司清算，是指公司被决定解散后，依照法律规定了解公司债权债务并使公司主体资格消灭的一种法律行为。

2. 清算组的成立。除因公司合并或者分立需要解散外，应当在解散事由出现之日起十五日内成立清算组，开始清算。有限责任公司的清算组由股东组成，股份有限公司的清算组由董事或者股东大会确定的人员组成。逾期不成立

---

① 公司被依法宣告破产的，依照有关企业破产的法律实施破产清算，相关内容请参阅本书有关破产法律制度的介绍，此处不赘。

清算组进行清算的，债权人可以申请人民法院指定有关人员组成清算组进行清算。人民法院应当受理该申请，并及时组织清算组进行清算。

3. 清算组的职权。清算组在清算期间行使下列职权：（1）清理公司财产，分别编制资产负债表和财产清单；（2）通知、公告债权人；（3）处理与清算有关的公司未了结的业务；（4）清缴所欠税款以及清算过程中产生的税款；（5）清理债权、债务；（6）处理公司清偿债务后的剩余财产；（7）代表公司参与民事诉讼活动。

4. 清算组的工作规范。清算组应当自成立之日起十日内通知债权人，并于六十日内在报纸上公告。公司在进行清算时，不依照规定通知或者公告债权人的，由公司登记机关责令改正，对公司处以一万元以上十万元以下的罚款。

债权人应当自接到通知书之日起三十日内，未接到通知书的自公告之日起四十五日内，向清算组申报其债权。债权人申报债权，应当说明债权的有关事项，并提供证明材料。清算组应当对债权进行登记。在申报债权期间，清算组不得对债权人进行清偿。

清算组在清理公司财产、编制资产负债表和财产清单后，应当制订清算方案，并报股东会、股东大会或者人民法院确认。公司财产在分别支付清算费用、职工的工资、社会保险费用和法定补偿金，缴纳所欠税款，清偿公司债务后的剩余财产，有限责任公司按照股东的出资比例分配，股份有限公司按照股东持有的股份比例分配。清算期间，公司存续，但不得开展与清算无关的经营活动。公司财产在未按前款规定清偿前，不得分配给股东。

清算组在清理公司财产、编制资产负债表和财产清单后，发现公司财产不足清偿债务的，应当依法向人民法院申请宣告破产。公司经人民法院裁定宣告破产后，清算组应当将清算事务移交给人民法院。

公司清算结束后，清算组应当制作清算报告，报股东会、股东大会或者人民法院确认，并报送公司登记机关，申请注销公司登记，公告公司终止。清算组不依照规定向公司登记机关报送清算报告，或者报送清算报告隐瞒重要事实或者有重大遗漏的，由公司登记机关责令改正。公司在清算期间开展与清算无关的经营活动的，由公司登记机关予以警告，没收违法所得。

公司在进行清算时，隐匿财产，对资产负债表或者财产清单作虚假记载或者在未清偿债务前分配公司财产的，由公司登记机关责令改正，对公司处以隐匿财产或者未清偿债务前分配公司财产金额百分之五以上百分之十以下的罚款；对直接负责的主管人员和其他直接责任人员处以一万元以上十万元以下的罚款。

5. 清算组成员的法律义务及其法律责任。清算组成员应当忠于职守，依法履行清算义务。清算组成员因故意或者重大过失给公司或者债权人造成损失的，应当承担赔偿责任。清算组成员不得利用职权收受贿赂或者其他非法收入，不得侵占公司财产。清算组成员利用职权徇私舞弊、谋取非法收入或者侵占公司财产的，由公司登记机关责令退还公司财产，没收违法所得，并可以处以违法所得一倍以上五倍以下的罚款。

八、股东的权利和义务

（一）股东的权利

股东的权利，是指股东基于股东资格而享有的从公司获取经济利益并参与公司管理的权利。股东的权利附依于出资或股份，股东的任何权利均不得离开出资或股份单独转让。按照股东行使权利的目的不同，可以将股东权分为自益权与共益权。

自益权，是指股东从公司取得经济利益的权利。自益权主要是财产权，它包括利润分配请求权、剩余财产分配请求权、新股优先认购权、股权收购请求权、[①] 股票交付请求权、股权转让权、股东名义更换请求权和无记名股份向记名股份的转换请求权等。

共益权，是指股东参加公司的经营管理的权利。共益权包括表决权、股东代表诉讼提起权、股东（大）会召集请求权和自行召集权、提案权、质询权、知情权、股东（大）会决议撤销诉权、股东（大）会决议无效确认诉权、公司设立无效诉权、公司合并无效诉权、董事监事和清算人解任请求权、董事会

---

① 学者通常将“股权收购请求权”表述为“股份收购请求权”。但笔者认为，根据我国《公司法》的规定，只有股份有限公司有“股份”的概念，有限责公司并无“股份”的概念，因此，笔者将其表述为“股权收购请求权”。我国《公司法》第75条规定，有限责任公司有下列情形之一的，对股东会该项决议投反对票的股东可以请求公司按照合理的价格收购其股权：（1）公司连续五年不向股东分配利润，而公司该五年连续盈利，并且符合《公司法》规定的分配利润条件的；（2）公司合并、分立、转让主要财产的；（3）公司章程规定的营业期限届满或者章程规定的其他解散事由出现，股东会会议通过决议修改章程使公司存续的。自股东会会议决议通过之日起六十日内，股东与公司不能达成股权收购协议的，股东可以自股东会会议决议通过之日起九十日内向人民法院提起诉讼。我国《公司法》第134条规定，股份有限公司有下列情形之一的，公司可以回购公司的股份：（1）减少公司注册资本；（2）与持有本公司股份的其他公司合并；（3）将股份奖励给本公司职工；（4）股东因对股东大会作出的公司合并、分立决议持异议，要求公司收购其股份的。

违法行为制止请求权、累积投票权、[1] 公司解散请求和公司重整请求权等。

（二）股东的义务

1. 公司股东应当遵守法律、行政法规和公司章程，依法行使股东权利，不得滥用股东权利损害公司或者其他股东的利益。

2. 不得滥用公司法人独立地位和股东有限责任损害公司债权人的利益。公司股东滥用股东权利给公司或者其他股东造成损失的，应当依法承担赔偿责任。

3. 出资义务，即公司的股东应当缴纳按照其所承诺的出资额或所认购的股份金额。如果公司的发起人、股东虚假出资，未交付或者未按期交付作为出资的货币或者非货币财产的，将由公司登记机关责令改正，处以虚假出资金额百分之五以上百分之十五以下的罚款，数额巨大、后果严重或者有其他严重情节的，构成虚假出资罪。[2]

4. 不得抽回出资的义务，即公司股东在公司存续期间不得将其缴纳的出资额或认购的股份金额从公司取回。如果公司的发起人、股东在公司成立后，抽逃其出资的，将由公司登记机关责令改正，处以所抽逃出资金额百分之五以上百分之十五以下的罚款，数额巨大、后果严重或者有其他严重情节的，构成抽逃出资罪。[3]

九、公司董事、监事、高级管理人员[4]的资格和义务

（一）公司董事、监事、高级管理人员的资格

有下列情形之一的，不得担任公司的董事、监事、高级管理人员：（1）无民事行为能力或者限制民事行为能力；（2）因贪污、贿赂、侵占财产、挪用财产或者破坏社会主义市场经济秩序，被判处刑罚，执行期满未逾五年，或

---

① 累积投票权是我国《公司法》针对股份有限公司的股份较为分散这一特点而设计的保护中小股东利益的一项权利，有限责任公司股东并无该项权利。累计投票权所对应的是累积投票制。累积投票制，是指股东大会选举董事或者监事时，每一股份拥有与应选董事或者监事人数相同的表决权，股东拥有的表决权可以集中使用。根据我国《公司法》的规定，累积投票制并非可以当然适用，而需根据公司章程的规定或者股东大会的决议的规定才可以适用。

② 我国《刑法》第一百五十九条规定：“公司发起人、股东违反公司法的规定未交付货币、实物或者未转移财产权，虚假出资，或者在公司成立后又抽逃其出资，数额巨大、后果严重或者有其他严重情节的，处五年以下有期徒刑或者拘役，并处或者单处虚假出资金额或者抽逃出资金额百分之二以上百分之十以下罚金。”“单位犯前款罪的，对单位判处罚金，并对其直接负责的主管人员和其他直接责任人员，处五年以下有期徒刑或者拘役。”

③ 参见我国《刑法》第一百五十九条的规定。

④ 高级管理人员，是指公司的经理、副经理、财务负责人，上市公司董事会秘书和公司章程规定的其他人员。

者因犯罪被剥夺政治权利，执行期满未逾五年；（3）担任破产清算的公司、企业的董事或者厂长、经理，对该公司、企业的破产负有个人责任的，自该公司、企业破产清算完结之日起未逾三年；（4）担任因违法被吊销营业执照、责令关闭的公司、企业的法定代表人，并负有个人责任的，自该公司、企业被吊销营业执照之日起未逾三年；（5）个人所负数额较大的债务到期未清偿。公司违反前款规定选举、委派董事、监事或者聘任高级管理人员的，该选举、委派或者聘任无效。

董事、监事、高级管理人员在任职期间出现前述五种情形之一的，公司应当解除其职务。

（二）公司董事、监事、高级管理人员的义务

董事、监事、高级管理人员应当遵守法律、行政法规和公司章程，对公司负有忠实义务和勤勉义务。董事、监事、高级管理人员不得利用职权收受贿赂或者其他非法收入，不得侵占公司的财产。董事、监事、高级管理人员执行公司职务时违反法律、行政法规或者公司章程的规定，给公司造成损失的，应当承担赔偿责任。

董事、高级管理人员不得有下列行为：（1）挪用公司资金；（2）将公司资金以其个人名义或者以其他个人名义开立账户存储；（3）违反公司章程的规定，未经股东会、股东大会或者董事会同意，将公司资金借贷给他人或者以公司财产为他人提供担保；（4）违反公司章程的规定或者未经股东会、股东大会同意，与本公司订立合同或者进行交易；（5）未经股东会或者股东大会同意，利用职务便利为自己或者他人谋取属于公司的商业机会，自营或者为他人经营与所任职公司同类的业务；（6）接受他人与公司交易的佣金归为己有；（7）擅自披露公司秘密；（8）违反对公司忠实义务的其他行为。董事、高级管理人员违反前款规定所得的收入应当归公司所有。

董事、高级管理人员有前述情形的，有限责任公司的股东、股份有限公司连续一百八十日以上单独或者合计持有公司百分之一以上股份的股东，可以书面请求监事会或者不设监事会的有限责任公司的监事向人民法院提起诉讼；监事有前述情形的，有限责任公司的股东、股份有限公司连续一百八十日以上单独或者合计持有公司百分之一以上股份的股东可以书面请求董事会或者不设董事会的有限责任公司的执行董事向人民法院提起诉讼。监事会、不设监事会的有限责任公司的监事，或者董事会、执行董事收到前述书面请求后拒绝提起诉讼，或者自收到请求之日起三十日内未提起诉讼，或者情况紧急、不立即提起诉讼将会使公司利益受到难以弥补的损害的，前述规定的股东有权为了公司的利益以自己的名义直接向人民法院提起诉讼。他人侵犯公司合法权益，给公司

造成损失的，有限责任公司的股东、股份有限公司连续一百八十日以上单独或者合计持有公司百分之一以上股份的股东可以依照前述规定向人民法院提起诉讼。

股东会或者股东大会要求董事、监事、高级管理人员列席会议的，董事、监事、高级管理人员应当列席并接受股东的质询。董事、高级管理人员违反法律、行政法规或者公司章程的规定，损害股东利益的，股东可以向人民法院提起诉讼。董事、高级管理人员应当如实向监事会或者不设监事会的有限责任公司的监事提供有关情况和资料，不得妨碍监事会或者监事行使职权。

第二节　有限责任公司

一、有限责任公司的设立

（一）设立条件

设立有限责任公司，应当具备下列条件：

1. 股东符合法定人数。有限责任公司由五十个以下股东出资设立。股东既可是自然人，也可以是法人或其他组织，但如果为一人公司，则其他组织不得作为公司股东。

2. 股东出资达到法定资本最低限额。有限责任公司的注册资本为在公司登记机关登记的全体股东认缴的出资额。公司全体股东的首次出资额不得低于注册资本的百分之二十，也不得低于法定的注册资本最低限额，其余部分由股东自公司成立之日起两年内缴足；其中，投资公司可以在五年内缴足。有限责任公司注册资本的最低限额为人民币三万元。法律、行政法规对有限责任公司注册资本的最低限额有较高规定的，从其规定。

股东可以用货币出资，也可以用实物、知识产权、土地使用权等可以用货币估价并可以依法转让的非货币财产作价出资；但是，法律、行政法规规定不得作为出资的财产除外。对作为出资的非货币财产应当评估作价，核实财产，不得高估或者低估作价。法律、行政法规对评估作价有规定的，从其规定。全体股东的货币出资金额不得低于有限责任公司注册资本的百分之三十。

股东应当按期足额缴纳公司章程中规定的各自所认缴的出资额。股东以货币出资的，应当将货币出资足额存入有限责任公司在银行开设的账户；以非货币财产出资的，应当依法办理其财产权的转移手续。股东不按照前款规定缴纳出资的，除应当向公司足额缴纳外，还应当向已按期足额缴纳出资的股东承担违约责任。股东缴纳出资后，必须经依法设立的验资机构验资并出具证明。

有限责任公司成立后，发现作为设立公司出资的非货币财产的实际价额显著低于公司章程所定价额的，应当由交付该出资的股东补足其差额；公司设立时的其他股东承担连带责任。有限责任公司成立后，应当向股东签发出资证明书。出资证明书由公司盖章。出资证明书应当载明下列事项：(1) 公司名称；(2) 公司成立日期；(3) 公司注册资本；(4) 股东的姓名或者名称、缴纳的出资额和出资日期；(5) 出资证明书的编号和核发日期。

3. 股东共同制定公司章程。设立公司必须依法制定公司章程。公司章程对公司、股东、董事、监事、高级管理人员具有约束力。公司章程由全体股东共同制定，股东应当在公司章程上签名、盖章。有限责任公司章程应当载明下列事项：(1) 公司名称和住所；(2) 公司经营范围；(3) 公司注册资本；(4) 股东的姓名或者名称；(5) 股东的出资方式、出资额和出资时间；(6) 公司的机构及其产生办法、职权、议事规则；(7) 公司法定代表人；(8) 股东会会议认为需要规定的其他事项。

4. 有公司名称，建立符合有限责任公司要求的组织机构。公司只能使用一个名称。设立有限责任公司，必须在公司名称中标明有限责任公司或者有限公司字样。设立有限责任公司，应当由全体股东指定的代表或者共同委托的代理人向公司登记机关申请名称预先核准。未依法登记为有限责任公司，而冒用有限责任公司名义的；或者未依法登记为有限责任公司，而冒用有限责任公司或者股份有限公司的分公司名义的，由公司登记机关责令改正或者予以取缔，可以并处十万元以下的罚款。有限责任公司的组织机构包括股东会、董事会和监事会。有关股份有限责任公司的组织机构的内容将在本节“有限责任公司的组织机构”部分介绍。

5. 有公司住所。公司以其主要办事机构所在地为住所。经公司登记机关登记的公司的住所只能有一个。公司的住所应当在其公司登记机关辖区内。

（二）设立程序

设立公司，应当依法向公司登记机关申请设立登记。符合《公司法》规定有限责任公司的设立条件的，由公司登记机关分别登记为有限责任公司；不符合设立条件的，不得登记为有限责任公司。法律、行政法规规定设立公司必须报经批准的，应当在公司登记前依法办理批准手续。

依法设立的公司，由公司登记机关发给公司营业执照。公司营业执照签发日期为公司成立日期。公司营业执照应当载明公司的名称、住所、注册资本、实收资本、经营范围、法定代表人姓名等事项。公司营业执照记载的事项发生变更的，公司应当依法办理变更登记，由公司登记机关换发营业执照。

二、有限责任公司的组织机构

（一）股东会

1. 股东会的职权。有限责任公司股东会由全体股东组成，股东会是公司的权力机构，行使下列职权：（1）决定公司的经营方针和投资计划；（2）选举和更换非由职工代表担任的董事、监事，决定有关董事、监事的报酬事项；（3）审议批准董事会的报告；（4）审议批准监事会或者监事的报告；（5）审议批准公司的年度财务预算方案、决算方案；（6）审议批准公司的利润分配方案和弥补亏损方案；（7）对公司增加或者减少注册资本作出决议；（8）对发行公司债券作出决议；（9）对公司合并、分立、变更公司形式、解散和清算等事项作出决议；（10）修改公司章程；（11）公司章程规定的其他职权。对前述事项股东以书面形式一致表示同意的，可以不召开股东会会议，直接作出决定，并由全体股东在决定文件上签名、盖章。

2. 股东会的召集和主持。首次股东会会议由出资最多的股东召集和主持，依照规定行使职权。股东会会议分为定期会议和临时会议。定期会议应当按照公司章程的规定按时召开。代表十分之一以上表决权的股东，三分之一以上的董事，监事会或者不设监事会的公司的监事提议召开临时会议的，应当召开临时会议。

有限责任公司设立董事会的，股东会会议由董事会召集，董事长主持；董事长不能履行职务或者不履行职务的，由副董事长主持；副董事长不能履行职务或者不履行职务的，由半数以上董事共同推举一名董事主持。有限责任公司不设董事会的，股东会会议由执行董事召集和主持。

董事会或者执行董事不能履行或者不履行召集股东会会议职责的，由监事会或者不设监事会的公司的监事召集和主持；监事会或者监事不召集和主持的，代表十分之一以上表决权的股东可以自行召集和主持。

3. 股东会的召开程序。召开股东会会议，应当于会议召开十五日以前通知全体股东；但是，公司章程另有规定或者全体股东另有约定的除外。股东会应当对所议事项的决定作成会议记录，出席会议的股东应当在会议记录上签名。股东会会议由股东按照出资比例行使表决权；但是，公司章程另有规定的除外。股东会的议事方式和表决程序，除《公司法》有规定的外，由公司章程规定。

股东会会议作出修改公司章程、增加或者减少注册资本的决议，以及公司合并、分立、解散或者变更公司形式的决议，必须经代表三分之二以上表决权的股东通过。

（二）董事会、经理

1. 董事会

（1）董事会的组成。有限责任公司设董事会，其成员为三人至十三人。股东人数较少或者规模较小的有限责任公司，可以设一名执行董事，不设立董事会。两个以上的国有企业或者其他两个以上的国有投资主体投资设立的有限责任公司，其董事会成员中应当有公司职工代表；其他有限责任公司董事会成员中也可以有公司职工代表。董事会设董事长一人，可以设副董事长。董事长、副董事长的产生办法由公司章程规定。

（2）董事的产生和任期。非由职工代表担任的董事由股东会选举和更换。董事会中的职工代表由公司职工通过职工代表大会、职工大会或者其他形式民主选举产生。董事任期由公司章程规定，但每届任期不得超过三年。董事任期届满，连选可以连任。董事任期届满未及时改选，或者董事在任期内辞职导致董事会成员低于法定人数的，在改选出的董事就任前，原董事仍应当依照法律、行政法规和公司章程的规定，履行董事职务。

（3）董事会的职权。董事会对股东会负责，行使下列职权：A. 召集股东会会议，并向股东会报告工作；B. 执行股东会的决议；C. 决定公司的经营计划和投资方案；D. 制订公司的年度财务预算方案、决算方案；E. 制订公司的利润分配方案和弥补亏损方案；F. 制订公司增加或者减少注册资本以及发行公司债券的方案；G. 制订公司合并、分立、变更公司形式、解散的方案；H. 决定公司内部管理机构的设置；I. 决定聘任或者解聘公司经理及其报酬事项，并根据经理的提名决定聘任或者解聘公司副经理、财务负责人及其报酬事项；J. 制定公司的基本管理制度；K. 公司章程规定的其他职权。

（4）董事会会议的召集和主持。董事会会议由董事长召集和主持；董事长不能履行职务或者不履行职务的，由副董事长召集和主持；副董事长不能履行职务或者不履行职务的，由半数以上董事共同推举一名董事召集和主持。

（5）董事会会议的议事方式和表决程序。董事会的议事方式和表决程序，除《公司法》有规定的外，由公司章程规定。董事会应当对所议事项的决定作成会议记录，出席会议的董事应当在会议记录上签名。董事会决议的表决，实行一人一票。

2. 经理

有限责任公司可以设经理，由董事会决定聘任或者解聘。经理对董事会负责，行使下列职权：（1）主持公司的生产经营管理工作，组织实施董事会决议；（2）组织实施公司年度经营计划和投资方案；（3）拟订公司内部管理机构设置方案；（4）拟订公司的基本管理制度；（5）制定公司的具体规章；

(6) 提请聘任或者解聘公司副经理、财务负责人；(7) 决定聘任或者解聘除应由董事会决定聘任或者解聘以外的负责管理人员；(8) 董事会授予的其他职权。公司章程对经理职权另有规定的，从其规定。经理列席董事会会议。

股东人数较少或者规模较小的有限责任公司没有设立董事会，只设立执行董事的，执行董事可以兼任公司经理。执行董事的职权由公司章程规定。

(三) 监事会

1. 监事会的组成。有限责任公司设立监事会，其成员不得少于三人。股东人数较少或者规模较小的有限责任公司，可以设一至二名监事，不设立监事会。监事会设主席一人，由全体监事过半数选举产生。

2. 监事的产生和任期。监事会应当包括股东代表和适当比例的公司职工代表，其中职工代表的比例不得低于三分之一，具体比例由公司章程规定。监事会中的职工代表由公司职工通过职工代表大会、职工大会或者其他形式民主选举产生。选举和更换非由职工代表担任的监事由股东会选举产生。董事、高级管理人员不得兼任监事。监事的任期每届为三年。监事任期届满，连选可以连任。监事任期届满未及时改选，或者监事在任期内辞职导致监事会成员低于法定人数的，在改选出的监事就任前，原监事仍应当依照法律、行政法规和公司章程的规定，履行监事职务。

3. 监事会会议的主持和召开。监事会主席召集和主持监事会会议；监事会主席不能履行职务或者不履行职务的，由半数以上监事共同推举一名监事召集和主持监事会会议。

4. 监事会和不设监事会的公司的监事的职权。监事会、不设监事会的公司的监事行使下列职权：(1) 检查公司财务；(2) 对董事、高级管理人员执行公司职务的行为进行监督，对违反法律、行政法规、公司章程或者股东会决议的董事、高级管理人员提出罢免的建议；(3) 当董事、高级管理人员的行为损害公司的利益时，要求董事、高级管理人员予以纠正；(4) 提议召开临时股东会会议，在董事会不履行召集和主持股东会会议职责时召集和主持股东会会议；(5) 向股东会会议提出提案；(6) 依照法律规定，对董事、高级管理人员提起诉讼；(7) 公司章程规定的其他职权。

监事可以列席董事会会议，并对董事会决议事项提出质询或者建议。监事会、不设监事会的公司的监事发现公司经营情况异常，可以进行调查；必要时，可以聘请会计师事务所等协助其工作，费用由公司承担。

5. 监事会的议事方式。监事会每年度至少召开一次会议，监事可以提议召开临时监事会会议。监事会的议事方式和表决程序，除《公司法》有规定的外，由公司章程规定。监事会决议应当经半数以上监事通过。监事会应当对所议事项的决定作成会议记录，出席会议的监事应当在会议记录上签名。

6. 监事会、不设监事会的公司的监事行使职权的费用来源。监事会、不设监事会的公司的监事行使职权的所必需的费用，由公司承担。

三、一人有限责任公司

一人有限责任公司，是指只有一个自然人股东或者一个法人股东的有限责任公司。一人有限责任公司是有限责任公司的特殊形态，因此，一人有限责任公司的设立和组织机构，适用一般有限责任公司的规，下面主要介绍有关一人有限责任公司的特别规定：

1. 注册资本。一人有限责任公司的注册资本最低限额为人民币十万元。股东应当一次足额缴纳公司章程规定的出资额。

2. 设立限制。一个自然人只能投资设立一个一人有限责任公司。该一人有限责任公司不能投资设立新的一人有限责任公司。

3. 公司章程。一人有限责任公司章程由股东制定。

4. 股东决策权的限制。一人有限责任公司不设股东会。一般有限责任公司有关股东会的职权由股东一人行使。股东行使有关股东会的职权时，应当采用书面形式，并由股东签字后置备于公司。

5. 公司财务制度。一人有限责任公司应当在每一会计年度终了时编制财务会计报告，并经会计师事务所审计。一人有限责任公司的股东不能证明公司财产独立于股东自己财产的，应当对公司债务承担连带责任。

6. 信息披露。一人有限责任公司应当在公司登记中注明自然人独资或者法人独资，并在公司营业执照中载明。

四、国有独资公司

国有独资公司，是指国家单独出资、由国务院或者地方人民政府委托本级人民政府国有资产监督管理机构履行出资人职责的有限责任公司。国有独资公司是有限责任公司的特殊形态，因此，国有独资公司的设立和组织机构，适用一般有限责任公司的规定，下面主要介绍有关国有独资公司的特别规定：

1. 公司章程。国有独资公司章程由国有资产监督管理机构制定，或者由董事会制订报国有资产监督管理机构批准。

2. 公司决策权的行使。国有独资公司不设股东会，由国有资产监督管理机构行使股东会职权。国有资产监督管理机构可以授权公司董事会行使股东会的部分职权，决定公司的重大事项，但公司的合并、分立、解散、增减注册资本和发行公司债券，必须由国有资产监督管理机构决定；其中，重要的国有独资公司①合并、分立、解散、申请破产的，应当由国有资产监督管理机构审核后，报本级人民政府批准。

3. 董事会和经理。国有独资公司设立董事会，依照一般有限责任公司关于董事会的职权的规定和前述关于国有独资公司决策权的规定行使职权。董事每届任期不得超过三年。董事会成员中应当有公司职工代表。董事会成员由国有资产监督管理机构委派；但是，董事会成员中的职工代表由公司职工代表大会选举产生。董事会设董事长一人，可以设副董事长。董事长、副董事长由国有资产监督管理机构从董事会成员中指定。

国有独资公司设经理，由董事会聘任或者解聘。经理的职权与一般有限责任公司经理的职权相同。经国有资产监督管理机构同意，董事会成员可以兼任经理。

4. 竞业禁止。国有独资公司的董事长、副董事长、董事、高级管理人员，未经国有资产监督管理机构同意，不得在其他有限责任公司、股份有限公司或者其他经济组织兼职。

5. 监事会。国有独资公司监事会成员不得少于五人，其中职工代表的比例不得低于三分之一，具体比例由公司章程规定。监事会成员由国有资产监督管理机构委派；但是，监事会中的职工代表由公司职工代表大会选举产生。监事会主席由国有资产监督管理机构从监事会成员中指定。监事会行使以下职权：（1）检查公司财务；（2）对董事、高级管理人员执行公司职务的行为进行监督，对违反法律、行政法规、公司章程或者股东会决议的董事、高级管理人员提出罢免的建议；（3）当董事、高级管理人员的行为损害公司的利益时，要求董事、高级管理人员予以纠正；（4）国务院规定的其他职权。

五、有限责任公司的股权转让

有限责任公司的股东之间可以相互转让其全部或者部分股权。股东向股东以外的人转让股权，应当经其他股东过半数同意。股东应就其股权转让事项书面通知其他股东征求同意，其他股东自接到书面通知之日起满三十日未答复的，视为同意转让。其他股东半数以上不同意转让的，不同意的股东应当购买该转让的股权；不购买的，视为同意转让。经股东同意转让的股权，在同等条件下，其他股东有优先购买权。两个以上股东主张行使优先购买权的，协商确定各自的购买比例；协商不成的，按照转让时各自的出资比例行使优先购买权。公司章程对股权转让另有规定的，从其规定。人民法院依照法律规定的强

① 重要的国有独资公司的范围按照国务院的规定确定。

制执行程序转让股东的股权时，应当通知公司及全体股东，其他股东在同等条件下有优先购买权。其他股东自人民法院通知之日起满二十日不行使优先购买权的，视为放弃优先购买权。

依照前述规定转让股权后，公司应当注销原股东的出资证明书，向新股东签发出资证明书，并相应修改公司章程和股东名册中有关股东及其出资额的记载。对公司章程的该项修改不需再由股东会表决。自然人股东死亡后，其合法继承人可以继承股东资格；但是，公司章程另有规定的除外。

第三节　股份有限公司

一、股份有限公司的设立

（一）股份有限公司的设立条件

设立股份有限公司，应当具备下列条件：

1. 发起人符合法定人数。设立股份有限公司，应当有二人以上二百人以下为发起人，其中须有半数以上的发起人在中国境内有住所。股份有限公司发起人承担公司筹办事务。发起人应当签订发起人协议，明确各自在公司设立过程中的权利和义务。

股份有限公司成立后，发起人未按照公司章程的规定缴足出资的，应当补缴；其他发起人承担连带责任。股份有限公司成立后，发现作为设立公司出资的非货币财产的实际价额显著低于公司章程所定价额的，应当由交付该出资的发起人补足其差额；其他发起人承担连带责任。

股份有限公司的发起人应当承担下列责任：（1）公司不能成立时，对设立行为所产生的债务和费用负连带责任；（2）公司不能成立时，对认股人已缴纳的股款，负返还股款并加算银行同期存款利息的连带责任；（3）在公司设立过程中，由于发起人的过失致使公司利益受到损害的，应当对公司承担赔偿责任。

2. 发起人认购和募集的股本达到法定资本最低限额。股份有限公司注册资本的最低限额为人民币五百万元。法律、行政法规对股份有限公司注册资本的最低限额有较高规定的，从其规定。有限责任公司变更为股份有限公司时，折合的实收股本总额不得高于公司净资产额。有限责任公司变更为股份有限公司，为增加资本公开发行股份时，应当依法办理。

3. 股份发行、筹办事项符合法律规定。发起人的出资方式，适用有限责任公司有关出资的规定。以发起设立方式设立股份有限公司的，发起人应当书面认足公司章程规定其认购的股份；一次缴纳的，应即缴纳全部出资；分期缴纳的，应即缴纳首期出资。以非货币财产出资的，应当依法办理其财产权的转移手续。发起人不按照前述规定缴纳出资的，应当按照发起人协议的约定承担违约责任。发起人首次缴纳出资后，应当选举董事会和监事会，由董事会向公司登记机关报送公司章程、由依法设定的验资机构出具的验资证明以及法律、行政法规规定的其他文件，申请设立登记。

4. 发起人制订公司章程，采用募集方式设立的经创立大会通过。设立公司必须依法制定公司章程。公司章程对公司、股东、董事、监事、高级管理人员具有约束力。股份有限公司章程应当载明下列事项：（1）公司名称和住所；（2）公司经营范围；（3）公司设立方式；（4）公司股份总数、每股金额和注册资本；（5）发起人的姓名或者名称、认购的股份数、出资方式和出资时间；（6）董事会的组成、职权、任期和议事规则；（7）公司法定代表人；（8）监事会的组成、职权、任期和议事规则；（9）公司利润分配办法；（10）公司的解散事由与清算办法；（11）公司的通知和公告办法；（12）股东大会会议认为需要规定的其他事项。

5. 有公司名称，建立符合股份有限公司要求的组织机构。公司名称只能有一个。股份有限公司名称中应当标明股份有限公司或者股份公司字样。设立股份有限公司，应当由全体发起人指定的代表或者共同委托的代理人向公司登记机关申请名称预先核准未依法登记为股份有限公司，而冒用股份有限公司名义的；或者未依法登记为股份有限公司的分公司，而冒用股份有限公司的分公司名义的，由公司登记机关责令改正或者予以取缔，可以并处十万元以下的罚款。股份有限公司的组织机构包括股东大会、董事会和监事会。有关股份有限责任公司的组织机构的内容将在本节“股份有限公司的组织机构”部分介绍。

6. 有公司住所。公司以其主要办事机构所在地为住所。经公司登记机关登记的公司的住所只能有一个。公司的住所应当在其公司登记机关辖区内。

（二）股份有限公司的设立方式

股份有限公司的设立，可以采取发起设立或者募集设立的方式。

1. 发起设立，是指由发起人认购公司应发行的全部股份而设立公司。股份有限公司采取发起设立方式设立的，注册资本为在公司登记机关登记的全体发起人认购的股本总额。公司全体发起人的首次出资额不得低于注册资本的百分之二十，其余部分由发起人自公司成立之日起两年内缴足；其中，投资公司可以在五年内缴足。在缴足前，不得向他人募集股份。

2. 募集设立，是指由发起人认购公司应发行股份的一部分，其余股份向社会公开募集或者向特定对象募集而设立公司。股份有限公司采取募集方式设立的，注册资本为在公司登记机关登记的实收股本总额。发起人向社会公开募集股份，应当遵守以下规定：（1）发起人认购的股份不得少于公司股份总数的百分之三十五；但是，法律、行政法规另有规定的，从其规定；（2）必须公告招股说明书，并制作认股书。认股书应当载明《公司法》所规定的事项，[①] 由认股人填写认购股数、金额、住所，并签名、盖章。认股人按照所认购股数缴纳股款；（3）应当由依法设立的证券公司承销，签订承销协议；（4）应当同银行签订代收股款协议。代收股款的银行应当按照协议代收和保存股款，向缴纳股款的认股人出具收款单据，并负有向有关部门出具收款证明的义务。

（三）设立程序

股份有限公司的设立程序与有限责任公司的设立程序基本相同，此不赘述。

（四）创立大会

发行股份的股款缴足后，必须经依法设立的验资机构验资并出具证明。发起人应当在三十日内主持召开公司创立大会。创立大会由发起人、认股人组成。发行的股份超过招股说明书规定的截止期限尚未募足的，或者发行股份的股款缴足后，发起人在三十日内未召开创立大会的，认股人可以按照所缴股款并加算银行同期存款利息，要求发起人返还。

发起人应当在创立大会召开十五日前将会议日期通知各认股人或者予以公告。创立大会应有代表股份总数过半数的认股人出席，方可举行。创立大会行使下列职权：（1）审议发起人关于公司筹办情况的报告；（2）通过公司章程；（3）选举董事会成员；（4）选举监事会成员；（5）对公司的设立费用进行审核；（6）对发起人用于抵作股款的财产的作价进行审核；（7）发生不可抗力或者经营条件发生重大变化直接影响公司设立的，可以作出不设立公司的决议。创立大会对前款所列事项作出决议，必须经出席会议的认股人所持表决权过半数通过。

发起人、认股人缴纳股款或者交付抵作股款的出资后，除未按期募足股份、发起人未按期召开创立大会或者创立大会决议不设立公司的情形外，不得抽回其股本。

---

① 我国《公司法》第八十七条规定：“招股说明书应当附有发起人制订的公司章程，并载明下列事项：（1）发起人认购的股份数；（2）每股的票面金额和发行价格；（3）无记名股票的发行总数；（4）募集资金的用途；（5）认股人的权利、义务；（6）本次募股的起止期限及逾期未募足时认股人可以撤回所认股份的说明。”

董事会应于创立大会结束后三十日内，向公司登记机关报送下列文件，申请设立登记：（1）公司登记申请书；（2）创立大会的会议记录；（3）公司章程；（4）验资证明；（5）法定代表人、董事、监事的任职文件及其身份证明；（6）发起人的法人资格证明或者自然人身份证明；（7）公司住所证明。以募集方式设立股份有限公司公开发行股票的，还应当向公司登记机关报送国务院证券监督管理机构的核准文件。

二、股份有限公司的组织机构

（一）股东大会

股份有限公司股东大会由全体股东组成，股东大会是公司的权力机构，其职权与前述有关有限责任公司股东会的职权基本相同，下面主要介绍股份有限公司股东大会的其他内容：

1. 股东大会的召开。股东大会应当每年召开一次年会。有下列情形之一的，应当在两个月内召开临时股东大会：（1）董事人数不足《公司法》规定人数或者公司章程所定人数的三分之二时；（2）公司未弥补的亏损达实收股本总额三分之一时；（3）单独或者合计持有公司百分之十以上股份的股东请求时；（4）董事会认为必要时；（5）监事会提议召开时；（6）公司章程规定的其他情形。

2. 股东大会的召集和主持。股东大会会议由董事会召集，董事长主持；董事长不能履行职务或者不履行职务的，由副董事长主持；副董事长不能履行职务或者不履行职务的，由半数以上董事共同推举一名董事主持。董事会不能履行或者不履行召集股东大会会议职责的，监事会应当及时召集和主持；监事会不召集和主持的，连续九十日以上单独或者合计持有公司百分之十以上股份的股东可以自行召集和主持。

3. 股东大会的召开程序。召开股东大会会议，应当将会议召开的时间、地点和审议的事项于会议召开二十日前通知各股东；临时股东大会应当于会议召开十五日前通知各股东；发行无记名股票的，应当于会议召开三十日前公告会议召开的时间、地点和审议事项。单独或者合计持有公司百分之三以上股份的股东，可以在股东大会召开十日前提出临时提案并书面提交董事会；董事会应当在收到提案后二日内通知其他股东，并将该临时提案提交股东大会审议。临时提案的内容应当属于股东大会职权范围，并有明确议题和具体决议事项。股东大会不得对前两款通知中未列明的事项作出决议。无记名股票持有人出席股东大会会议的，应当于会议召开五日前至股东大会闭会时将股票交存于公司。

4. 股东大会的表决程序。股东可以亲自或委托代理人出席股东大会会议，代理人应当向公司提交股东授权委托书，并在授权范围内行使表决权。股东出席股东大会会议，所持每一股份有一表决权。但是，公司持有的本公司股份没有表决权。股东大会作出决议，必须经出席会议的股东所持表决权过半数通过。但是，股东大会作出修改公司章程、增加或者减少注册资本的决议，以及公司合并、分立、解散或者变更公司形式的决议，必须经出席会议的股东所持表决权的三分之二以上通过。

《公司法》和公司章程规定公司转让、受让重大资产或者对外提供担保等事项必须经股东大会作出决议的，董事会应当及时召集股东大会会议，由股东大会就上述事项进行表决。股东大会应当对所议事项的决定作成会议记录，主持人、出席会议的董事应当在会议记录上签名。会议记录应当与出席股东的签名册及代理出席的委托书一并保存。

（二）董事会、经理

1. 董事会

（1）董事会的产生与组成。股份有限公司设董事会，其成员为五人至十九人。董事会成员中可以有公司职工代表。非由职工代表担任的董事由股东会选举和更换。董事会中的职工代表由公司职工通过职工代表大会、职工大会或者其他形式民主选举产生。董事的任期与有限责任公司相同。

董事会设董事长一人，可以设副董事长。董事长和副董事长由董事会以全体董事的过半数选举产生。董事长召集和主持董事会会议，检查董事会决议的实施情况。副董事长协助董事长工作，董事长不能履行职务或者不履行职务的，由副董事长履行职务；副董事长不能履行职务或者不履行职务的，由半数以上董事共同推举一名董事履行职务。

（2）董事会的职权。董事会的职权与有限责任公司相同。

（3）董事会会议的召开。董事会每年度至少召开两次会议，每次会议应当于会议召开十日前通知全体董事和监事。代表十分之一以上表决权的股东、三分之一以上董事或者监事会，可以提议召开董事会临时会议。董事长应当自接到提议后十日内，召集和主持董事会会议。董事会召开临时会议，可以另定召集董事会的通知方式和通知时限。董事会会议应有过半数的董事出席方可举行。董事会作出决议，必须经全体董事的过半数通过。董事会决议的表决，实行一人一票。

董事会会议，应由董事本人出席；董事因故不能出席，可以书面委托其他董事代为出席，委托书中应载明授权范围。董事会应当对会议所议事项的决定作成会议记录，出席会议的董事应当在会议记录上签名。董事应当对董事会的决议承担责任。董事会的决议违反法律、行政法规或者公司章程、股东大会决议，致使公司遭受严重损失的，参与决议的董事对公司负赔偿责任。但经证明在表决时曾表明异议并记载于会议记录的，该董事可以免除责任。

2. 经理

股份有限公司设经理，由董事会决定聘任或者解聘。股份有限公司经理的职权与有限责任公司经理的职权相同。公司董事会可以决定由董事会成员兼任经理。

（三）监事会

1. 监事会产生与组成。股份有限公司设立监事会，其成员不得少于三人。监事会应当包括股东代表和适当比例的公司职工代表，其中职工代表的比例不得低于三分之一，具体比例由公司章程规定。监事会中的职工代表由公司职工通过职工代表大会、职工大会或者其他形式民主选举产生。监事会设主席一人，可以设副主席。监事会主席和副主席由全体监事过半数选举产生。监事会主席召集和主持监事会会议；监事会主席不能履行职务或者不履行职务的，由监事会副主席召集和主持监事会会议；监事会副主席不能履行职务或者不履行职务的，由半数以上监事共同推举一名监事召集和主持监事会会议。董事、高级管理人员不得兼任监事。关于有限责任公司监事任期的规定，适用于股份有限公司监事。

2. 监事会的职权。有限责任公司监事会职权的规定，适用于股份有限公司监事会。

3. 监事会会议。监事会每六个月至少召开一次会议。监事可以提议召开临时监事会会议。监事会的议事方式和表决程序，除《公司法》有规定的外，由公司章程规定。监事会应当对所议事项的决定作成会议记录，出席会议的监事应当在会议记录上签名。

4. 监事会行使职权的费用来源。监事会行使职权的所必需的费用，由公司承担。

三、上市公司①

上市公司，是指其股票在证券交易所上市交易的股份有限公司。上市公司是特殊的股份公司。我国《公司法》对上市公司进行了特别规定：

1. 上市公司组织机构方面的特别规定。上市公司设立独立董事，具体办

---

① 该部分仅依据我国《公司法》简要介绍有关上市公司的内容，详细内容请参见本书“证券法”部分的介绍。

法由国务院规定。上市公司设立董事会秘书，负责公司股东大会和董事会会议的筹备、文件保管以及公司股权管理，办理信息披露事务等事宜。

2. 上市公司重大事项的决策。上市公司在一年内购买、出售重大资产或者担保金额超过公司资产总额百分之三十的，应当由股东大会作出决议，并经出席会议的股东所持表决权的三分之二以上通过。上市公司董事与董事会会议决议事项所涉及的企业有关联关系[①]的，不得对该项决议行使表决权，也不得代理其他董事行使表决权。该董事会会议由过半数的无关联关系董事出席即可举行，董事会会议所作决议须经无关联关系董事过半数通过。出席董事会的无关联关系董事人数不足三人的，应将该事项提交上市公司股东大会审议。

3. 上市公司财务会计制度的特别规定。上市公司必须依照法律、行政法规的规定，公开其财务状况、经营情况及重大诉讼，在每会计年度内半年公布一次财务会计报告。

四、股份有限公司的股份发行和转让

（一）股份发行

1. 股份发行的含义。股份发行，是指发起人为了设立股份有限公司或者股份有限公司为了筹集资本依法分配或出售股份的行为。[②] 股份的发行包括设立发行和新股发行。设立发行，是指发起人在股份有限公司的设立阶段发行股份的行为。新股发行，是指股份有限公司成立后，为了筹集资本依法分配或出售股份的行为。

2. 股份。股份是股份有限公司特有的概念，是指股份有限公司资本的构成单位，是股东的出资。[③] 股份有限公司的资本划分为股份，每一股的金额相等。公司的股份采取股票的形式。

3. 股票。股票是公司签发的证明股东所持股份的凭证。股票采用纸面形式或者国务院证券监督管理机构规定的其他形式。股票应当载明下列主要事项：（1）公司名称；（2）公司成立日期；（3）股票种类、票面金额及代表的股份数；（4）股票的编号。股票由法定代表人签名，公司盖章。发起人的股票，应当标明发起人股票字样。公司发行的股票，可以为记名股票，也可以为无记名股票。公司向发起人、法人发行的股票，应当为记名股票，并应当记载

---

① 关联关系，是指公司控股股东、实际控制人、董事、监事、高级管理人员与其直接或者间接控制的企业之间的关系，以及可能导致公司利益转移的其他关系。但是，国家控股的企业之间不仅仅因为同受国家控股而具有关联关系。

② 朱炎生等：《公司法》，第202页，厦门大学出版社，2004

③ 王保树、崔勤之：《中国公司法原理》，第167页，社会科学文献出版社，1998

该发起人、法人的名称或者姓名，不得另立户名或者以代表人姓名记名。

公司发行记名股票的，应当置备股东名册，记载下列事项：（1）股东的姓名或者名称及住所；（2）各股东所持股份数；（3）各股东所持股票的编号；（4）各股东取得股份的日期。发行无记名股票的，公司应当记载其股票数量、编号及发行日期。股份有限公司成立后，即向股东正式交付股票。公司成立前不得向股东交付股票。

4. 股份发行的原则。股份的发行，实行公平、公正的原则，同种类的每一股份应当具有同等权利。同次发行的同种类股票，每股的发行条件和价格应当相同；任何单位或者个人所认购的股份，每股应当支付相同价额。

5. 股份发行的价格。股票发行价格可以按票面金额，也可以超过票面金额，但不得低于票面金额。

6. 新股发行的特殊规则。公司发行新股，依照公司章程的规定由股东大会或者董事会对下列事项作出决议：（1）新股种类及数额；（2）新股发行价格；（3）新股发行的起止日期；（4）向原有股东发行新股的种类及数额。公司经国务院证券监督管理机构核准公开发行新股时，必须公告新股招股说明书和财务会计报告，并制作认股书。同时，公司应当与证券公司签订承销协议，所发行的新股由依法设立的证券公司承销，并同银行签订代收股款协议。公司发行新股，可以根据公司经营情况和财务状况，确定其作价方案。公司发行新股募足股款后，必须向公司登记机关办理变更登记，并公告。

（二）股份转让

股东持有的股份可以依法转让。股东转让其股份，应当在依法设立的证券交易场所进行或者按照国务院规定的其他方式进行。

记名股票，由股东以背书方式或者法律、行政法规规定的其他方式转让；转让后由公司将受让人的姓名或者名称及住所记载于股东名册。股东大会召开前二十日内或者公司决定分配股利的基准日前五日内，不得进行前款规定的股东名册的变更登记。但是，法律对上市公司股东名册变更登记另有规定的，从其规定。无记名股票的转让，由股东将该股票交付给受让人后即发生转让的效力。

发起人持有的本公司股份，自公司成立之日起一年内不得转让。公司公开发行股份前已发行的股份，自公司股票在证券交易所上市交易之日起一年内不得转让。

公司董事、监事、高级管理人员应当向公司申报所持有的本公司的股份及其变动情况，在任职期间每年转让的股份不得超过其所持有本公司股份总数的百分之二十五；所持本公司股份自公司股票上市交易之日起一年内不得转让。

上述人员离职后半年内，不得转让其所持有的本公司股份。公司章程可以对公司董事、监事、高级管理人员转让其所持有的本公司股份作出其他限制性规定。

公司不得收购本公司股份。但是，有下列情形之一的除外：(1) 减少公司注册资本；(2) 与持有本公司股份的其他公司合并；(3) 将股份奖励给本公司职工；(4) 股东因对股东大会作出的公司合并、分立决议持异议，要求公司收购其股份的。公司因前述第 (1) 项至第 (3) 项的原因收购本公司股份的，应当经股东大会决议。公司依照前款规定收购本公司股份后，属于第 (1) 项情形的，应当自收购之日起十日内注销；属于第 (2) 项、第 (4) 项情形的，应当在六个月内转让或者注销。公司依照前述第 (3) 项规定收购的本公司股份，不得超过本公司已发行股份总额的百分之五；用于收购的资金应当从公司的税后利润中支出；所收购的股份应当在一年内转让给职工。公司不得接受本公司的股票作为质押权的标的。

记名股票被盗、遗失或者灭失，股东可以依照《中华人民共和国民事诉讼法》规定的公示催告程序，请求人民法院宣告该股票失效。人民法院宣告该股票失效后，股东可以向公司申请补发股票。

上市公司的股票，依照有关法律、行政法规及证券交易所交易规则上市交易。

附　录：

一、案例分析

(一) 案情

王某、吴某和陈某准备共同设立一家有限责任公司。三人经协商后拟定了公司章程，其中包括如下内容：

(1) 公司名称为“昆明翼翔电脑销售公司”。

(2) 公司的注册资本为人民币 6 万元。王某以货币出资人民币 1 万元，吴某以厂房和设备作价出资人民币 3 万元，陈某以普通非专利技术作价出资人民币 2 万元，公司全体股东的首次出资额为各自认缴部分的 10%，其余部分在公司成立后两年内缴足。

(3) 公司不设股东会，实行董事会领导下的总经理负责制。

(4) 公司因业务需要时，得设立分公司，分公司具有法人资格，自主经营，自负盈亏。

(二) 问题

上述内容中，哪些不符合公司法的规定？为什么？

二、案例分析答案要点

1. 公司名称不符合《公司法》的规定。公司名称必须标明“有限责任公司”或者“有限公司”字样。

2. 出资比例不符合法律规定。《公司法》规定，全体股东的货币出资额不能低于注册资本的30%。公司全体股东的首次出资额的总和低于注册资本的20%，同时也不符合首次出资不得低于有限责任公司法定注册资本最低限额3万元的要求。

3. 公司组织机构设置不符合法律规定。除一人有限责任公司和国有独资公司外，有限责任公司均应设股东会。

4. 有关分公司性质及责任的约定不符合法律规定。我国《公司法》规定，分公司不具有企业法人资格，其民事责任由公司承担。

三、本章复习思考题

1. 设立有限责任公司和股份有限公司分别应具备哪些条件?

2. 有限责任公司与股份有限公司有何区别?

3. 甲、乙、丙三位同学大学毕业后，准备自主创业开设一家销售电脑耗材的有限责任公司，请你假设相关情况为他们起草一份公司章程。

第三章　合伙企业法律制度

第一节　合伙企业与合伙企业法概述

一、合伙企业的概念与特征

（一）合伙企业的概念

合伙企业是指两个或两个以上的自然人、法人和其他组织为经营共同事业，通过订立协议而设立的共同出资、合伙经营、共享收益、共担风险的营利性组织。

（二）合伙企业的特征

与有限责任公司、股份有限公司及其他商事主体相比，合伙企业具有如下基本特征。

1. 合伙企业是人合企业。同有限责任公司和股份有限公司的股东一样，合伙企业的各个合伙人要共同出资，合伙企业也具有一定程度的资合性。但不同的是，合伙企业是基于合伙人之间的信任关系而建立的，没有信任关系的两个以上的自然人是不可能结合成合伙；新的合伙人入伙需要全体合伙人一致商定；协议退伙也需要全体合伙人的首肯，未经同意的擅自退伙给其他合伙人造成损失的要承担赔偿责任；在合伙重大事务的处理上也要求全体合伙人协商一致，共同参与和承担。所有这些都表明合伙企业具有较强的人合性质。正是合伙企业的强人合性、弱资合性这一特点决定了《合伙企业法》的基调和价值取向，强调对合伙人内部协商与信任关系的规范和约束，而对合伙人内部财产关系的处理干预较少。

2. 合伙企业以合伙协议为法律基础。合伙协议是合伙人之间订立的，调整合伙关系、规范合伙人相互权利义务、处理合伙纠纷的协议，它对全体合伙人具有约束力，是合伙企业得以成立和有序运行的法律基础。

3. 合伙企业由全体合伙人共同出资、共同经营、共享收益、共担风险。按协议出资是合伙人的基本义务，也是其取得合伙人资格的前提条件。合伙人必须共同参与合伙企业的经营活动（隐名合伙和有限合伙除外），从事具有经济利益的营业行为。全体合伙人应当按照合伙协议的约定分配合伙企业的收益，分担合伙企业的风险和亏损。

4. 合伙企业不具有法人资格。虽然合伙企业有自己的财产，合伙企业事物执行人应以合伙企业的名义对外从事交易活动，对外交易所获得的收益应当归合伙企业，合伙企业对外所负的债务应当首先以合伙企业的财产予以清偿，但合伙企业不具有独立的法人资格，不能独立地享有民事权利和承担民事义务。正是由于这个原因，当合伙企业财产不足以清偿合伙企业的债务时，合伙人有义务以个人财产清偿合伙企业的债务，合伙企业的债权人也有权向任何一个合伙人请求以其个人财产来偿付全部债务。

5. 合伙人对合伙企业的债务承担无限连带责任。与有限责任公司和股份有限公司的股东对公司债务以其出资为限承担有限责任不同，除有限合伙企业中的有限合伙人外，合伙人对合伙企业的债务承担无限连带责任。所谓无限责任，是指合伙人应以其全部财产负责清偿合伙企业的债务，而不仅仅是以其投入到合伙企业的财产负责清偿合伙企业的债务。所谓连带责任，是指应合伙企业债权人的请求，任一合伙人都有义务用其全部财产清偿合伙企业的全部债务，而不能以合伙协议中约定的亏损分担比例对抗债权人清偿债权的请求。

二、合伙企业的类型

理论上，可以按照不同的标准对合伙作不同的分类。例如，按照是否以营利为目的，可以将合伙分为民事合伙和商事合伙，前者是不以营利为目的或虽以营利为目的但未达一定程度和规模的合伙，后者是以营利为目的的合伙。我国《合伙企业法》调整的合伙企业属于商事合伙。对于商事合伙，按照合伙人的不同，可以分为法人合伙和个人合伙。我国《合伙企业法》把合伙企业分成普通合伙和有限合伙两种。

1. 普通合伙。普通合伙是指所有合伙人对外均承担无限连带责任的合伙企业。我国 1997 年得《合伙企业法》中定义的合伙企业就只有普通合伙企业这一种形式。普通合伙是比较普遍和正规的合伙形式，受到各国合伙企业法的普遍认可。

2. 有限合伙。有限合伙是一种由普通合伙人和有限合伙人共同组成的合伙，普通合伙人控制合伙的经营管理，对合伙债务承担无限责任，有限合伙人对合伙企业进行投资，享有分红的权利，但不参与合伙的经营管理，以其投资额为限对合伙债务承担有限责任。有限合伙最初源于海上贸易，雏形是公元 10 世纪前后意大利商港的康曼达契约（commenda）。这种契约的目的是为了规避教会禁止借贷生息的法令，通过契约的约定将投资风险限定于特定财产。根据康曼达契约，一方合伙人将商品、金钱、船舶等转交于另一方合伙人经营。冒资金风险的合伙人通常获得3/4的利润，且仅以其投资为限承担风险责任。从事航行的企业家则以双方投入的全部财产独立从事航海交易，其获得1/4的利润，并对外承担经营的无限责任。简言之，有限合伙的目的就是为了规避风险。对有限合伙，发达国家均有规定，如1907英国制订的《有限合伙法》，1916年美国统一州法委员会通过的《统一有限合伙法》。我国1997年的《合伙企业法》，最初在风险投资领域里，有限合伙受到了投资者和立法者的关注。风险投资是上世纪六十年代快速发展起来的一种股权投资方式，它主要投资处于创业阶段且具有快速成长可能的科技型中小企业，对促进其技术开发、创业发展和资金融通发挥着重要作用。风险投资常用的组织形式是有限合伙。由于合伙企业法未规定有限合伙，而且有的条文对有限合伙形成直接限制，使我国风险投资难以采用这一制度。在中央立法对有限合伙持谨慎态度的同时，地方立法超前对此作出了积极的探索。代表性的就是2000年北京市人民代表大会通过《中关村科技园区条例》和2001年北京市政府出台的《有限合伙管理办法》。6年以后，在2006年8月27日第十届全国人民代表大会常务委员会第二十三次会议修订后的合伙企业法则正式肯定了有限合伙的法律效力。

3. 隐名合伙。隐名合伙和有限合伙一样，最初也从康曼达契约衍生而出。它是指当事人约定一方为他方经营之事业出资，从而分享其营业利益并分担其所生损失的契约。从定义看，隐名合伙与有限合伙具有一些相似之处。二者的区别主要在于，有限合伙人的合伙人身份对外公开，而隐名合伙人的身份不对外公开。我国的法律并未明确规定“隐名合伙”这一概念。但是，1990年《最高人民法院关于贯彻执行 < 中华人民共和国民法通则 > 若干问题的意见（修改稿）》（以下简称《意见》）第43条和第44条可以看做是我国对隐名合伙的规定。《意见》第43条：“公民按照协议提供资金或者实物，并约定参与合伙盈余分配，但不参与合伙经营、劳动的，或者提供技术性劳务而不提供资金、实物，但约定参与盈余分配的，视为合伙人。”第44条：“全体合伙人对合伙经营的亏损额，对外应当负连带责任；对内则应按照协议约定的债务承担比例或者出资比例分担，协议未约定债务承担比例或者出资比例的，可以按照约定的或者实际的盈余分配比例承担。但是对造成合伙经营亏损有过错的合伙人，应当根据其过错程度相应的多承担责任。”可见，在我国，隐名合伙人不同于有限合伙人，他对合伙企业的债务依然要承担无限连带责任。

三、合伙企业法及其适用范围

新中国的合伙企业法律制度经历了一个不断发展完善过程。第六届全国人民代表大会第四次会议于 1986 年通过的《中华人民共和国民法通则》首次规定了公民个人之间的合伙和法人之间的联营。其中，个人合伙是指两个以上公民按照协议，各自提供资金、实物、技术等，合伙经营、共同劳动；而企业之间或者企业、事业单位之间联营，共同经营、不具备法人条件的，由联营各方按照出资比例或者协议的约定，以各自所有的或者经营管理的财产承担民事责任。第八届全国人大常委会第四十二次会议于 1997 年通过的《中华人民共和国合伙企业法》（以下简称《合伙企业法》）第 2 条规定："本法所称合伙企业，是指依照本法在中国境内设立的由各合伙人订立合伙协议，共同出资、合伙经营、共享收益、共担风险，并对合伙企业债务承担无限连带责任的营利性组织。"该法所指之合伙人仅限于自然人，合伙企业的形式只有普通合伙。

第十届全国人民代表大会常务委员会第二十三次会议于 2006 年对《合伙企业法》进行了修订。修订后的《合伙企业法》第 2 条的规定："本法所称合伙企业，是指自然人、法人和其他组织依照本法在中国境内设立的普通合伙企业和有限合伙企业。"据此规定，合伙人可以是自然人也可以是法人或其他组织，合伙企业的形式可以是普通合伙企业也可以是有限合伙企业。修订前的《合伙企业法》适用于按照规定应由工商行政管理机关登记管理的合伙企业。采用合伙制的律师事务所、会计师事务所、医生诊所以及建筑师事务所等组织，由于其归其他行政主管部门登记管理，不适用于《合伙企业法》。修订后的《合伙企业法》取消了这一限制，以专业知识和专门技能为客户提供有偿服务的专业服务机构，可以设立为特殊的普通合伙企业。

第二节　普通合伙企业

普通合伙企业是指全部由普通合伙人组成，各合伙人均对合伙企业债务承担无限连带责任。普通合伙企业是 1997 年《合伙企业法》规定的合伙企业的唯一形式，也是 2007 年《合伙企业法》规定的合伙企业的主要形式。普通合伙企业具有两个主要特征。一是普通合伙企业的合伙人全是普通合伙人。所谓普通合伙人，是指在合伙企业中对合伙企业的债务依法承担无限连带责任的自然人、法人和其他组织。二是各合伙人都对合伙企业债务依法承担无限连带责任，但法律另有规定的除外。

一、普通合伙企业的设立

（一）设立条件

按照《合伙企业法》的规定，设立普通合伙企业需要满足如下基本条件。

1. 有两个或两个以上的合伙人。合伙人可以是自然人，也可以是法人或非法人组织。如果合伙人是自然人，则其必须是具有完全民事行为能力的人，而且法律、行政法规禁止从事营利性活动的自然人（如公务员等），不得成为合伙企业的合伙人。《合伙企业法》对法人和非法人组织作为合伙人的资格条件没有特殊的要求，但是国有独资公司、国有企业、上市公司以及公益性的事业单位、社会团体不得成为普通合伙人。

2. 有各合伙人签订的书面合伙协议。如前所述，合伙协议是合伙企业的法律基础。因此，要设立合伙企业，各合伙人应在协商一致的基础上签订书面的合伙协议。合伙协议是合伙企业设立及确定合伙人权利义务的重要依据，应当载明下列事项：（1）合伙企业的名称和主要经营场所的地点；（2）合伙目的和合伙经营范围；（3）合伙人的姓名或者名称、住所；（4）合伙人的出资方式、数额和缴付期限；（5）利润分配、亏损分担方式；（6）合伙事务的执行；（7）入伙与退伙；（8）争议解决办法；（9）合伙企业的解散与清算；（10）违约责任。合伙协议须经全体合伙人的签名、盖章方生效。修改或者补充合伙协议，应当经全体合伙人一致同意，但合伙协议另有约定的除外。合伙协议未约定或者约定不明确的事项，由合伙人协商决定；协商不成的，依照本法和其他有关法律、行政法规的规定处理。

3. 有各合伙人实际缴付的出资。关于合伙人的出资及其要求，将在下一小节中介绍。

4. 有合伙企业的名称。合伙企业要进行生产经营活动，要与他人交易，必须要有自己的名称。根据《合伙企业法》的规定，普通合伙企业名称中应当标明“普通合伙”字样，而不得使用“有限”或者“有限责任”字样。

5. 有经营场所和从事合伙经营的必要条件。合伙企业的经营场所决定合伙企业的住所，是确定合伙企业债务的履行地、诉讼管辖地和法律文书送达地的重要依据。

（二）设立程序

1. 提出设立申请。申请设立合伙企业，应当由全体合伙人指定的代表或者共同委托的代理人向企业登记机关（市、县工商行政管理局）提交全体合伙人签署的设立登记申请书、全体合伙人的身份证明、全体合伙人指定代表或者共同委托代理人的委托书、合伙协议书、全体合伙人对各合伙人认缴或者实际缴付出资的确认书、主要经营场所证明以及国务院工商行政管理部门规定提交的其他文件。法律、行政法规或者国务院规定设立合伙企业须经批准的，还应当提交有关批准文件。合伙企业的经营范围中有属于法律、行政法规或者国务院规定在登记前须经批准的项目的，应当向企业登记机关提交批准文件。

2. 签发营业执照。申请人提交的登记申请材料齐全、符合法定形式，企业登记机关能够当场登记的，应予当场登记，发给合伙企业营业执照。若不能当场登记，企业登记机关应当自受理申请之日起20日内，作出是否登记的决定。予以登记的，发给合伙企业营业执照；不予登记的，应当给予书面答复，并说明理由。营业执照签发之日为合伙企业成立日期，在此之前合伙人不得以合伙企业的名义从事合伙业务。

3. 设立分支机构。合伙企业如需设立分支机构，应当向分支机构所在地的企业登记机关办理登记手续，领取营业执照。

二、合伙人的出资与普通合伙企业的财产

（一）合伙人的出资

1. 最低注册资本金。和有限责任公司不同，各国法律对合伙企业都没有规定最低注册资本金，我国也不例外。这是因为，合伙企业是一种比较简单的企业组织形式，合伙人以自己的个人财产对合伙企业的债务承担无限连带责任，不规定注册资本金的最低限额，并不会损害债权人的合法权益。

2. 出资方式。《合伙企业法》第16条规定："合伙人可以用货币、实物、知识产权、土地使用权或者其他财产权利出资，也可以用劳务出资。合伙人以实物、知识产权、土地使用权或者其他财产权利出资，需要评估作价的，可以由全体合伙人协商确定，也可以由全体合伙人委托法定评估机构评估。合伙人以劳务出资的，其评估办法由全体合伙人协商确定，并在合伙协议中载明。"因此，普通合伙企业的合伙人可以用货币、实物、知识产权、技术、土地使用权和劳务进行出资。近年来随着市场经济的发展，出现了以债权、采矿权、探矿权和注册商标使用权等权利来出资的现象。虽然《合伙企业法》没有明确肯定这些出资方式，但此类新型的权利的确可以融资变现，是财富的存在方式之一。探究当代商事法律的立法精神也是鼓励国民创业，以多种方式灵活出资的。因此，我们倾向于在学理上肯定这些新的出资方式，将它们作为"其他财产权利出资"，认同其法律效力。

3. 出资比例。合伙人应该在合伙协议中约定彼此对合伙企业的出资比例。出资比例是合伙人之间确定盈余分配标准和合伙债务比例的基本依据。如果合伙人之间没有约定出资比例，在债务承担上，按照《合伙企业法》第33条的

规定，合伙企业的利润分配、亏损分担，按照合伙协议的约定办理；合伙协议未约定或者约定不明确的，由合伙人协商决定；协商不成的，由合伙人按照实缴出资比例分配、分担；无法确定出资比例的，由合伙人平均分配、分担。因此，倘若事前既无约定的出资比例，也没有约定的盈余分配比例，而合伙人之间就此也无法达成一致意见，应当按照各合伙人的实际出资比例来分摊债务亏损和分配利润，若不能确定各合伙人的实际出资比例，则应平均分配或分担。

4. 出资的价值评估。如果合伙人采用非货币的其他形式进行出资，可能会涉及出资需要评估作价的问题。对于出资的货币价值，既可以由全体合伙人协商确定，也可以由全体合伙人共同委托评估机构，对出资进行价值评估。

（二）合伙企业的财产

1. 合伙企业财产的范围。合伙企业的财产主要由两部分构成，一是各合伙人缴纳的出资，二是合伙企业在生产经营中获得的收益以及合伙企业依法取得的其他财产（如接受捐赠）。

2. 合伙企业财产的性质与管理。合伙企业的上述财产属于全体合伙人的共有财产，但究竟是由各合伙人按份共有抑或是有全体合伙人共同共有呢？为了保证合伙企业的稳定和发展，《合伙企业法》规定合伙企业财产的共有性质属于全体合伙人“共同共有”。这意味着，合伙企业的财产是由全体合伙人依法共同管理和使用的；在合伙企业存续期间，合伙人不得请求分割合伙企业的财产。合伙人在合伙企业清算前私自转移或者处分合伙企业财产的，合伙企业不得以此对抗善意第三人。此处的善意第三人是指对合伙人在合伙企业清算前私自转移或者处分合伙企业财产的行为不知情而与合伙企业发生交易的第三人。所谓不得对抗善意第三人，是指合伙人在合伙企业清算前私自转移或者处分合伙企业财产的行为对该善意第三人无效，该善意第三人有权要求合伙企业用合伙企业清算前被私自转移或者处分的合伙企业财产清偿对于该善意第三人的债务。

3. 合伙人对合伙企业财产份额的处分。合伙人转让、处分其在合伙企业中的财产份额可能导致第三人成为合伙企业的合伙人，而如前所述，合伙企业是一种人合性企业，其他合伙人可能并不愿意该第三人成为合伙企业的合伙人，故《合伙企业法》对合伙人转让、处分其在合伙企业中的财产份额作了许多限制性的规定。这些限制包括：（1）除合伙协议另有约定外，合伙人向合伙人以外的人转让其在合伙企业中的全部或者部分财产份额时，须经其他合伙人一致同意；（2）合伙人之间转让在合伙企业中的全部或者部分财产份额时，应当通知其他合伙人；（3）合伙人向合伙人以外的人转让其在合伙企业中的财产份额的，在同等条件下，其他合伙人有优先购买权，但合伙协议另有约定的除外；（4）合伙人以其在合伙企业中的财产份额出质的，须经其他合伙人一致同意；未经其他合伙人一致同意，其行为无效，由此给善意第三人造成损失的，由行为人依法承担赔偿责任。

三、普通合伙企业的内部关系

合伙企业的内部关系主要涉及合伙企业事务的执行、合伙企业的表决办法、合伙人对合伙企业的义务、合伙企业损益的承担与分配以及合伙企业内部的法律责任等问题。

（一）合伙企业事务的执行

合伙企业事务的执行是指享有合伙企业事务执行权的人有权对外代表合伙企业并以合伙企业名义对外进行活动。合伙企业事务的执行方式有如下两种。

一是全体合伙人共同执行合伙企业事务，各合伙人享有平等的权利。合伙的一个重要特点是合伙人共同管理，共同经营。合伙企业是在合伙人协商一致基础上建立的联合体，各合伙人对执行合伙企业事务理应享有同等的权利。因此，《合伙企业法》明确规定，合伙人对执行合伙事务享有同等的权利。我们认为，在合伙人数量不多的情况下，可以采用这种合伙企业事务执行方式。

二是委托一名或数名合伙人执行合伙企业事务。在合伙人人数众多的情况下，如果每个合伙人都享有合伙企业事务执行权，都有权对外代表合伙企业并以合伙企业名义进行活动，势必造成合伙企业经营管理的混乱，不利于合伙企业的发展和合伙目的的实现。因此，《合伙企业法》同时规定，按照合伙协议的约定或者经全体合伙人决定，可以委托一个或者数个合伙人对外代表合伙企业，执行合伙事务。作为合伙人的法人、其他组织执行合伙事务的，由其委派的代表执行。如果合伙企业委托一个或者数个合伙人执行合伙事务的，则只有被委托的合伙人才具有合伙企业事务的执行权，只有被委托的合伙人才有权对外代表合伙企业从事法律活动，其他合伙人不再执行合伙事务。但是，不执行合伙事务的合伙人享有以下权利：

1. 监督权。不执行合伙事务的合伙人有权监督执行事务合伙人执行合伙事务的情况。由一个或者数个合伙人执行合伙事务的，执行事务合伙人应当定期向其他合伙人报告事务执行情况以及合伙企业的经营和财务状况，其执行合伙事务所产生的收益归合伙企业，所产生的费用和亏损由合伙企业承担。合伙人为了解合伙企业的经营状况和财务状况，有权查阅合伙企业会计账簿等财务资料。

2. 撤销权和异议权。被委托执行事务的合伙人如果不按照合伙协议或者全体合伙人的决定来执行事务，其他合伙人可以撤销委托。两个以上合伙人分别执行合伙企业事务的，执行事务合伙人对其他合伙人的事务执行都可以提出异议。提出异议时，该事务应暂停执行。这些争议应按照合伙协议约定的表决办法来办理，合伙协议未约定或者约定不明确的，实行合伙人一人一票并经全体合伙人过半数通过的表决办法。

（二）合伙企业的表决办法

合伙企业是建立在合伙协议基础之上的，因此，合伙人之间可以协议约定合伙事务的决议方式和程序。对于合伙企业表决权的分配问题，如合伙协议未约定或者约定不明确，则实行合伙人一人一票的制度。这与有限责任公司和股份有限公司的表决权制度是不一样的，有限责任公司和股份有限公司的表决权完全取决于股东持有的股权比例或股份数量。

对于合伙企业的议事规则，如合伙协议未约定或者约定不明确，则实行全体合伙人过半数通过的表决办法。但是，除合伙协议另有规定外，合伙企业的如下事务必须经过全体合伙人的一致同意才能作出决议：（1）改变合伙企业的名称；（2）改变合伙企业的经营范围、主要经营场所的地点；（3）处分合伙企业的不动产；（4）转让或者处分合伙企业的知识产权和其他财产权利；（5）以合伙企业名义为他人提供担保；（6）聘任合伙人以外的人担任合伙企业的经营管理人员。

（三）合伙人对合伙企业的义务

不管合伙人当初是抱有多么大的善良和诚意来设立合伙企业的，但客观上看，在合伙企业的运营过程中合伙人的个人利益与全体合伙人的共同利益可能会有互相冲突的时候，合伙人可能既有动机又有条件为了一己之私利而损害整个企业和其他合伙人的利益。因此，《合伙企业法》规定合伙人对合伙企业承担下述义务。

一是忠诚义务。合伙人不得从事损害本合伙企业利益的活动。如果合伙人的行为给合伙企业造成损害，则应依法承担损害赔偿责任。

二是竞业禁止义务。在任何情况下，合伙人不得自营或者同他人合作经营与本合伙企业相竞争的业务。例如，本合伙企业经营的是餐饮服务业务，则本合伙企业的任何人都不得再自己开办或与他人合伙开办类似的餐馆提供餐饮服务，因为他很有可能把本属于本合伙企业的交易机会让给或介绍给他自己开办的或与他人合办的餐馆谋取更大的个人利益，从而损害本合伙企业的利益。

三是交易禁止义务。合伙人（特别是执行合伙企业事务的合伙人）负有维护合伙企业利益的义务，如果允许合伙人与合伙企业进行交易，势必发生合伙企业利益与合伙人个人利益的冲突，合伙人两相权衡的结果很可能是为了维护自身的利益而损害合伙企业的利益。因此，《合伙企业法》规定，除合伙协议另有约定或者经全体合伙人一致同意外，合伙人不得同本合伙企业进行交易。

（四）合伙企业的收益分配和亏损分担

按照《合伙企业法》第33条的规定：“合伙企业的利润分配、亏损分担，按照合伙协议的约定办理；合伙协议未约定或者约定不明确的，由合伙人协商决定；协商不成的，由合伙人按照实缴出资比例分配、分担；无法确定出资比例的，由合伙人平均分配、分担。合伙协议不得约定将全部利润分配给部分合伙人或者由部分合伙人承担全部亏损。”可见，合伙企业的收益分配、亏损分摊制度与有限责任公司和股份有限公司是不一样的，合伙企业的收益分配和亏损分摊可以背离各合伙人的实缴出资比例，可以由各合伙人协议或协商确定，体现了当事人的意思自治。当然，当事人的意思自治是有限度的，那就是合伙协议不得约定将全部利润分配给部分合伙人或者由部分合伙人承担全部亏损。为了在合伙人之间实现公平的受益分配和亏损承担，我们认为，除了严格贯彻第33条规定以外，合伙企业必须建立一个完善的财务会计制度，实现规范和高效率的财务会计管理。由于合伙企业往往规模较小，合伙人不重视财务管理成本投入的现象十分普遍。这为部分合伙人侵占合伙企业财产提供了制度上的漏洞，也为全体合伙人的监督与合伙企业的发展带来了限制。

（五）合伙企业内部的法律责任

《合伙企业法》规定的合伙企业内部的法律责任主要有以下几个方面。

1. 合伙人对合伙企业的法律责任。合伙人违反法律规定的竞业禁止和交易禁止义务，收益归合伙企业所有；由此给合伙企业造成损失的，应承担赔偿责任。合伙人对法律规定或者合伙协议约定必须经全体合伙人一致同意始得执行的事务擅自处理，给合伙企业或者其他合伙人造成损失的，依法承担赔偿责任。不具有事务执行权的合伙人擅自执行合伙企业事务，给合伙企业或者其他合伙人造成损失的，依法承担赔偿责任。

2. 合伙企业事务执行人或从业人员对合伙企业的法律责任。合伙人执行合伙事务，或者合伙企业从业人员利用职务上的便利，将应当归合伙企业的利益据为己有的，或者采取其他手段侵占合伙企业财产的，应当将该利益和财产退还合伙企业；给合伙企业或者其他合伙人造成损失的，依法承担赔偿责任。

3. 合伙企业经营管理人员对合伙企业的法律责任。被聘任的合伙企业的经营管理人员应当在合伙企业授权范围内履行职务。被聘任的合伙企业的经营管理人员，超越合伙企业授权范围履行职务，或者在履行职务过程中因故意或者重大过失给合伙企业造成损失的，依法承担赔偿责任。

四、普通合伙企业的外部关系

合伙企业的外部关系主要有三个方面，即合伙企业与其债权人的关系、合伙企业与善意第三人的关系以及合伙企业与合伙人之债权人的关系。

（一）合伙企业与其债权人的关系

合伙企业对外所负的到期债务，应先以合伙企业的全部财产进行清偿。合伙企业不能清偿到期债务的，应由各合伙人承担无限连带责任。所谓无限连带责任，是指当合伙企业财产不足以清偿到期债务时，债权人有权要求任何一个、几个或全部合伙人以其个人财产偿还合伙企业剩余的全部或部分债务，被请求偿还全部或部分债务的合伙人有义务用其全部或部分财产来偿还要求他偿还的债务，而不得以债权人提出的偿债请求超过了他按照合伙协议应当承担的比例来对抗债权人提出的偿债请求。当然，合伙人由于承担连带责任，所清偿数额超过他对内应当承担的数额时，有权向其他的合伙人追偿。

此外，合伙企业对其合伙人行使代表权的行为后果向第三人负责。也就是说，各合伙人根据合伙协议或合伙企业的授权，可以对外代表合伙企业，以合伙企业名义开展经营活动，其行为后果应当由合伙企业承受。合伙人在执行合伙企业事务的过程中侵犯他人合法权益，给他人造成损害的，亦应先由合伙企业承担赔偿责任，再在合伙企业内部根据合伙人的过错程度追究其责任。

（二）合伙企业与善意第三人的关系

合伙企业对合伙人执行合伙事务以及对外代表合伙企业权利的限制，不得对抗善意第三人。合伙企业对合伙人执行合伙事务以及对外代表合伙企业权利的限制属于合伙企业内部约定，只在合伙企业内部具有约束力。这种内部限制是否对第三人发生效力，要看第三人是否明知其内部有如此之约定。如果第三人事实上不知道也没有理由推断其应当知道有这样的限制，则合伙人以合伙企业名义与该第三人所为的超越合伙企业授权范围的行为是有效的，该行为对合伙企业及其他合伙人均具有法律效力，由此产生的后果由合伙企业和全体合伙人承担。反之，如果第三人明知合伙企业对合伙人或合伙企业事务执行人的授权有限制，则合伙人以合伙企业名义与该第三人所为的超越合伙企业授权范围的行为是无效的，合伙企业和其他合伙人对该行为不承担责任。

（三）合伙企业与合伙人的债权人的关系

合伙人发生与合伙企业无关的债务，相关债权人不得以其债权抵消其对合伙企业的债务，也不得代位行使合伙人在合伙企业中的权利。合伙人的自有财产不足清偿其与合伙企业无关的债务的，该合伙人可以以其从合伙企业中分取的收益用于清偿，债权人也可以依法请求人民法院强制执行该合伙人在合伙企业中的财产份额用于清偿。人民法院强制执行合伙人的财产份额时，应当通知全体合伙人，其他合伙人有优先购买权；其他合伙人未购买，又不同意将该财产份额转让给他人的，依照本法第五十一条的规定为该合伙人办理退伙结算，或者办理削减该合伙人相应财产份额的结算。

五、入伙和退伙

合伙企业具有极强的人合性，合伙人的专业技能、经营理念、社会关系、财产状况、健康状况乃至个人性格等因素都可能会对合伙企业的经营和持续发展产生重大影响。因此，入伙、退伙问题事关合伙企业的稳定发展，《合伙企业法》对此作了许多强制性的规定。

（一）入　伙

1. 入伙及其类型

入伙是指新合伙人加入已经成立的合伙企业。对已经成立的合伙企业，如果想要吸收新的合伙人，按照《合伙企业法》的规定，应当经过全体合伙人同意，并且订立书面的入伙协议。在订立入伙协议时，原来的合伙人应该向新合伙人如实地告知合伙企业的经营状况和财务状况。除了吸收新人入伙这种方式外，合伙企业还可能因为合伙人死亡，其财产份额由其继承人继承，从而增添新的合伙人。这种情形如果发生在普通合伙人身上，《合伙企业法》第50条对此有明确规定："合伙人死亡或者被依法宣告死亡的，对该合伙人在合伙企业中的财产份额享有合法继承权的继承人，按照合伙协议的约定或者经全体合伙人一致同意，从继承开始之日起，取得该合伙企业的合伙人资格。"

2. 入伙的法律后果

除非入伙协议有特殊约定，新合伙人与原合伙人享有同等的权利，承担同等的义务。特别是，《合伙企业法》明确规定，新入伙的普通合伙人对他入伙之前合伙企业以及发生的债务，一律要承担无限连带责任。

（二）退　伙

1. 退伙及其类型

退伙是指原合伙企业的合伙人退出合伙企业。根据《合伙企业法》的规定，退伙有以下三种不同的类型。

（1）自愿退伙或协议退伙。按照《合伙企业法》第46条和第47条，如果在合伙协议内未约定经营期限，原则上合伙人随时可以退伙，但前提是不能给合伙事务造成不利影响并要提前30日通知其他合伙人。如果合伙协议约定了合伙企业的经营期限，有下列情形之一的，合伙人可以退伙：①合伙协议约定的退伙事由出现；②经全体合伙人同意退伙；③发生合伙人难于继续参加合伙企业的事由；④其他合伙人严重违反合伙协议约定的义务。

（2）当然退伙。按照《合伙企业法》第 49 条规定，合伙人发生下列情形之一，就当然退伙：①合伙人死亡或者被依法宣告死亡；②合伙人被依法认定为无民事行为能力人或者限制民事行为能力人的，经其他合伙人一致同意，可以依法转为有限合伙人，普通合伙企业依法转为有限合伙企业；其他合伙人未能一致同意的，该无民事行为能力或者限制民事行为能力的合伙人退伙；③个人丧失偿债能力或者被人民法院强制执行其在合伙企业中的全部财产份额。

（3）除名退火。按照合伙企业第 49 条的规定，合伙人有下列情形之一的，经其他合伙人一致同意，可以决议将其除名：①未履行出资义务；②因故意或者重大过失给合伙企业造成损失；③执行合伙事务时有不正当行为；④发生合伙协议约定的事由。对合伙人的除名决议应当书面通知被除名人。被除名人接到除名通知之日，除名生效，被除名人退伙。被除名人对除名决议有异议的，可以自接到除名通知之日起三十日内，向人民法院起诉。

2. 退伙的法律后果

退伙将引起三个方面的后果。一是合伙企业财产的分割结算。退伙人有权收回属于自己的财产份额。对财产结算问题，如果合伙协议中合伙人有约定，按照约定办理。如果合伙协议中没有约定，则可由全体合伙人协商决定，既可以用货币的形式也可以用实物的形式退还。二是合伙债务的分担。如果退伙时，企业的财产少于企业的债务，退伙人不但拿不到自己的财产份额，还要和其他合伙人一起分担亏损。分担的比例，如果合伙协议中有约定则从其约定，如果无约定，合伙协议未约定或者约定不明确的，由合伙人协商决定；协商不成的，由合伙人按照实缴出资比例分配、分担；无法确定出资比例的，由合伙人平均分配、分担。普通合伙人退伙人在其退伙后，对退伙前发生的合伙企业债务，依然要承担无限连带责任。三是引起合伙企业登记事项的变更。合伙企业登记事项因为退伙、入伙与合伙企业修改而发生变更的，应当在作出变更决定或者发生变更事由之日起 15 天内，向企业登记机关办理登记手续。

六、特殊的普通合伙企业

特殊的普通合伙企业是 2006 年《合伙企业法》新增的一个内容。特殊的普通合伙仅适用于以专门知识和技能（如法律知识与技能、医学和医疗知识与技能、会计知识与技能等）为客户提供有偿服务的机构。这些领域中的合伙企业不同于其他领域中的合伙企业，这些领域所涉及的专门知识和技能通常只为少数的、受过专门知识教育与培训的人才所掌握，而在向客户提供专业服务时，个人的知识、技能、职业道德、经验等往往起着决定性的作用，与合伙企业本身的财产状况、声誉、经营管理方式等都没有直接的和必然的联系，合伙人个人的独立性极强。与其他普通合伙企业相比，特殊的普通合伙企业的特殊性集中体现在合伙人承担合伙企业债务的方式与程度上。

《合伙企业法》规定，在特殊的普通合伙企业中，一合伙人个或数个合伙人在执业活动中因故意或者重大过失造成合伙企业债务的，应当承担无限责任或者无限连带责任，其他合伙人则仅以其在合伙企业中的财产份额为限承担有限责任。这与普通合伙企业是不同的。在普通合伙企业中，合伙人即使是基于故意或者重大过失而给合伙企业造成债务，在对外责任的承担上依然是由全体合伙人承担无限连带责任，尽管对内其他合伙人可以追索有过错的合伙人。而在特殊的普通合伙企业中，出现由于个别合伙人的故意或者重大过失而导致的合伙企业债务时，没有过错的其他合伙人是不需要对外承担无限连带责任的，只需以其在合伙企业中的财产份额为限承担有限责任。当然，如果特殊普通合伙企业的合伙人并非因为故意或者重大过失而导致合伙企业的债务，此种情形下与普通合伙企业一样，应当由全体合伙人承担无限连带责任。

特殊的普通合伙企业的合伙人在因故意或者重大过失而造成合伙企业债务时，首先以合伙企业的财产承担对外清偿责任，不足时由有过错的合伙人承担无限责任或者无限连带责任，没有过错的合伙人不再承担责任。当以合伙企业的财产对外承担责任后，有过错的合伙人应当按照合伙协议的约定对给合伙企业造成的损失承担赔偿责任。

第三节 有限合伙企业

有限合伙企业是2006年《合伙企业法》新规定的一种合伙企业形式。对于有限合伙企业，适用《合伙企业法》关于有限合伙企业的特别规定，没有特别规定的，适用《合伙企业法》关于普通合伙企业的规定。

一、有限合伙企业的含义与特征

有限合伙企业是由普通合伙人和有限合伙人组成的合伙企业，其中普通合伙人对合伙企业债务承担无限连带责任，有限合伙人以其认缴的出资额为限对合伙企业债务承担责任。有限合伙企业与普通合伙企业的主要区别就在于，普通合伙企业全由承担无限连带责任的普通合伙人组成，而有限合伙企业是由普通合伙人与有限合伙人组成。其中，普通合伙人负责合伙的经营管理，并对合伙债务承担无限连带责任，而有限合伙人不执行合伙事务，仅以其出资额为限对合伙债务承担有限责任。相对于普通合伙企业，有限合伙企业允许投资者以承担有限责任的方式参加合伙成为有限合伙人，有利于刺激投资者的积极性。并且，可以使资本与智力实现有效的结合，即拥有财力的人作为有限合伙人，拥有专业知识和技能的人作为普通合伙人，这样使资源得到整合，对市场经济的发展起到积极的促进作用。

二、关于有限合伙企业的特殊规定

正是由于在有限合伙企业中存在只对合伙企业债务承担有限责任的有限合伙人，不利于保护债权人的利益，《合伙企业法》对有限合伙企业作了如下一些特殊的或限制性的规定。

1. 对合伙人的限制。有限合伙企业由两个以上五十个以下合伙人设立，但法律另有规定的除外。有限合伙企业至少应当有一个普通合伙人，当然也至少得有一个有限合伙人。当有限合伙企业仅剩有限合伙人时，该有限合伙企业应当解散；当有限合伙企业仅剩普通合伙人时，应当转为普通合伙企业。《合伙企业法》只规定，国有独资公司、国有企业、上市公司以及公益性的事业单位、社会团体不得成为普通合伙人。由此可以推断，国有独资公司、国有企业、上市公司以及公益性的事业单位、社会团体可以成为有限合伙企业的有限合伙人。

2. 对合伙协议的特别规定。有限合伙企业的合伙协议除规定普通合伙企业合伙协议的内容外，还应当载明下列事项：（1）普通合伙人和有限合伙人的姓名或者名称、住所；（2）执行事务合伙人应具备的条件和选择程序；（3）执行事务合伙人权限与违约处理办法；（4）执行事务合伙人的除名条件和更换程序；（5）有限合伙人入伙、退伙的条件、程序以及相关责任；（6）有限合伙人和普通合伙人相互转变程序。

3. 对有限合伙人出资的特别规定。有限合伙人可以用货币、实物、知识产权、土地使用权或者其他财产权利作价出资，但不得以劳务出资。有限合伙人应当按照合伙协议的约定按期足额缴纳出资；未按期足额缴纳的，应当承担补缴义务，并对其他合伙人承担违约责任。有限合伙企业登记事项中应当载明有限合伙人的姓名或者名称及认缴的出资数额。

4. 对有限合伙人权利的特别规定。有限合伙企业由普通合伙人执行合伙事务，有限合伙人不执行合伙事务，不得对外代表有限合伙企业。但是，有限合伙人的下列行为，不视为执行合伙事务：（1）参与决定普通合伙人入伙、退伙；（2）对企业的经营管理提出建议；（3）参与选择承办有限合伙企业审计业务的会计师事务所；（4）获取经审计的有限合伙企业财务会计报告；（5）对涉及自身利益的情况，查阅有限合伙企业财务会计账簿等财务资料；（6）

在有限合伙企业中的利益受到侵害时，向有责任的合伙人主张权利或者提起诉讼；（7）执行事务合伙人怠于行使权利时，督促其行使权利或者为了该企业的利益以自己的名义提起诉讼；（8）依法为该企业提供担保。

5. 对有限合伙人义务的特别规定。如前所述，普通合伙人对合伙企业承担竞业禁止和交易禁止的义务，但这两项义务不适用于有限合伙人。有限合伙人可以同本有限合伙企业进行交易，可以自营或者同他人合作经营与本有限合伙企业相竞争的业务，但合伙协议另有约定的除外。

6. 对有限合伙人处分其财产份额的特别规定。有限合伙人可以将其在有限合伙企业中的财产份额出质，但合伙协议另有约定的除外。有限合伙人可以按照合伙协议的约定向合伙人以外的人转让其在有限合伙企业中的财产份额，但应当提前三十日通知其他合伙人。有限合伙人的自有财产不足清偿其与合伙企业无关的债务的，该合伙人可以以其从有限合伙企业中分取的收益用于清偿，债权人也可以依法请求人民法院强制执行该合伙人在有限合伙企业中的财产份额用于清偿，人民法院强制执行有限合伙人的财产份额时，应当通知全体合伙人，在同等条件下，其他合伙人有优先购买权。

7. 其他特别规定。第三人有理由相信有限合伙人为普通合伙人并与其交易的，该有限合伙人对该笔交易承担与普通合伙人同样的责任。有限合伙人未经授权以有限合伙企业名义与他人进行交易，给有限合伙企业或者其他合伙人造成损失的，该有限合伙人应当承担赔偿责任。

三、有限合伙企业的入伙、退伙及合伙人身份的转变

（一）有限合伙企业的入伙与退伙

有限合伙企业在存续期间可以吸纳新的有限合伙人，新入伙的有限合伙人对其入伙之前和入伙之后有限合伙企业的债务，以其认缴的出资额为限承担责任。

当出现作为有限合伙人的自然人死亡或者被依法宣告死亡、作为有限合伙人的法人或者其他组织依法被吊销营业执照、责令关闭、撤销，或者被宣告破产、法律规定或者合伙协议约定有限合伙人必须具有相关资格而丧失该资格、有限合伙人在合伙企业中的全部财产份额被人民法院强制执行时，当然退伙。但是，作为有限合伙人的自然人在有限合伙企业存续期间丧失民事行为能力的，其他合伙人不得因此要求其退伙；作为有限合伙人的自然人死亡、被依法宣告死亡或者作为有限合伙人的法人及其他组织终止时，其继承人或者权利承受人可以依法取得该有限合伙人在有限合伙企业中的资格。有限合伙人退伙后，对基于其退伙前的原因发生的有限合伙企业债务，以其退伙时从有限合伙

企业中取回的财产承担责任。

（二）合伙人身份的转变

除合伙协议另有约定外，普通合伙人转变为有限合伙人，或者有限合伙人转变为普通合伙人，应当经全体合伙人一致同意。如果有限合伙人转变为普通合伙人，不仅要对其转变为普通合伙人之后合伙企业发生的债务要承担无限连带责任，而且要对其作为有限合伙人期间合伙企业发生的债务承担无限连带责任。普通合伙人转变为有限合伙人的，对其作为普通合伙人期间合伙企业发生的债务承担无限连带责任，而对其转变为有限合伙人之后合伙企业发生的债务承担有限责任。

第四节　合伙企业的其他法律制度

一、合伙企业的解散、清算与注销

（一）合伙企业的解散

《合伙企业法》第 85 条规定，合伙企业有下列情形之一时，应当解散：（1）合伙期限届满，合伙人决定不再经营；（2）合伙协议约定的解散事由出现；（3）全体合伙人决定解散；（4）合伙人已不具备法定人数满三十天；（5）合伙协议约定的合伙目的已经实现或者无法实现；（6）依法被吊销营业执照、责令关闭或者被撤销；（7）法律、行政法规规定的其他原因。

（二）合伙企业的清算

1. 清算人及其职责

合伙企业解散，应当由清算人进行清算。清算人由全体合伙人担任；经全体合伙人过半数同意，可以自合伙企业解散事由出现后十五日内指定一个或者数个合伙人，或者委托第三人，担任清算人。自合伙企业解散事由出现之日起十五日内未确定清算人的，合伙人或者其他利害关系人可以申请人民法院指定清算人。清算人将执行下列事务：（1）清理企业财产，编制资产负债表和财产清单；（2）处理与清算有关而企业尚未了解的事务；（3）清缴所欠税款；（4）清理债权债务；（5）处理企业偿债后所余财产；（6）代表企业参与民事诉讼或仲裁活动。

合伙企业不能清偿到期债务的，债权人可以依法向人民法院提出破产清算申请，也可以要求普通合伙人清偿。

2. 清算程序

清算人自被确定之日起十日内将合伙企业解散事项通知债权人，并于六十日内在报纸上公告。债权人应当自接到通知书之日起三十日内，未接到通知书的自公告之日起四十五日内，向清算人申报债权。债权人申报债权，应当说明债权的有关事项，并提供证明材料。清算人应当对债权进行登记。清算期间，合伙企业存续，但不得开展与清算无关的经营活动。

3. 清偿顺序

合伙企业的财产应当依次支付清算费用和职工工资、社会保险费用、法定补偿金以及缴纳所欠税款。清偿债务后的剩余财产，按照合伙协议约定的利润分配比例在各合伙人之间进行分配；合伙协议未约定或者约定不明确时，按照协商确定的比例在各合伙人之间进行分配；协商不成时，按照实缴出资比例在各合伙人之间进行分配；无法确定出资比例时，由合伙人平均分配。

（三）合伙企业的注销

清算结束，清算人应当编制清算报告，经全体合伙人签名、盖章后，在十五日内向企业登记机关报送清算报告，申请办理合伙企业注销登记。合伙企业注销后，原普通合伙人对合伙企业存续期间的债务仍应承担无限连带责任。合伙企业依法被宣告破产的，普通合伙人对合伙企业债务仍应承担无限连带责任。

二、违反《合伙企业法》的法律责任

当合伙人与合伙企业违反《合伙企业法》的规定，就要负担相应的民事责任、行政责任甚至刑事责任。

（一）合伙企业和合伙人的民事责任

民事责任的主要形式是赔偿损失和返还原物。当合伙企业或合伙人有下列情形时，应该承担民事责任：

1. 合伙人执行合伙企业事务中，将应当归合伙企业的利益据为己有的，或者采取其他手段侵占合伙企业财产的，责令将该利益和财产退还合伙企业，给合伙企业或者其他合伙人造成损失的，依法承担赔偿责任；

2. 对必须经全体合伙一致同意方能执行的事务，合伙人擅自处理，给合伙企业或者其他合伙人造成损失的，依法承担赔偿责任；

3. 不具有事务执行权的合伙人，擅自执行合伙企业的事务，给合伙企业或者其他合伙人造成损失的，依法承担赔偿责任；

4. 合伙人违反竞业禁止义务，如果取得了收益，该收益归合伙企业所有，如果给合伙企业或其他合伙造成损失的，依法承担赔偿责任；

5. 合伙人或合伙企业聘任的惯例人员及雇佣的工人因执行合伙企业的事务给第三人造成损害的，由合伙企业承担赔偿责任；

6. 合伙人违反合伙协议的，应当依法承担违约责任。

7. 合伙企业如果解散，清算人违反本法规定，隐匿、转移合伙企业财产，对资产负债表或者财产清单作虚假记载，或者在未清偿债务前分配财产，损害债权人利益的，依法承担赔偿责任。

（二）行政责任

行政责任的主要形式有责令改正和责令限期改正、罚款、撤销企业登记、责令停止营业和责令退还。当合伙企业或合伙人有下列情形时，应该承担行政责任：

1. 违反《合伙企业法》规定，提交虚假文件或者采取其他欺骗手段，取得合伙企业登记的，由企业登记机关责令改正，处以五千元以上五万元以下的罚款；情节严重的，撤销企业登记，并处以五万元以上二十万元以下的罚款。

2. 违反《合伙企业法》规定，合伙企业未在其名称中标明“普通合伙”、“特殊普通合伙”或者“有限合伙”字样的，由企业登记机关责令限期改正，处以二千元以上一万元以下的罚款。

3. 违反《合伙企业法》规定，未领取营业执照，而以合伙企业或者合伙企业分支机构名义从事合伙业务的，由企业登记机关责令停止，处以五千元以上五万元以下的罚款。

合伙企业登记事项发生变更时，未依照本法规定办理变更登记的，由企业登记机关责令限期登记；逾期不登记的，处以二千元以上二万元以下的罚款。

合伙企业登记事项发生变更，执行合伙事务的合伙人未按期申请办理变更登记的，应当赔偿由此给合伙企业、其他合伙人或者善意第三人造成的损失。

（三）刑事责任

如果合伙人或合伙企业行为已经触犯刑法，并具有较大的社会危害性，则要承担形式责任。按照《合伙企业法》的规定，合伙经营产生的如下行为将有可能涉嫌犯罪：

1. 合伙人在事务执行中恶意侵占合伙企业的财产；

2. 合伙企业聘用的员工利用工作之机将企业的财产非法挪用；

3. 清算人在清算的过程中非法牟利；

4. 清算人在清算过程中对资产负债表或财产清单做虚伪记载，或在未清偿债务前分配企业财产；

5. 企业登记管理机关工作人员利用职权牟取非法收入。

附 录：

一、案例分析题

甲、乙、丙、丁四位合伙人签订书面协议，共同出资设立合伙企业，合伙协议未约定利润分配比例，共同推举甲为合伙企业的事务执行人，对外代表合伙企业，丁为合伙企业的会计。协议还规定，甲代表合伙企业对外签订的合同总标的超过 20 万元的，均先由全体合伙人一致同意方可实行；甲、乙、丙、丁分配合伙企业利润的比例为 30%，20%，20%，30%；协议对债务清偿的比例未作规定。请回答下列问题：

1. 企业经营一段时间后，如果丙欲将持有合伙企业财产份额的一部分转让给非合伙人戊，将一部分财产份额转给甲，分别需要满足什么条件方为有效？

2. 甲未经其他合伙人同意，就代表合伙企业与 B 公司签订一价值为 200 万元的供货合同。由 B 公司预付 30 万元的定金，合伙企业收到定金后一个月内发出全部货物。实际合同履行时，B 公司按期支付 30 万元的定金，但合伙企业一直未能供货。合伙企业其他合伙人认为，合伙协议中约定，甲代表合伙企业对外签订的合同总标的超过 20 万元的，均先由全体合伙人一致同意方可实行。对此业务，甲未经全体合伙人同意，是无权代理。该行为无效。合伙企业无需供货。其他合伙人的观点正确吗？

3. 由于双方就 200 万元的供货合同无法达成一致意见，B 公司决定撤销合同，追回已付定金 30 万元。此时，B 公司发现，该合伙企业由于经营恶化，仅有价值 10 万元的资产。问合伙企业和合伙人该如何偿付所欠 B 公司的债务？

答案要点

1. 丙将份额转给戊需经全体合伙人一致同意。丙将份额转给甲需通知其他合伙人。《合伙企业法》第 21 条：合伙企业存续期间，合伙人向合伙人以外的人转让其在合伙企业中的全部或者部分财产份额时，须经其他合伙人一致同意；合伙人之间转让在合伙企业中的全部或者部分财产份额时，应当通知其他合伙人。

2. 其观点不正确。合伙企业内部的规定不能用于对抗善意的第三人。B 公司属于善意的第三人，故该合同有效，合伙企业应承担违约责任。甲由于违反合伙企业内部事务的约定而给合伙企业造成的损失，由甲赔偿给合伙企业。《合伙企业法》第 25 条：执行合伙企业事务的合伙人，对外代表合伙企业。第 38 条：合伙企业对合伙人执行合伙企业事务以及对外代表合伙企业权利的限制，不得对抗不知情的善意第三人。此时，B 公司发现，该合伙企业由于经营恶化，仅有价值10万元的资产。问合伙企业和合伙人该如何偿付所欠B公司的债务？

3. 首先用合伙企业的10万元资产清偿B公司。其次，全体合伙人对剩余未清偿的债务对外负无限连带责任，对内偿债比例，既然合伙协议未约定，则有合伙人商定。商定无结果的，所有合伙人平均分担。B公司可就剩余债务对任何一个合伙人进行追偿。被追偿人必须偿还全部剩余债务，而不能以自己负担债务的对内份额来对抗债权人的要求。被追偿人清偿债务超过自己内部应承担的份额的，可以向其他合伙人进行追偿。《合伙企业法》第32条的规定："合伙企业的利润和亏损，由合伙人依照合伙协议约定的比例分配和分担；合伙协议没有约定利润分配和亏损分担比例的，由各合伙人平均分配和分担。合伙协议不得约定将全部利润分配给部分合伙人或者由部分合伙人承担全部亏损。"《合伙企业法》第39条规定："合伙企业对其债务，应先以其全部财产进行清偿。合伙企业财产不足清偿到期债务的，各合伙人应当承担无限连带责任。"所谓无限连带责任，意味着，当合伙企业财产不足以清偿到期债务的时候，债权人有权向任何一个合伙人请求以该合伙人的个人财产来偿还合伙企业剩余的全部债务。合伙人由于承担连带责任，所清偿数额超过他对内应当承担的数额时，有权向其他的合伙人追偿。

二、复习思考题

1. 与有限责任公司和股份有限公司相比，设立合伙企业有何裨益？
2. 什么是无限连带责任？合伙人为什么要承担无限连带责任？
3. 特殊的普通合伙企业有何特殊之处？
4. 有限合伙企业和普通合伙企业有何主要区别？
5. 《合伙企业法》有无必要规定合伙企业的破产清算制度？为什么？

第四章 个人独资企业法律制度

《中华人民共和国个人独资企业法》（以下简称个人独资企业法）于1999年8月30日经九届全国人大常委会第十一次会议通过并颁布，于2000年1月1日实施。这是继公司法、合伙企业法之后我国企业立法的又一重大举措。个人独资企业法的颁布对于确立个人独资企业地位，保护个人独资企业投资人和债权人的合法权益，促进个人独资企业的健康发展，具有十分重要的意义。

第一节 个人独资企业法概述

在《公司法》出台以前，我国主要是以所有制、行业、部门、地域等作为标准界定和规范企业类型。但是自从党的十四大确定了建立社会主义市场经济体制的目标以来，这种企业划分标准和立法思路逐步显露出与市场经济的不适应性，表现在对企业强调行政管理，企业地位不平等，无法形成公平竞争的机制，法律内容交叉甚至相互矛盾等方面。根据我国的实际情况和市场经济国家的发展经验，我国按照社会主义市场经济的要求，确定以投资方式和责任承担形式作为标准，将企业划分为公司、合伙企业、个人独资企业等类型，并将其列入了全国人大常委会立法规划，从而合理地构建规范市场主体的法律框架。

一、个人独资企业法的概念与原则

（一）个人独资企业的法的概念

个人独资企业法有广义与狭义之分，广义的个人独资企业法是指调整有关个人独资企业的各种法律关系的法律规范的总称。狭义的个人独资企业法指的是我国人大常委制定的《中华人民共和国个人独资企业法》。

（二）个人独资企业法的原则

个人独资企业法第一条即明确了本法的立法宗旨是“为了规范个人独资企业的行为，保护个人独资企业投资人和债权人的合法权益，维护社会经济秩序，促进社会主义市场经济发展。”这就明确地肯定了个人独资企业是我国社会主义市场经济的有机组成部分，表明了国家保护个人独资企业投资人合法权益、鼓励个人独资企业发展的原则。

1. 保护原则。（1）依法保护个人独资企业[①]的财产和其他合法权益。《个人独资企业法》第五条规定："国家依法保护个人独资企业的财产和其他合法权益。""个人独资企业的财产"指个人独资企业的财产所有权，包括对个人独资企业的财产的占有、使用、收益和处分的权利。"其他合法权益"指财产所有权以外的有关权益，如企业的名称权、自主经营权、平等竞争权、拒绝摊派权等。（2）保护企业债权人的合法权益。《个人独资企业法》第二条规定："投资人以其个人财产对企业债务承担无限责任"，最大限度地保护了企业债权人的权益。（3）保护企业职工的合法权益。个人独资企业的职工享有自主签订合同权、合理的休息权、获取劳动报酬权、享受保险福利权、接受职业技能培训权等劳动法及其他法律规定的权利。职工还可以依法建立工会依法开展活动。

2. 规范原则。（1）依法从事经营活动，不得损害社会公共利益。此处所指"法"应做广义解释，不仅包括全国人大及其常委会制定的法律和国务院制定的条例、规定，还包括地方性法规、部门规章和其他具有法律约束力的规范性文件。（2）依法纳税。个人独资企业在经营活动中应当依法缴纳流转税，取得收益后还要缴纳企业所得税，实施不同的活动还应当缴纳资源税、印花税等。（3）依法用工。一是应当与职工签订劳动合同；二是不得招用不满16周岁的少年、儿童；三是遵守国家工时制度；四是遵守国家关于休假的制度；五是遵守国家最低工资保障制度和特殊情况工资保障制度；六是遵守国家、行业劳动保护制度；七是遵守国家规定的社会保险与福利制度。

二、个人独资企业的概念与特征

个人独资企业是非公有制经济的一种重要的企业组织形式，改革开放以来，个人独资企业因其资金筹措快捷，出资形式灵活，内部结构简单，管理形式便利，为广大投资者所乐于采用，个人独资企业发展很快。

（一）个人独资企业的概念

个人独资企业是指依照《个人独资企业法》在中国境内设立，由一个自然人投资，财产为投资人个人所有，投资人以其个人财产对企业债务承担无限责任的经营实体。

---

① 财政部注册会计师考试委员会办公室编：《经济法》，第39～40页，中国财政经济出版社，2000

1. 个人独资企业与个体工商户的区别：（1）适用法律不同。[①] 个人独资企业依照《个人独资企业法》和《个人独资企业登记管理办法》设立；个体工商户依照《民法通则》和《城镇个体工商户管理暂行条例》等规定设立。（2）投资人不同。个人独资企业的投资人为一个自然人；个体工商户投资人可以为一个自然人，也可以为一个家庭。（3）以家庭共有财产承担责任的条件不同。个人独资企业只有在企业设立登记时明确以家庭共有财产作为个人出资的，才依法以家庭共有财产对企业债务承担无限责任；个体工商户如属家庭经营的，以家庭财产对债务承担责任。（4）经营形态不同。个人独资企业是经营实体，是一种企业组织形态；个体工商户不采用企业的组织形式进行经营。

2. 个人独资企业与合伙企业的区别：[②]（1）投资人数不同。合伙企业由各合伙人组成，是两个以上的自然人的联合投资、经营；个人独资企业只能是一个人的行为，由一个自然人进行投资。（2）是否需要订立协议。合伙人需要订立合伙协议，这是合伙人凭以建立合伙关系，使合伙企业得以设立的前提；个人独资企业无须订立协议，因为个人独资企业的设立是单个自然人的行为。（3）经营模式不同。合伙企业由合伙人共同经营，合伙人以相互信赖、共同出资为基础，合伙人直接参与经营，在经营中具有相同的地位、相同的权利、相同的责任。个人独资企业是由业主独自经营，独自负责。业主个人独自经营，自行作出决策，效率较高，而合伙人共同经营，则经营力量增强，经验上互相补充。（4）承担责任的形式不同。合伙人对合伙企业债务承担无限连带责任，这是因为合伙企业是以合伙人个人财产为基础设立的，在共同经营中也要求共担风险，要求各合伙人用其个人财产来共同承担合伙企业的债务责任；合伙企业的利润和亏损，由合伙人依照合伙协议约定的比例分配和分担，合伙协议未约定的，则平均分配或分担。而个人独资企业由于是一个人投资，只是投资人承担无限责任，而不是承担无限连带责任。（5）收益与风险的承担不同。合伙企业由各合伙人共享收益，而个人独资企业则是由其投资人独自享有经营成果，与这种情况相适应的是，合伙企业由合伙人共担风险，而个人独资企业投资人是独自承担风险。

（二）个人独资企业的特征[③]

1. 个人独资企业是由一个自然人投资的企业。它的特点表现在投资主体

---

① 财政部会计资格评价中心编：《经济法基础》，第49页，经济科学出版社，2004

② 高度强：《个人独资企业与合伙企业异同》，华律网：http：//www.66law.cn，访问时间：2005－6－9。

③ 同3。

和投资形式上，对投资主体的要求为必须是自然人。《个人独资企业法》第四十七条规定，外商独资企业不适用本法。因此，此法中所讲的自然人仅指中国公民。对于投资形式的要求为只能是一个自然人的投资，只有一个人的投资才能称得上是独资。所以中国个人独资企业是一个中国公民单独投资设立的，这是个人独资企业决定其本质属性的特征。

2. 个人独资企业的财产为投资人个人所有。在市场经济中所通行的谁投资、谁所有的原则，在个人独资企业法中同样适用，个人独资企业只有一个自然人作为投资人，个人独资企业的财产只来源于这个投资人的投资，因此，这个企业的财产应当归属于投资人所有。这个特点反映了个人独资企业的基本财产关系，个人独资企业投资人对所投资企业的财产享有的占有、使用、收益和处分的权利。个人独资企业的经营成果概归其个人所得，一个企业完全为一个人所拥有，它的全部财产权利归属于一个人。

3. 个人独资企业的投资人以其个人财产对企业债务承担无限责任。它表现在责任形式上，就是个人独资企业的投资人作为债务人，要以其全部个人财产对其所投资的个人独资企业债务承担责任。所以采取这种责任形式，根本原因在于个人独资企业为投资人一人所拥有，收益为其个人所得，企业的风险、企业的债务均应由其个人承担；由于个人独资企业的财产与投资人的个人财产是不可分离的，企业如果负有债务，个人独资企业的投资人，用于投资在个人独资企业的财产和其他个人财产，都一起构成了清偿企业债务的基础，作为清偿债务的保证。因此，个人独资企业不具有法人资格，但其仍然是独立的民事主体。

4. 个人独资企业是一个经营实体。个人独资企业必须是一个实际存在的从事生产经营的单位，是能够实际享有权利和承担责任的主体。个人独资企业只有成为经营实体，才有存在的价值，在市场中发挥作用，也才能有独立的利益，履行应尽的义务，成为权利义务主体。个人独资企业如何成为经营实体，在其设立条件中作了相应的规定，并在《个人独资企业法》第三十六条中专门规定，个人独资企业成立后无正当理由超过六个月未开业的，或者开业后自行停业连续六个月以上的，吊销营业执照。这项规定的目的是，个人独资企业在设立时必须是一个经营实体，而在成立后也必须持续地作为一个经营实体存在，不能名存实亡，成为一个虚置的名称。

5. 个人独资企业内部机构设置简单，经营管理方式灵活。个人独资企业的投资人既是企业的所有者，又是企业的经营者。因此他既可自己管理，又可委托或聘用他人，内部机构除对财务会计制度方面以及劳动合同、劳动保护方面有要求，其他在本法中并没有明确规定。

第二节 个人独资企业的设立与变更

一、个人独资企业的设立

（一）个人独资企业的设立条件

根据《个人独资企业法》第八条的规定，设立个人独资企业应当具备下列条件：

1. 投资者为一个自然人，且只能是中国公民。《个人独资企业法》第四十七条规定，外商独资企业不适用本法。所以投资人仅限于中国公民。但根据我国有关法律法规的规定，国家公务员、党政机关领导干部、警官、检察官、法官、商业银行工作人员等，不得作为投资人申请设立个人独资企业。

2. 有合法的企业名称。名称是企业的标志，企业必须有相应的名称，并符合法律、法规的规定。个人独资企业的名称可以叫厂、店、部、中心、工作室等。《个人独资企业登记管理办法》第六条第二款规定，个人独资企业名称中不得使用“有限”、“有限责任”、“公司”字样。

3. 有投资人申报的出资。《个人独资企业法》对设立个人独资企业的出资数额未作限定，只是规定要有出资。根据国家工商行政管理局《关于实施〈个人独资企业登记管理办法〉的有关问题的通知》的规定，设立个人独资企业可以用货币出资，也可以用实物、土地使用权、知识产权或者其他财产权利出资，采取非货币方式出资的，应当将其折算为货币数额。出资人申报的出资应当与企业的生产经营规模相适应。投资人可以个人财产出资，也可以家庭共有财产作为个人出资。以家庭共有财产作为个人出资的，出资人应当在设立（变更）登记申请书上予以注明。

4. 有固定的生产经营场所和必要的生产经营条件。

5. 有必要的从业人员。

（二）个人独资企业的设立程序

1. 办理名称核准：

（1）申请者先拟定企业名称，并直接向工商行政管理局的名称查询窗口检索企业名称字号，然后根据查询结果领取《企业名称预先核准申请书》；

（2）按要求填写好《企业名称预先核准申请书》并附个人投资者身份证复印件，向登记机关提出申请，受理人员发给《名称预先核准受理收据》；

（3）申请者自领取《名称预先核准收据》之日起，3 天后到原登记机关凭该收据领取《企业名称预先核准通知书》。不予核准的，领取《企业名称预先核准驳回通知书》。

2. 申请登记

申请者向取得经登记机关核准的企业名称后，应在6个月内向登记机关申请设立登记。申请设立个人独资企业应提交以下材料：

（1）投资人签署的《个人独资企业设立登记申请书》；

（2）投资人履历表；

（3）企业住所证明；

（4）申请人的身份证复印件或独资企业执照复印件（设分支机构时提交）。

（5）法律、行政法规规定的经营范围须报经有关部门审批的，须提交有关许可证明（或有关部门加具意见）。

3. 受理审查

登记机关收齐申请者提交的材料后，发给申请者《企业登记材料受理收据》并在15天内作出是否核准的决定。

4. 领照

申请者自接到《企业登记材料受理收据》3日起，15天后到登记机关的受理窗口查询结果。已核准的，由企业负责人凭该收据到登记机关缴交注册费、公告费等费用，领取营业执照。未被核准的，领取《企业登记驳回通知书》。

（三）个人独资企业分支机构设立登记

《个人独资企业法》第十四条规定，个人独资企业设立分支机构，应当由投资人或者其委托的代理人向分支机构所在地的登记机关申请登记，领取营业执照。分支机构经核准登记后，应将登记情况报该分支机构隶属的个人独资企业的登记机关备案。

1. 个人独资企业分支机构设立登记应提交以下材料：

（1）投资人签署的《个人独资企业分支机构设立登记申请书》；

（2）登记机关加盖印章的个人独资企业营业执照复印件；

（3）经营场所证明；

（4）投资人委派分支机构负责人的委托书；

（5）分支机构负责人的身份证明；

（6）申请人的身证明或资格证明；

（7）法律、行政法规规定须报经有关部门审批的业务的批准文件；

（8）国家工商行政管理局要求提交的其他文件。

2. 登记机关在收齐申请设立登记文件之日起15日内，作出核准登记或不予登记的决定。核准登记的，发给营业执照；不予登记的，发给登记驳回通知书。

二、个人独资企业的变更

（一）个人独资企业变更的原因

《个人独资企业登记管理办法》第八条规定，个人独资企业的登记事项应当包括：企业名称、企业住所、投资人姓名和居所、出资额和出资方式、经营范围及方式。个人独资企业上述登记事项的变化都会引起个人独资企业的变更。

（二）个人独资企业的变更登记

1. 个人独资企业凡登记事项发生变化的，都应到原企业登记机关申请办理变更登记。

2. 个人独资企业办理更登记应提交以下文件材料；

（1）营业执照正副本；

（2）投资人签署的《个人独资企业变更登记申请书》；

（3）申请人的身份证明或资格证明；

（4）法律、行政法规规定须经有关部门批准的业务的批准文件；

（5）国家工商行政管理局要求提交的其他文件材料。

3. 登记机关收齐申请者提交的企业变更材料后，发给《企业变更登记材料受理收据》并在10天内作出是否核准的决定。

4. 申请者自接到《企业变更登记材料受理收据》之日起，10天后凭受理收据到原登记机关查询结果，并领取营业执执照或驳回通知书。

第三节　个人独资企业的运行

一、个人独资企业的权利

《个人独资企业法》第二十四条、第二十五条规定个人独资企业享有如下权利：

（一）依法申请贷款的权利。个人独资企业可以根据《商业银行法》、《合同法》等法律的规定申请贷款。

（二）依法取得土地使用权的权利。个人独资企业可以根据《土地管理法》、《土地管理法实施细则》、《城镇国有土地使用权出让和转让暂行条例》取得土地使用权。

（三）拒绝摊派权。摊派是指在法律、法规规定范围之外，以任何方式要求企业提供财力、物力和人力的行为。《个人独资企业法》第二十五条第二款规定："对于违法强制企业提供财力、物力、人力的行为，个人独资企业有权拒绝。"

（四）法律法规规定的其他权利。

二、个人独资企业的管理

（一）管理方式

个人独资企业可以采取两种形式管理企业事务：一种方式是投资人自行管理企业事务，即由投资人本人直接经营管理个人独资企业的经营事务；另一种方式是委托或者聘用其他具有民事行为能力的人负责企业的事务管理。

投资人委托或者聘用其他人管理企业事务的，应当与受托人或者被聘用人签订书面合同，明确委托的具体内容和授予的权利范围。受托人和被聘用人应当按照所签订的合同负责管理事务。投资人对受托人和被聘用人职权的限制，不得对抗善意第三人。

《个人独资企业法》第二十条规定，个人独资企业委托和聘用的管理人员不得有下列行为：1. 利用职务上的便利，索取或者收受贿赂；2. 利用职务或者工作上的便利侵占企业财产；3. 挪用企业的资金归个人使用或者借贷给他人；4. 擅自将企业资金以个人名义或者以他人名义开立账户储存；5. 擅自以企业财产担保；6. 未经投资人同意，从事与本企业相竞争的业务；7. 未经投资人同意，与本企业订阅合同或者进行交易；8. 未经投资人同意，擅自将本企业商标或者其他知识产权转让给他人使用；9. 泄露本企业的商业秘密；10. 法律、行政法规禁止其他行为。

投资人委托或聘用的人员违反上述规定，侵犯个人独资企业合法权益的，责令其退还企业的财产，给企业造成损失的依法承担赔偿责任，有违法所得的，没收违法所得；构成犯罪的，依法追究刑事责任。

（二）会计管理

《个人独资企业法》第二十一条规定，个人独资企业应当依法设置会计账簿，进行会计核算。根据会计法的规定，各单位应当按照国家统一的会计制度的规定和会计业务的需要设置会计账簿。会计账簿包括总账、明细账、日记账和其他辅助性账簿。

（三）劳动与社会保险管理

1. 劳动用工管理。个人独资企业招用职工应当依法与职工签订劳动合同，保障职工的劳动安全，按时、足额发放职工工资，不得违反国家法律和有关法规、政策的规定。

2. 社会保险管理。个人独资企业应当按照国家规定参加社会保险，为职工缴纳社会保险费。根据我国法律、法规规定，我国设有五种强制性保险，即养老保险、工伤保险、医疗保险、失业保险、企业职工生育保险。

第四节 个人独资企业的解散与清算

一、个人独资企业的解散

（一）个人独资企业的解散事由

《个人独资企业法》第 26 条规定，个人独资企业有下列情形之一时，应当解散：

1. 投资人决定解散；
2. 投资人死亡或者被宣告死亡，无继承人或者继承人决定放弃继承；
3. 被依法吊销营业执照；
4. 法律、行政法规规定的其他情形。

（二）个人独资企业的继承

《个人独资企业法》第 26 条第 1 款规定："投资人死亡或者被宣告死亡，无继承人或者继承人决定放弃继承的，应当解散。"根据该条款的文义，投资人死亡或者被宣告死亡，个人独资企业有两种可能结果。[①] 第一种情况是，无继承人或者继承人决定放弃继承时，个人独资企业应当解散，并进行清算。第二种与此相反的情况是，有继承人而且不放弃继承的，则个人独资企业可以不解散，并加以继承。这是因为：（1）个人独资企业具有独立的市场主体资格。从其获得登记之日起，就以独立的商号开展活动，行使权利和承担义务。在法律上已具有独立的人格，其有自己的财产、利益、雇工和经理人员，完全可以脱离投资人而独立存在。（2）个人独资企业可以继承，有利于企业的长期存在，从而促进社会的发展。如果一个企业经营状况良好，获得社会的广泛认可，就没有必要解散。（3）有利于交易安全。如果投资人死亡或者被宣告死亡，就必然导致企业解散。这就使交易相对人对投资人的生死时时处于担心之中，不利于促进交易的达成。而且，对于已经达成的交易，也不利于合同的履行和交易的完成。

---

① 梁上上：《个人独资企业的几个法律问题》，法律教育网：http：//www.chinalawedu.com，访问时间：2005－12－9。

继承行为应当在继承开始后6个月内完成。因为根据《个人独资企业法》第36条的规定，“个人独资企业成立后无正当理由超过六月未开业的，或者开业后自行停业连续六个月以上的，吊销营业执照”。所以，如果继承人不能在6个月内继承完毕，就会导致吊销营业执照，使企业被解散。另外，如果合法继承人是未成年人，该未成年人在所继承的企业中的权利在其未成年时由其监护人代为行使权利。

个人独资企业是由一个自然人投资的经营实体。即使投资人在申请企业设立登记时明确以家庭共有财产作为出资的，也是以一个自然人作为投资人的。对个人独资企业进行继承时，合法继承人的人数的多少将对企业的组织形式产生影响。这可分三种情况加以分析；

1. 如果继承人的人数为1人时，继承人所继承的企业的性质不变，仍为个人独资企业。

2. 如果继承人的人数为2人或者2人以上，但其他继承人放弃继承，仅有1人继承时，所继承企业的性质仍保持不变。

3. 如果继承人为2人或者2人以上，而且有2人或者2人以上的继承人不放弃继承时，所继承企业的性质是什么？显然，因为已有2人或者2人以上的出资人，还可能涉及不同的家庭（因为不同的继承人会有不同的家庭），这已不是个人独资企业。那么，是什么企业组织形式呢？这有两种可能，要么变更为合伙企业，要么变更为有限公司。

国家工商行政管理局2000年1月13日颁布实施的《个人独资企业登记管理办法》第17条规定，“个人独资企业因转让或者继承致使投资人变化的，个人独资企业可向原登记机关提交转让协议书或者法定继承文件，申请变更登记”。但是，由于该文件是关于个人独资企业的登记管理办法。因此，只能适用第一、第二种情况的变更登记。

二、个人独资企业的清算程序

（一）通知和公告债权人

《个人独资企业法》第二十七条规定，个人独资企业解散，由投资人自行清算或由债权人申请人民法院指定清算人清算。投资人自行清算的，应当在清算前15日内书面通知债权人，无法通知的，应当予以公告。债权人应当在接到通知之日起30日内，未接到通知的应当在公告之日起60日内，向投资人申报其债权。

（二）确定财产清偿顺序

《个人独资企业法》第二十九条、第三十一条规定，个人独资企业解散的，财产应当按照下列顺序清偿：（1）所欠职工工资和社会保险费用；（2）所欠税款；（3）其他债务。个人独资企业财产不足以清偿债务的，投资人应当以其个人的其他财产予以清偿。

（三）注销登记

《个人独资企业法》第三十二条规定，个人独资企业清算结束后，投资人或者人民法院指定的清算人应当编制清算报告，并于十五日内到登记机关办理注销登记。

个人独资企业注销登记应提交以下文件材料：

1. 投资人或者清算人签署的注销登记申请书；
2. 投资人或者清算人签署的清算报告；
3. 投资人或者清算人的身份证明；
4. 营业执照正本、副本；
5. 国家工商行政管理局规定提交的其他文件。

登记机关在收齐全部申请注销文件之日起 15 日内，作出核准登记或者不予登记的决定。予以核准的，发给核准通知书；不予核准的，发给企业登记驳回通知书。经登记机关注销登记，个人独资企业终止。个人独资企业办理注销登记时，应当缴回营业执照。

个人独资企业解散后，原投资人对个人独资企业存续期间的债务仍应承担偿还责任，但债权人在五年内未向债务人提出偿债请求的，该责任消灭。

第五节　违反《个人独资企业法》的法律责任

一、投资人违法行为应当承担的法律责任

（一）《个人独资企业法》第三十三条规定，提交虚假文件或采取其他欺骗手段，取得企业登记的，责令改正，处以五千元以下的罚款；情节严重的，并处吊销营业执照。

（二）《个人独资企业法》第三十四条规定，个人独资企业使用的名称与其在登记机关登记的名称不相符合的，责令限期改正，处以二千元以下的罚款。

（三）《个人独资企业法》第三十五条规定，涂改、出租、转让营业执照的，责令改正，没收违法所得，处以三千元以下的罚款；情节严重的，吊销营业执照。伪造营业执照的，责令停业，没收违法所得，处以五千元以下的罚款。构成犯罪的，依法追究刑事责任。

（四）《个人独资企业法》第三十六条规定，个人独资企业成立后无正当理由超过六个月未开业的，或者开业后自行停业连续六个月以上的，吊销营业执照。

（五）《个人独资企业法》第三十七条规定，未领取营业执照，以个人独资企业名义从事经营活动的，责令停止经营活动，处以三千元以下的罚款。个人独资企业登记事项发生变更时，未按本法规定办理有关变更登记的，责令限期办理变更登记；逾期不办理的，处以二千元以下的罚款。

（六）《个人独资企业法》第三十九条规定，个人独资企业侵犯职工合法权益，未保障职工劳动安全，不缴纳社会保险费用的，按照有关法律、行政法规予以处罚，并追究有关责任人员的责任。

（七）《个人独资企业法》第四十二条规定，个人独资企业及其投资人在清算前或清算期间隐匿或转移财产，逃避债务的，依法追回其财产，并按照有关规定予以处罚；构成犯罪的，依法追究刑事责任。

（八）《个人独资企业法》第四十三条规定，投资人应当承担民事赔偿责任和缴纳罚款、罚金，其财产不足以支付的，或者被判处没收财产的，应当先承担民事赔偿责任。

二、管理人员对投资人造成损害或侵犯投资人权益行为应承担的法律责任

（一）《个人独资企业法》第三十八条规定，投资人委托或者聘用的人员管理个人独资企业事务时违反双方订立的合同，给投资人造成损害的，承担民事赔偿责任。

（二）《个人独资企业法》第四十条规定，投资人委托或者聘用的人员违反本法第二十条规定，侵犯个人独资企业财产权益的，责令退还侵占的财产；给企业造成损失的，依法承担赔偿责任；有违法所得的，没收违法所得；构成犯罪的，依法追究刑事责任。

三、企业登记机关及其上级部门有关人员的违法行为应当承担的法律责任

（一）《个人独资企业法》第四十一条违反法律、行政法规的规定强制个人独资企业提供财力、物力、人力的，按照有关法律、行政法规予以处罚，并追究有关责任人员的责任。

（二）《个人独资企业法》四十四条规定，登记机关对不符合本法规定条件的个人独资企业予以登记，或者对符合本法规定条件的企业不予登记的，对直接责任人员依法给予行政处分；构成犯罪的，依法追究刑事责任。

（三）《个人独资企业法》第四十五条规定，登记机关的上级部门的有关

主管人员强令登记机关对不符合本法规定条件的企业予以登记，或者对符合本法规定条件的企业不予登记的，或者对登记机关的违法登记行为进行包庇的，对直接责任人员依法给予行政处分；构成犯罪的，依法追究刑事责任。

（四）《个人独资企业法》第四十六条规定，登记机关对符合法定条件的申请不予登记或者超过法定时限不予答复的，当事人可依法申请行政复议或提起行政诉讼。

附　录：

一、案例分析

（一）案情①

2003年1月15日，甲出资5万元设立A个人独资企业（本题下称“A企业”）。甲聘请乙管理企业事务，同时规定，凡乙对外签订标的额超过1万元以上的合同，须经甲同意。2月10日，乙未经甲同意，以A企业名义向善意第三人丙购入价值2万元的货物。2003年7月4日，A企业亏损，不能支付到期的丁的债务，甲决定解散该企业，并请求人民法院指定清算人。7月10日，人民法院指定戊作为清算人对A企业进行清算。经查，A企业和甲的资产及债权债务情况如下：

（1）A企业欠缴税款2 000元，欠乙工资5 000元，欠社会保险费用5000元，欠丁10万元；

（2）A企业的银行存款1万元，实物折价8万元；

（3）甲在B合伙企业出资6万元，占50%的出资额，B合伙企业每年可向合伙人分配利润；

（4）甲个人其他可执行的财产价值2万元。

（二）问题

（1）乙于2月10日以A企业名义向丙购买价值2万元货物的行为是否有效？并说明理由。

（2）试述A企业的财产清偿顺序。

（3）如何满足丁的债权请求？

二、案例分析答案要点

（1）乙于2月10日以A企业名义向丙购买价值2万元货物的行为有效。根据个人独资企业法的规定，投资人对被聘用的人员职权的限制，不得对抗善意第三人。尽管乙向丙购买货物的行为超越职权，但丙为善意第三人，因此，

① 99考网：http：//test99.com，访问日期：2005－11－3。

该行为有效。

（2）根据个人独资企业法的规定，A 企业的财产清偿顺序为：①职工工资和社会保险费用；②税款；③其他债务。

（3）首先，用 A 企业的银行存款和实物折价共 9 万元清偿所欠乙的工资、社会保险费用、税款后，剩余 78 000 元用于清偿所欠丁的债务；其次，A 企业剩余财产全部用于清偿后，仍欠丁 22 000 元，可用甲个人财产清偿；第三，在用甲个人财产清偿时，可用甲个人其他可执行的 2 万元清偿，不足部分，可用甲从 B 合伙企业分取的收益予以清偿或由丁依法请求人民法院强制执行甲在 B 合伙企业中的财产份额用于清偿（或可用甲从 B 合伙企业分取的收益予以清偿或由丁依法请求人民法院强制执行甲在 B 合伙企业中的财产份额用于清偿，如有不足部分，可用甲个人其他可执行的财产 2 万元清偿）。

三、本章复习思考题

1. 个人独资企业与公司的区别。

2. 个人独资企业的设立条件与程序。

3. 个人独资企业的债务清偿。

第五章　证券法律制度

第一节　证券法概述

一、证券的概念和特征

一般认为，证券是在专用纸张或其他载体上，借助文字或图形，表彰特定民事权利的书证。① 证券的核心是其表彰的民事权益。这种权益通常包括股权、债权、基金证券和其他各种衍生工具。就证券的一般含义来说，主要指证券权利。然而，民事权利本身因其具有抽象性而必须以一定的形式表现出来，这样才能为人所知而得到法律保护。因此，表彰权利的特定形式－纸张或其他形式的载体并不因为其价值的低廉而丧失其法律意义。相反，每种民事权利都必须借助相应的形式来表现才能使抽象权利具体化。在此意义上，证券是民事权利及其载体的结合。证券权利人的权利也体现在对其载体的所有权及对载体上登载之权利的行使权两个方面。

随着社会的进步及证券法律制度的完善，无纸化证券交易逐渐取代有纸化证券，交易数据或成交记录成为主要表现形式，投资者持有的证券数量和权利都记载在证券账户中。证券脱离了纸张形态因而具有了更高的流通性。

我国对证券的概念采取了列举式的规定，《证券法》第二条规定“在中华人民共和国境内，股票、公司债券和国务院认定的其他证券的发行和交易，适用本法”，“政府债券、证券投资基金份额的上市交易，适用本法”，“证券衍生品种发行、交易的管理办法，由国务院依照本法的原则规定”。没有规定的，适用《公司法》、其他法律、行政法规的规定。

① 叶林：《证券法》，第1页，中国人民大学出版社，2000

二、证券法的调整对象

（一）证券法的概念

证券法的概念有广义和狭义之分。广义的证券法包括一切与证券有关的证券法律规范的总和。狭义的证券法则仅指由国家立法机关颁行实施的以“证券法”或类似名称命名的法律规范。

我国目前实施的是1998年12月19日第九届全国人民代表大会常务委员会第六次会议通过的，经过2004年8月28日第十届全国人民代表大会常务委员会第十一次会议修正、2005年10月27日第十届全国人民代表大会常务委员会第十八次会议修订的《中华人民共和国证券法》。另外，我国还颁行实施了众多的调整证券经济关系的特别法规范及行政法规。这些一并构成了证券法律体系。

（二）证券法的调整对象

根据《证券法》的规定，我国证券法调整包括股票、公司债券、政府债券、证券投资基金及其他金融衍生品在内的证券的发行关系、交易关系、管理关系及与证券发行、交易有关的其他经济关系。根据《中华人民共和国公司法》的规定，股票是公司签发的证明股东所持股份的凭证。公司债券是指公司依照法定程序发行、约定在一定期限还本付息的有价证券。证券投资基金适用2004年6月1日起生效的《证券投资基金法》。证券投资基金是一种风险共享、利益共担的集合证券投资方式，即通过发行基金单位，集中投资者的资金，由基金托管人托管，由基金管理人管理和运用资金，从事股票、债券等金融工具投资，[①] 以获得投资收益和资本增值。而金融衍生品（Derivatives）通常是指从原生产品派生出来的金融工具。是以货币、债券、股票和外汇等传统金融商品为基础，以杠杆或信用交易为特征的金融工具。[②]

证券发行是证券发行人以募集资金为目的，向投资者出售证券的行为。在本质上，证券发行属于买卖行为，投资者以资金为对价，交换发行人的证券，而发行人则通过出售证券筹集到相应的资金。但证券发行又不同于普通的买卖行为，因其涉及广大投资者的合法利益及维护社会经济秩序的要求，国家必然对其进行特殊的监管。我国《证券法》规定，公开发行证券，除符合法律、行政法规规定的条件外，还须经国务院证券监督管理机构或国务院授权的部门核准。证券发行包括证券的交付。

---

① 周正庆主编：《证券知识读本》，第124页，中国金融出版社，1998

② 王建国等主编：《衍生金融商品》，第2页，西南财经大学，1997

证券交易是指投资者从发行人处取得了证券及证券权利后，由投资者按照自己的意思表示将其在证券交易场所进行交易的行为。证券交易也是一种证券买卖行为，但其区别于证券发行。证券发行发生在发行人和投资者之间，而证券交易发生在投资者与投资者之间。《证券法》规定，证券交易当事人买卖的证券，必须是依法发行并交付的证券。

证券管理是为了维护证券市场秩序，保障证券市场合法运行由证券监督管理机构和证券业自律性组织实施的证券监督、管理活动。证券管理包括证券监督管理机构对证券市场进行的监管活动及证券业自律性管理组织对证券业的自律性管理。强调监管和自律双重并举。根据《证券法》的规定，国务院证券监督管理机构依法对全国证券市场集中统一监督管理。证券业协会实行自律性管理。

值得注意的是，修订过的《证券法》将证券交易所也定性为证券业自律性管理组织，[①] 这是我国证券立法上的一个进步。在各国证券法中证券交易所的法律地位远高于证券业协会。它通过制定章程，具体规定其会员资格取得、丧失，规定其成员违法或违反其章程时的责任，还制定业务规则和上市规则等，规范其成员的交易活动。在有些国家主张自由经济的时期，它几乎发挥着管理证券市场的主要职能，甚至政府监督管理机构都无法与之抗衡。[②]

与证券发行、交易有关的其他经济关系是在证券市场中，由包括发行人、投资者、证券公司、证券交易所、投资咨询机构、财务顾问机构、资信评级机构、资产评估机构、会计师事务所等证券服务机构在内的证券关系的参与者之间发生的各种经济关系。

三、立法宗旨和原则

《证券法》第一条规定："为了规范证券发行和交易行为，保护投资者的合法利益，维护社会经济秩序和社会公共利益，促进社会主义市场经济的发展，制定本法。"在证券法的最终目的是否是保护投资者利益的问题上，学者们看法不一。有学者认为证券市场具有多元化特征，因此证券法必须兼顾诸多市场参与者的利益，如企业利益、中介机构利益等。[③] 然而笔者认为，证券投资是一项专业性很强的活动，由于证券市场交易规则特殊，普遍存在信息不对

---

① 《证券法》102条："证券交易所是为证券集中交易提供场所和设施，组织和监督证券交易，实行自律管理的法人。"

② 叶林：《证券法》，第75页，中国人民大学出版社，2000

③ 叶林：《证券法教程》，第45页，法律出版社，2005

称等问题，中小投资者处在议价能力不平等的弱势地位。如果让他们自己订立合同，他们不可避免的被富有和强有力的合同对方当事人击败。[①] 而中小股民在各个国家证券法律制度下，都是要受到特别保护的。他们虽然不是绝大多数证券权利的拥有者，但在投资者当中却是绝大多数，他们是股票市场真正的参与者。[②] 连续数年股市低迷的事实表明，投资者，特别是多数的中小投资者的信心，才是激活证券市场的法宝。证券市场可以缺乏许多东西，但不能没有投资者。投资者的存在决定了证券市场的存在。只要有投资者就必须考虑他们如何看待市场，评价自己的处境。这就是所有证券市场都奉为最大价值的投资者对市场的信心。保护投资者直观表现为保护投资者的权益，但其深层次的目的乃在于保护投资者的信心。[③] 因此，我国证券法的最终立法目的，就应当是保护投资者利益。

证券法的基本原则是贯穿于证券法始终的指导思想和行为准则。

（一）“三公”原则

“三公”原则是证券法最重要的原则，对保护投资者利益起到关键性的作用。《证券法》第三条规定：“证券的发行、交易活动，必须实行公开、公平、公正的原则。”

公开原则也称为信息披露制度，是指证券公司在证券的发行，上市与交易过程中，依法应当向社会公众披露相关信息。这种信息的公开，分初始信息公开和持续信息公开。初始信息是发行人在证券发行阶段披露的信息，持续信息则是指发行人的证券上市交易后依法披露的信息。信息公开的基本原则是（1）完整型；（2）真实准确性；（3）及时性。

公平原则是一个民商法的概念。在证券法领域，公平是指提供给每一个投资者的参与机会公平。要使他们的机会均等，必须保证投资者拥有平等的机会了解投资规则、按统一规则来进行交易、接触相关信息，即另外一个层面上的公平－交易秩序公平。

公正原则是针对证券市场的监督、管理者而言的。根据该原则，立法者应制定兼顾各方当事人利益的证券市场规则；监督管理者和自律机构则应执法公正、管理公正。

（二）自愿、有偿、诚实信用原则

自愿原则也叫意思自治原则，它体现了一种法律对有理智的人的意愿的尊

---

① P. S. 阿狄亚：《合同法导论》，第19页，法律出版社，2002

② 郎咸平语，摘自《国企股改中政府的信用不断被破坏》一文，《商务周刊》2005年10月9日。

③ 薛峰：《中国证券市场的法制状况研究》，载中国民商法网：http：//www.civillaw.com，访问时间：2005－12－20。

重。当事人可以自由选择订立合同的方式、对方当事人以及合同条款。对发行证券的认购、交易和其他民事活动没有本质上的区别，因此，证券活动要符合自愿原则。

有偿是另一个民事活动的基本原则，是指证券参与者在进行证券交换时应支付对价。

诚实信用原则是民商法重要原则，也被称为“帝王条款”。是指民、商事主体在进行民事活动时，应本着善意行事，不得滥用权力、不得规避法律损害他人利益。在证券法中，诚实信用还体现在证券活动必须遵守法律、行政法规；禁止欺诈、内幕交易和操纵市场的行为。

以上三个原则都是民商法基本原则，证券法属于特殊商法，因此对以上原则证券法也适用。

（三）分业经营、分业管理原则及例外

《证券法》第六条规定，证券业和银行、信托、保险业实行分业经营、分业管理。我国证券法规定分业经营的原因在于，金融混业会产生具有不同资产－负债特性的金融服务间的风险转移的风险，例如银行资产大部分是依靠负债形成的，如果进入股市，股市波动所造成的资产减值可能超出银行的资本承担能力，从而产生系统性的流动性风险。

第六条中增加了“但国家另有规定的除外”的条款。随着我国金融改革的不断深化，目前已经出现了在集团控股下分设银行、证券、保险机构的经营模式，而且，商业银行也已获准设立基金管理公司，保险基金也可直接进入证券市场，这些做法事实上已经突破了分业经营的限制。[①] 因此，《证券法》的这一灵活性的处理，为现实中的混业经营提供了法律依据，同时为将来推行混业经营留下了法律空间。

（四）集中统一监督管理的原则

国家对证券业进行监管其原因在于证券行业是一个涉及面广、风险大的行业。我国早在 1992 年底就成立了证券市场的专门监督管理机构－证券监督管理委员会对证券关系的参与者进行监管并于 1997 年改革监管体制，实行垂直领导，统一监管。中国证监会是国务院直属的部级单位，是全国证券市场的最高监管机构，证监会在各省、自治区、直辖市、计划单列市设立证监局，实行垂直管理。

（五）监管与自律相结合的原则

证券交易所和证券业协会是我国证券法认可的证券自律组织。自律组织因

① 罗培新、卢文道：《最新证券法解读》，第 12 页，北京大学出版社。

为更贴近市场，能更好地掌握市场的运作状况，按照市场的特点制定容易为市场所接受的自律规则，因此能产生更高的管理效率。自律监管有政府监管无法替代的优势，但因其权威性不足等弱点，我国证券监管仍以政府监管为主。

第二节 证券发行制度

一、证券发行的概念和种类

证券发行是指证券发行人为募集资金以发行证券的方式将证券权利出售给投资者的行为。证券发行包括发行人向投资者发出出售证券权利的意思表示、投资者认购、证券分配、缴纳出资及交付证券一系列法律行为。其中，证券分配是确定发行人向投资人交付证券数量的程序。因为投资者认购的数量有可能超出发行的证券的数量，这时，依照先到先得的原则或按比例确定投资者应取得的证券数量。整个发行过程一般被称为一级市场。

根据不同的标准，证券发行有不同的分类。

一、按照不同的发行对象，证券发行可分为公开发行和非公开发行。按照《证券法》的规定，公开发行是向不特定对象发行证券的或向特定对象发行证券累计超过二百人的。这样的规定对公开发行规定了客观的操作标准，使公开发行证券的公司不能借此逃避法律的监管。非公开发行则是指发行人面向特定的投资者作出的发行。

区分公开与非公开发行，目的在于对其进行不同程度的监管。对公开发行，《证券法》等的监管很严格；对非公开发行，《证券法》第十条第三款规定“不得采用广告、公开劝诱和变相公开方式”，《国务院办公厅关于严厉打击非法发行股票和非法经营证券业务有关问题的通知》（2006 年 12 月 12 日国办发〔2006〕99 号）（二）规定“严禁变相公开发行股票。非公开发行股票及其股权转让，不得采用广告、公告、广播、电话、传真、信函、推介会、说明会、网络、短信、公开劝诱等公开方式或变相公开方式向社会公众发行。严禁任何公司股东自行或委托他人以公开方式向社会公众转让股票。向特定对象转让股票，未依法报经证监会核准的，转让后，公司股东累计不得超过 200 人”。

二、按照是否需要通过证券公司承销，证券发行分为直接发行和间接发行。直接发行是证券发行人直接向投资者出售证券的行为，间接发行是发行人委托证券公司发行证券的行为。《公司法》规定：“发起人向社会公开募集股份，应由依法设立的证券公司承销，签订承销协议。”《证券法》也规定：“发行人向不特定对象发行的证券，法律、行政法规规定应当由证券公司承销的，发行人应当同证券公司签订承销协议”，“向不特定对象发行的证券票面总值超过人民币五千万元的，应当由承销团承销。”承销分为包销和代销两种。

三、按照发行的价格不同，证券发行分为溢价发行、平价发行和折价发行。溢价发行是指发行人以高于票面价格发行证券；平价发行是指发行人以与面值一致的价格发行证券；折价发行指发行人以低于证券面值的价格发行证券。我国《公司法》规定，股票发行价格可以按票面金额，也可以超过票面金额，但不得低于票面金额。《证券法》对溢价发行也有规定。因此溢价发行和平价发行是合法的，而折价发行则受到法律所禁止。溢价发行的溢价款应列入公司资本公积金。

另外，证券发行按照发行人是否已合法成立，分为新设发行和增资发行；根据发行品种不同可分为股票发行和债券发行等。

二、股票发行的条件、程序

证券发行一般指公开发行。股票发行分为新设发行和增资发行。新设发行是为设立股份有限公司而发行股票的行为。增资发行是已经设立的股份有限公司为了增加资本而发行股票的行为。

设立股份有限公司申请公开发行股票，除应具备《公司法》规定的设立股份有限公司的条件外，还应当符合国务院《股票发行与交易管理暂行条例》规定的下列条件：

（一）其生产经营符合国家产业政策；

（二）其发行的普通股限于一种，同股同权；

（三）发起人认购的股本数额不少于公司拟发行的股本总额的百分之三十五；

（四）在公司拟发行的股本总额中，发起人认购的部分不少于人民币三千万元，但是国家另有规定的除外；

（五）向社会公众发行的部分不少于公司拟发行的股本总额的百分之二十五，其中公司职工认购的股本数额不得超过拟向社会公众发行的股本总额的百分之十；公司拟发行的股本总额超过人民币四亿元的，证监会按照规定可以酌情降低向社会公众发行的部分的比例，但是最低不少于公司拟发行的股本总额的百分之十；

（六）发起人在近三年内没有重大违法行为。

公司公开发行新股，《证券法》第十三条规定应当符合下列条件：

（一）具备健全且运行良好的组织机构；

（二）具有持续盈利能力，财务状况良好；

（三）最近三年财务会计文件无虚假记载，无其他重大违法行为；

（四）经国务院批准的国务院证券监督管理机构规定的其他条件。

《上市公司证券发行管理办法》第十二条规定向原股东配售股份（简称“配股”），除符合本章第一节规定外，还应当符合下列规定：

（一）拟配售股份数量不超过本次配售股份前股本总额的百分之三十；

（二）控股股东应当在股东大会召开前公开承诺认配股份的数量；

（三）采用证券法规定的代销方式发行。

《上市公司证券发行管理办法》第十三条规定向不特定对象公开募集股份（简称“增发”），除符合本章第一节规定外，还应当符合下列规定：

（一）最近三个会计年度加权平均净资产收益率平均不低于百分之六。扣除非经常性损益后的净利润与扣除前的净利润相比，以低者作为加权平均净资产收益率的计算依据；

（二）除金融类企业外，最近一期末不存在持有金额较大的交易性金融资产和可供出售的金融资产、借予他人款项、委托理财等财务性投资的情形；

（三）发行价格应不低于公告招股意向书前二十个交易日公司股票均价或前一个交易日的均价。

另外，企业公开发行股票并在主板（含中小企业板）上市必须符合中国证监会2006年5月17日颁布的《首次公开发行股票并上市管理办法》的相关规定；企业公开发行股票并在创业板上市必须符合中国证监会2009年3月31日发布的《首次公开发行股票并在创业板上市管理暂行办法》的相关规定。

《证券法》规定，发行证券（不论是公开发行或非公开发行）采用核准制。公开发行须依法报国务院证券监督管理机构或国务院授权的部门核准；非公开发行报国务院证券监督管理机构核准。其中，公开发行须向国务院证券监督管理机构递交包括募股申请在内的一系列文件。①

《证券法》还规定发行股票所募集的资金，必须按照照顾说明书所列用途使用。未经股东大会认可改变用途的，不得公开发行新股。

三、公司债券发行的条件、程序

《证券法》第十六条规定，公开发行公司债券，应当符合下列条件：

（一）股份有限公司的净资产不低于人民币三千万元，有限责任公司的净资产不低于人民币六千万元；

---

① 文件要求见《证券法》第12条、14条。

（二）累计债券余额不超过公司净资产的百分之四十；

（三）最近三年平均可分配利润足以支付公司债券一年的利息；

（四）筹集的资金投向符合国家产业政策；

（五）债券的利率不超过国务院限定的利率水平；

（六）国务院规定的其他条件。

《公司债券发行试点办法》第七条规定，发行公司债券，应当符合下列规定：

（一）公司的生产经营符合法律、行政法规和公司章程的规定，符合国家产业政策；

（二）公司内部控制制度健全，内部控制制度的完整性、合理性、有效性不存在重大缺陷；

（三）经资信评级机构评级，债券信用级别良好；

（四）公司最近一期末经审计的净资产额应符合法律、行政法规和中国证监会的有关规定；

（五）最近三个会计年度实现的年均可分配利润不少于公司债券一年的利息；

（六）本次发行后累计公司债券余额不超过最近一期末净资产额的百分之四十；金融类公司的累计公司债券余额按金融企业的有关规定计算。

公开发行公司债券筹集的资金，必须用于核准的用途，不得用于弥补亏损和非生产性支出。

除此之外，《证券法》第十八条规有下列情形之一的，不得再次公开发行公司债券：

（一）前一次公开发行的公司债券尚未募足；

（二）对已公开发行的公司债券或者其他债务有违约或者延迟支付本息的事实，仍处于继续状态；

（三）违反本法规定，改变公开发行公司债券所募资金的用途。

《公司债券发行试点办法》第八条规定存在下列情形之一的，不得发行公司债券：

（一）最近三十六月内公司财务会计文件存在虚假记载，或公司存在其他重大违法行为；

（二）本次发行申请文件存在虚假记载、误导性陈述或者重大遗漏；

（三）对已发行的公司债券或者其他债务有违约或者迟延支付本息的事实，仍处于继续状态；

（四）严重损害投资者合法权益和社会公共利益的其他情形。

对上市公司发行可转换为股票的公司证券，《证券法》规定除应满足第十六条第一款的规定外，还须符合《证券法》关于公开发行股票的条件。另外，《上市公司证券发行管理办法》第十四条规定公开发行可转换公司债券的公司，除应当符合本章第一节规定外，还应当符合下列规定：

（一）最近三个会计年度加权平均净资产收益率平均不低于百分之六。扣除非经常性损益后的净利润与扣除前的净利润相比，以低者作为加权平均净资产收益率的计算依据；

（二）本次发行后累计公司债券余额不超过最近一期末净资产额的百分之四十；

（三）最近三个会计年度实现的年均可分配利润不少于公司债券一年的利息。

我国对公开发行债券实行核准制。发行公司债券，须报送相关文件①经国务院证券监督管理机构或经国务院授权的部门核准。

四、发行信息披露

《证券法》要求发行人提交的发行申请文件真实、准确和完整。为证券发行出具有关文件的政权机构和人员，必须履行法定职责，以保证达到以上要求。

《证券法》还要求发行人首次公开发行股票，在提交申请文件后，应当按照国务院证券监督管理机构的规定预先披露有关申请的文件。披露采用公告和置备的方式。公告是指将披露文件通过报纸、网络等媒介向不特定的投资者进行公示；置备是指将该文件放在指定场所供公众查阅。发行期间的信息披露又叫做初始信息披露。

五、发行审核制度

《证券法》规定，国务院证券监督管理机构依照法定条件负责核准股票发行申请。国务院证券监督管理机构设发行审核委员会，依法审核股票发行申请。

发行审核委员会由国务院证券监督管理机构的专业人员和所聘请的该机构外的有关专家组成，以投票方式对股票发行申请进行表决，提出审核意见。

发行审核委员会的具体组成办法、组成人员任期、工作程序，由国务院证券监督管理机构规定。

---

① 文件要求见《证券法》第17条。

中国证监会于2009年5月修订的《中国证券监督管理委员会发行审核委员会办法》对《证券法》规定进一步细化，规定发行审核委员会的职责是：根据有关法律、行政法规和中国证监会的规定，审核股票发行申请是否符合相关条件；审核保荐人、会计师事务所、律师事务所、资产评估机构等证券服务机构及相关人员为股票发行所出具的有关材料及意见书；审核中国证监会有关职能部门出具的初审报告；依法对股票发行申请提出审核意见。

六、发行保荐人制度

保荐人制度是《证券法》经2005年10月27日正式修订后新引进的制度，是指发行人发行证券时，由有保荐资格的机构（证券公司）担任保荐人，对发行人的申请文件和资料核查、督导发行人运作，并在发行不符合法定条件或程序时，与发行人承担连带责任的制度。

适用保荐人制度的情况：《证券法》规定，申请公开发行股票、可转换为股票的公司债券，依法采取承销方式的，或公开发行法律、法规规定实行保荐制度的其他证券，应当聘请保荐人。

保荐人职责：

（一）推荐发行人证券发行上市，应当遵循诚实守信、勤勉尽责的原则，按照中国证监会对保荐机构尽职调查工作的要求，对发行人进行全面调查，充分了解发行人的经营状况及其面临的风险和问题；

（二）尽职推荐发行人证券发行上市

（三）发行人证券上市后，督导发行人履行规范运作、信守承诺、信息披露等义务。

（四）在推荐发行人首次公开发行股票并上市前，应当对发行人进行辅导，对发行人的董事、监事和高级管理人员、持有5%以上股份的股东和实际控制人（或者其法定代表人）进行系统的法规知识、证券市场知识培训，使其全面掌握发行上市、规范运作等方面的有关法律法规和规则，知悉信息披露和履行承诺等方面的责任和义务，树立进入证券市场的诚信意识、自律意识和法制意识。

（五）决定推荐发行人证券发行上市的，可以根据发行人的委托，组织编制申请文件并出具推荐文件。

（六）推荐发行人发行证券，应当向中国证监会提交发行保荐书、保荐代表人专项授权书以及中国证监会要求的其他与保荐业务有关的文件。①

保荐人连带责任：

《证券法》第二十六条确立了发行人欺诈发行时，保荐人除能证明自己无过错外，要承担连带责任的制度。有学者称之为“连坐”制度。② 其目的是为了加重保荐人的责任，使之更加谨慎尽责，减少投资者利益受到损害的可能。

七、证券承销

如前文所述，发行人向不特定对象发行证券，应当由证券公司承销。向不特定对象发行证券票面总值超过五千万元的，应由承销团承销。2012 年 5 月修订的《证券发行与承销管理办法》第四十条规定“证券公司承销证券，应当依照《中华人民共和国证券法》第二十八条的规定采用包销或者代销方式。上市公司非公开发行股票未采用自行销售方式或者上市公司配股的，应当采用代销方式”。证券代销是指证券公司代发行人发售证券，在承销期结束时，将未售出的证券全部退还给发行人的承销方式。证券包销是指证券公司将发行人的证券按照协议全部购入或者在承销期结束时将售后剩余证券全部自行购入的承销方式。承销应当签订承销协议。

《证券法》对承销行为规定了相应义务：

（一）禁止不正当竞争义务

《证券法》第二十九条规定，公开发行证券的发行人有权依法自主选择承销的证券公司。证券公司不得以不正当竞争手段招揽证券承销业务。

（二）发行文件核查义务

《证券法》第三十一条规定，证券公司承销证券，应当对公开发行募集文件的真实性、准确性、完整性进行核查。

---

① 根据证监会 2008 年发布的《证券发行上市保荐业务管理办法》，保荐机构的职责还有以下几方面：对发行人申请文件、证券发行募集文件中有证券服务机构及其签字人员出具专业意见的内容，保荐机构应当结合尽职调查过程中获得的信息对其进行审慎核查，对发行人提供的资料和披露的内容进行独立判断。保荐机构所作的判断与证券服务机构的专业意见存在重大差异的，应当对有关事项进行调查、复核，并可聘请其他证券服务机构提供专业服务。对发行人申请文件、证券发行募集文件中无证券服务机构及其签字人员专业意见支持的内容，保荐机构应当获得充分的尽职调查证据，在对各种证据进行综合分析的基础上对发行人提供的资料和披露的内容进行独立判断，并有充分理由确信所作的判断与发行人申请文件、证券发行募集文件的内容不存在实质性差异。推荐发行人证券上市，应当向证券交易所提交上市保荐书以及证券交易所要求的其他与保荐业务有关的文件，并报中国证监会备案。

② 见罗培新教授文，载于 2005 年 5 月 30 日《南方周末》《解读证券法修改建议》，“此种‘连坐’制度，把多重主体之信用及责任相捆绑，强化了投资者的求偿权利，可望降低道德风险，提升上市公司之质量。”

（三）禁止预先预留义务

《证券法》第三十三条规定，证券公司在代销、包销期内，对所代销、包销的证券应当保证先行出售给认购人，证券公司不得为本公司预留所代销的证券和预先购入并留存所包销的证券。

八、证券发行价格

股票票面金额代表每一单位股份所代表的公司资本额，发行价格则是公司发行股票时向投资者收取的价格。股票票面上的金额与发行价格往往是不相同的。股票的发行价格取决于多种因素，如发行与购买的供求关系，公司的业绩、股票的预期收益，以及社会资金供求状况和市场利率等。按照我国公司法的规定，我国不允许折价发行。因此发行价格只有平价发行和溢价发行两种。

股票发行价格是股票发行成功与否的重要因素，对投资者和发行人乃至承销商都有直接关系。发行价高，对发行人来说，可以用较少的股份筹集到较多的资金，降低筹资成本。但是，对投资者来说，发行价太高，则意味着投资成本增大，对承销商来说，发行价格过高，增大了承销商的发行风险。因此，《证券发行与承销管理办法》第五条规定“首次公开发行股票，可以通过向询价对象询价的方式确定股票发行价格，也可以通过发行人与主承销商自主协商直接定价等其他合法可行的方式确定发行价格，发行人应在发行公告中说明本次发行股票的定价方式。上市公司发行证券的定价，应当符合中国证监会关于上市公司证券发行的有关规定”，证券发行价格的确定并没有规定须经证监会核准。（有新法：证监会《关于新股发行定价相关问题的通知》）

九、发行失败

《证券法》规定的承销期最长是九十天，期限届满向投资者出售的股票数量未达拟发行数量的百分之七十的，为发行失败。发行失败后发行人应承担相应的法律责任，即按发行价加算银行同期存款利息返还投资者，另外，《证券发行与承销管理办法》第四十一条规定股票发行失败后，主承销商应当协助发行人按照发行价并加算银行同期存款利息返还股票认购人。

第三节　证券交易制度

一、证券上市

证券上市即依法发行的证券，经证券交易所审核同意，在证券交易所挂牌上市的过程。某种证券一旦在证券交易所上市，这种证券就称为上市证券，发行证券的公司就称为上市公司。公司上市有利于公司获得更多的筹集资本的机会，也有利于公司扩大竞争力。

二、上市条件

《证券法》第一百零二条规定，证券交易所是为证券集中交易提供场所和设施，组织和监督证券交易，实行自律管理的法人。根据以上规定，证券交易所是证券行业中的自律管理机构。在新修订的《证券法》中，证监会将相关权利[①]下放给了证券交易所，使其真正能发挥自律管理的作用。

股份有限公司申请股票上市，应当符合下列条件：

（一）股票经国务院证券监督管理机构核准已公开发行；

（二）公司股本总额不少于人民币三千万元；

（三）公开发行的股份达到公司股份总数的百分之二十五以上；公司股本总额超过人民币四亿元的，公开发行股份的比例为百分之十以上；

（四）公司最近三年无重大违法行为，财务会计报告无虚假记载。

证券交易所可以规定高于前款规定的上市条件，并报国务院证券监督管理机构批准。

公司申请公司债券上市交易，应当符合下列条件：

（一）公司债券的期限为一年以上；

（二）公司债券实际发行额不少于人民币五千万元；

（三）公司申请债券上市时仍符合法定的公司债券发行条件。

申请证券上市交易，必须提交法定文件。[②]

上市公司有下列情形之一的，由证券交易所决定暂停其股票上市交易：

（一）公司股本总额、股权分布等发生变化不再具备上市条件；

（二）公司不按照规定公开其财务状况，或者对财务会计报告作虚假记载，可能误导投资者；

（三）公司有重大违法行为；

（四）公司最近三年连续亏损；

（五）证券交易所上市规则规定的其他情形。

上市公司有下列情形之一的，由证券交易所决定终止其股票上市交易：

---

① 《证券法》中，证券交易所拥有审核同意证券上市、暂停、终止股票上市、暂停、终止债券上市的权力。

② 见《证券法》第五十二条、五十八条。

（一）公司股本总额、股权分布等发生变化不再具备上市条件，在证券交易所规定的期限内仍不能达到上市条件；

（二）公司不按照规定公开其财务状况，或者对财务会计报告作虚假记载，且拒绝纠正；

（三）公司最近三年连续亏损，在其后一个年度内未能恢复盈利；

（四）公司解散或者被宣告破产；

（五）证券交易所上市规则规定的其他情形。

公司债券上市交易后，公司有下列情形之一的，由证券交易所决定暂停其公司债券上市交易：

（一）公司有重大违法行为；

（二）公司情况发生重大变化不符合公司债券上市条件；

（三）发行公司债券所募集的资金不按照核准的用途使用；

（四）未按照公司债券募集办法履行义务；

（五）公司最近两年连续亏损。

公司有前条第（一）项、第（四）项所列情形之一经查实后果严重的，或者有前条第（二）项、第（三）项、第（五）项所列情形之一，在限期内未能消除的，由证券交易所决定终止其公司债券上市交易。

公司解散或者被宣告破产的，由证券交易所终止其公司债券上市交易。

三、持续信息披露

持续信息披露是相对于初始信息披露而言的，它是指依法发行股票或债券而进行的相关信息披露。持续信息披露仍须满足信息披露的一般要求。

持续信息披露分为定期报告和临时报告。定期报告又分为年度报告、中期报告和季度报告。

《证券法》、《上市公司信息披露管理办法》规定，年度报告应当在每一会计年度结束之日起四个月内，向国务院证券监督管理机构和证券交易所报送并予公告。内容包括：

（一）公司基本情况；

（二）主要会计数据和财务指标；

（三）公司股票、债券发行及变动情况，报告期末股票、债券总额、股东总数，公司前10大股东持股情况；

（四）持股5%以上股东、控股股东及实际控制人情况；

（五）董事、监事、高级管理人员的任职情况、持股变动情况、年度报酬情况；

（六）董事会报告；

（七）管理层讨论与分析；

（八）报告期内重大事件及对公司的影响；

（九）财务会计报告和审计报告全文；

（十）中国证监会规定的其他事项。

《证券法》、《上市公司信息披露管理办法》规定，中期报告应当在每一会计年度的上半年结束之日起两个月内，向国务院证券监督管理机构和证券交易所报送并予公告。内容包括：

（一）公司基本情况；

（二）主要会计数据和财务指标；

（三）公司股票、债券发行及变动情况、股东总数、公司前10大股东持股情况，控股股东及实际控制人发生变化的情况；

（四）管理层讨论与分析；

（五）报告期内重大诉讼、仲裁等重大事件及对公司的影响；

（六）财务会计报告和经营情况；

（七）提交股东大会审议的重要事项；

（八）中国证监会规定的其他事项。

《证券法》、《上市公司信息披露管理办法》规定，季度报告应当在每个会计年度第3个月、第9个月结束后的1个月内编制完成并披露，第一季度季度报告的披露时间不得早于上一年度年度报告的披露时间。内容包括：

（一）公司基本情况；

（二）主要会计数据和财务指标；

（三）公司股票、债券发行及变动情况，报告期末股票、债券总额、股东总数，公司前10大股东持股情况；

（四）持股5%以上股东、控股股东及实际控制人情况；

（五）董事、监事、高级管理人员的任职情况、持股变动情况、年度报酬情况；

（六）董事会报告；

（七）管理层讨论与分析；

（八）报告期内重大事件及对公司的影响；

（九）财务会计报告和审计报告全文；

（十）中国证监会规定的其他事项。

发生可能对上市公司证券及其衍生品种交易价格产生较大影响的重大事件，投资者尚未得知时，上市公司应当立即披露，说明事件的起因、目前的状态和可能产生的影响。

《上市公司信息披露管理办法》第三十条第二款规定重大事件包括：

（一）公司的经营方针和经营范围的重大变化；

（二）公司的重大投资行为和重大的购置财产的决定；

（三）公司订立重要合同，可能对公司的资产、负债、权益和经营成果产生重要影响；

（四）公司发生重大债务和未能清偿到期重大债务的违约情况，或者发生大额赔偿责任；

（五）公司发生重大亏损或者重大损失；

（六）公司生产经营的外部条件发生的重大变化；

（七）公司的董事、1/3 以上监事或者经理发生变动；董事长或者经理无法履行职责；

（八）持有公司 5% 以上股份的股东或者实际控制人，其持有股份或者控制公司的情况发生较大变化；

（九）公司减资、合并、分立、解散及申请破产的决定；或者依法进入破产程序、被责令关闭；

（十）涉及公司的重大诉讼、仲裁，股东大会、董事会决议被依法撤销或者宣告无效；

（十一）公司涉嫌违法违规被有权机关调查，或者受到刑事处罚、重大行政处罚；公司董事、监事、高级管理人员涉嫌违法违纪被有权机关调查或者采取强制措施；

（十二）新公布的法律、法规、规章、行业政策可能对公司产生重大影响；

（十三）董事会就发行新股或者其他再融资方案、股权激励方案形成相关决议；

（十四）法院裁决禁止控股股东转让其所持股份；任一股东所持公司 5% 以上股份被质押、冻结、司法拍卖、托管、设定信托或者被依法限制表决权；

（十五）主要资产被查封、扣押、冻结或者被抵押、质押；

（十六）主要或者全部业务陷入停顿；

（十七）对外提供重大担保；

（十八）获得大额政府补贴等可能对公司资产、负债、权益或者经营成果产生重大影响的额外收益；

（十九）变更会计政策、会计估计；

（二十）因前期已披露的信息存在差错、未按规定披露或者虚假记载，被有关机关责令改正或者经董事会决定进行更正；

（二十一）中国证监会规定的其他情形。

证券法还规定，上市公司董事、监事、高级管理人员应当对上市公司披露的信息审核并签署书面意见。

四、禁止的交易行为

禁止的交易行为包括内幕交易行为、操纵市场行为、编造、传播虚假信息行为和欺诈客户行为。

内幕交易是证券交易内幕信息的知情人和非法获取内幕信息的人利用内幕信息从事证券交易活动的行为。内幕信息是证券交易活动中，涉及公司的经营、财务或者对该公司证券的市场价格有重大影响的尚未公开的信息。《证券法》对内幕信息和知情人员作了列举性规定。①

操纵证券市场是通过资金、信息方面的优势，操纵证券价格或者交易量或以其他方式制造虚假行情，诱骗投资者参与证券交易，从而获取不正当利益的行为。《证券法》同样对构成操纵证券市场的行为作了列举式规定。

编造、传播虚假信息行为是上市公司之外的主体从事的虚假信息活动，其目的是扰乱证券市场。

欺诈客户的行为是指证券公司及其从业人员违背客户的意愿在相关活动中欺骗客户，损害其利益的行为。

《证券法》规定，内幕交易行为、操纵市场行为、编造、传播虚假信息行为和欺诈客户行为，给投资者造成损失的，行为人应当承担赔偿责任。这为《证券法》确立民事赔偿制度提供了法律依据。

第四节　法律责任

证券法中的法律责任是指在证券的发行、交易活动中，违反相关法律、法规的规定，依法应当承担的不利的法律后果。法律责任一般包括刑事责任、民事责任和行政责任三种。这三者各自作用在自己调整的特定的社会关系领域，并紧密结合构成一个完整的证券法律责任体系。三者相互影响、相互渗透，共同起着打击证券市场不法行为，抚慰，受害人，维护证券市场秩序的作用。证券法上的刑事责任与行政责任的功能有许多内在的相似之处，如二者的保护功能的重点都在于维护社会秩序，保证证券市场的正常运作。

---

① 见《证券法》第74、75条。

一、民事责任

民事责任在证券责任体系中处于核心地位，发挥基础性作用。一方面，证券民事责任直接维护投资者证券投资利益，直接救济投资者因证券违法行为遭受的损害，是提升投资者信心、救济投资者损失的保护伞；另一方面，证券民事责任剥夺了证券违法者的不法利益，令其付出了高昂的违法代价，是高悬于证券违法者头顶的一柄利刃。①

首先，《证券法》第76条、第77条以及第79条确立了内幕交易、操纵市场、欺诈客户等证券违法行为应承担民事责任的原则。《证券法》法律责任一章又对须承担民事赔偿责任的情形作了相关规定。

其次，对虚假陈述确立了民事责任中的两大归责原则－严格责任原则和推定过错责任原则。这两种责任原则属于民事责任中两种较严厉的归责方法。严格责任是指确定一方当事人是否承担法律责任的依据是损害后果是否由其造成，而不论其有无过错。推定过错责任是过错责任的一种特殊形式，它的举证责任在侵害人一方，若其不能证明自己没有过错，则须承担相应民事责任。第一，发行人、上市公司对虚假陈述承担无过错责任；第二，发行人的董事、监事和经理等高级管理人员对虚假陈述承担推定过错责任；第三，证券承销商及证券上市推荐人对虚假陈述承担推定过错责任；第四，专业证券服务机构及其直接责任人对虚假陈述承担推定过错责任。② 这两种归责原则加重了相应责任人的责任，使其在工作中更加谨慎勤勉。

再次，确立了连带责任制度。如发起人对发行人信息披露提供担保的，发起人与发行人对投资人的损失承担连带责任。证券承销商、证券上市推荐人或者专业中介服务机构，知道或者应当知道发行人或者上市公司虚假陈述，而不予纠正或者不出具保留意见的，构成共同侵权，对投资人的损失承担连带责任。发行人、上市公司、证券承销商、证券上市推荐人负有责任的董事、监事和经理等高级管理人员共同虚假陈述的，分别与发行人、上市公司、证券承销商、证券上市推荐人对投资人的损失承担连带责任。③

最后，《证券法》规定了民事赔偿责任优先原则，即应当承担民事赔偿责任和缴纳罚款、罚金，其财产不足以同时支付的，先承担民事赔偿责任。

---

① 宣伟华：《强化证券民事责任，保护投资者合法利益》，《证券报》2005年11月28日。

② 见最高人民法院《关于审理证券市场因虚假陈述引发的民事赔偿案件的若干规定》，2003年1月9日。

③ 同上。

二、行政责任

证券市场承担行政法律责任的形式主要包括警告、行政处分、罚款、市场禁入、暂停或撤销有关业务等。行政法律责任具有保证证券市场有序运行、保护受害人的合法利益、抑制证券市场的违法行为和教育一般公众和市场参与者的作用。

值得注意的是，新《证券法》对罚款的力度大大提高，对没有违法所得的当事人，仍对其进行罚款的处罚。这种处罚方式一是从剥夺财产的角度对违法者进行惩罚，二是对当事人起到一定威慑作用，杜绝其再次从事类似行为。

三、刑事责任

根据我国《刑法》规定，证券市场的犯罪行为主要构成欺诈发行股票、债券罪，提供虚假财会报告罪，擅自发行股票、公司、企业债券罪，内幕交易、泄露内幕信息罪，编造并传播证券交易信息罪，诱骗投资者买卖证券罪，操纵证券交易价格罪、利用未公开信息交易罪等。

（一）擅自发行股票、公司、企业债券罪

擅自发行股票、公司、企业债券罪是指未经国家有关主管部门批准，擅自发行股票或者公司、企业债券，数额巨大、后果严重或者有其他严重情节的行为。

《刑法》第一百七十九条规定了该罪。根据该条规定，自然人和单位都能成为该罪的主体，且主观上是故意。对该罪的处罚是，处5年以下有期徒刑或者拘役，并处或者单处非法募集金额1%以上5%以下的罚金。单位犯本罪的，对单位判处罚金，并对其直接负责的主管人员和其他直接责任人员，处5年以下有期徒刑或者拘役。

（二）内幕交易、泄露内幕信息罪

内幕交易、泄露内幕信息罪，是指证券、期货交易内幕信息的知情人员或者非法获取证券、期货交易内幕信息的人员，在涉及证券的发行，证券、期货交易或者其他对证券、期货交易价格有重大影响的信息尚未公开前，买入或者卖出该证券，或者从事与该内幕信息有关的期货交易，或者泄露该信息，或者明示、暗示他人从事上述交易活动，情节严重的行为。

该罪的主体是特殊主体，即只有证券、期货交易内幕信息的知情人员或者非法获取证券、期货交易内幕信息的人员才能构成本罪，且主观方面为故意。

《刑法》第一百八十条第一款和第二款规定犯内幕交易罪，情节严重的，处5年以下有期徒刑或者拘役，并处或者单处违法所得1倍以上5倍以下罚

金；情节特别严重的，处5年以上10年以下有期徒刑，并处违法所得1倍以上5倍以下罚金。单位犯本罪的，对单位判处罚金，并对其直接负责的主管人员和其他直接责任人员，处5年以下有期徒刑或者拘役。

（三）利用未公开信息交易罪

利用未公开信息交易罪是指证券交易所、期货交易所、证券公司、期货经纪公司、基金管理公司、商业银行、保险公司等金融机构的从业人员以及有关监管部门或者行业协会的工作人员，利用因职务便利获取的内幕信息以外的其他未公开的信息，违反规定，从事与该信息相关的证券、期货交易活动，或者明示、暗示他人从事相关交易活动，情节严重的行为。

该罪的主体是特殊主体，即证券交易所、期货交易所、证券公司、期货经纪公司、基金管理公司、商业银行、保险公司等金融机构的从业人员以及有关监管部门或者行业协会的工作人员才能构成本罪且主观方面为故意。

《刑法》第一百八十条第三款规定犯利用未公开信息交易罪，情节严重的，处5年以下有期徒刑或者拘役，并处或者单处违法所得1倍以上5倍以下罚金；情节特别严重的，处5年以上10年以下有期徒刑，并处违法所得1倍以上5倍以下罚金。

（四）编造并传播证券、期货交易虚假信息罪

编造并传播证券、期货交易虚假信息罪是指编造并且传播影响证券、期货交易的虚假信息，扰乱证券、期货交易市场，造成严重后果的行为。《刑法》第一百八十一条第一款、第三款对该罪作了明确规定。对本罪来说，犯罪主体既可是单位，也可是个人，主观上是故意。犯该罪的，处5年以下有期徒刑或者拘役，并处或者单处1万元以上10万元以下罚金。单位犯此罪的，对单位判处罚金，并对其直接负责的主管人员和其他直接责任人员，处5年以下有期徒刑或者拘役。

（五）诱骗投资者买卖证券、期货合约罪

是指证券交易所、期货交易所、证券公司、期货经纪公司的从业人员，证券业协会、期货业协会或者证券期货监督管理部门的工作人员，故意提供虚假信息或者伪造、变造、销毁交易记录，诱骗投资者买卖证券、期货合约，造成严重后果的行为。《刑法》第一百八十一条第二款和第三款对此犯罪作了明确规定。对于该罪而言，犯罪主体是特殊主体，即上面所提到的几类机构和人员，行为人须是故意行为。对此罪的处罚是，自然人犯此罪的，处5年以下有期徒刑或者拘役，并处或者单处1万元以上10万元以下罚金；情节特别恶劣的，处5年以上10年以下有期徒刑，并处2万元以上20万元以下罚金。单位犯本罪的，对单位判处罚金，并对其直接负责的主管人员和其他直接责任人

员，处5年以下有期徒刑或者拘役。

（六）操纵证券、期货市场罪

是指为获取不正当利益或者以转嫁风险为目的，利用其资金、信息等优势或者滥用职权操纵市场，影响证券市场价格，制造证券市场假象，诱导或者致使投资者在不了解事实真相的情况下作出证券投资的决定，扰乱证券市场秩序，后果严重或者有其他严重情节的行为。

《刑法》第一百八十二条对该罪作出了明确规定。从主体来看，该罪主体包括具有刑事责任能力的个人和单位，主观上以获取不正当利益或者以转嫁风险为目的，并且实施了《刑法》所禁止的一种或几种操纵证券交易价格的行为。犯该罪情节严重的，处五年以下有期徒刑或者拘役，并处或者单处罚金；情节特别严重的，处五年以上十年以下有期徒刑，并处罚金。单位犯本罪的，对单位判处罚金，并对其直接负责的主管人员和其他直接责任人员，处5年以下有期徒刑或者拘役。

附 录：

一、案例分析

（一）案情

1997年5月以来，某证券公司以160个个人名义开设自营账户购买某上市公司的股票，使用的资金量达到3亿元。在当年的10月到11月期间，该证券公司通过这些账户之间交易的股票数量达到3356240股，使得该上市公司的股票交易价格由8。55元上升到20。49元。

（二）问题

请问这是一种什么行为，应该如何处理？

二、案例分析答案要点

本案的行为属于操纵市场的行为。根据证券法的规定，与他人串通，以事先约定的时间、价格和方式相互进行证券交易，影响证券交易价格或证券交易量或是在自己实际控制的账户之间进行证券交易，影响证券交易价格或证券交易量的行为属于操纵证券市场的行为。该案中证券公司的行为就是证券法禁止的操纵市场行为，因此可以作如下处罚：责令依法处理非法持有的对股票，没收非法所得，并处以违法所得一至五倍的罚款。（无违法所得或所得不足三十万元的，处以三十万至三百万的罚款。）对其主管人员和其他直接责任人员给予警告，并处三十万至六十万元罚款。

第六章　保险法律制度

第一节　保险法概述

一、保险法的概念

保险法是调整保险关系的法律规范的总称。狭义的保险法仅指《中华人民共和国保险法》，该法于1995年6月30日由第八届全国人民代表大会常务委员会第十四次会议通过。根据2002年10月28日第九届全国人民代表大会常务委员会第三十次会议《关于修改〈中华人民共和国保险法〉的决定》于2009年2月28日由第十一届全国人民代表大会常务委员会第七次会议对《保证法》进行修订。修订后的《保险法》于2009年10月1日起施行，共八章187条。

二、保险的概念

保险是一种商事法律行为，保险有广义和狭义的区分。从广义上讲，保险是由社会多数成员在合理分摊的基础上建立专门用途的后备基金，将其用于对社会少数成员在遭遇同类危险事故并受到经济损失时的经济补偿，从而确保社会成员的生活安定和整个社会经济生活的稳定的一种互助型的经济形式。从保险的实施形式看，这种广义上的保险主要包括社会保险、商业保险和合作保险。①

狭义的保险，仅指商业保险，即由专业保险公司经营的以营利为目的的自愿保险。它通过集合多数对同类危险有保障需求的社会成员，建立保险基金，对约定危险事故所造成的经济损失进行对等性补偿，从而满足参加保险的成员的保障需求和保险公司自身的营利目的。本章所用“保险”一词，仅指狭义的商业保险。

---

① 赵万一主编：《商法学》，法律出版社2001年版，第416页。

依照《中华人民共和国保险法》（以下简称《保险法》）的规定，保险是指投保人根据合同约定，向保险人支付保险费，保险人对于合同约定的可能发生的事故因其发生所造成的财产损失承担赔偿保险金责任，或者当被保险人死亡、伤残、疾病或者达到合同约定的年龄、期限等条件时承担给付保险金责任的商业保险行为。

三、保险的分类

（一）根据保险标的不同，可分为财产保险和人身保险。

（二）根据保险实施的形式不同，可分为强制保险和自愿保险。前者是依法强制实施的，如铁路、飞机旅客意外伤害强制保险；而后者基于投保人自愿而进行，自愿保险是我国保险的主要实施形式。

（三）根据保险人的责任次序不同，可分为原保险和再保险。原保险又称为第一次保险，再保险即保险的保险。

（四）根据保险人的人数不同，可分为单保险、共同保险和重复保险。

第二节　保险合同总论

一、保险合同的概念和特征

保险合同是投保人与保险人约定保险权利义务关系的协议。与其他合同相比，有如下特征：

（一）保险合同是双务有偿合同；

（二）保险合同是要式合同；

（三）保险合同是格式合同；

（四）保险合同是“射幸”合同（即碰运气的机会合同）；

（五）保险合同是补偿性的合同。

二、保险合同的主体

（一）保险合同当事人

保险合同当事人，是指订立保险合同并享有和承担合同所确定的权利义务的人，包括保险人和投保人。

保险人又称承保人，是指与投保人订立保险合同，并按照合同约定承担赔偿或者给付保险金责任的保险人。在我国只有依据《保险法》和《公司法》设立的保险公司才有资格充当保险人。

投保人是指与保险人订立保险合同，并按照保险合同负有支付保险费义务的人。投保人可以是被保险人本人，也可以是第三人，但无论属于何种情形，都必须具备民事权利能力和民事行为能力，并对保险标的具有保险利益。

（二）保险关系人

保险关系人，是指在保险事故发生或保险合同约定的条件满足时，对保险人享有保险金给付请示权的人，包括被保险人和受益人。

被保险人俗称“保户”，是指其财产或人身受保险合同保障，享有保险金请求权的人，投保人可以为被保险人。

受益人是指人身保险合同中由被保险人或投保人指定的享有保险金请求权的人，投保人、被保险人可以为受益人。也有学者认为，只要不损害国家、集体、他人利益以及社会公共利益，法律应该允许投保人或被保险人在财产保险中制定他人为受益人。①

（三）保险合同的辅助人

保险合同的辅助人包括保险代理人和保险经纪人。

保险代理人是根据保险人的委托，向保险人收取佣金，并在保险人授权的范围内代为办理保险业务的机构或者个人。

保险经纪人是基于投保人的利益，为投保人与保险人订立保险合同提供中介服务，并依法收取佣金的机构。

三、保险利益

保险利益，又称可保利益，是指投保人或者被保险人对保险标的具有的法律上承认的利益。其构成要件有三个：

1. 适法性，即必须为合法利益；
2. 经济性，即可用货币予以估价；
3. 确定性，保险利益必须是确定的，包括现有利益和期待利益。

在财产保险合同中，凡是因财产发生危险事故而可能遭受损失的人，均对该财产具有一定的保险利益，如财产所有人、担保权人、承租人等；而在人身保险合同中，凡是一方的继续生存对他方具有现实的或期待的经济利益，即认为具有保险利益。《保险法》第 31 条就规定了人身保险中具有保险利益的情形：“投保人对下列人员具有保险利益：（一）本人；（二）配偶、子女、父母；（三）前项以外与投保人有抚养、赡养或者扶养关系的家庭其他成员、近亲属；（四）与投保人有劳动关系的劳动者。除前款规定外，被保险人同意投

① 羊焕发、吴兆祥：《保险法》，人民法院出版社 2000 年版，第 81 页。

保人为其订立合同的，视为投保人对被保险人具有保险利益。订立合同时，投保人对被保险人不具有保险利益的，合同无效。”

四、保险合同的订立

（一）保险合同订立的程序

《保险法》第13条规定：“投保人提出保险要求，经保险人同意承保，保险合同成立。保险人应当及时向投保人签发保险单或者其他保险凭证。”据此，订立保险合同的程序主要为投保和承保两个步骤。

投保即为保险要约，承保即为保险承诺。实践中一般经历以下程序：

1. 投保人提出申请，索要并填写投保单。
2. 投保人与保险人商定支付保险费的办法。
3. 承保。保险人审查保险单，向投保人询问、了解保险标的情况或被保险人的身体情况，决定接受投保后即在投保单上签章。
4. 出具保险单。既可以是保险单，也可以是暂保单，还可以另出保险凭证。但是，依照《保险法》第13条的规定，保险合同可以以签订保险单或者其他保险凭证方式订立，当事人也可以约定采用其他书面形式载明合同内容。
5. 合同生效。根据《保险法》第13条规定，依法订立的保险合同，自成立时生效。投保人和保险人可以对合同的效力约定附条件或者附期限。

（二）订立保险合同的说明和告知义务

1. 保险人的说明义务

为了规范保险合同的格式条款，公平确定当事人权利义务，新修订的《保险法》强化了保险公司对保险合同格式条款的说明义务。《保险法》第17条第1款规定：“订立保险合同，采用保险人提供的格式条款的，保险人向投保人提供的投保单应当附格式条款，保险人应当向投保人说明合同的内容。”同时，对于免除保险公司责任的“免责条款”，《保险法》第17条第2款更是强调保险公司应当在保险凭证上作出“足以引起投保人注意”的提示，并对该条款的内容向投保人作书面或口头说明，这些都是对投保人知情权的维护。

2. 投保人的告知义务

《保险法》规定，订立保险合同，保险人就保险标的或者被保险人的有关情况提出询问的，投保人应当如实告知。投保人故意或者因重大过失未履行规定的如实告知义务，足以影响保险人决定是否同意承保或者提高保险费率的，保险人有权解除合同。

五、保险合同的变更、解除和终止

（一）保险合同的变更

保险合同变更是指保险合同依法成立以后，未履行完毕之前，发生的当事人、被保险人或受益人的变化以及保险合同内容的修改和补充。变更分为主体变更和内容变更。①

《保险法》第20条规定："投保人和保险人可以协商变更合同内容。变更保险合同的，应当由保险人在保险单或者其他保险凭证上批注或者附贴批单，或者由投保人和保险人订立变更的书面协议。"

（二）保险合同的解除

是指在保险合同成立以后，基于法定的或约定的事由，保险人行使解除权从而使保险合同发生自始无效的单方法律行为。保险合同一旦解除，视为自然无效，当事人所受领的利益应当返还，但法律和合同另有规定或约定不予返还的，不在此限。

根据新保险法的规定，当投保人故意或因重大过失未履行如实告知义务，足以影响保险公司决定是否同意承保或者提高保险费率的，保险公司有权解除合同。但为了防止保险公司滥用该解除权，新保险法对合同解除权的期限加以了限制，规定合同解除权"自保险人知道有解除事由之日起，超过三十日不行使而消灭"。

同时，新保险法还借鉴国际惯例，增设了保险合同"不可抗辩"条款，规定"自合同成立之日起超过两年的，保险人不得解除合同"。即保险合同成立满两年后，保险公司不得再以该投保人未履行如实告知义务解除合同。此规则对于长期人寿保险合同项下的被保险人利益的保护意义重大，填补了现行保险法的空白。

（三）保险合同的终止

保险合同的终止是指保险合同的效力永久性的停止从而使得保险合同规定的当事人之间的权利义务归于消灭。

保险合同终止的原因有：（1）保险合同期限届满；（2）保险赔偿金或保险金的给付；（3）保险合同的解除；（4）保险标的发生部分损失的，在保险人赔偿后三十日内，投保人可以终止合同；除合同约定不得终止的以外，保险人也可以终止合同；（5）在以生存作为给付条件的人身保险合同中，被保险人或者受益人死亡，保险合同终止。

---

① 王作全主编：《商法学》，北京大学出版社2002年版，第401页。

六、保险合同的履行

（一）投保人义务的履行

1. 缴纳保险费，这是投保人最基本的义务；

2. 保险事故的通知；

3. 维护保险标的的安全；

4. 危险增加时的义务。主要指通知保险人以及施救的义务，以防止或减少必要的损失。

（二）保险人义务的履行

1. 给付保险金，这是保险人最基本的义务；

2. 保守秘密。《保险法》第32条规定："保险人或再保险接受人对在办理保险业务中知道的投保人、被保险人、受益人或者再保险业务分出人的业务和财产情况及个人隐私，负有保密义务。"这是一种附随义务，不论保险合同是否成立。

（三）索赔与理赔

1. 索赔

是指被保险人在保险标的出险后，按照保险合同的有关规定，向保险人要求支付赔偿金的行为。索赔的程序是：

（1）出险通知。投保人、被保险人或者受益人知道保险事故发生后，应当及时通知保险人。

（2）采取合理的施救、整理措施。

（3）接受检验，保护出险现场。

（4）提出索赔证明。即提出保险单、保险标的原始单据、出险报告、损失鉴定证明、财产损失清单和施救整理费用等索赔单证。

（5）提出索赔请求。必须在法定期限内行使，否则将丧失索赔请求权。

（6）领取保险金。

2. 理赔

是指保险人依据规定的工作程序处理被保险人所提出的索赔要求的行为。理赔的程序为：

（1）立案检验与现场勘查。

（2）审查单证与审核责任。

（3）核算损失，给付赔偿。保险人收到被保险人或者受益人的赔偿或者给付保险金的请求后，应当及时做出核定，对属于保险责任的，应按达成的协议及时履行义务；对不属于保险责任的，应当向被保险人或受益人发出拒绝赔偿或拒绝给付保险金通知书。

（4）损余处理。受灾的保险财产还有一定价值，保险公司在全部赔偿后，就有权处理损余物资，也可以将损余物资折价给被保险人，以充抵保险金。

（5）代位求偿权。是指保险人在向被保险人支付保险金后，有权代被保险人向造成保险标的损害并负有赔偿责任的第三人请求赔偿的权利。代位求偿权只存在于财产保险中，人身保险不存在代位求偿权。

第三节　保险合同分论

一、人身保险合同

（一）人身保险合同的概念

人身保险合同是指以被保险人的寿命和身体为保险标的的保险合同。一般来说人身保险合同不得强求保险费，同时也不适用代位求偿权。

（二）人身保险合同中的受益人

1. 受益人的指定

根据《保险法》第 39 条第 1 款规定，人身保险合同的受益人由投保人和被保险人指定。

（1）投保人指定受益人。除被保险人为受益人以外，受益人可以由投保人指定。但是，在投保人和被保险人不是同一人的情况下，为了防止发生损害被保险人利益的情况，《保险法》第 39 条第 2 款规定，投保人指定受益人的，应当经被保险人同意。投保人为与其有劳动关系的劳动者投保人身保险，不得指定被保险人及其近亲属以外的人为受益人。

（2）被保险人指定受益人。人身保险是以被保险人的生命或者身体为保险标的的，因此受益人可以由被保险人指定。《保险法》第 39 条第 3 款规定，被保险人为无民事行为能力人或者限制民事行为能力人的，由监护人指定受益人。

（3）被保险人或者投保人可以指定一人或者数人为受益人。受益人为数人的，被保险人或者投保人可以确定受益顺序和受益份额；未确定受益份额的，受益人按照相等份额享有受益权。

2. 受益人的变更

根据《保险法》第 41 条规定，被保险人或者投保人可以变更受益人并书面通知保险人。投保人变更受益人时须经被保险人同意。

保险人收到变更受益人的书面通知后，应当在保险单或者其他保险凭证上批注或者附贴批单。

（三）人身保险合同的分类

1. 人寿保险合同

是指投保人和保险人约定，被保险人在合同约定的年限内死亡，或者在合同约定的年限届满时仍然生存，由保险人按照约定向被保险人或受益人给付保险金的合同。人寿保险为定额保险，同时保险金额是约定的，不反映被保险人的寿命价值。以人寿保险的保险事故为标准，可分为：

（1）死亡保险。是指以被保险人在保险期内的死亡为保险事故的保险。

（2）生存保险。是指以被保险人在保险期内的生存为保险事故的保险。

（3）生死两全保险。是指以被保险人在保险期内的死亡，伤残或者被保险人生存到保险期满为保险事故的保险。

2. 意外事故保险合同

是指投保人和保险人约定的，在被保险人遭受意外伤害或因意外伤害而致残、死亡时，由保险人依约定向被保险人或受益人支付保险金的保险。包括普通伤害保险、团体伤害保险、旅行伤害保险、交通事故伤害保险等。

3. 健康保险合同

又称疾病保险。是指双方当事人约定，投保人向保险人交纳保险费，当被保险人由于疾病，分娩以及由于疾病或分娩致残或失去劳动能力时，由保险人给付保险金的保险。包括医疗费给付保险、工资收入保险、业务所得保险，以及残疾、死亡保险。

（四）人身保险特殊情形下的理赔原则

《保险法》第42条规定，“受益人与被保险人在同一事件中死亡，且不能确定死亡先后顺序的，推定受益人死亡在先”。也就是说在同时死亡情形下推定受益人死亡在先，被保险人死亡在后，其立法意旨也是侧重保护被保险人利益，毕竟受益人的权利是来自被保险人的意志和让渡。

二、财产保险合同

（一）财产保险合同的概念和分类

1. 财产保险合同的概念

财产保险合同是指以财产及其有关利益为保险标的而订立的保险合同。

2. 财产保险合同的分类

（1）财产损失保险合同。它是指以补偿财产的损失为目的的保险合同。按保险标的不同，可分为企业财产保险合同、家庭财产保险合同、运输工具航程保险合同、货物运输保险合同等。

（2）责任保险合同。它是指以被保险人对第三者依法应负的赔偿责任为保险标的的保险合同，其标的既可以是侵权责任，也可以是契约责任或无过错责任。通常有雇主责任保险合同、公众责任保险合同、产品责任保险合同、职业责任保险合同等几种。

（3）信用保险合同。指保险人对被保险人的信用放贷或信用售货的一种保证形式。一般用于国际贸易中。

（4）保证保险合同。指由保险人为保证人向权利人提供的一种担保形式，如果由于被保证人的行为致使权利人遭受经济损失，保险人负赔偿责任，其又分为诚实保证保险合同和确实保证保险合同两种。

（5）农业保险合同。是专为农业生产者在从事种植业和养殖业生产过程中，对遭受自然灾害或意外事故所造成的损失提供经济保障的一种财产保险合同。

（二）财产保险合同标的的范围、保险金额

1. 标的范围

包括：（1）可保财产，指承保人依法可以承保的财物，一般在保单内规定；（2）预期利益，指还未获得的但可预先期待的利益，预期利益因现有利益而产生，没有现有利益，也不可能存在预期利益；[①]（3）消极利益，指免除由于事故的发生而增加的额外支出。

2. 保险金额

指投保人对保险标的实际投资保金额，一般不得高于保险财产的实际价值。

（三）财产保险合同的保险责任与除外责任

1. 保险责任

指保险人对保险财产在遭受保险合同中所列明的保险事故所造成的损失时，所负的赔偿责任。[②] 包括因自然灾害所致的损失、因意外事件所致损失及因其他保险危险（如因停电所致损失）所造成的经济损失。

2. 除外责任

是指依法或依据合同的约定，保险人不负赔偿责任的范围。根据《保险法》规定，主要有以下几种情况：（1）投保人或被保险人的故意行为；（2）战争、军事行动或暴力行动；（3）核辐射污染；（4）堆放在露天或罩棚下的财产，以及用芦席、布、革等做棚顶的罩棚，由于暴风、暴雨而造成的损失；

---

① 王保树主编：《中国商事法》，人民法院出版社 1996 年版，第 549 页。

② 王作全主编：《商法学》，北京大学出版社 2002 年版，第 409 页。

(5) 因财产本身缺陷、保管不善导致的损失和正常消耗;(6) 因遭受保险责任内的灾害或事故造成停工、停业等一切间接损失。

(四) 被保险财产发生转让时的理赔争议

根据《保险法》第49条的规定,“保险标的转让的,被保险人或者受让人应当及时通知保险人。”保险公司自接到通知后三十天内可以按照合同约定增加保险费或者解除合同。同时,为保护好投保人利益,该条还规定,保险公司因保险标的转让导致危险程度显著增加而解除合同的,“应当将已收取的保险费,按照合同约定扣除自保险责任开始之日起至合同解除之日止应收的部分后,退还投保人”。但对于被保险人、受让人未履行通知义务的,“因转让导致保险标的危险程度显著增加而发生的保险事故,保险人不承担赔偿保险金的责任”。

第四节 保险业法律制度

一、保险业法的概念

保险业法又称保险组织法或保险业务监督法,是对保险业进行监督和管理的法律。保险业法属于公法的范畴。

二、保险公司

(一) 保险公司的概念和特点

保险公司是指专门经营各类保险业务,自主经营、自负盈亏的独立的经济组织。

保险公司具有以下特点:1. 风险性;2. 金融性;3. 管理的严格性;4. 组织的法定性。作为一种商事主体,保险公司组织形式首先应当适用我国《公司法》的规定。

(二) 保险公司的设立条件

1. 主要股东具有持续盈利能力,信誉良好,最近三年内无重大违法违规记录,净资产不低于人民币二亿元。

2. 有符合《保险法》和《公司法》规定的章程。

3. 有符合《保险法》规定的最低注册资本,即人民币2亿元;并且注册资本必须为实缴货币资本。

4. 有具备任职专业知识和业务工作经验的董事、监事和高级管理人员。

5. 有健全的组织机构和管理制度。

6. 有符合要求的营业场所和与业务有关的其他设施。

7. 法律、行政法规和国务院保险监督管理机构规定的其他条件。

（三）保险公司的变更和终止

1. 保险公司的变更

《保险法》第84条规定，保险公司变更名称、变更注册资本、变更公司或分支机构的营业场所、调整业务范围、公司分立或合并、修改公司章程、变更出资额占有限责任公司资本总额百分之五以上的股东，或者变更持有股份有限公司股份百分之五以上的股东，须经保险监督管理机构批准。

2. 保险公司的终止

保险公司的终止有以下情形：（1）因分立、合并或公司章程规定的解散事由出现、经保险监督管理机构批准后解散，但人寿保险业务的保险公司，除因分立、合并或者被依法撤销外，不得解散；（2）因违法被保险监督管理机构吊销经营许可证而予以撤销；（3）经保险监督管理机构同意而被依法宣告破产。

三、保险经营规则

（一）保险公司的业务范围

1. 人身保险业务，包括人寿保险、健康保险、意外伤害保险等保险业务。

2. 财产保险业务，包括财产损失保险、责任保险、信用保险、保证保险等保险业务。

3. 国务院保险监督管理机构批准的与保险有关的其他业务。

（二）保险经营规则的内容

1. 分业经营

《保险法》第95条规定："同一保险人不得同时兼营财产保险业务和人身保险业务；但是，经营财产保险业务的保险公司经保险监督管理机构核定，可以经营短期健康保险业务和意外伤害保险业务。"

2. 提取和结转准备金

是指为了承担未到期责任或本次赔款从而从保险费收入中提取的准备基金。它是保证正常经营的必备方式。《保险法》第97条规定："保险公司应当按照其注册资本总额的百分之二十提取保证金，存入国务院保险监督管理机构指定的银行，除公司清算时用于清偿债务外，不得动用。"

3. 提取责任准备金

是指为了保障被保险人的利益，支持保险公司稳健经营而提取的准备基金。《保险法》第98条规定："保险公司应当根据保障被保险人利益、保证偿付能力的原则，提取各项责任准备金。”

4. 缴纳保险保障基金

《保险法》第 100 条规定：“保险公司应当缴纳保险保障基金。”保险保障基金应当集中管理，并在下列情形下统筹使用：

（一）在保险公司被撤销或者被宣告破产时，向投保人、被保险人或者受益人提供救济；

（二）在保险公司被撤销或者被宣告破产时，向依法接受其人寿保险合同的保险公司提供救济；

（三）国务院规定的其他情形。

保险保障基金筹集、管理和使用的具体办法，由国务院制定。

5. 当年自留保险费

《保险法》第 102 条规定：“经营财产保险业务的保险公司当年自留保险费，不得超过其实有资本金加公积金的四倍。”

6. 偿付能力

是指保险公司对承担风险所具有的经济补偿或给付能力。《保险法》第 101 条规定：“保险公司的认可资产减去认可负债的差额不得低于国务院保险监督管理机构规定的数额；低于规定数额的，应当按照国务院保险监督管理机构的要求采取相应措施达到规定的数额。”

7. 保险公司的运营

保险公司的运营应当遵循合法性、安全性、效益性、分散性、流动性原则。

8. 再保险业务经营

再保险又称分保，是对保险人承担的风险进行的保险。根据《保险法》第 103 条规定，保险公司对每一风险单位所承担的保险金额不得超过其实有资本金加公积金的 10%，超过部分必须办理再保险。

四、保险代理人和保险经纪人

（一）保险代理人和保险经纪人的概念及地位

保险代理人是根据保险人的委托，向保险人收取代理手续费，并在保险人授权的范围内代为办理保险业务的单位或个人。

保险经纪人是基于投保人的利益，为投保人与保险人订立保险合同提供中介服务，并依法收取佣金的单位。

保险代理人与保险经纪人是保险公司的辅助人，他们依照《保险法》的规定，按照保险人的委托代办保险业务或为投保人的利益提供保险中介服务。

（二）保险代理人、保险经纪人的业务规则

1. 执业规则

保险代理人、保险经纪人应当具备保险监督管理机构规定的资格条件，并取得保险监督管理机构颁发的经营保险代理业务许可证或经纪业务许可证，并向工商行政管理机关办理登记，领取营业执照、并缴存保证金或投保职业责任保险。

2. 禁止行为

《保险法》第 131 条规定：“保险代理人、保险经纪人在办理保险业务活动中不得有下列行为：

（一）欺骗保险人、投保人、被保险人或受益人；

（二）隐瞒与保险合同有关的重要情况；

（三）阻碍投保人履行本法规定的如实告知义务，或者诱导其不履行本法规定的如实告知义务；

（四）承诺向投保人、被保险人或者受益人给予保险合同规定以外的其他利益；

（五）利用行政权力、职务或者职业便利以及其他不正当手段强迫、引诱或者限制投保人订立保险合同；

（六）伪造、擅自变更保险合同，或者为保险合同当事人提供虚假证明材料；

（七）挪用、截留、侵占保险费或者保险金；

（八）利用业务便利为其他机构或者个人牟取不正当利益；

（九）串通投保人、被保险人或者受益人，骗取保险金；

（十）泄露在业务活动中知悉的保险人、投保人、被保险人的商业秘密。”

第五节 法律责任

一、投保人、被保险人或受益人的法律责任

《保险法》第 176 条规定：投保人、被保险人或者受益人有下列行为之一，进行保险诈骗活动，尚不构成犯罪的，依法给予行政处罚：

（一）投保人故意虚构保险标的，骗取保险金的；

（二）编造未曾发生的保险事故，或者编造虚假的事故原因或者夸大损失程度，骗取保险金的；

（三）故意造成保险事故，骗取保险金的。

保险事故的鉴定人、评估人、证明人故意提供虚假的证明文件，为投保人、被保险人或者受益人进行保险诈骗提供条件的，依照前款规定给予处罚。

二、保险人的法律责任

（一）保险公司及其工作人员在保险业务中隐瞒与保险合同有关的重要情况，欺骗投保人、被保险人或者受益人，或者拒不履行保险合同约定的赔偿或者给付保险金的义务，构成犯罪的，依法追究刑事责任；尚不构成犯罪的，由保险监督管理机构依法给予行政处罚。

（二）保险公司及其工作人员阻碍投保人履行如实告知义务，或者诱导其不履行如实告知义务，或者承诺向投保人、被保险人或者受益人给予非法的保险费回扣或者其他利益，构成犯罪的，依法追究刑事责任；尚不构成犯罪的，由保险监督管理机构依法给予行政处罚。

附　录：

一、案例分析

（一）案情

深圳某公司老板马某2000年4月12日为自己购买了20份人身保险保单，保险金额300万元，由于马某的定期存款尚未到期，为不损失利息，马某与保险公司在保险单上约定保险费于2000年4月25日一次支付，保险公司同时开始承担保险责任。其后马某依照约定履行了缴纳保险费的义务。2000年4月30日，马某走在马路上被突然中断的高压线击中，当场身亡。马某妻子向保险公司请求履行给付义务，保险公司以马某未曾体检（保险单上印有“体检不合格保险公司不承担责任，保险人可以解除合同”的条款，且在保险单上列有可以进行体检的医院，保险公司并未将此明确告知投保人）、保险合同尚未成立、保险公司的责任还未开始为由拒绝给付。马某之妻不服，诉至法院。

（二）问题

1. 依据《保险法》，保险合同何时成立？

2. 本案保险合同是否已经有效成立？

3. 本案保险公司是否应当承担给付责任？

二、案例分析答案要点

1. 根据《保险法》第13条的规定“投保人提出保险要求，经保险人同意承保，并就合同的条款达成协议，保险合同成立。”故在本案中，保险合同在2000年4月12日成立。

2. 根据《保险法》第14条的规定“保险合同成立后，投保人按照约定交付保险费；保险人按照约定的时间开始承担保险责任。”故本案中，保险合同已经有效成立。

3. 由于保险合同已经有效成立，根据《保险法》第14条的规定，“保险合同中规定有关于保险人责任免除条款的，保险人在订立保险合同时应当向投保人明确说明，未明确说明的，该条款不产生效力。”故保险公司应当承担给付责任。

三、本章复习思考题

1. 简述保险合同的特征。

2. 财产保险合同的分类。

3. 试述人身保险合同与财产保险合同的区别。

4. 简要说明我国保险公司的组织形式。

第七章　破产法律制度

破产法律制度是市场经济法律制度的重要组成部分，它的完善与否是一个国家市场经济成熟程度的标志。破产法对于保证债权债务关系的正常实现，维护债权人、债务人的合法权益起着独特的、不可替代的作用，同时也维护着市场秩序，促进市场机制的正常运转。

第一节　破产概述

一、破产的概念和特征

破产是商品经济运行中的必然现象。就经济范畴来说，破产是指当事人经营发生严重亏损，财务状况欠佳，经济上已不能再维持下去的状态。就法律范畴来说，破产是指经济上破产时处理债务清偿的一种法律制度，即当债务人不能清偿债务时，法院为全体债权人的利益公平地强制执行债务人的全部财产的程序。

法律意义上的破产有以下特征：

1. 破产是一种在法院主持下进行的偿债方式。当债务人的财产不能清偿其债务时，为防止多个债权的利害冲突造成混乱，法律规定了专门的程序，即债务人和多个债权人在法院的主持下依据破产程序解决债务的清偿问题。

2. 破产是一种概括执行的程序。① 破产是为全体债权人的利益而对债务人的全部财产进行执行的程序。当然，作为一种执行程序，破产不解决实体民事争议，对于与破产偿债有关的实体民事争议，法律均规定不在破产程序中解决，由当事人另行通过破产程序之外的诉讼程序解决。

3. 破产程序发生的原因只能是债务人不能清偿到期债务。只有债务人不能清偿到期债务才能适用破产程序，其他情况皆不能适用破产程序。

4. 破产是以实现债权的公平清偿为宗旨，并公平保护债务人，进而促进

---

① 王欣新：《破产法》，第 4 页，中国人民大学出版社，2002

市场活动维护社会利益。债务人不能清偿债务时，破产程序可以合理地协调多数债权人之间就债务人的有限财产受偿而产生的利益冲突，使债权人平等地分担损失，也使诚实的债务人摆脱沉重的债务负担，以激励其重新参与社会经济活动，创造财富。破产制度对债权债务关系的有序解决不但是社会文明的体现，也有利于市场交易的顺利进行和市场机制的正常运转。

二、破产法的概念和功能

（一）破产法的概念

破产法的概念有广义和狭义之分。狭义的破产法仅指规范债务人破产清算的法律。广义的破产法是指即当债务人不能清偿债务时，在法院的支配、监督下将债务人的全部财产按一定的程序公平地分配给全体债权人，或者由债务人与债权人全体达成和解协议，或者进行企业重整的法律制度。包括破产清算程序，以及以避免债务人破产、挽救债务人为目的的有关和解制度、企业重整制度。现行《中华人民共和国企业破产法》包含了和解制度（第九章）、重整制度（第八章），故采广义破产法概念。

（二）破产法的功能

竞争是市场经济的核心。竞争必然导致优胜劣汰。在激烈的市场竞争中，市场主体可能会出现由于自身经营管理不善，或由于商业风险的客观存在而经营失败，不能清偿在经营过程中产生的到期债务的情况。这时我们面临着两个问题：第一，当债务人的财产不能清偿其债务时，如果债务人有多个债权人，若由债权人自行求偿，多个债权的利害冲突必然使清偿活动陷入混乱。因为，基于债务人有限的财产，债权人的利益是此消彼长的，这样债权人就会争先恐后地来争夺债权的实现机会，造成社会的混乱。我们在生活中有时见到债权人强行搬走不能清偿的债务人财产的现象，便是这一问题的体现。第二，经营失败的债务人将被市场淘汰，他需要一个公正适当的程序保证他平稳的退出市场。在债务人有多个债权人的前提下，如何使债务人平稳退出市场就成为了一个关键的问题。解决上述问题的制度设计就是破产程序。破产是一种特殊的偿债方式，破产法对市场活动发挥着重要的调整功能。破产法一方面合理地协调多数债权人之间就债务人的有限财产受偿而产生的利益冲突，保障全体债权人公平、有序地受偿，并最大限度地保障其债权的实现，防止债权人因债务人的欺诈行为而受到损害；另一方面，一次性地解决债务清偿问题，给负债累累的债务人以救济，允许诚实经营者的债务人合法地免除债务，以激励其重新参与社会经济活动，创造财富。在债权债务关系得以适当地实现的基础上，破产法发挥淘汰落后、优化资源配置、促进产业结构调整、促进经济发展的间接调整作用。简言之，破产法的功能是在债务人丧失清偿能力时对债权人的公平清偿和对债务人的救济，维护全体债权人和债务人的合法权益，保障正常的经济秩序，维护社会利益。因此，《中华人民共和国企业破产法》第1条规定："为规范企业破产程序，公平清理债权债务，保护债权人和债务人的合法权益，维护社会主义市场经济秩序，制定本法。"

（三）我国破产立法概况

我国现行破产法律体系的建立肇始于上世纪八十年代，1986年12月2日第六届全国人大常委会第18次会议通过了《中华人民共和国企业破产法（试行）》（以下简称《破产法（试行）》，必要时为与2006年通过的《中华人民共和国企业破产法》相对比则称为旧破产法），但该法只适用于全民所有制企业。1991年4月9日七届全国人大四次会议通过的《中华人民共和国民事诉讼法》（以下简称《民事诉讼法》）第十九章"企业法人破产还债程序"规定了适用于全民所有制企业以外的企业法人的破产制度。至此我国初步建立起了破产法律制度。由于两部法律对于破产程序的规定较为笼统不能充分满足司法实践的要求，最高人民法院先后于1991年11月和1992年7月分别印发了《关于贯彻执行〈中华人民共和国企业破产法（试行）〉若干问题的意见》（以下简称《破产法意见》）和《民事诉讼法意见》就企业法人破产程序中的一些问题作了司法解释。《破产法（试行）》的实施为引入竞争机制，促进国有企业改革，规范企业法人的破产行为发挥了一定的积极作用。但是由于《破产法（试行）》的思想指导是计划经济模式，不可避免地使其在整体上同社会主义市场经济格格不入，而且在自身制度设计上存在较大缺陷，实施起来问题层出不穷。随着我国市场经济体制的逐步完善，我国必须适应市场经济的要求，修改或者重新制定破产法。2001年《中华人民共和国企业破产与重整法》（草案）完成，但其出台时机尚未确定。在原有破产法律制度严重滞后、统一的破产法未能出台的情况下，2002年7月最高人民法院颁布了处理企业破产案件的司法解释《关于审理企业破产案件若干问题的规定》（以下简称《审理破产案件的规定》）将破产案件的审理程序进行了统一，对破产案件的审理进行了规范。2006年8月27日，第十届全国人大常委会第二十三次会议最终通过了《中华人民共和国企业破产法》（以下简称《破产法》，必要时为与1986年通过的《中华人民共和国企业破产法（试行）》相对比则称为新破产法），该法于2007年6月1日起实施，1986年通过的《中华人民共和国企业破产法（试行）》同时废止。

第二节　破产条件

破产条件是破产程序开始应具备的各项条件。它主要包含破产能力和破产界限两项内容。

一、破产能力

破产能力是指民事主体能够被宣告破产，也即债务人能够适用破产程序解决债务清偿问题的资格。破产是一种特殊的债务清偿程序，并非一切从事民事活动的主体都能适用破产程序。

在我国，目前只有企业法人具有破产能力。《破产法》第 2 条规定："企业法人不能清偿到期债务，并且资产不足以清偿全部债务或者明显缺乏清偿能力的，依本法规定清理债务。"同时，该法第 135 条规定："其他法律规定企业法人以外的组织的清算，属于破产清算的，参照适用本法规定的程序"，适当扩大破产法的适用范围，以适应市场经济的需要。

二、破产原因

破产原因，又称破产界限，是指认定债务人丧失债务清偿能力，法院据以启动破产程序、宣告债务人破产的法律标准。《破产法》第 2 条规定："企业法人不能清偿到期债务，并且资产不足以清偿全部债务或者明显缺乏清偿能力的，依照本法规定清理债务。"该规定将破产原因分为两种情况：第一，债务人不能清偿到期债务，并且资产不足以清偿全部债务；第二，债务人不能清偿到期债务，并且明显缺乏清偿能力。债务人的债务负有连带责任的人未丧失清偿能力不影响破产原因的成立。为正确适用《中华人民共和国企业破产法》，2011 年 8 月最高人民法院出台了《关于适用〈中华人民共和国企业破产法〉若干问题的规定（一）》对不能清偿到期债务、资产不足以清偿全部债务和明显缺乏清偿能力的认定标准进行了规定。《最高人民法院关于适用〈中华人民共和国企业破产法〉若干问题的规定（一）》第 2 条规定："下列情形同时存在的，人民法院应当认定债务人不能清偿到期债务：（一）债权债务关系依法成立；（二）债务履行期限已经届满；（三）债务人未完全清偿债务。"第 3 条规定："债务人的资产负债表，或者审计报告、资产评估报告等显示其全部资产不足以偿付全部负债的，人民法院应当认定债务人资产不足以清偿全部债务，但有相反证据足以证明债务人资产能够偿付全部负债的除外。"第 4 条规定："债务人账面资产虽大于负债，但存在下列情形之一的，人民法院应当认定其明显缺乏清偿能力：（一）因资金严重不足或者财产不能变现等原因，无法清偿债务；（二）法定代表人下落不明且无其他人员负责管理财产，无法清偿债务；（三）经人民法院强制执行，无法清偿债务；（四）长期亏损且经营扭亏困难，无法清偿债务；（五）导致债务人丧失清偿能力的其他情形。”

当然并不是所有达到破产界限的企业都可以破产。《破产法》第 108 条规定：“破产宣告前，有下列情形之一的，人民法院应当裁定终结破产程序，并予以公告：（一）第三人为债务人提供足额担保或者为债务人清偿全部到期债务的；（二）债务人已清偿全部到期债务的。”另外，人民法院裁定由债权人申请破产清算的企业法人实施重整，或者企业法人申请和解，经人民法院裁定和解，并且债权人会议通过和解协议的，企业法人也并不必然被宣告破产。

三、破产案件的管辖

人民法院受理破产案件须先明确管辖权，才能确定由某一人民法院受理某一具体的破产案件。

（一）地域管辖

破产案件由债务人住所地人民法院管辖。债务人住所地指债务人的主要办事机构所在地，债务人无办事机构的，由其注册地人民法院管辖。

（二）级别管辖

基层人民法院一般管辖县、县级市或者区的工商行政管理机关核准登记企业的破产案件。中级人民法院一般管辖地区、地级市（含本级）以上的工商行政管理机关核准登记企业的破产案件。纳入国家调整计划的企业破产案件，由中级人民法院管辖。

第三节　破产程序规则

一、破产申请

破产申请是指债务人、债权人或其他有破产请求权的人依法向法院请求宣告债务人破产的意思表示。破产申请是引发破产程序的最初动因。

（一）破产申请人

1. 债务人

债务人可以申请破产。《破产法》第 7 条第 1 款规定：“债务人可以向人民法院提出破产清算申请。”

2. 债权人

债权人申请债务人破产是债权人的一项权利。《破产法》第 7 条第 2 款规定："债务人不能清偿到期债务，债权人可以向人民法院提出对债务人进行破产清算的申请。"

3. 清算人

《破产法》第 7 条第 3 款规定："企业法人已解散但未清算或者未清算完毕，资产不足以清偿债务的，依法负有清算责任的人应当向人民法院申请破产清算。"同时，《公司法》第 188 条规定，因解散而处于清算的公司，清算组在清理公司财产、编制资产负债表和财产清单后，发现公司财产不足清偿债务的，应当依法向人民法院申请宣告破产。

向人民法院提出破产申请，应当提交破产申请书和有关证据。债务人提出申请的，还应当向人民法院提交财产状况说明、债务清册、债权清册、有关财务会计报告、职工安置预案以及职工工资的支付和社会保险费用的缴纳情况。

（二）破产申请的撤回

破产申请提出后，申请人可以请求撤回申请，但是撤回申请须在人民法院决定受理（企业）破产案件前提出，是否准许撤回申请要由人民法院决定。

二、破产案件的受理

破产案件的受理，简言之，就是法院决定对破产案件是否立案。提出破产申请并不当然地导致破产程序开始，法院对于收到的破产申请应进行形式和实质审查，并在法定期间内作出是否受理的裁定。

（一）破产申请的受理

债权人提出破产申请的，人民法院应当自收到申请之日起五日内通知债务人。债务人对申请有异议的，应当自收到人民法院的通知之日起七日内向人民法院提出。人民法院应当自异议期满之日起十日内裁定是否受理。

为了断定破产申请是否符合破产法的规定和防止借破产逃债行为，法院在收到破产申请后应当对破产申请进行审查，并在十五日内裁定是否受理破产案件。有特殊情况需要延长前两款规定的裁定受理期限的，经上一级人民法院批准，可以延长十五日。审查包括两方面：第一、形式审查。主要审查：（1）破产申请人是否适格；（2）申请人提交的材料是否完备；（3）本院对破产案件有无管辖权。第二、实质审查。主要审查：（1）债务人有无破产能力；（2）破产原因是否存在；（3）是否有破产逃债、破产欺诈等损害债权人利益或损害债务人利益、破坏公平竞争的违法行为。审查导致以下结果：

1. 受理破产申请。人民法院经审查认为破产申请符合破产法规定的形式要件和实质要件的，裁定受理破产申请，破产程序也由此开始。人民法院受理破产申请的，应当自裁定作出之日起五日内送达申请人。债权人提出申请的，人民法院应当自裁定作出之日起五日内送达债务人。债务人应当自裁定送达之日起十五日内，向人民法院提交财产状况说明、债务清册、债权清册、有关财务会计报告以及职工工资的支付和社会保险费用的缴纳情况，债务人拒不提交的，人民法院可以对债务人的直接责任人员采取罚款等强制措施。

2. 要求补充、更正申请材料。破产申请人提交的材料需要更正、补充的，人民法院可以责令申请人限期更正、补充。按期更正、补充材料的，人民法院自收到更正、补充材料之日起七日内决定是否立案；未按期更正、补充的，视为撤回申请。

3. 不予受理破产申请。依照《审理破产案件规定》第12条，不予受理破产申请的原因有：（一）债务人有隐匿、转移财产等行为，为了逃避债务而申请破产；（二）债权人借破产申请毁损债务人商业信誉，意图损害公平竞争。对于不予受理破产申请的裁定，破产申请人不服的，可以在裁定送达之日起十日内向上一级人民法院提起上诉。

受理破产案件后至破产宣告前，人民法院经审查发现债务人未发生破产原因的，或者发现存在不予受理破产申请的情形的，或者发现债务人巨额财产下落不明且不能合理解释财产去向的，可以裁定驳回破产申请。申请人不服驳回破产申请裁定的，可以自裁定送达之日起十日内向上一级人民法院提起上诉。

（二）组成合议庭

人民法院受理破产案件后，应当组成合议庭进行审查

（三）指定管理人

人民法院裁定受理破产申请的，应当同时指定管理人。

（四）通知和公告

人民法院应当自裁定受理破产申请之日起二十五日内通知已知债权人，并予以公告。通知和公告是法院送达破产案件文书的基本形式，且通知与公告不能相互代替。①

（五）破产案件受理的效力

1. 对债务人行为的限制

法院受理破产案件后，破产程序对债务人行为的限制主要有：

（1）限制债务人个别任意清偿行为。《破产法》第16条规定："人民法院受理破产申请后，债务人对个别债权人的债务清偿无效。"

（2）正当履行破产法所规定的义务。《破产法》第15条规定，自人民法

① 参见黄赤东、杨荣新：《破产法及配套规定新释新解》，第257页，人民法院出版社，2002

院受理破产申请的裁定送达债务人之日起至破产程序终结之日，债务人的有关人员承担下列义务：1. 妥善保管其占有和管理的财产、印章和账簿、文书等资料；2. 根据人民法院、管理人的要求进行工作，并如实回答询问；3. 列席债权人会议并如实回答债权人的询问；4. 未经人民法院许可，不得离开住所地；5. 不得新任其他企业的董事、监事、高级管理人员。

2. 破产程序优先于民事执行程序

人民法院受理破产申请后，有关债务人财产的保全措施应当解除，执行程序应当中止。

3. 对有关债务人的其他民事诉讼的效力

人民法院受理破产申请后，已经开始而尚未终结的有关债务人的民事诉讼或者仲裁应当中止；在管理人接管债务人的财产后，该诉讼或者仲裁继续进行。人民法院受理破产申请后，有关债务人的民事诉讼，只能向受理破产申请的人民法院提起。

4. 对债务人的债务人或者财产持有人的效力

人民法院受理破产申请后，债务人的债务人或者财产持有人应当向管理人清偿债务或者交付财产。

人民法院受理破产申请后，管理人对破产申请受理前成立而债务人和对方当事人均未履行完毕的合同有权决定解除或者继续履行，并通知对方当事人。管理人自破产申请受理之日起两个月内未通知对方当事人，或者自收到对方当事人催告之日起三十日内未答复的，视为解除合同。

三、破产管理人制度

破产管理人，是法院受理破产案件后接管债务人财产并负责债务人财产管理和其他事务的专门机构。[①]

债务人被法院宣告进入破产程序后，需要一个独立的组织有效管理破产财产、公平维护债权人和债务人的利益，公正合理地进行破产清算。为此各国立法都建立了破产管理人制度。

1. 破产管理人的产生时间

《破产法》第 13 条规定："人民法院裁定受理破产申请的，应当同时指定管理人。"

2. 破产管理人的选任

管理人由人民法院指定。债权人会议认为管理人不能依法、公正执行职务

① 李曙光：《新破产法的管理人制度》，《人民法院报》，2004 年 7 月 30 日

或者有其他不能胜任职务情形的，可以申请人民法院予以更换。当然破产管理人选定后，没有正当理由不得辞去职务。管理人辞去职务应当经人民法院许可。

担任管理人需具备法定的资格条件。《破产法》第24条规定：管理人可以由有关部门、机构的人员组成的清算组或者依法设立的律师事务所、会计师事务所、破产清算事务所等社会中介机构担任。人民法院根据债务人的实际情况，可以在征询有关社会中介机构的意见后，指定该机构具备相关专业知识并取得执业资格的人员担任管理人。但是有下列情形之一的，不得担任管理人：（一）因故意犯罪受过刑事处罚；（二）曾被吊销相关专业执业证书；（三）与本案有利害关系；（四）人民法院认为不宜担任管理人的其他情形。

3. 破产管理人的职责

破产管理人的职责的核心是破产清算，破产管理人的职责一般包括：保管、清理、变价、分配破产财产，以及依法进行必要的民事活动和辅助活动。

根据《破产法》第25条的规定，破产管理人的主要职责是：

（一）接管债务人的财产、印章和账簿、文书等资料；

（二）调查债务人财产状况，制作财产状况报告；

（三）决定债务人的内部管理事务；

（四）决定债务人的日常开支和其他必要开支；

（五）在第一次债权人会议召开之前，决定继续或者停止债务人的营业；

（六）管理和处分债务人的财产；

（七）代表债务人参加诉讼、仲裁或者其他法律程序；

（八）提议召开债权人会议；

（九）人民法院认为管理人应当履行的其他职责。

管理人应当勤勉尽责，忠实执行职务。管理人经人民法院许可，可以聘用必要的工作人员。

四、债权申报

（一）债权申报

债权申报是债权人本人或其代理人，在破产程序开始后的法定期间内，向法院呈报其债权，以示参加破产程序的意思表示。债权人未依照法定程序申报债权的，不得依照破产程序行使权利。

《破产法》规定，人民法院受理破产申请后，应当确定债权人申报债权的期限。债权申报期限自人民法院发布受理破产申请公告之日起计算，最短不得少于三十日，最长不得超过三个月。债权人应当在人民法院确定的债权申报期限内向管理人申报债权。但在人民法院确定的债权申报期限内，债权人未申报债权的，可以在破产财产最后分配前补充申报；但是，此前已进行的分配，不再对其补充分配。为审查和确认补充申报债权的费用，由补充申报人承担。

债权人申报债权时，应当书面说明债权的数额和有无财产担保，并提交有关证据。申报的债权是连带债权的，应当说明。

债务人所欠职工的工资和医疗、伤残补助、抚恤费用，所欠的应当划入职工个人账户的基本养老保险、基本医疗保险费用，以及法律、行政法规规定应当支付给职工的补偿金，不必申报，由管理人调查后列出清单并予以公示。职工对清单记载有异议的，可以要求管理人更正；管理人不予更正的，职工可以向人民法院提起诉讼。

（二）债权确认

债权人申报的债权需经确认后才能在破产程序中行使权利。根据《破产法》规定，管理人收到债权申报材料后应当登记造册，对申报的债权进行审查，并编制债权表。债权表和债权申报材料由管理人保存，供利害关系人查阅。管理人依法编制的债权表，应当提交第一次债权人会议核查。经核查，管理人、债务人、其他债权人等对债权无异议的，列入债权表，债权表还需由人民法院裁定确认。管理人、债务人、债权人对债权表记载的债权有异议的，可以向受理破产申请的人民法院提起诉讼。

五、债权人会议

（一）债权人会议的概念

债权人会议是指在破产程序进行中，为实现全体债权人对破产程序的参与权，维护全体债权人的共同利益，平衡各债权人利益，由全体债权人组成的表达债权人意志和统一债权人行动的意思表示机关。

（二）债权人会议的组成

债权人会议是由全体债权人组成的表达债权人意志和统一债权人行动的意思表示机关，它由完成债权申报手续的债权人组成。依法申报债权的债权人为债权人会议的成员，有权参加债权人会议。

当然，债权人可以委托代理人参加债权人会议，行使表决权。代理人出席债权人会议，应当向人民法院或者债权人会议主席提交债权人的授权委托书。

债权人会议应当有债务人的职工和工会的代表参加，对有关事项发表意见。前述人员不享有表决权，他们为协助会议的召开而参加会议。

债权人会议设主席。债权人会议的主席是债权人会议的主持人。破产法规定，债权人会议设主席一人，由人民法院在第一次债权人会议召开时，从有表决权的债权人中指定。

（三）债权人会议的召开

债权人会议依其召开的原因不同分为：法定必须召开的债权人会议和必要时召开的债权人会议。

1. 法定必须召开的债权人会议

法定债权人会议主要限于第一次债权人会议，即破产程序开始后法定期间内必须由法院召集的债权人会议。《破产法》第62条规定："第一次债权人会议由人民法院召集，自债权申报期限届满之日起十五日内召开。"除债务人的财产不足以支付破产费用，破产程序提前终结外，不得以一般债权的清偿率为零为理由取消债权人会议。

第一次债权人会议由人民法院召集并主持，在会议召开前人民法院应当做好会议的筹备和通知工作。

2. 必要时召开的债权人会议

除由法院召集的第一次债权人会议外，债权人还需要在程序进行中自行召开债权人会议，即必要时召开的债权人会议。只要涉及程序的顺利进行、保护债权人团体利益的需要就可召开这种债权人会议。

《破产法》规定，除第一次债权人会议外，以后的债权人会议，在人民法院认为必要时，或者管理人、债权人委员会、占债权总额四分之一以上的债权人向债权人会议主席提议时召开。召开必要时召开的债权人会议，管理人应当提前十五日通知已知的债权人。

（四）债权人会议的职权

我国《破产法》第61条规定，债权人会议行使下列职权：（一）核查债权；（二）申请人民法院更换管理人，审查管理人的费用和报酬；（三）监督管理人；（四）选任和更换债权人委员会成员；（五）决定继续或者停止债务人的营业；（六）通过重整计划；（七）通过和解协议；（八）通过债务人财产的管理方案；（九）通过破产财产的变价方案；（十）通过破产财产的分配方案。（十一）人民法院认为应当由债权人会议行使的其他职权。

（五）债权人会议的决议

债权人会议的职权主要是通过形成债权人会议决议来实现的。

1. 债权人会议的决议规则

债权人会议的决议由参加会议的债权人进行表决，一般说来，依法申报债权的债权人均享有表决权。但不同情况债权人的表决权所针对的决议事项有所不同。债权尚未确定的债权人，除人民法院能够为其行使表决权而临时确定债权额的外，不得行使表决权。对债务人的特定财产享有担保权的债权人，未放弃优先受偿权利的，对于和解协议的通过和破产财产的分配方案的通过不享有表决权。

我国的债权人会议决议规则采用人数和债权额双重多数决定标准。双重多数标准不但符合少数大额债权人的利益，也保障了多数小额债权人的利益。《破产法》第 64 条规定："债权人会议的决议，由出席会议的有表决权的债权人过半数通过，并且其所代表的债权额占无财产担保债权总额的二分之一以上。"但通过和解协议和重整程序另有决议规则，不适用上述规定。

2. 债权人会议决议的效力

债权人会议的决议是债权人团体为共同意思表示的结果，对全体债权人均有约束力。但债权人认为债权人会议的决议违反法律规定，损害其利益的，可以自债权人会议作出决议之日起十五日内，请求人民法院裁定撤销该决议，责令债权人会议依法重新作出决议。

（六）债权人委员会

债权人会议虽是债权人团体的利益维护和意思表示机关，但它不是常设机构，在其闭会期间就不能对破产程序进行持续的监督。为保护债权人的利益需要设立一个机构对破产程序进行日常监督。债权人委员会是债权人会议的代表机关，代表债权人的共同利益对破产程序进行日常监督。

债权人会议可以决定设立债权人委员会。债权人委员会由债权人会议选任的债权人代表和一名债务人的职工代表或者工会代表组成。债权人委员会成员不得超过九人。出任债权人委员会的成员应当经人民法院书面认可。债权人委员会行使下列职权：（一）监督债务人财产的管理和处分；（二）监督破产财产分配；（三）提议召开债权人会议；（四）债权人会议委托的其他职权。

债权人委员会执行职务时，有权要求管理人、债务人的有关人员对其职权范围内的事务作出说明或者提供有关文件。

管理人、债务人的有关人员违反本法规定拒绝接受监督的，债权人委员会有权就监督事项请求人民法院作出决定；人民法院应当在五日内作出决定。

六、和解制度

（一）和解制度的概念

和解制度，是指债务人不能清偿到期债务时，为免受破产宣告或破产分配，经与债权人会议谈判协商，就延期清偿债务、减少债务数额等问题，达成相互间的谅解，以解决债务危机，使债务人得以复苏的制度。它是为了克服和避免破产清算的弊端而设立的程序制度，是一项预防债务人破产的制度。

（二）和解的进行

1. 和解申请的提出

和解申请由债务人在破产程序开始前或开始后向法院提出。《破产法》第95条规定："债务人可以依照本法规定，直接向人民法院申请和解；也可以在人民法院受理破产申请后、宣告债务人破产前，向人民法院申请和解。"债务人申请和解，应当向人民法院提出和解协议草案。

2. 和解协议

债务人提出和解申请，应当提交和解协议草案。人民法院经审查认为和解申请符合破产法的规定，应当受理其申请，裁定和解，予以公告，并召集债权人会议讨论和解协议草案。和解程序对就债务人的特定财产享有担保权的权利人没有约束力，该权利人可以自人民法院裁定和解之日起对担保物行使权利，相应地，就债务人的特定财产享有担保权的权利人对和解协议没有表决权。

债权人会议接到和解协议后，应当进行讨论审查，并以表决的方式确定是否通过。《破产法》第97条规定："债权人会议通过和解协议的决议，由出席会议的有表决权的债权人过半数同意，并且其所代表的债权额占无财产担保债权总额的三分之二以上。"

债权人会议通过和解协议的，由人民法院裁定认可，终止和解程序，并予以公告。此时管理人应当向债务人移交财产和营业事务，并向人民法院提交执行职务的报告。和解协议自公告之日起具有法律效力，并开始执行。和解协议草案经债权人会议表决未获得通过，或者已经债权人会议通过的和解协议未获得人民法院认可的，人民法院应当裁定终止和解程序，并宣告债务人破产。

经人民法院裁定认可的和解协议，对债务人和全体和解债权人（人民法院受理破产申请时对债务人享有无财产担保债权的人）均有约束力。债务人应当按照和解协议内容清偿债务。

3. 和解的终止

和解的终止，是指法院根据债权人的申请或依职权，依据破产法的规定裁定废除已经生效的和解协议。《破产法》第103条规定："因债务人的欺诈或者其他违法行为而成立的和解协议是无效的和解协议，人民法院应当裁定该协议无效，并宣告债务人破产。"《破产法》第104条规定："债务人不能执行或者不执行和解协议的，人民法院经和解债权人请求，应当裁定终止和解协议的执行，并宣告债务人破产。"

七、重整程序

（一）重整程序的概念和特征

重整程序，又称“重组”或者“更生”，是指经由利害关系人的申请，在人民法院的主持下和利害关系人的参与下，对具有重整原因和重整能力的债务人进行生产经营上的整顿和债权债务关系上的清理，以期摆脱财务困境，重获经营能力的特殊法律程序。它本质上属于破产预防程序。[①]

与破产清算相比，重整程序具有以下特点：

1. 重整的目的在于拯救濒临破产困境的债务人，以使其重建再生，是一种积极的处理债权债务关系的法律手段，而破产清算程序是一种善后的、消极的处理债权债务关系的方式。

2. 重整的原因相比破产清算的原因要轻，依我国破产法规定，“有明显丧失清偿能力可能的”就可以依法进行重整。

3. 重整申请权人的范围较破产清算申请人的范围广，我国破产法规定，债务人、债权人、出资额占债务人注册资本十分之一以上的出资人都可以向人民法院申请重整。

4. 在重整程序中，担保债权同样受重整程序的约束，应服从于重整计划，不得独立于重整程序优先实现。

5. 重整程序中债权人的表决机制于破产清算程序不同，各类债权的债权人参加讨论重整计划草案的债权人会议，依照法定的债权分类，分组对重整计划草案进行表决。

（二）重整申请和重整期间

1. 重整申请

（1）重整原因

《破产法》第 2 条规定，企业法人不能清偿到期债务，并且资产不足以清偿全部债务或者明显缺乏清偿能力的，或者有明显丧失清偿能力可能的，可以依照本法规定进行重整。

（2）申请人和申请时间

债务人或者债权人可以依照破产法，直接向人民法院申请对债务人进行重整。债权人申请对债务人进行破产清算的，在人民法院受理破产申请后、宣告债务人破产前，债务人或者出资额占债务人注册资本十分之一以上的出资人，可以向人民法院申请重整。

---

① 汤维健：《破产程序与破产立法研究》，第 374 页，人民法院出版社，2001

2. 重整期间

人民法院经审查认为重整申请符合本法规定的，应当裁定债务人重整，并予以公告。自人民法院裁定债务人重整之日起至重整程序终止，为重整期间。

在重整期间，管理人负责管理财产和营业事务或者经债务人申请，人民法院批准，债务人可以在管理人的监督下自行管理财产和营业事务

在重整期间，对债务人的特定财产享有的担保权暂停行使。但是，担保物有损坏或者价值明显减少的可能，足以危害担保权人权利的，担保权人可以向人民法院请求恢复行使担保权。

在重整期间，债务人或者管理人为继续营业而借款的，可以为该借款设定担保。

债务人合法占有的他人财产，该财产的权利人在重整期间要求取回的，应当符合事先约定的条件。

在重整期间，债务人的出资人不得请求投资收益分配

在重整期间，债务人的董事、监事、高级管理人员不得向第三人转让其持有的债务人的股权。但是，经人民法院同意的除外。

（三）重整计划

重整计划是实施重整行为的依据，是指由债务人或管理人拟定的，以清理债务、复兴债务人为内容的并经债权人会议表决通过和法院认可的程序性法律文书。

1. 重整计划的制订

重整计划草案由债务人或者管理人制作。《破产法》第 80 条规定，债务人自行管理财产和营业事务的，由债务人制作重整计划草案。管理人负责管理财产和营业事务的，由管理人制作重整计划草案。重整计划草案应当包括下列内容：

（一）债务人的经营方案；（二）债权分类；（三）债权调整方案；（四）债权受偿方案；（五）重整计划的执行期限；（六）重整计划执行的监督期限；（七）有利于债务人重整的其他方案。

债务人或者管理人应当自人民法院裁定债务人重整之日起六个月内，同时向人民法院和债权人会议提交重整计划草案。期限届满，经债务人或者管理人请求，有正当理由的，人民法院可以裁定延期三个月。债务人或者管理人未按期提出重整计划草案的，人民法院应当裁定终止重整程序，并宣告债务人破产。

2. 重整计划的通过和批准

重整计划草案应当先交由债权人会议讨论并表决。《破产法》第 84 条规

定，人民法院应当自收到重整计划草案之日起三十日内召开债权人会议，对重整计划草案进行表决。

债权人会议讨论重整计划及表决时分组进行。债权人参加讨论重整计划草案的债权人会议，依照《破产法》第 82 条规定的债权分类，分组对重整计划草案进行表决：（一）对债务人的特定财产享有担保权的债权；（二）债务人所欠职工的工资和医疗、伤残补助、抚恤费用，所欠的应当划入职工个人账户的基本养老保险、基本医疗保险费用，以及法律、行政法规规定应当支付给职工的补偿金；（三）债务人所欠税款；（四）普通债权。人民法院在必要时可以决定在普通债权组中设小额债权组对重整计划草案进行表决。重整计划草案涉及出资人权益调整事项的，应当设出资人组，对该事项进行表决。

重整计划的表决规则采用双重多数决，出席会议的同一表决组的债权人过半数同意重整计划草案，并且其所代表的债权额占该组债权总额的三分之二以上的，即为该组通过重整计划草案。

各表决组均通过重整计划草案时，重整计划即为通过。重整计划获得通过后应交由人民法院批准。自重整计划通过之日起十日内，债务人或者管理人应当向人民法院提出批准重整计划的申请。人民法院经审查认为符合本法规定的，应当自收到申请之日起三十日内裁定批准，终止重整程序，并予以公告。

债权人会议未通过重整计划草案并不意味着重整计划必然不能付诸执行。重整计划草案未获得通过，但重整计划草案符合法律规定，债务人或者管理人可以申请人民法院强制批准重整计划草案。《破产法》第 87 条规定：“部分表决组未通过重整计划草案的，债务人或者管理人可以同未通过重整计划草案的表决组协商。该表决组可以在协商后再表决一次。双方协商的结果不得损害其他表决组的利益。

未通过重整计划草案的表决组拒绝再次表决或者再次表决仍未通过重整计划草案，但重整计划草案符合下列条件的，债务人或者管理人可以申请人民法院批准重整计划草案：

1）按照重整计划草案，本法第八十二条第一款第一项所列债权就该特定财产将获得全额清偿，其因延期清偿所受的损失将得到公平补偿，并且其担保权未受到实质性损害，或者该表决组已经通过重整计划草案；

2）按照重整计划草案，本法第八十二条第一款第二项、第三项所列债权将获得全额清偿，或者相应表决组已经通过重整计划草案；

3）按照重整计划草案，普通债权所获得的清偿比例，不低于其在重整计划草案被提请批准时依照破产清算程序所能获得的清偿比例，或者该表决组已经通过重整计划草案；

4）重整计划草案对出资人权益的调整公平、公正，或者出资人组已经通过重整计划草案；

5）重整计划草案公平对待同一表决组的成员，并且所规定的债权清偿顺序不违反本法第一百一十三条的规定；

6）债务人的经营方案具有可行性。”

人民法院经审查认为重整计划草案符合《破产法》第 87 条第 2 款规定的，应当自收到申请之日起三十日内裁定批准，终止重整程序，并予以公告。

3. 重整计划的执行

我国破产法规定，债务人（企业法人）为重整人，负责执行重整计划。人民法院裁定批准重整计划后，已接管财产和营业事务的管理人应当向债务人移交财产和营业事务。在重整计划规定的监督期内，管理人监督重整计划的执行。在监督期内，债务人应当向管理人报告重整计划执行情况和债务人财务状况。

（四）重整的完成和废止

1. 重整计划的完成

重整程序的完成是指在重整计划确定的期间内，重整人按照重整计划的要求对企业法人实施重整，达到了重整目的，复兴企业法人营业、恢复企业清偿能力。重整程序随之终结。按照重整计划减免的债务，自重整计划执行完毕时起，债务人不再承担清偿责任。

2. 重整的废止

重整程序的废止即重整的失败，是重整程序未能按计划实施，未能实现其目标而提前结束。

重整程序废止的原因有：

（一）债务人的经营状况和财产状况继续恶化，缺乏挽救的可能性，管理人或者利害关系人请求终止重整程序。

（二）债务人有欺诈、恶意减少债务人财产或者其他显著不利于债权人的行为，管理人或者利害关系人请求终止重整程序。

（三）由于债务人的行为致使管理人无法执行职务的，管理人或者利害关系人请求终止重整程序。

（四）重整计划草案未获得通过且未依照破产法第 87 条的规定获得批准，或者已通过的重整计划未获得批准的。

（五）债务人不能执行或者不执行重整计划的，人民法院经管理人或者利害关系人请求的。

出现上述情形的，人民法院应当裁定终止重整计划的执行，并宣告债务人破产。

八、破产宣告

破产宣告是受理破产案件的人民法院认为债务人已具备破产宣告条件，从而依法宣告其破产的裁判行为。破产宣告标志着破产案件不可逆转地进入破产清算程序。

（一）破产宣告的要件

依照《破产法》及相关司法解释的规定，企业法人有下列情况之一的，人民法院应当裁定宣告债务人破产：（1）债务人达到破产界限，即债务人不能清偿到期债务且与债权人达不成和解协议；（2）债务人不履行或者不能履行和解协议；（3）在重整期间，债务人缺乏挽救的可能性，或者损害债权人利益，或者使管理人无法执行职务。

（二）破产宣告的形式

人民法院以裁定的形式公开宣告债务人破产。《破产法》第107条规定："人民法院依照本法规定宣告债务人破产的，应当自裁定作出之日起五日内送达债务人和管理人，自裁定作出之日起十日内通知已知债权人，并予以公告。"

（三）破产宣告的效力

债务人（企业法人）被宣告破产后，其身份转变为破产人（也称作破产企业），企业的法人资格已出现法定消灭原因，仅在清算意义上具有法人资格。同时债务人财产称为破产财产，人民法院受理破产申请时对债务人享有的债权称为破产债权。

九、破产清算

（一）破产清算的概念

破产清算是指债务人被宣告破产，依破产程序所进行的了结债务人未了结之事务，收回债权、财产，公平清偿债务，使债务人归于消灭的活动。

（二）破产财产的分配

破产财产分配是清理、变价破产财产的必然结果，更是保障债权人公平受偿、最终实现破产程序目的的关键阶段。

1. 破产财产的分配方案

破产财产的分配方案是执行破产分配的依据，是破产程序中相当重要的一个文件。破产财产的分配方案由破产管理人准备和制定，经债权人会议通过和法院认可，方得执行。《破产法》第115条规定，管理人应当及时拟订破产财产分配方案，提交债权人会议讨论。债权人会议通过破产财产分配方案后，由管理人将该方案提请人民法院裁定认可。《破产法》第65条第2款规定，破产财产的分配方案经债权人会议二次表决仍不能通过的，由人民法院裁定。破产财产分配方案经人民法院裁定认可后，由管理人执行。

2. 破产分配的进行

破产管理人进行破产分配时，必须依据法律规定的受偿先后顺序，逐一清偿，只有在满足了前一顺位的请求权后，仍然存在可供分配的财产，才能够清偿后一顺位的请求权。同时在破产分配顺位的基础上，还应当贯彻公平分配原则，即同一顺位的请求权，受偿地位平等。当破产财产不足以清偿同一顺位的请求权要求的，按照比例分配破产财产。我国《破产法》第113条对破产财产的分配作了如下规定：

破产财产在优先清偿破产费用和共益债务后，依照下列顺序清偿：（一）破产人所欠职工的工资和医疗、伤残补助、抚恤费用，所欠的应当划入职工个人账户的基本养老保险、基本医疗保险费用，以及法律、行政法规规定应当支付给职工的补偿金；（二）破产人欠缴的除前项规定以外的社会保险费用和破产人所欠税款；（三）普通破产债权。破产财产不足以清偿同一顺序的清偿要求的，按照比例分配。破产企业的董事、监事和高级管理人员的工资按照该企业职工的平均工资计算。

破产财产的分配应当以货币分配方式进行。但是，债权人会议另有决议的除外。视破产财产的构成、数额，变价的复杂程度等实际情况，破产财产的分配可以一次完成，也可以分多次进行。管理人按照破产财产分配方案实施多次分配的，应当公告本次分配的财产额和债权额。

对于附生效条件或者解除条件的债权，管理人应当将其分配额提存。提存的分配额，在最后分配公告日，生效条件未成就或者解除条件成就的，应当分配给其他债权人；在最后分配公告日，生效条件成就或者解除条件未成就的，应当交付给债权人。

债权人未受领的破产财产分配额，管理人应当提存。债权人自最后分配公告之日起满二个月仍不领取的，视为放弃受领分配的权利，管理人或者人民法院应当将提存的分配额分配给其他债权人。

破产财产分配时，对于诉讼或者仲裁未决的债权，管理人应当将其分配额提存。自破产程序终结之日起满二年仍不能受领分配的，人民法院应当将提存的分配额分配给其他债权人。

破产分配完毕后，破产程序终结。

十、破产程序的终结

破产人无财产可供分配的，管理人应当请求人民法院裁定终结破产程序。管理人在最后分配完结后，应当及时向人民法院提交破产财产分配报告，并提请人民法院裁定终结破产程序。人民法院应当自收到管理人终结破产程序的请求之日起十五日内作出是否终结破产程序的裁定。裁定终结的，应当予以公告。管理人应当自破产程序终结之日起十日内，持人民法院终结破产程序的裁定，向破产人的原登记机关办理注销登记。管理人于办理注销登记完毕的次日终止执行职务。但是，存在诉讼或者仲裁未决情况的除外。

另外，《破产法》第 105 条规定："人民法院受理破产申请后，债务人与全体债权人就债权债务的处理自行达成协议的，可以请求人民法院裁定认可，并终结破产程序。"

第四节 破产实体规则

一、债务人财产和破产财产

（一）债务人财产和破产财产的概念

债务人财产，是指在破产程序中被纳入破产管理的为债务人所拥有的财产。破产财产是指破产宣告后，依法由管理人管理的，在清算程序中清偿破产债权的破产人的全部财产。《破产法》第 107 条规定，债务人被宣告破产后，债务人称为破产人，债务人财产称为破产财产。现行破产法之所以对两者作出区分，主要是基于以下考虑：在此前我国的破产法律制度中，破产清算程序居于主导地位，破产清算程序是将债务人的财产公平分配给债权人而使其从经济活动中简单消灭。破产财产的概念侧重用于清算分配。而在新破产法新增的以企业复兴为目标的重整程序中，破产企业的财产将在债务人或管理人的管理下进行继续经营，在成功的重整中，债权人要按照重整计划获得债权清偿，债务人的财产不再用于清算分配。故此时"破产财产"的提法不能准确涵盖重整程序下的债务人财产状态。[①]

（二）债务人财产的范围

《破产法》第 30 条规定："破产申请受理时属于债务人的全部财产，以及

① 参见李曙光：《债务人财产》，法制网，2007 年 6 月 11 日；刘向宏：《论重整申请阶段对债权人利益的保护》，《法律适用》2008 年第 9 期。

破产申请受理后至破产程序终结前债务人取得的财产，为债务人财产。”

破产法相关司法解释规定下列财产不属于破产财产：

(1) 债务人基于仓储、保管、加工承揽、委托交易、代销、借用、寄存、租赁等法律关系占有、使用的他人的财产；(2) 抵押物、留置物、出质物，但权利人放弃优先受偿权的或者优先偿付被担保债权剩余的部分除外；(3) 担保物灭失后产生的保险金、补偿金、赔偿金等代位物；(4) 依照法律规定存在优先权的财产，但权利人放弃优先受偿权或者优先偿付特定债权剩余的部分除外；(5) 特定物买卖中，尚未转移占有但相对人已完全支付对价的特定物；(6) 尚未办理产权证或者产权过户手续但已向买方交付的财产；(7) 债务人在所有权保留买卖中尚未取得所有权的财产；(8) 所有权专属于国家且不得转让的财产；(9) 破产企业工会所有的财产。另外，破产企业兴办的幼儿园、学校、医院、养老院等公益福利性设施，也不属于破产财产。

(三) 债务人财产的收回

人民法院受理破产申请后，债务人的出资人尚未完全履行出资义务的，管理人应当要求该出资人缴纳所认缴的出资，而不受出资期限的限制。

债务人的董事、监事和高级管理人员利用职权从企业获取的非正常收入和侵占的企业财产，管理人应当追回。

人民法院受理破产申请后，管理人可以通过清偿债务或者提供为债权人接受的担保，取回质物、留置物。在质物或者留置物的价值低于被担保的债权额时，以该质物或者留置物当时的市场价值为限。

二、破产债权

(一) 破产债权的概念

破产债权是在破产宣告前成立的，对债务人发生的，经依法申报确认，并通过破产程序清偿的财产请求权。

(二) 破产债权的范围

根据《破产法》的规定破产债权的范围是：

1. 人民法院受理破产申请时对债务人享有的债权。《破产法》第 107 条规定第 2 款规定，债务人被宣告破产后，人民法院受理破产申请时对债务人享有的债权称为破产债权。与《破产法（试行）》相比新破产法把对破产人的特定财产享有担保权的债权也纳入了破产债权的范围。[①] 未到期、附条件、附期限的债权和诉讼、仲裁未决的债权也在其中。还包括（1）债务人的保证人或者

① 参见杨剑主编：《最新破产法律解读与案例精析》，第 138 页，中国法制出版社，2008

其他连带债务人已经代替债务人清偿债务的，其对债务人的求偿权；（2）债务人的保证人或者其他连带债务人尚未代替债务人清偿债务的，其对债务人的将来求偿权。但是，债权人已经向管理人申报全部债权的除外。

2. 产生在破产申请受理后的破产债权。（1）管理人或者债务人依照破产法规定解除合同的，对方当事人因合同解除所产生的损害赔偿请求权；（2）债务人是票据的出票人，被裁定适用破产法规定的程序，该票据的付款人继续付款或者承兑的，付款人由此产生的请求权；（3）债务人是委托合同的委托人，被裁定适用破产法规定的程序，受托人不知该事实，继续处理委托事务的，受托人由此产生的请求权。

3. 劳动债权。劳动债权包括债务人所欠职工的工资和医疗、伤残补助、抚恤费用，所欠的应当划入职工个人账户的基本养老保险、基本医疗保险费用，以及法律、行政法规规定应当支付给职工的补偿金。劳动债权不必申报，由管理人登记。

4. 税收债权。新破产法将税收债权作为一种特殊的、独立的破产债权。《破产法》第82条第1款规定，债权人会议讨论重整计划草案，依照债权分类分组对重整计划草案进行表决，债务人所欠税款就是其中独立的一类。[①]

未到期的债权，在破产申请受理时视为到期债权。附利息的债权自破产申请受理时起停止计息。

可申报的债权以实际损失为限，违约金不属于破产债权。

三、破产撤销权和无效行为

破产撤销权制度和破产无效行为制度是破产法的重要制度，并具有同一功能，即纠正债务人所实施的损害债权人利益和破坏公平清偿原则的行为，维护破产程序的公平性和诚实信用原则，保护债权人利益。[②]

（一）破产撤销权

破产撤销权是破产管理人对于破产人在破产宣告之前的临界期间内所作出的有害于债权人的整体利益或全体公平清偿的行为，有请求法院撤销并将该行为产生的财产利益回归破产财产的权利。

《破产法》第31条规定："人民法院受理破产申请前一年内，涉及债务人财产的下列行为，管理人有权请求人民法院予以撤销：（一）无偿转让财产

① 王瑛杰、孙杨：《浅析新旧破产法体系下的破产债权》，《哈尔滨市委党校学报》2009年第1期。

② 王欣新：《破产撤销权研究》，《中国法学》2007年第5期。

的；（二）以明显不合理的价格进行交易的；（三）对没有财产担保的债务提供财产担保的；（四）对未到期的债务提前清偿的；（五）放弃债权的。”

《破产法》第32条规定：“人民法院受理破产申请前六个月内，债务人不能清偿到期债务，并且资产不足以清偿全部债务或者明显缺乏清偿能力，仍对个别债权人进行清偿的，管理人有权请求人民法院予以撤销。但是，个别清偿使债务人财产受益的除外。”

（二）无效行为

无效行为是指破产人在破产宣告前及破产清算期间所为的损害债权人一般利益或有违公平清偿原则的，依破产法的特别规定而构成无效的行为。

《破产法》第33条规定：“涉及债务人财产的下列行为无效：（一）为逃避债务而隐匿、转移财产的；（二）虚构债务或者承认不真实的债务的。”

因破产法规定的可撤销行为和无效行为而取得的债务人的财产，管理人有权追回。

四、别除权

（一）别除权的概念

别除权是指债权人因债权设有担保物，而就破产人特定担保财产在破产程序中享有的优先受偿权利。别除权来源于担保物权，其优先受偿权是由破产人特定财产上已存在的担保物权的排他性优先效力而来的。《破产法》第109条规定：“对破产人的特定财产享有担保权的权利人，对该特定财产享有优先受偿的权利。”别除权是一种优先受偿权，其优先受偿权的行使不受破产清算程序与和解的限制，但在重整程序中受到限制。在新破产法中别除权之债权属于破产债权，其担保物属于破产财产。①

（二）别除权人与普通债权

别除权人行使优先受偿权利未能完全受偿的，其未受偿的债权作为普通债权；放弃优先受偿权利的，其债权作为普通债权。

（三）别除权人与债权人会议

我国破产法规定，别除权人与普通债权人都是债权人会议成员，但未放弃优先受偿权的别除权人对通过和解协议和通过破产财产分配方案没有表决权。

五、取回权

取回权分为一般取回权和特别取回权两种。

---

① 参见中国注册会计师协会：《经济法》，第237页，中国财政经济出版社，2008

一般取回权是指由债务人占有的、不属于债务人财产的他人的财产，人民法院受理破产申请后，财产权利人可不依破产程序，直接从债务人财产中取回该财产的权利。《破产法》第38条规定：“人民法院受理破产申请后，债务人占有的不属于债务人的财产，该财产的权利人可以通过管理人取回。但是，本法另有规定的除外。”一般取回权在破产案件受理后形成，其行使不受原约定条件、期限的限制，也不受破产程序限制，但权利人需通过管理人取回财产。

特别取回权是财产权利人依破产法或商事法的专门规定，请求由破产管理人占有管理的财产中取回其财产的权利，它包括出卖人取回权、行纪人取回权和代偿取回权。《破产法》第39条规定：“人民法院受理破产申请时，出卖人已将买卖标的物向作为买受人的债务人发运，债务人尚未收到且未付清全部价款的，出卖人可以取回在运输途中的标的物。但是，管理人可以支付全部价款，请求出卖人交付标的物。”这是对特别取回权中出卖人取回权的规定。

六、破产抵消权

破产抵消权是指债务人和债权人互负债务时，双方各以其债权冲抵其债务的清偿，从而使其债务与对方的债务以相等的数额相互消灭。根据这一权利，债权人在破产申请受理前对债务人负有债务的，可以向管理人主张抵消。

但是，为防止破产抵消权被当事人滥用，损害破产利害关系人的利益，破产法还规定了不得抵消的情形：（一）债务人的债务人在破产申请受理后取得他人对债务人的债权的；（二）债权人已知债务人有不能清偿到期债务或者破产申请的事实，对债务人负担债务的；但是，债权人因为法律规定或者有破产申请一年前所发生的原因而负担债务的除外；（三）债务人的债务人已知债务人有不能清偿到期债务或者破产申请的事实，对债务人取得债权的；但是，债务人的债务人因为法律规定或者有破产申请一年前所发生的原因而取得债权的除外。

七、破产费用和共益债务

在破产程序进行中，为了全体债权人的共同利益，需要进行财产管理活动，管理人也要执行其职务，这就会支出各种各样的费用，也可能使破产财产负担一定的债务。《破产法》将它们分别规定为破产费用和共益债务。

（一）破产费用

破产费用，是在破产程序中为全体债权人共同利益而支付的各项费用的总称。《破产法》第41条规定：“人民法院受理破产申请后发生的下列费用，为破产费用：（一）破产案件的诉讼费用；（二）管理、变价和分配债务人财产的费用；（三）管理人执行职务的费用、报酬和聘用工作人员的费用。”

（二）共益债务

共益债务是在破产程序中为全体债权人共同利益而由债务人财产负担的债务的总称。《破产法》第42条规定：“人民法院受理破产申请后发生的下列债务，为共益债务：（一）因管理人或者债务人请求对方当事人履行双方均未履行完毕的合同所产生的债务；（二）债务人财产受无因管理所产生的债务；（三）因债务人不当得利所产生的债务；（四）为债务人继续营业而应支付的劳动报酬和社会保险费用以及由此产生的其他债务；（五）管理人或者相关人员执行职务致人损害所产生的债务；（六）债务人财产致人损害所产生的债务。”

（三）破产费用和共益债务的清偿

破产费用和共益债务均以债务人财产为清偿对象，并享有优先于其他债权的受偿权。但是，它们优先受偿的范围仅限于债务人的无担保财产，对债务人的特定财产享有担保权的权利人，仍对该特定财产享有优先于破产费用和共益债务受偿的权利。[①]《破产法》规定，破产费用和共益债务享有优先于其他债权的受偿权，由债务人财产随时清偿。债务人财产不足以清偿所有破产费用和共益债务的，先行清偿破产费用。债务人财产不足以清偿所有破产费用或者共益债务的，按照比例清偿。债务人财产不足以清偿破产费用的，管理人应当提请人民法院终结破产程序。

附　录：

一、案例分析

（一）案情

某国有服装公司因经营管理不善，亏损严重，不能向其债权人清偿到期债务。2003年6月，经债权人申请，该服装公司被依法宣告破产。破产管理人对该公司的财产进行了清理。公司总资产为1 800万元。其中有3处房产，该3处房产变现价值为206万元。有2辆汽车是从兄弟单位借用的，变现价值为64万元。有5万元是工会所购置的财产。有38万元的未到期债权。

破产管理人另外发现，在法院受理本案前3个月，公司用1套价值100万元的设备为其两年前所欠的一笔债务提供担保。

（二）问题

1. 本案中，哪些项目属于破产财产？哪些项目不属于破产财产？

① 中国注册会计师协会：《经济法》，第220页，中国财政经济出版社，2008

2. 对于服装公司的担保行为，管理人应如何处理?

二、案例分析答案要点

1. 3 处房产属于破产财产，因为，破产申请受理时属于债务人的全部财产为破产财产。38 万元的未到期债权属于破产财产，因为，债务人在被破产宣告时未到期的债权属于破产财产。从兄弟单位借来的 2 辆汽车不属于破产财产，因为人民法院受理破产申请后，债务人占有的不属于债务人的财产，该财产的权利人可以通过管理人取回，不作为破产财产用于清偿。工会所购置的财产 5 万元不属于破产财产，因为破产企业工会所有的财产不属于破产财产。

2. 管理人有权请求人民法院撤销该行为，并且管理人有权追回该财产。根据《破产法》第 31 条规定："人民法院受理破产申请前一年内，涉及债务人财产的下列行为，管理人有权请求人民法院予以撤销：……（三）对没有财产担保的债务提供财产担保的；……"

三、本章复习思考题

1. 破产的概念和特征是什么?

2. 破产法的功能有哪些?

3. 简述我国的破产程序。

4. 破产管理人的职责有哪些?

5. 取回权包括哪些内容? 权利人应当如何行使取回权?

6. 简述破产撤销权制度和破产无效行为制度。

第八章 合同法律制度

我国合同法在计划经济时代是由《经济合同法》、《技术合同法》、《涉外经济合同法》等三部合同法构成。在计划经济向市场经济转型过程中，经过不断的总结和完善我们制定了现行的统一合同法，合同法是调整市场经济关系的基本法，是民商法的重要组成部分，在社会主义市场经济中发挥着重要作用。

第一节 合同法概述

一、合同的概念

现实生活中合同的含义十分广泛，例如有劳动法上的合同、行政法上的合同、民法上的合同等。我国合同法所称的合同，是指平等主体的自然人、法人、其他组织之间设立、变更、终止民事权利义务关系的协议。它属于民法上的合同，但又不包括民法上合同的全部。例如，基于身份关系的协议，如结婚、离婚、收养、监护等协议，虽属民法上的合同的范畴，但并不是合同法上的合同。

二、合同的法律特征

合同作为法律事实之一种，与其他法律行为相比较，具有如下主要特征：

1. 合同是一种民事法律行为。民事法律行为是以发生一定的民事法律后果为目的的行为。合同是最为典型的民事法律行为，当事人订立合同的目的总是为了设立、变更或终止一定的民事权利义务关系。因此，凡不以民事权利义务为内容的协议，就不能称作合同法上的合同。

2. 合同是双方或多方法律行为。民事法律行为有单方和多方之分。仅有一方的意思表示就可以成立的民事法律行为，称为单方法律行为；经由双方或多方意思表示一致才能成立的法律行为，称之为双方法律行为。合同属于双方或多方法律行为，意味着合同的当事人必须是两方以上，且各方当事人的意思表示必须一致，合同才能成立。

3. 合同当事人的法律地位平等。合同的各方当事人，不论是自然人还是法人，也不论他们在合同之外有无行政隶属关系以及经济实力如何，其法律地位都是平等的，任何一方不得对他方加以限制和强迫命令。

三、合同法的概念

合同法是现代各国民事法律制度的重要组成部分，其主要是调整财产流转关系，规制交易行为的基本法，是国家在现代经济发展时期依法管理经济的重要法律。现代合同法规定的内容十分丰富，主要包括什么是合同，怎样订立合同，合同的履行规则，合同的法律效力，合同的担保、解除、解释或终止应具备的条件，有具体合同履行中当事人的权利与义务，违反合同应承担的民事责任，以及相对方如何获得法律补救等问题。因此，合同法是调整平等民事主体间利用合同进行财产流转而产生的社会关系的法律规范的总称。从这个意义上说，合同法是民法体系中的一个特殊范畴。

四、合同法的基本原则

合同法的基本原则，是指合同主体的指导思想以及调整民事主体间合同关系所必须遵循的基本方针和准则，其贯穿于整个合同法律规范之中。合同法的基本原则也是制定、解释、执行和研究我国合同法的依据和出发点。我国合同法的基本原则包括：

第一，平等、自愿原则。合同当事人法律地位平等，一方不得将自己的意志强加给另一方。当事人根据自己的意志决定是否订立合同，和谁订立合同，订立什么样的合同。自愿原则体现了民事活动的基本特征，是民事法律关系区别于行政法律关系、刑事法律关系特有的原则，也是发展社会主义市场经济的客观要求。

第二，公平、诚实信用原则。公平原则要求民事主体本着公正的观念从事合同活动，正当地行使权利和履行义务，在民事活动中兼顾他人利益和社会公共利益。在合同法领域中贯彻公平原则，将有助于保障公正交易和公平竞争，同时有利于合同纠纷的公平合理的断处。

诚实信用原则要人们在从事民事活动时，讲究信用，恪守诺言，诚实不欺，用善意的心理和方式取得权利履行义务，在不损害他人利益和社会利益的前提下追求自身利益。

第三，公序良俗和合法性原则。公序良俗是公共秩序和善良风俗的简称，是现代民法一项重要的概念和法律原则。它的主要功能是在市场经济中维护国家社会一般利益和一般道德观念，因而在现代民法中具有至高无上的地位。我国现代合同法未使用公序良俗的概念，《民法通则》第 7 条规定，“民事活动应当尊重社会公德，不得损害社会公共利益”，合同法则具体指明了“当事人订立、履行合同，应当遵守法律、行政法规，尊重社会公德，不得扰乱社会经济秩序，损害社会公共利益”。国内有些学者认为此谓“社会公共利益”和“社会公德”，其地位作用相当于各国民法中的公序良俗。

当事人有权按自己的意愿订立合同，但是，应当依法行使这项权利，包括订立合同的内容和程序都应当遵守法律、行政法规，违反法律、行政法规的强制性规定的合同无效。法律、行政法规规定应当办理批准、登记等手续生效的，依其规定。国家根据需要下达指令性任务或国家订货任务的，有关法人、其他组织之间应当依照有关法律、法规规定的权利义务订立合同。

马克思说过：“商品是天然的平等主义者。”商品经济的基本规律是价值规律，其主要内容和要求是，商品的价值量由社会必要劳动时间决定；商品交换坚持等价交换的原则，所以商品经济的原则就是自愿、平等、互利、等价交换的原则。因此，商品经济愈发达，愈要求贯彻上述三原则；愈要求切实履行合同的权利义务；愈要求守法和尊重社会公德，不得扰乱社会经济秩序，损害社会公共利益。

第二节　合同的订立

一、合同订立的形式

《合同法》规定订立合同的形式有口头、书面和其他形式。

1. 口头形式是指当事人用语言为意思表示而订立的合同。口头形式简便易行，在日常生活中经常被采用。

2. 书面形式是指合同书、信件以及数据电文（包括电报、电传、传真、电子数据交换和电子邮件）等可以有形地表现所载内容的形式。对于关系复杂、重要的合同，一般应采用书面形式，因为这一形式有据可查，发生纠纷时容易举证，便于分清责任。

3. 其他形式主要指推定形式又称默示形式，是指不以语言、文字表达其意思表示，而以行为表示意思而订立合同的形式。如某商店安装自动售货机，顾客只要将规定的货币投入机器内，买卖合同即成立。依上述三种形式订立的合同，只要符合法律规定，都是有效合同。

二、合同的主要条款

合同条款是当事人达成合意的具体内容。为保证合同目的的实现，保证合同的正确履行，防止发生争议以及解决争议有所依据，当事人设计的合同条款应当具体、完备和全面。同时，为了追求效率，迅速确立合同关系，当事人订立合同时，不一定要使合同条款一应俱全。合同法对一般合同的内容与条款进行了归纳与列举，但此种列举并不具有决定合同存废的效力。《合同法》第12条明确规定：合同的内容由当事人约定，一般包括以下条款：（一）当事人的名称或者姓名和住所；（二）标的；（三）数量；（四）质量；（五）价款或者报酬；（六）履行期限、地点和方式；（七）违约责任；（八）解决争议的方法。

三、合同的订立程序

合同经法定的程序签订才能成立。合同订立的程序是指当事人相互作出意思表示并就合同条款达成一致协议的具体过程。这一过程分为要约和承诺两个阶段。

（一）要约

要约是一方当事人以缔结合同为目的，向对方当事人提出合同条件，希望对方接受的意思表示。在商业活动和对外贸易中，要约常被称作发价、发盘、出盘、报价等。发出要约的当事人为要约人，受领要约的当事人为受要约人，简称受约人。构成要约必须符合以下条件：

1. 要约必须是特定人所作的意思表示。要约是要约人向相对人所作出的含有合同条件的意思表示，旨在得到受约人的承诺并成立合同，只有要约人是特定的人，受约人才能对之承诺。所谓特定的人，并不是指某个具体明确的人，而是指凡能为外界所客观确定的人，都可视为特定的人。例如自动售货机的设置，也可视为一种要约。

2. 要约必须向相对人发出。要约必须经过相对人的承诺才能成立合同，因此，要约必须是向相对人发出的意思表示。相对人一般为特定的人，但在特殊情况下，对不特定的人作出又无碍要约所达目的时，相对人亦可为不特定的人，如悬赏广告就是向不特定的人发出的要约。

3. 要约必须具有缔结合同的目的。这是要约与要约引诱的主要区别，要约引诱又称要约邀请，是指一方当事人邀请对方当事人向自己发出要约，其目的不是订立合同，而是邀请对方当事人向其为要约的意思表示。要约引诱的作用在于引出要约，而要约本身的作用在于引出对要约的承诺。所以，要约引诱只是当事人订立合同的预备行为，它自身不能发生任何法律效果，不应视为要约。在实际生活中，推销商品的广告、招标公告、拍卖公告、寄送的商品价目表、招股说明书等是要约引诱，商品带有标价成例、自动售货机的设置、寄送的投标书等，则是要约。

4. 要约的内容必须确定和完整。确定是指要约的内容必须明确而非含糊不清，否则受约人便不能了解要约的真实含义，难以承诺。完整指要约的内容必须具有合同的条件，至少要有主要条件，得因受约人的承诺而使合同成立。

（二）承诺

承诺是受约人作出的同意要约以成立合同的意思表示。在商业交易中又称为接盘，承诺的构成要件如下：

1. 承诺必须由受约人作出。要约和承诺是一种相对人的行为，只有受约人享有承诺的资格。因此，承诺须由受约人作出。受约人以外的任何第三人即使知道要约的内容并对之作出同意的意思表示，通常情况下也不能构成承诺。

2. 承诺必须向要约人作出。受约人承诺的目的在于同要约人这一特定的主体订立合同，若承诺针对要约人以外的第三人作出，便毫无意义。非向要约人作出同意的意思表示，不构成承诺。

3. 承诺的内容要与要约内容一致，否则，视为拒绝原要约，并构成新要约。承诺是受约人愿意按照要约的内容与要约人订立合同的意思表示，因此，承诺原则上须是无条件的，对要约的内容应当全部接受。如果受约人对要约的内容进行实质性扩张、限制或者变更，应视为对原要约的拒绝，由此构成新要约。判断承诺的内容与要约的内容是否一致，应该以要约与承诺的意思表示为依据，依诚实信用原则进行解释。

4. 承诺必须在要约的存续期间内作出。如果要约定有存续期间，承诺必须在此期间内作出。如果要约未定有存续期间，对于口头要约，受约人须立即作出承诺；对于书面要约，受约人应在通常情况下能收到承诺后必要的合理期间内承诺。凡在要约的存续期间届满后承诺，是迟到的承诺，除要约人及时通知受约人该迟到的承诺仍然有效外，不能发生承诺的效力，应视为新要约。

5. 承诺的方式必须符合要约规定。要约人在要约中对承诺方式提出具体要求的，承诺必须按规定的方式作出，否则，承诺不生效。如果要约对承诺方式没有规定，承诺方式应与要约方式一致，或以其他合理方式作出。

四、合同成立的时间和地点

合同成立的时间和地点，因合同形式的不同而有所不同，大体分三种情况：

1. 对口头合同，如法律没有规定且当事人另无约定，最后承诺的时间和地点即为合同成立的时间和地点。

2. 对当事人采用合同书包括确认书形式订立合同，双方当事人签字或者盖章时合同成立。签字或者盖章不在同一时间的，最后签字或者盖章和时间就是合同成立的时间。与此相适应，合同成立的地点就是当事人签字或者盖章的地点；签字或者盖章不在同一地点的，最后签字或者盖章的地点为合同成立地点。

3. 对采用数据电文形式订立的合同，收件人的主营业地为合同成立地点；没有主营业地的，其经常居住地为合同成立地点。当事人另有约定的按其约定。

五、格式（定式）合同条款

所谓格式条款是当事人为了重复使用而预先拟定，并在订立合同时未与对方协商的条款。普通合同的订立，需当事人对合同内容逐个协商，以确定双方权利义务。但自 19 世纪以来，不动产买卖、公司成立、出版、特许权合同等多依一定格式订立，只就特殊情况对定式合同内容略加修改。以后发展到对交易内容固定，交易发行频繁、重复，尤其是“公用事业”，如：水、电、交通、通信等所谓“大众合同”的订立，已无讨价还价的个别商议可言。在我国邮电、铁路、航空等行业形成了全国性的国家垄断经营。城市交通、国营公路运输、城市供水、供电以及国有房地产经营也形成了相当规模的行业性和地区性垄断。这具备了采用定式合同的可能性和必要性，实际上也实行了定式合同模式。例如：由建设部和国家工商行政管理局联合制定的《商品房购销合同》从 1996 年 1 月推行，不论购买现房还是期房，不使用该定式合同的，房产管理机关不予办理交易和权属登记手续。格式合同可以节省时间，有利于事先分配风险，降低交易成本。一方面可以促进企业合理经营，企业经营合理化有助于改善商品品质及降低价格，对消费者有利。另一方面消费者也不必耗费精神就交易条件讨价还价。格式合同的弊端在于，提供商品或服务的一方在拟定合同条款时，经常利用优越的经济地位制定有利于己、而不利于消费者的条款。例如：免责条款、失权条款、法院管辖地条款等，对合同上的风险及负担作不合理的分配。一般消费者对此类条款多未予以注意，不知其存在，或虽知其存在，但因此种条款甚为冗长，字体细小，不易阅读；或虽加阅读，因文字艰涩，难以理解其真意；且纵能理解其真意，知悉对己不利条款的存在，亦多无讨价还价的余地，只能在接受与拒绝之间加以选择，或由于某类企业具有独占性，或由于各企业使用类似合同条款，消费者并无选择机会。因此如何在意思自治的体制下维护合同正义，使经济上的强者不能凭借合同自由之名压榨弱者，是现代法律面临的艰巨任务。

《合同法》在确认格式合同条款的同时，又为保障公平交易作出了一系列的规定：

1. 采用格式条款订立合同的，提供格式条款的一方应当遵循公平原则确定当事人之间的权利义务。

2. 提供格式条款的一方应采取合理的方式提请对方注意免除或者限制其责任的条款，按照对方的要求，对该条款予以说明。

3. 格式条款具有欺诈等违法情节的，或者提供格式条款一方免除其责任、加重对方责任、排除对方主要权利的，该条款无效。

4. 格式条款和非格式条款不一致的，应当采用非格式条款。

5. 对格式条款的理解发生争议的，应当按照通常理解予以解释。对格式条款有两种以上解释的，应当作出不利于提供格式条款一方的解释。

六、缔约过失责任

所谓缔约过失责任，是指在缔结合同的过程中，一方违反诚实信用原则和互相通知、互相协助、互相保护、互相保密的义务，而给对方造成了损害，应负赔偿责任。这种义务和责任产生于合同成立之前，所以理论上又称前合同义务或先合同义务。当代发达国家合同法广泛采用缔约过失责任制度，我国合同法也采用了这项新的制度。具体表现在：

1. 当事人在订立合同中，一方恶意进行磋商、假借订立合同，以损害对方利益为目的，或者有其他违背诚实信用原则的行为。给对方造成损失的，应当承担损害赔偿责任。

2. 当事人在订立合同过程中知悉的商业秘密，无论合同是否成立，不得泄露或者不正当使用。泄露或者不正当地使用该商业秘密给对方造成损失的，应当承担损害赔偿责任。

缔约过失责任的构成要件是：第一，它发生在合同订立过程中，即合同成立之前。如果行为过失发生在合同成立之后，它所引发的责任属于合同责任，而非缔约过失责任。第二，当事人一方违背了诚实信用原则，以及由此引申出的互相通知、互相协助、互相保护、互相保密的义务。第三，缔约过失责任以造成对方信赖损失为前提。所谓信赖损失，指一方当事人信赖合同成立而后来没有成立，因而蒙受经济上的损失。这种损失既包括现实的直接损失，也包括应增加而未增加的可得利益。

第三节　合同的效力

合同一旦依法成立，便具有法律拘束力。依法成立的含义，不仅包括合同订立过程中应符合法律规定，而且包括已经成立的合同应符合法律规定的生效要件。凡不符合生效要件的意思表示，即使已经由当事人达成合意，亦不能产生合同的法律效力，而属于无效、可撤销和效力待定的合同。

一、无效合同

所谓无效合同是相对有效合而言的，指合同虽已成立，但因其违反法律、行政法规或公共利益，因此应被确认为无效。如：非法买卖枪支弹药、毒品、黄金等。此处说的违法是指违反了国家立法机关颁布的法律和国务院制定的行政法规中的强制性规定，而不应包括违反法律的任意性规定及违反地方性法规、行政规章的情况。其特征在于：

（一）违法性

无效合同种类很多，但都具有违法性，表明此类合同根本不符合国家意志，因此当事人不能使其发生法律效力。而且对此类合同应当实行国家干预，而不能将是否主张合同无效的权利完全留给当事人。

（二）无效合同不得履行性

当事人订立无效合同后，不得依据合同实际履行，也不承担不履行合同的违约责任。

（三）无效合同自始无效

由于无效合同从本质上违反法律规定，因此国家不得承认此类合同并加以保护。合同一旦确认无效就将产生溯及力，使合同从订立时起就不具有法律约束力，以后也不能转化为有效合同。

（四）无效合同当然无效

由于其违法性，因此无效合同无须经当事人是否主张无效，法院或仲裁机构可以主动审查合同的效力，有关行政机关亦可对一些无效合同予以查处，追究有关合同当事人的行政责任。

无效合同的分类：（一）一方以欺诈、胁迫的手段订立合同，损害国家利益；（二）恶意串通，损害国家、集体或者第三人利益；（三）以合法形式掩盖非法目的；（四）损害社会公共利益；按一般解释，社会公共利益的概念相当于各国民法中的公共秩序和善良风俗的概念。根据梁慧星教授“市场经济与公秩良俗原则”的观点，此类合同包括十种：1. 危害国家公序的行为（如以从事犯罪或帮助犯罪行为作为内容的合同、规避课税的合同等)；2. 危害家庭关系的行为（如约定断绝亲子关系的合同、婚姻关系中的违约金约款等)；3. 违反性道德的行为（如对婚外同居人所作出的赠与和遗赠合同等)；4. 射幸合同，是指合同的法律效果在缔约时不能确定的合同，保险、押赌、有奖抽奖或有奖销售合同均属此类，又叫机会合同。此外所说的射幸合同为非法射幸合同（如赌博合同，保险合同除外)；5. 违反人格和人格尊重的行为（如以债务人人身为抵押的约款、规定企业有权对顾客或雇员搜身检查的标准合同条款)；6. 限制经济自由的行为（如限制职业自由的条款)；7. 违反公平竞争的行为（如拍卖、招标中的串通行为，以贿赂方法诱使对方的雇员或代理人与自己订立合同等)；8. 违反消费者保护的行为（如利用欺诈性的交易方法致使消费者重大损害等)；9. 违反劳动者保护的行为（如规定“工伤概不负责”，及女雇员一旦结婚立即辞退等合同)；10. 暴利行为。由于我国民法并未采纳暴利行为的概念，因此，有关暴利行为应依具体的情况分别按乘人之危或显失公平处理。

二、可撤销合同

所谓可撤销合同是指因意思表示不真实，通过撤销权人行使撤销权，使已经生效的合同归于无效。例如：因重大误解订立的合同，误解的一方有权请求法院撤销该合同，其特点在于：1. 此类合同主要是意思表示不真实的合同；2. 对合同的撤销要由撤销权人通过行使该权利来实现。但撤销权人是否行使权利，应由其自由决定；3. 此类合同在未被撤销前仍然有效，即使合同具有可撤销因素，但撤销权人未在规定的期限内行使撤销权，合同仍然有效，当事人应按合同规定履行义务；4. 该类合同在我国民法通则上称为可变更、可撤销的合同。

三、效力待定合同

所谓效力待定合同是指合同虽已成立，但因其不完全符合有关合同生效要件的规定，因此其效力能否发生，尚未确定，一般须经有权人表示承认才能生效。此类合同主要包括三种情况：一是无行为能力人订立和限制行为能力人依法不能独立订立的合同，必须经其法定代理人的承认才能生效；二是无代理权人以本人名义订立的合同，必须经本人追认，才能对本人产生法律拘束力；三是无处分权人处分他人财产权利而订立的合同，未经权利人追认，合同无效。

四、合同被确认无效和被撤销的后果

《合同法》规定：合同无效或撤销后，因该合同取得的财产，应当予以返还；不能返还或无必要返还的，应当折价补偿。有过错的一方应当赔偿对方因此受到的损失，双方都有过错的，应当各自承担相应的责任。当事人恶意串通，损害国家、集体或者第三人利益并因此取得的财产收归国家所有或者返还集体、第三人。

第四节　合同的履行

一、合同履行的原则

合同履行的原则是指合同当事人在履行合同义务时应遵循的基本准则，这些基本准则主要有：

1. 适当履行原则，又称正确履行或全面履行原则，是指当事人按照合同规定的标的及其质量、数量，由适当的主体在适当的履行期限、地点，以适当的方式，全面完成合同义务的履行原则。

2. 协作履行原则，指当事人不仅适当履行自己的合同义务，而且应当基于诚实信用原则，要求对方当事人协助其履行债务的履行原则。

3. 经济合理原则，指履行合同时讲求经济效益，付出最小的成本，取得最佳合同利益。（如：选择合理的运输方式、履行时间等。）

4. 情势变更原则，指在合同有效成立以后，非因当事人双方的过错而发生情势变更（不可预见的情况）致使继续履行会显失公平，因此，根据诚实信用原则，当事人可以请求变更或解除合同的原则。东南亚发生金融危机后，情势变更制度引起各方瞩目，原合同法草案中对这一制度作了规定，在大会审议中有人认为，在客观情势发生巨大变化时，当事人可以重新协商合同内容，这维护了合同的公平，但大多数人认为，在我国现阶段的社会信用背景下，这一制度容易让人钻空子，一些人会制造借口把商业风险视为情势变更，推卸责任。还可能出现因在执行中对其理解不一而影响合同履行的情况。因此，合同法对这一制度暂时不作规定。

二、同时履行抗辩权

同时履行抗辩权也称为履行合同的抗辩权，是指按照合同或法律的规定，合同双方应同时履行义务时，当事人一方在他方未为对待给付以前，有权拒绝

自己的履行。这一权利的行使必须符合下列条件：

（一）须由同一双务合同互负债务

所谓由同一双务合同互负债务，即双方当事人之间的债务是根据一个合同产生的。如果双方的债务是基于两个甚至多个合同产生，即使双方在事实上具有密切联系，也不产生同时履行抗辩权。所谓互负债务，是指双方所负的债务之间具有对价或牵连关系，如买卖合同中交付标的物的义务与价金给付义务即为有对价关系的债务。

（二）须双方互负的债务均已到清偿期

如果双方债务未同时到期，而是一方负担先为履行的义务，则先为履行义务的一方不得要求对方同时履行。

（三）须对方未履行债务

对方请求履行债务时，如果其负担的与被请求方债务有牵连关系的债务未履行，被请求方可以主张同时履行抗辩权，拒绝履行债务。如果对方已履行债务，则不发生同时履行抗辩权问题。

（四）须对方的对待给付是可能履行的

行使同时履行抗辩权的目的，是等待对方与自己同时履行，若对方丧失了履行能力，则行使同时履行抗辩权已无意义，当事人应当采取解除合同、要求承担违约责任等方式保护自己的合法权益。

三、先履行抗辩权

先履行抗辩权，是指依照合同约定或法律规定负有先履行义务的一方当事人，届期未履行义务、履行义务有重大瑕疵或预期违约时，后履行义务的一方可以拒绝其履行请求的权利。先履行抗辩权本质上是对违约的抗辩，在这个意义上，先履行抗辩权可以称为违约救济权。

四、不安抗辩权

不安抗辩权也称为拒绝权，指当事人一方应向对方先为给付，若对方于缔约后财产状况明显恶化，可能危及先给付一方的债权实现时，在对方未履行或提供担保前，拒绝自己债务之履行。这一权利的行使必须符合下列条件：

（一）双方债务因同一双务合同而发生

不安抗辩权只能产生于双务合同，要求当事人的给付为交换关系，一方的履行，是为了换取对方的履行，负有先履行义务的一方当事人在履行前，必然要考虑作为对价的对方的履行能否实现，若对等给付存在现实危险，当事人有权保留自己的给付。

（二）负有先履行义务的一方当事人才能享有不安抗辩权

不安抗辩权的发生前提之一是权利人负有先履行义务，因为先履行义务必然要承担对待履行不能实现的风险，只有当这种风险具有现实性的时候，当事人才能行使不安抗辩权。

（三）须出现后履行义务的一方到期不能、难以、不会履行义务的现实危险

具体而言，我国《合同法》第68条规定：主张不安抗辩权者必须有确切证据证明后履行义务一方存在以下情形：1. 经营状况严重恶化的；2. 转移财产、抽逃资金，以逃避债务的；3. 严重丧失商业信誉的；4. 有其他丧失或者可能丧失履行义务能力的情形的。如果并无确切证据证明以上情况，或者对方在通知后提供了相应担保，则不存在危险或者已经排除危险，先履行义务一方继续中止履行就构成违约。

（四）行使不安抗辩权时应通知对方当事人

不安抗辩权是一方依法享有的权利，其行使不以相对方同意为必要。但依诚实信用原则，行使权利时，应当及时通知对方。一方面是为了避免对方因此受到损害，另一方面也便于另一方在获此通知之后及时提供担保，以消灭此不安抗辩权。

根据以上条件，先履行义务一方行使不安抗辩权，中止履行合同义务后，对方在合理期限内没有恢复履行能力，也未提供适当担保的，负担先履行义务一方有权解除合同。

五、合同的保全

所谓合同的保全是指法律为防止因债务人的财产不当减少而给债权人的债权带来危害，允许债权人对债务人或第三人的行为行使撤销权或代位权，以保护其债权。其主要特点在于：

1. 合同保全是债的对外效力的体现。根据债的相对性和合同相对性原理，合同之债主要在合同当事人之间产生法律效力，然而，在特殊情况下，因债务人与第三人实施一定的行为致使债务人用来承担责任的财产减少或不增加，从而使债权人的债权难以实现，法律为保护债权人的债权，允许债权人享有并行使代位权和撤销权。这两种权利的行使都涉及债的关系以外的第三人，并对第三人产生法律上的拘束力。可见，合同保全是债的对外效力的体现。

2. 合同保全的基本方法主要有两种，即确认债权人享有代位权和撤销权。债权人的撤销权是指当债务人放弃对第三人的债权、实施无偿或低价处分财产的行为而有害于债权人的债权时，债权人可依法请求法院撤销债务人所实施的

行为。如：债务人与第三人订立合同，低价转让财产给第三人，使债务人的财产不当减少，且危及债权人的利益时，债权人可以请求法院撤销该合同，从而恢复债务人的财产。撤销权的行使必须依一定的诉讼程序进行，即必须由债权人向法院起诉，由法院作出撤销债务人行为的判决，才能发生撤销的效果。所以撤销权又称为撤销诉权或废罢诉权。债权人的代位权是指当债务人怠于行使其对第三人享有的到期权利而有害于债权人的债权时，债权人为保全自己的债权，可以自己的名义代位行使债务人的权利。如：甲欠乙 100 万元，丙欠甲 50 万元，由于甲怠于行使对丙的债权，致使其无力清偿对乙的债务，则乙可根据代位权代位行使甲的权利，催促丙履行其对甲的债务。

3. 合同的保全主要发生在合同有效成立期间，也就是说，在合同生效以后，履行完毕之前，都可以采取合同保全措施。

4. 合同保全旨在保障合同债权人的权利实现。

第五节　合同的变更和转让

一、合同的变更

合同的变更是债的变更的主要形式，它有广义和狭义两种含义。广义的变更是指合同的内容和主体发生变化。狭义的变更是指合同内容发生变化，即在主体不变的条件下，对合同某些条款进行的修改或补充。合同法上的变更应为狭义理解。合同的变更可基于法律的直接规定，也可由当事人协商同意后加以变更。基于法律直接规定的变更，如债务人违约致使合同不能履行，履行合同的债务变为损害赔偿债务；在合同因重大误解而成立的情况下，当事人可以诉诸变更或撤销合同；在情势变更使合同履行显失公平的情况下，当事人可以诉诸变更合同等等。法律、行政法规规定变更合同应当办理批准、登记等手续的，当事人除协商一致外，还应遵照其规定。

二、合同的转让

合同的转让是指合同当事人一方依法将其合同权利、义务全部或部分转让给第三人。按其转让的权利义务的不同，可分为合同权利的转让、义务的转让及权利义务概括转让三种。合同转让的特点：

1. 合同的转让并不改变原合同的权利义务内容。

2. 合同的转让将发生合同主体的变化。

3. 合同转让通常要涉及两种不同的法律关系，即原合同当事人双方之间的关系、转让人与受让人之间的关系。合同的转让主要是在转让人与受让人之间完成的，但因转让关系涉及原合同当事人的利益，所以法律要求义务的转让应取得原合同另一方当事人的同意，而转让权利应及时通知原合同当事人的另一方。可见，合同的转让涉及原合同双方以及受让的第三人。

（一）合同权利转让即债权转让

1. 债权转让的含义

债权转让又称为债权让与，是指不改变合同的内容，债权人通过与第三人订立协议将其债权全部或部分转让给第三人的行为。其中债权人称为让与人，第三人称为受让人。

2. 债权转让的限制

在现代交易社会，债权本身具有财货之功能，因此，对它有自由流通的要求。设立债权转让的目的，就在于尊重债权人对债权的自由处分权，增强债权的利用价值。但债权在本质上是特定债权人对债务人请求一定给付的请求权，故在债权转让过程中，不能置债务人的利益于不顾。因此，各国法律从保护债务人目的出发，对债权转让予以一定的限制，我国《合同法》第 79 条明文规定，下列债权不得转让：

（1）根据合同性质不得转让。此类不得转让的债权包括：a. 基于特定身份关系而发生的债权，例如抚养费、赡养费之请求权。b. 基于信赖关系而发生的债权，例如，委托人对于受托人之债权、接受特定医疗服务之债权、定作人对于承揽人之债权，等等，但是，这类债权经过债务人明确同意后，也可以转让。

（2）按照当事人的约定不得转让。一些债权虽然合同性质允许转让，但是，如果债权人与债务人在合同中特别约定不得转让，那么，债权人不得将债权让与他人。

（3）依照法律规定不得转让。某些债权关系到国家及社会的公共利益，因而法律禁止转让或规定转让须经有关部门批准。当事人若违反上述规定，以法律禁止的债权作为转让的标的，一般会引起合同无效的后果。

3. 债权转让的法律效力

债权成功转让之后，在让与人以及受让人、原债务人之间将产生相应的法律效力：

（1）让与人与受让人之间的效力。此种效力又称为债权转让的内部效力，具体表现为：a. 让与人应将债权证明文件交付受让人，让与人对此种证明文件保有利益的，由受让人自费取得与原债权证明文件有同等证据效力的副本。b. 让与人应告知受让人行使债权的一切必要情况，并可应受让人的请求作成转让证书，费用由受让人负担。c. 让与人应提供其他为受让人行使债权所必要的合作，并应将债权的从权利转移给受让人。d. 让与人对其所转让的债权，应对受让人负权利瑕疵担保责任，但无偿让与以及受让人于债权转让成立时明知瑕疵存在的，让与人不负责任。

（2）让与人与原债务间的效力。如果因债权转让增加了债务人的履行费用，应由债权让与人承担。按我国《合同法》第 83 条规定，债务人接到债权转让通知时，债务人对让与人享有债权，并且债务人的债权先于转让的债权到期或者同时到期的，债务人可以向受让人主张抵消。

（3）受让人与债务人之间的效力。受让人受让债权后，债务人原对抗让与人的一切抗辩权，可以用来对抗受让人，法律另有规定或者当事人另有约定的除外。

（二）合同义务的转移即债务转移

1. 债务转移的含义

债务转移又称债务承担，是指基于债权人、债务人、专设第三人之间达成的协议将债务转移给第三人承担的行为。债务承担包括两种：其一是第三人承受原债务人的全部债务，即所谓免责的债务承担；其二是第三人仅承受原债务人的部分债务，原债务人并不退出债务关系，又称为并存的债务承担，承受债务的第三人与原债务人向债权人承担连带责任。

2. 债务转移的方式

（1）债权人与第三人订立债务承担协议。按照这种方式转移债务，其债务于承担协议成立时移转于新债务人，原债务人即被免除债务。债权人与第三人的债务承担协议订立后，是否应取得债务人的同意，或者通知债务人？对此，合同法一般规定无须取得债务人同意，也无须通知债务人。因为第三人承担债务，对债务人并无不利，故即使债务人反对，也不能影响债务转移的效力。

（2）债务人与第三人订立债务承担协议。债务人与第三人的债务承担协议达成后，债务并不马上发生转移，按我国《合同法》第 84 条规定，这种债务承担协议的内容必须经债权人同意，才能发生债务承担的效力。这是因为，债的关系一般是建立在当事人相互了解和信任的基础上，当事人选择特定的人作为对方建立债的关系，是出于对该方资力、信用等要素的信赖，如随意变更债务人有可能辜负当事人的此种信赖；何况，从法理上讲，债务作为特定权利的对称，不允许随意处分，倘若债务人与第三人达成债务转让协议而未征得债权人同意，则该行为为无权处分行为，不应对债权人发生效力。

3. 债务转移的法律效力

债务转移的法律效力主要表现在以下几个方面：

（1）债务人脱离债权债务关系，而由承担人直接向债权人履行债务。

（2）债务人基于债权债务关系所取得的对于债权人的抗辩权，移归承担人，但专属于合同当事人的解除权或者撤销权，只能由原债务人行使，承担人不得行使。

（3）从属于主债务的从债务，伴随主债务一并由承担人承担，但该债务专属于原债务人自身的除外。

（三）合同权利义务概括转让即合同承受

合同承受是指由原合同当事人一方将其债权债务一并转让给第三人，由第三人概括地继受这些债权、债务的行为。合同承受的构成应具备以下要件：

1. 须有合法有效的合同存在。无效合同不能被承受，可撤销合同原则上可以被承受，但承受人不能享有原让与人的撤销权，让与人也不能再行使撤销权。

2. 须为双务合同。单务合同只能产生单纯的债权让与和债务承担，不可能发生债权债务的概括转让。

3. 原合同当事人与第三人就合同承受达成协议。

4. 须经对方当事人同意。因为合同承受中涉及债务承担，和对方当事人的利益息息相关，自然应取得对方当事人的同意才能生效。

根据我国《合同法》第 90 条的规定，当事人订立合同后合并的，由合并后的法人或者其他组织行使合同权利，履行合同义务。当事人订立合同后分立的，除债权人和债务人另有约定外，由分立的法人或者其他组织对合同的权利和义务享有连带债权，承担连带债务。

第六节　合同权利义务终止

一、合同终止的概念

合同终止，又称合同的消灭，是指由于一定的法律事实发生，使合同所设定的权利义务在客观上已不再存在。

二、合同终止的原因

依据《合同法》第 91 条的规定，合同终止的法定原因主要有：

（一）债务已经按照约定履行

这是合同终止的最主要、最正常的原因，在当事人双方均严格按照合同约定和法律规定履行了债务的情况下，债权债务得到清偿，合同绝对消灭，不会由此产生新的债权债务。

（二）合同解除

所谓合同的解除是指合同有效成立后，当特定条件或原因出现时，当事人一方或双方通过意思表示，使合同的权利义务关系归于消灭，从而使合同对双方当事人不再具有约束力的一种制度。合同解除是合同终止的一种不正常的方式，其具有如下法律特征：

1. 合同解除适用于有效成立的合同。首先，合同只有在成立以后，履行完毕之前，才能发生解除的效力。其次，对无效和可撤销的合同，也不发生合同解除，而应该由无效和可撤销制度来调整。

2. 合同解除必须具备一定的条件，可以是法定的，也可以是约定的。法定解除是指当事人一方直接基于法律规定的原因而解除合同。我国《合同法》第94条列举了可以解除合同的五种情况：（1）因不可抗力致使不能实现合同目的的当事人可以解除合同。（2）在履行期限届满之前，当事人一方明确表示或者以自己的行为表明不履行主要债务的，对方可以解除合同。（3）当事人一方迟延履行主要债务，经催告后在合理期限内仍未履行的，对方可以解除合同。（4）当事人一方迟延履行债务或者有其他违约行为致使不能实现合同目的的，对方可以不经催告解除合同。（5）法律规定的其他解除情形。

3. 合同解除必须具有解除行为。分为两种：一是当事人双方协商一致解除；二是由享有法定或约定的解除权的一方作出解除的意思表示，无须征得对方同意但应通知对方。

4. 合同解除后将产生合同关系消灭的一般法律后果。具体表现为：（1）解除合同双方当事人将来履行和接受履行的义务。《合同法》97条规定：合同解除后，尚未履行的，终止履行。（2）合同解除不影响当事人请求赔偿损失的权利。赔偿的范围应包括不履行合同义务所致的损失和恢复原状所致的损失，但不包括可得利益的损失。（3）合同解除不影响合同中有关结算和清理条款的效力。这些条款继续有效，仍可以作为处理善后事宜的依据。

（三）抵消

所谓抵消是指二人互负债务时，各以其债权以充当债务之清偿，而使其债务与对方债务在对等额内相互消灭。抵消实际上也是债的履行的一种方式，它既可以由双方协议进行，也可基于法律的规定，由一方的请求而实现。其中，前者称为合意抵消，后者称为法定抵消。根据我国《合同法》第99条的规定，法定抵消应具备的条件是：1. 须双方互负债务。所谓互负债务，是指当事人双方互为债务人，即双方的债务、债权是相对的，一方的权利就是他方的义务，他方的权利即另一方的义务。2. 须是同一种类的给付之债。所谓同种类的给付，是指履行的内容是相同的，即该债务的标的物种类、品质相同。如果种类不同，即使两项债务的价值相同，也不能抵消。实务中抵消标的最常见的是货币。3. 须双方的债务均到履行期。债务未到履行期，债权人不得请求履行，因而也就不能以自己的债权用作抵消。但在破产程序中，不论破产企业的债权是否已届履行期限，其债务人均可主张抵消。4. 须债务的性质能够抵消。抵消不得违反法律的规定或双方的约定，凡法律规定或双方约定不得抵消的债务，或者依债的性质不得抵消的债务，均不得抵消。如提供劳务、工程设计、演出等债务因其性质不得抵消；具有人身性质的金钱债务，如抚恤金、退休金等也不得抵消。

对于合意抵消，只要当事人双方协商一致，即订立抵消合同，当事人之间相互所负债务即归于消灭。对于法定抵消，由于双方都依法享有抵消权，因此，任何一方均可向对方行使抵消权，主张抵消。抵消权的行使应以意思表示向对方当事人作出。我国《合同法》第 99 条第 2 款规定：“当事人主张抵消的，应当通知对方。通知自到达对方时生效。抵消不得附条件或者附期限。”这就是说，抵消权人一旦通知对方即发生法律效力，不需对方当事人同意，也不以诉讼上裁判为必要。抵消的通知发出后，不能撤回。同时，抵消不得附条件或期限，附有条件或期限的，该抵消无效。因为抵消如附有条件或期限，则使其效力不确定，有悖于抵消的本旨，也有损于对方当事人的利益。

（四）提存

是指由于债权人的原因，债务人无法向其交付合同标的物时，债务人将该标的物交给提存机关而消灭合同的制度。提存涉及三方当事人，即提存人（债务人）、提存机关和债权人，因而发生提存人与提存机关、提存机关与债权人、提存人与债权人三方法律关系。提存人与债权人之间的关系为私法关系，提存的目的就在于消灭既存于他们之间的债权债务关系；提存人与提存机关、提存机关与债权人之间的关系为公法关系。

债务人提存标的物须具备下列条件：

1. 有合法原因。依《合同法》第 101 条规定，提存的合法原因包括债权人无正当理由拒绝受领；债权人下落不明；债权人死亡未确定继承人或者丧失民事行为能力未确定监护人；以及法律规定的其他情形。

2. 提存的标的物以适宜于提存者为限。作为提存的标的物，特定物或种类物均可，但应限于动产，主要是金钱、物品或者有价证券等。不动产在性质上不适宜于提存，故不得作为提存标的物。标的物不适宜于提存或者提存费用过高的，如易燃易爆的危险品、需人照料或需有特殊设备的禽兽、鱼肉蔬菜等新鲜且易变质的食品等，提存人可申请法院拍卖或变卖标的物而提存所得的价款。

3. 须经法定程序。提存一般应由提存人提出申请，经提存机关审查同意后方可进行。目前，我国的提存机关主要是公证处。

标的物提存后，除债权人下落不明的以外，债务人应及时通知债权人或者债权人的继承人、监护人。自提存之日起，产生以下法律效力：

1. 债务人与债权人之间债的关系终止。债务人不再负担该债务，不再承担标的物的意外灭失的风险。

2. 债权人与提存机关之间形成公法上的关系。即提存机关办理提存系出于公法上的义务，将提存物交付债权人是其职务行为。标的物提存后，债权人可以随时领取提存物，但债权人对债务人负有到期债务的，在债权人未履行债务或者提供担保之前，提存机关根据债务人的要求应当拒绝其领取提存物。债权人领取提存物的权利，自提存之日起五年内不行使而消灭，提存物扣除提存费用后归国家所有。

3. 债务人（提存人）与提存机关之间形成公法上的关系。即提存机关依照法律规定，负有保管提存物的义务。至于标的物提存后，提存人能否取回提存物，依《提存公证规则》第26条规定，提存人可以凭法院生效的判决、裁定或者提存之债已经清偿的公证证明而取回提存物；债权人以书面方式向公证处表示抛弃提存受领权的，提存人得取回提存物。

（五）免除

是指债权人抛弃债权，从而消灭合同关系及其他债务之关系的单方行为。我国《合同法》第105条规定：债权人免除债务人部分或者全部债务的，合同权利义务部分或者全部终止。免除债务应具备下列条件：

1. 债权人应当有对债权的处分权。无行为能力或者限制行为能力人未征得其法定代理人的同意，不得为免除债务行为。无权处分行为亦不产生免除的效力。

2. 免除须以意思表示为之。免除应当由债权人或者其代理人以意思表示为之。债权人被宣告破产时，因不得任意处分其债权，故不得为免除其债务人的债务的意思表示。

3. 免除须向债务人为之。免除属于相对人的单方行为，必须向债务人或其代理人进行。如果债权人向第三人表示要免除债务人的债务，债的关系并不消灭。

4. 免除的意思表示不得撤回。免除既为单方法律行为，自债权人向债务人或其代理人表示后，即发生法律效力，故一旦债权人作出免除的意思表示，即不得撤回，否则，将违背诚实信用原则，还可能危及债务人的利益。

免除的效力在于发生债的关系消灭的法律效果。债务全部免除的，债的关系全部消灭；债务部分免除的，该部分债务消灭。因主债务消灭的结果，从债务如利息、担保等，也同归消灭。但必须注意的是，债权人免除从债务的，主债务并不消灭。

（六）混同

是指债权人和债务人同归一人，致使合同关系及其他债之关系消灭的事实。我国《合同法》第 106 条规定：债权和债务同归于一人的，合同权利义务终止。例如企业合并，合并的两个企业之间互有债权债务时，合并后债权债务即同归于合并企业。混同虽可导致合同终止，但如果混同涉及第三人的利益，则并不必然导致合同的终止。例如，债权为他人质权的标的时，即使发生混同，债的关系也不消灭，否则就会损害质权人的利益。

（七）法律规定或者当事人约定终止的其他情形。

第七节　违约责任

一、违约责任的概念和特征

违约责任又称为违反合同的民事责任，是指合同当事人不履行合同义务或者履行合同义务不符合约定时所承担的法律后果。

违约责任作为民事责任的一种，它既同刑事责任、行政责任截然不同，又同其他民事责任有别。它除具有民事责任的一般特征外，还具有独自的特征。

（一）违约责任以违反合同义务为前提

首先，违约责任产生的基础是双方当事人之间存在合法有效的合同关系。若当事人之间不存在有效的合同关系，则无违约责任可言。其次，违约责任是以违反合同义务为前提。合同责任和合同义务是两个既有联系又有区别的概念。合同义务是由合同而产生的债务人应为的作为或不作为，其实质是法律通过合同对债务人形成的一种具有强制力的约束。而合同责任则是对违反这种约束的行为所要求的债务人承担的法律后果。合同义务是发生合同责任的必要前提，合同责任是违反合同义务的必然后果。两者之间存在一种因果关系。违约责任正是违反合同义务行为所导致的法律后果，没有违反合同义务的行为，便没有违约责任。

（二）违约责任的确定具有相对的任意性

确定侵权责任，其方式和范围一般由法律直接规定。而违约责任的确定，除法律强制外，当事人可以在法律规范的指导下，通过合同加以确定。具体表现在：当事人可以事先约定违约金的数额；可以预先约定损害赔偿额的计算方法，甚至确定具体数额；还可以设定对免责条款的限制和补充。对违约责任的事先约定，既充分表达了当事人的意愿，又使违约责任的内容具有一定的任意性。这样做有利于合同纠纷的及时解决，有利于减少当事人的未来风险。需要指出的是，承认违约责任的一定任意性，并不意味着否认或减弱违约责任的强制性。如果失去违约责任的强制性，那么债务也就失去对当事人的约束力。

（三）违约责任具有补偿性

违约责任作为民事责任的一种，主要是一种财产责任，一方当事人违反合同义务会给另一方造成财产损失。而追究违约责任的目的，主要是弥补或补偿因违约行为而给合同债权人所造成的财产损失，因而它具有明显的补偿性。这是平等、等价原则的体现。当一方违约使合同关系遭到破坏，导致当事人双方的利益失去平衡。法律通过追究违约责任的方式，使受害人遭到的损失得到应有的补偿，从而使双方的利益状况达到平衡。所以我国《合同法》第 113 条明确规定，违约方给对方造成损失的，损失赔偿应当相当于因违约所造成的损失。

（四）违约责任具有相对性

违约责任的相对性，是指违约责任只能在特定的当事人之间即合同关系的债权人和债务人之间发生，合同关系以外的第三人，不负违约责任，合同当事人也不对第三人承担违约责任。《合同法》第 121 条明确规定：“当事人一方因第三人的原因造成违约的，应当向对方承担违约责任。当事人一方和第三人之间的纠纷，依照法律规定或者按照约定解决。”

二、违约行为的具体表现

违约行为依其具体违反合同义务情形的不同，可分为如下几种违约形态：

（一）不能履约

又称给付不能，指债务人在客观上丧失了履约能力。根据不同划分标准，可将不能履行进行不同的分类：从时间上，可分为永久性不能履行和暂时性不能履行。前者指在履行期届满时仍无法履行；后者指当事人暂时丧失履行能力，待能力恢复后继续履行。从不能履行债务的数量上，可分为全部不能履行和部分不能履行。从引起不能履行的原因上，可分为事实上的不能履行和法律上的不能履行。前者如提供劳务方丧失劳动能力，后者如合同约定的标的物被国家列为禁止流通物。

（二）拒绝履约

我国《合同法》108 条规定："当事人一方明确表示或者以自己的行为表明不履行合同义务的，对方可以在履行期限届满之前要求其承担违约责任。"这就是我们通常讲的公开毁约和隐示毁约。拒绝履行与不能履约不同，不能履约是无力履行，而拒绝履约是能够履行而不履约。

（三）不完全履约

又称不适当履行。这是指债务人虽然有履约行为，但并没有全部实现合同的预期目标。具体表现在：履约在标的物的数量、质量、品种、型号、规格及履行方法等与合同约定不符。

（四）逾期履约

又称迟延履约，指债务人在履约期届满后才履约的情形。当合同明确规定履约期限时，期限届满，债务人未履约即构成逾期履约；如合同没有明确规定履行期，债权人应先催告债务人履约，债务人在指定的合同期限内未履约，则应承担违约责任。

（五）受领迟延

又叫债权人迟延，指债权人无故拒绝债务人履行或没有为债务人履行提供必要的协助。若把债权人受领作为一项权利看待，则受领迟延被视为抛弃债权；若把债权人受领作为一种义务，则受领迟延为违约行为。

三、违约责任的承担方式

违约行为的复杂性决定了承担违约责任的方式的多样性。根据《合同法》第 107 条的规定，违约责任的承担方式主要有如下几种：

（一）支付违约金

违约金是指合同当事人在合同中约定的，在合同债务人不履行或不适当履行合同义务时，向对方当事人支付一定数额的金钱。违约金作为违约责任的承担方式，直接来源于双方当事人在合同中的约定，若当事人在合同中未约定违约金条款，则不产生违约金责任。如果约定的违约金过分高于或低于违约行为所造成的损害，当事人可以请求人民法院或仲裁机构适当予以减少或增加。如果合同债务人已经履行部分合同债务，则应相应减少违约金。这样才更体现出公平原则。

（二）损害赔偿

损害赔偿是指因合同一方当事人的违约行为而给对方当事人造成财产损失时，违约方向对方当事人所作的经济补偿。损害赔偿责任方式具有典型的补偿性，它以违约行为造成对方财产损失的事实为基础。没有损害事实则谈不上损害赔偿。这是损害赔偿不同于违约金的根本所在。同时根据合同法的规定，违约方承担损害赔偿责任后，便不再承担违约金责任；反之违约方承担违约金责任后，便不再承担损害赔偿责任。两者不能并用。损害赔偿的范围可依合同当事人的事先约定，包括事先约定损害赔偿金数额，或者损害赔偿金额的计算方法。如果合同当事人对损害赔偿金或损害赔偿额的计算方法未进行约定，一般来说，赔偿损害的范围应包括违约行为给对方当事人所造成的财产直接损失和间接损失。

（三）继续履行

继续履行是指由法院或仲裁机构作出要求实际履行的判决或下达特别履行命令，强迫债务人在指定期限内履行合同债务。继续履行尽管未增加债务人的负担，但它是通过法律规定的强制手段，迫使债务人履行其债务，具有对债务人惩戒的性质，因而不失为一种违约责任的承担方式。我国《合同法》第107条规定：“当事人一方不履行合同义务或者履行合同义务不符合约定的，应当承担继续履行、采取补救措施或者赔偿损失等违约责任。”

（四）其他补救措施

其他补救措施，是指《合同法》第111条所规定的情形，即“质量不符合约定的，应当按照当事人的约定，承担违约责任。对违约责任没有约定或者约定不明确，依照本法第61条的规定仍不能确定的，受损害方根据标的性质以及损失大小，可以合理选择要求对方承担修理、更换、重作、退货、减少价款或者报酬等违约责任”。

第八节　分　则

一、买卖合同

买卖合同是指当事人之间关于一方交付标的物并转移标的物的所有权于他方，他方接受标的物并支付价款的协议。在买卖合同中，承担交付标的物并移转标的物所有权于他方义务的当事人称为出卖人或卖主、卖方；承担接受标的的物并支付价款义务的当事人称为买受人或买主、买方。买卖合同具有如下法律特征：

（一）买卖合同是有名合同

有名合同也叫列名合同，指其名称由法律明确规定并已类型化的合同。

（二）买卖合同是诺成、不要式合同

依据合同法的规定，双方当事人就合同的主要条款协商一致，买卖合同就成立，它不以标的物的交付为其成立的条件。尽管买卖合同也需交付标的物，但那是合同成立以后的事情，属于买卖合同的履行。我国合同法对买卖合同的形式没有作强制规定，除涉外贸易合同、不动产买卖合同等法律有特别规定的以外，买卖合同不以书面、登记或批准为其必要形式，当事人可以自由选择书面形式、口头形式或其他形式。所以，买卖合同是诺成、不要式合同。

（三）买卖合同是双务、有偿合同

双务合同是指依据合同约定，双方当事人都享有一定的权利，承担一定义务的合同。买卖合同的出卖人必须履行交付标的物并移转标的物所有权的义务，但同时又享有获取价金的权利；买受人享有取得标的物所有权的权利，又必须承担支付价金的义务，故买卖合同是双务合同。买卖合同是标的物所有权和价金对等给付的合同，价金和标的物互为对价。买受人要取得标的物所有权，就必须支付价金：出卖人要获取价金就必须交付标的物并移转标的物的所有权于买受人，这就在买受人和出卖人之间形成了互为给付的关系，所以，买卖合同是有偿合同。

二、供用电、水、气、热力合同

供用电合同是指供电人向用电人提供电力，用电人向供电人支付电费的合同。供用电合同作为一种特殊的合同类型，具有以下法律特征：

（一）供用电合同属于买卖合同

它是电力所有权和电费对价转移的合同。

（二）供用电合同属于持续供货合同

在合同存续期间，电力供应处于持续、不间断状态，用电人按照约定的方式交纳电费。

（三）供用电合同属于要式合同

根据交易惯例，供用电合同一般都由供电人根据国家的法律法规制定有专门的格式，用电人对合同主要条款不得更改，但是，供电人不得在合同中制定不合理条款。

（四）供用电合同具有垄断性

其垄断性主要表现在供电人的垄断地位。根据国家电力法律法规的规定，只有国家电力部门才具有供电资格，其他任何单位和个人不得以供电人身份与他人签订供电合同。

（五）供用电合同具有较强的行政性

其行政性表现在：供用电合同的签订和电力的提供具有很强的计划性；合同履行中，供电人还承担对用电人用电的监督管理职责；供用电合同对用电人的违约行为，规定了较多的惩罚性措施，具有行政管理的性质。

（六）供用电合同的履行不存在交货、退货，且电力一经使用就消耗掉，无法退回和更换

供用水、供用气、供用热力合同，参照供用电合同的有关规定。

三、赠与合同

赠与合同是一方将自己的财产无偿给予他方所有，他方接受该财产的协议。其中，给予财产的一方为赠与人，接受财产的一方为受赠人。赠与合同具有如下法律特征：

（一）发生财产所有权转移

赠与合同以赠与人将自己的财产给予受赠人为内容，赠与的结果是赠与物的所有权发生转移。因此，赠与人必须是具有民事行为能力和对财产有处分权的人。发生财产所有权的转移是赠与合同与借用合同的根本区别。

（二）是单务无偿合同

赠与合同只有一方即赠与人负担无偿给予受赠人赠与物的义务，而受赠人不负担义务，所以是单务合同。在赠与合同中，赠与人无报偿的减少财产，受赠人不花任何代价却增加财产，所以是无偿合同。赠与合同的这一特点是其与买卖合同的根本区别。

（三）是诺成合同

关于赠与合同是诺成合同，抑或实践合同，各国立法规定不一。根据新合同法规定，赠与合同为诺成合同，自当事人双方协商一致时成立，而不以交付赠与物为成立要件。

四、借款合同

借款合同，是指借款人向贷款人借款，到期返还借款并支付利息的合同。借款合同的标的物仅限于金钱，习惯上又称之为金钱借贷合同。借款合同具有如下法律特征：

（一）借款合同的标的物只能是货币

无论是银行借款合同还是公民之间的借款合同，合同的标的物均为货币。如果标的物为货币以外的其他实物，则应为借代合同。

（二）须转移标的物的所有权

与买卖合同相同，借款合同的贷款人须转移货币所有权于借款人。与买卖合同不同的是，借款合同到期后，借款人应返还同种类、数量的货币于贷款人，并支付相应的利息。此时，贷款人亦取得标的物的所有权，故借款合同的双方都应转移货币所有权于对方。

（三）借款合同可以有偿，也可以无偿

一般而言，银行借款合同都是有偿的，只有公民之间的借款合同可以由双方约定是否支付利息。

（四）借款合同是诺成、不要式合同

借款合同只需双方当事人合意即可成立生效，且不以书面形式为必要，公民之间的借款可以采取口头形式。

五、租赁合同

租赁合同是出租人将租赁物交付承租人使用、收益，承租人支付租金的合同。交付物的一方称出租人，使用物的一方称承租人，被交付使用的物称租赁物，租金为承租人取得租赁物的使用权代价。租赁合同通常包括租赁物的名称、数量、用途、租赁期限、租金及其支付方式和期限、租赁物的维修等条款。租赁合同具有以下特征：

（一）是转移财产使用权的合同

在租赁合同中，出租人不转移财产的所有权，只转移财产的使用收益权。租赁合同的这一特征是其与买卖、赠与等转移财产私有权合同的根本区别所在。

（二）标的物是特定的非消耗物

租赁合同的标的物可以是动产，如汽车；也可以是不动产，如房屋。由于合同终止后，承租人须返还租赁物与出租人，故租赁物只能是非一次性消耗物。租赁合同的这一特征使其与借款合同区别开来。

（三）是双务有偿诺成合同

租赁合同的出租人负有使承租人对租赁物使用的义务，承租人负有交付租金的义务，且双方的义务互为对价，因此租赁合同为双务有偿合同。租赁合同自双方达成协议时成立，故为诺成合同。

（四）具有期限性

租赁合同的出租人仅以收取租金为代价，将租赁物交承租人限期使用收益，因此，租赁合同具有期限性，不适用于财产的永久性使用。我国《合同法》第214条明确规定，当事人约定的租赁期限不得超过20年，超过20年的，超过部分无效。

六、融资租赁合同

融资租赁合同是当事人之间约定由出租人作为买受人订立买卖合同，购买承租人指定的标的物，提供给承租人使用、收益，承租人支付租金的合同。融资租赁既涉及买卖，又涉及租赁，是一种不同于传统租赁的新型租赁合同。承租人使用某一特定物，不需自己出资，直接要求出租人付款购买，然后以租赁的形式取得对该物的使用、收益权，从而达到了融资的效果。人们正是在这一层意义上将该类合同称为融资租赁合同。融资租赁合同具有如下特征：

（一）融资租赁合同是转移财产使用权合同

根据《合同法》第 242 条规定，融资租赁合同的内容是转移租赁物的使用权，租赁物的所有权归出租人，承租人破产时，租赁物不得作为破产财产。

（二）融资租赁合同属于双务、有偿合同

在融资租赁合同中，承租人有权取得租赁物的占有、使用权，同时承担支付租金的义务；出租人有权取得租赁物的所有权并收取租金，同时承担向出卖人支付货款的义务；出卖人有权收取出租人的货款，但必须向承租人交付租赁物。因此，融资租赁合同为双务、有偿合同。

（三）融资租赁合同为诺成、要式合同

融资租赁合同只需当事人就合同的主要内容达成一致，便产生合同效力，不需交付实物。根据《合同法》第 240 条规定，出租人、出卖人、承租人可以约定，出卖人不履行买卖合同义务的，由承租人行使索赔的权利。这表明，若出卖人不交付标的物，承租人可依合同约定，追究出卖人的违约责任。同时也表明，融资租赁合同是诺成合同，属要式合同。《合同法》第 238 条明确规定："融资租赁合同应当采用书面形式。"

七、承揽合同

承揽合同是指一方当事人按照另一方当事人的要求完成一定的工作并交付工作成果，另一方当事人接受工作成果并支付报酬的合同。应完成一定的工作并交付工作成果的一方为承揽人；接受承揽的工作并给付报酬的一方为定作人。承揽合同具有以下法律特征：

（一）承揽合同以完成一定工作为目的

承揽合同签订的目的在于定作人取得承揽人完成的一定工作成果，因而承揽人须完成一定的工作。但是，定作人通过签订承揽合同所欲得到的并非承揽人的单纯的劳务，而是其劳务的结果。因此，承揽人完成工作的劳务只有体现

在完成的工作成果上，只有与工作成果相结合，才能满足定作人的需要。

（二）承揽合同的标的是承揽人完成并交付的工作成果

这一工作成果可以是体力劳动成果，也可以是脑力劳动成果。这一成果具有特定性，即不可能通过市场购买获得。承揽合同的标的物中凝结了承揽人的特定的技能与智慧，它是为满足定作人的特殊需要而完成的。

（三）承揽合同的承揽人应独自承担承揽期间的风险

由于承揽合同是承揽人完成一定的工作并交付工作成果的合同，因此，对于承揽人而言，其义务具有双重性，即负有完成一定的工作的义务和交付劳动成果的义务，缺乏其中任何一个，均构成承揽人违约。因此说，虽然承揽人完成了一定的工作，但没有形成一定的工作成果，或虽完成一定的工作成果，但发生意外灭失，则风险责任均应由承揽人承担。

（四）承揽合同是诺成合同、双务合同、有偿合同

承揽合同自当事人双方意思表示一致即可成立生效，而不以当事人一方对标的物的实际交付作为生效要件，故承揽合同是诺成合同。承揽合同中，承揽人与定作人互相承担一定的义务，双方的义务具有对应性，一方的义务即为他方的权利。因此，承揽合同为双务合同。承揽合同中，承揽人完成一定的工作并交付工作物，是以定作人支付报酬为条件的，定作人支付报酬，方可受领承揽人的工作成果，两方均须为一定权益的取得而支付相应的对价，因此，承揽合同为有偿合同。

八、建设工程合同

建设工程合同是承包人和发包人之间关于承包人进行工程建设，发包人接受该建设工程并支付价款的协议。建设工程合同按其建设的不同阶段，可分为建设工程勘察合同、建设工程设计合同、建设工程施工合同。建设工程合同具有如下法律特征：

（一）建设工程合同为诺成合同

建设工程合同双方当事人一旦达成协议，则合同成立生效，不需交付标的物。

（二）建设工程合同为双务合同

建设工程合同的当事人既享有权利，又承担义务，且一方的权利正是另一方的义务，双方为一种对等给付的关系。

（三）建设工程合同为有偿合同

建设工程合同的当事人均需支付一定的对价。发包人必须履行支付价金的义务方可享有取得建设工程的权利；承包人取得发包人的价款也必须以付出一

定的劳务并交付符合约定条件的工程为条件。

（四）建设工程合同的标的为建设工程

这是建设工程合同区别于承揽合同的一个显著特征。建设工程的内容十分丰富，它既包括基础设施如水、电、管道设施的建设，也包括桥梁、道路、建筑物的建设。工程项目具有规模大、周期长的特点。

（五）建设工程合同为要式合同

建设工程合同必须采用书面形式订立才能有效成立。这既是国家对建设项目进行监督管理的需要，也是建设工程合同履行的特点决定的。对于国家重大建设工程合同还必须根据国家规定的程序和国家批准的投资计划、可行性研究报告等文件订立。

九、运输合同

运输合同，亦称运送合同，是关于承运人将旅客或者货物运输到约定的地点，旅客、托运人或者收货人支付票款或者运费的一种协议。运输合同具有以下法律特征：

（一）运输合同属于提供劳务的合同

承运人通过一定的运输行为使货物或者旅客发生了空间位移，合同的标的是劳务而非货物和旅客，承运行为并不涉及货物的使用价值，也不涉及所有权的转移。

（二）合同有多个关系人介入

在多数情况下，除托运人和承运人以外，往往还有收货人参加。收货人并非合同签订者，但由于享有合同的权利、承担合同中的义务，因而合同签订后，也就成为合同的当事人。

（三）运输合同一般具有标准合同的性质

货物运输合同的形式是运输部门拟定好的运单，合同格式、条款、运输条件都已事先规定好，托运人必须按要求填写，不得变更。旅客合同的形式则是票据。

（四）合同是双务有偿合同，大多数合同是诺成合同

运输合同自签订后即可成立，只有少数合同是实践合同，要由托运人将托运货物交付承运人，合同才成立。

（五）运输合同的运输风险大，涉及的因素复杂

故运输合同与其他合同相比有着较多的特殊性，各类运输合同大多有专门的法律、法规、国际条约和国际惯例调整。

十、技术合同

技术合同是当事人就技术开发、转让、咨询或者服务订立的确立相互之间权利义务的合同。技术合同具有以下法律特征：

（一）技术合同的标的具有无形性

技术合同的标的是技术，而技术具有无形性，它是人类脑力劳动的成果，存在于人的思想中，无法用度量衡加以测定和表示。

（二）技术合同的内容具有特殊性

技术合同的内容即技术合同的条款，不同于一般的合同：一方面，一般合同的一些条款，如包装、运输、质量、数量、规格、型号等均不适用于技术合同；另一方面，技术合同含有一般合同没有的一些条款，如技术成果的分享、技术资料的提供、风险责任的承担、保密条款等，且这些条款都是合同的主要条款。

（三）技术合同的履行有其特有的原则和方式

技术合同的履行往往比一般合同的履行复杂，风险较大，故在一些技术合同（如技术开发合同）中，特别强调亲自履行原则；在履行方式上，技术的转让多采用许可使用的方式，且在履行过程中涉及技术培训，转让方应负责传授技术，并保证受让方对技术能够掌握运用。

十一、保管合同

保管合同是指保管人保管寄存人交付的保管物，并返还该物的合同。保管合同具有以下特点：

（一）保管合同的保管物只能是特定物或特定化的种类物

因保管合同终止后，保管人须将保管的原物归还寄托人，故保管合同的保管物必须特定。

（二）保管合同只转移占有权

保管人对保管物无使用收益权，更无所有权。

（三）保管合同原则上为实践合同

即自保管物交付时成立，但当事人可以约定不以保管物的交付为合同成立要件。

（四）保管合同可以是有偿的，也可以是无偿的。

十二、仓储合同

仓储合同是保管人储存存货人交付的仓储物，存货人支付仓储费的合同。

仓储合同具有下列法律特征：

（一）仓储合同的保管人是专门经营仓储保管业务的人。

（二）仓储合同为诺成、双务、有偿合同

仓储合同不以仓储物的交付为合同成立要件，只需双方意思表示一致，合同就成立生效；合同成立生效后，双方即享有相应的权利，同时负有相应的义务，故为诺成、双务合同。又因存货人须向保管人支付仓储费，所以，又是有偿合同。

十三、委托合同

委托合同，又称委任合同，是指双方当事人约定，一方以他方的名义和费用为他方处理事务的合同。在委托合同中，委托他方处理事务的人为委托人，或称委任人；接受委托事务的一方为受托人，又称受任人。委托合同具有以下法律特征：

（一）委托合同的订立和履行是以双方当事人之间的相互信任为前提，有严格的人身性

法律要求受托人应亲自处理委托事务，非经委托人事先授权或在紧急情况下，为保护委托人的利益之需要，受托人不得将委托事务转托他人办理。

（二）委托合同是典型的提供劳务的合同

委托合同的标的是受托人的劳务行为。劳务的范围包括法律行为和事实行为。无论是法律行为或事实行为，皆委托他人处理，但必须是委托人有权实施的行为。

（三）在委托合同中，受托人是以委托人的名义和费用处理委托事务

委托合同订立后，受托人在委托的权限内以委托人的名义办理委托事务，与第三人发生民事法律关系的后果直接由委托人承担，同时，受托人处理委托事务的费用也由委托人负担。

（四）委托合同为诺成合同、双务合同

委托合同既可是有偿的，也可是无偿的。

十四、行纪合同

行纪合同是行纪人以自己的名义为委托人从事贸易活动，委托人支付报酬的合同。行纪合同具有以下特征：

（一）在行纪合同中，行纪人是以自己的名义为委托人办理行纪事务

在这一点上，行纪区别于代理，因为代理关系中代理人是以被代理人的名义进行代理活动的。

（二）行纪合同的标的是行纪人为委托人进行一定的法律行为

行纪人办理的行纪事务须是法律规定的特定事务，如动产买卖、有价证券买卖、期货交易等。

（三）行纪合同是双务有偿合同、诺成合同和不要式合同

在行纪合同中，行纪人负有为他方办理买卖或其他商事交易的义务，而委托人有给付报酬的义务；双方的义务相互对应；同时，行纪人完成事务须收取报酬，即为有偿服务而不是无偿的。双方的利益具有对价关系，因此行纪合同是双务有偿合同。此外，行纪合同只需双方法人之间的意思表示一致即告成立，而无须为实际履行，也无须履行特别的方式，故为诺成合同、不要式合同。

（四）行纪合同的法律效果间接归属于委托人

行纪合同中，行纪人是以自己的名义为委托人从事商事活动，因而其与第三人订立的合同不能对委托人直接发生效力，只能间接归属于委托人。

十五、居间合同

居间合同是指当事人双方约定一方为他方提供订约机会、为订约媒介等交易服务，他方给付报酬的合同。居间合同中提供交易媒介的一方为居间人，给付报酬的一方为委托人。居间合同具有以下法律特征：

（一）居间合同的客体是居间人依合同约定实施的中介服务行为

居间人所进行的中介服务行为表现为为委托人报告订约机会或者提供订立合同的媒介服务。其中报告订约机会是指受委托人的委托，寻觅及指示其可与委托人订立合同的相对人，从而为委托人提供订约机会。所谓提供订约的媒介服务，是指介绍双方当事人订立合同，在交易双方之间起媒介作用，从而促成双方的交易。

（二）居间合同的委托人一方的给付义务履行具有不确定性

在居间合同中，只有居间人的居间活动达到目的，委托人才负有给付报酬的义务。但是其活动是否能达到目的，委托人与第三人交易能否成功，具有不确定性，不能完全由居间人的意志决定。因此，委托人是否履行给付义务，也是不确定的。

（三）居间合同是诺成、不要式、有偿合同

居间合同只要当事人双方意思表示一致即可成立生效，不以当事人的现实交付为成立生效要件。即如果双方当事人意思表示一致，居间人就负有依委托人的指示进行居间的义务，而一旦居间人的活动达到目的，委托人应支付报酬，因此居间合同为诺成、有偿合同。同时，成立居间合同不需要采取特定形

式，故为不要式合同。

附　录：

一、案例分析

1.（一）案情

发达外贸公司与清和皮革厂签订合同，约定：清和皮革厂为发达外贸公司加工外销皮衣2000件，由发达外贸公司提供原料，每件向清和皮革厂支付加工费100元，分五批交货，由现象公司担任保证人，为发达外贸公司正确履行合同提供担保。发达外贸公司、清和皮革厂与现象公司均在合同上签章，清和皮革厂交付了1万元定金。发达外贸公司也依合同规定向清和皮革厂提供了原料。清和皮革厂连续四批如约交货，但发达外贸公司因资金周转困难暂时未付加工费。第四批货物交付后，清和皮革厂要求发达外贸公司支付加工费。发达外贸公司认为由于皮衣质量不合格，客户纷纷退货，要求清和皮革厂承担赔偿责任。1997年7月，清和皮革厂宣布留置剩余价值8万元的皮衣，限发达外贸公司在2个月内支付所欠加工费，返还所收定金并承担违约责任。1997年9月，发达外贸公司与清和皮革厂协商达成补充协议：双方同意互不追究违约责任，清和皮革厂将所留置的皮衣交付给发达外贸公司，发达外贸公司保证付清加工费。1997年10月，清和皮革厂向现象公司要求承担担保责任。

（二）问题

（1）现象公司认为发达外贸公司与清和皮革厂所达成的补充协议已经变更了合同，拒绝承担保证责任，此意见是否正确？为什么？

（2）如现象公司应承担保证责任，应在什么范围内承担保证责任？

2.（一）案情

某国一著名精密仪器生产商与我国某仪表厂洽谈在中国设立中外合资企业，双方已就合作的条件达成共识，但该外国厂商提出我国某仪表厂设备陈旧，要求该厂先进行技术改造，达到一定水平后再正式签订合资合同。我国某仪表厂投资200万元人民币按外方的要求进行了技术改造，技术改造将近完成时，该外国厂商提出因为国际市场形势了生了巨大变化，决定终止与我国某仪表厂洽谈。

（二）问题

（1）我国某仪表厂是否有权要求外国厂商与其签订合同？为什么？

（2）如果我国某仪表厂不愿意继续与外国厂商进行合作，是否有权向外国厂商要求赔偿损失？为什么？

3.（一）案情

1999年9月2日，广东某市亚星百货商城向江苏某市隆兴服装有限公司订购了一批高档服装，价值200万元。双方约定1999年10月1日前全部交货，交货地点为江苏某市火车站。合同签订后，隆兴服装有限公司即组织生产。1999年9月16日，亚星百货商城遭受雷击而发生火灾，损失惨重，商城几乎被夷为平地。商城立即电话通知隆兴服装有限公司，因商城发生火灾，损失严重资金周转困难，要求解除合同，同时以电报告知隆兴服装有限公司解除合同。隆兴服装有限公司此时已生产了价值100万元的服装，害怕合同解除对自己造成损失，且合同履行之后利润可观，故不同意解除合同，认为合同合法有效，继续组织生产这批高档服装，并于1999年10月1日前将全部服装发往亚星百货商城所在地广东某市的火车站。亚星百货商城拒绝提货，双方发生争议，隆兴服装有限公司诉到法院，法院受理了此案。

（二）问题

（1）在法庭审理过程中，隆兴服装有限公司认为，亚星百货商城不能也无权擅自解除合同，原合同继续有效，亚星百货商城应赔偿隆兴服装有限公司的一切损失。此要求是否合法？为什么？

（2）亚星百货商城认为，公司因雷击发生火灾，这是不可抗力，要求解除合同，原合同即告终止，合同自始无效，隆兴服装有限公司无权要求索赔。此答辩是否合法？为什么？

（3）法院应如何处理此案？

二、案例分析答案要点

1.（1）不正确。发达外贸公司与清和皮革厂的补充协议并未改变主合同的内容，现象公司不能拒绝承担保证责任。

（2）现象公司的保证范围包括下列债务与发达外贸公司承担连带责任：发达外贸公司应支付的加工费；因逾期付款应支付的违约金；双倍返还定金；如果清和皮革厂的皮衣质量确实不合格，现象公司有权在清和皮革厂应承担违约责任范围内拒绝承担保证责任；由于清和皮革厂放弃了对价值8万元皮衣的留置权，在此范围内现象公司有权免除保证责任。

2.（1）我国某仪表厂有权要求外国厂商与其签订合同。因为依合同法规定，受要约方是有理由认为要约是不可撤销的，并已经为履行合同做了准备工作的，要约不得撤销。

（2）我国某仪表厂有权要求外国厂商赔偿损失。因为依合同法规定，在缔约过程中有违反诚实信用原则的行为，给对方当事人造成损失的，应承担赔偿责任。

3. （1）隆兴服装有限公司的要求不合法。亚星百货商城有权解除合同，隆兴服装有限公司无权要求亚星百货商城赔偿一切损失。

（2）亚星百货商城的答辩也不合法。亚星百货商城因雷击发生火灾，不能履行合同，要求解除合同，并不当然免除其全部赔偿责任。

（3）该合同于1999年9月16日依法被解除，此日之后隆兴服装有限公司投入的人力、物力、财力的实际损失，以及运输、保管的费用由隆兴服装有限公司自己承担。对于此日之前隆兴服装有限公司投入的人力、物力、财力的实际损失，由法院根据不可抗力对亚星百货商城造成的影响，决定亚星百货商城对隆兴服装有限公司的此部分损失部分或全部免除责任。

三、本章复习思考题

1. 什么是合同？其特征是什么？
2. 什么是要约？要约的有效条件有哪些？
3. 什么是承诺？承诺的有效条件有哪些？
4. 合同一般应包括哪些条款？
5. 缔约过失责任的表现形式是什么？
6. 合同的生效要件有哪些？
7. 无效合同发生的一般原因是什么？
8. 乘人之危与胁迫的区别是什么？
9. 什么是情势变更？
10. 同时履行抗辩权的构成条件是什么？
11. 什么是不安抗辩权？
12. 什么是债权人的代位权？
13. 什么是债权人的撤销权？
14. 如何办理抵押物登记？
15. 什么是抵消？
16. 什么是提存？
17. 什么是预期违约？
18. 违约金与损害赔偿的关系是什么？
19. 论合同法的基本原则。
20. 论缔约过失责任。
21. 论违约责任的归责原则。
22. 论合同履行的保全。

第九章　担保法律制度

第一节　担保法概述

《中华人民共和国担保法》由第八届全国人民代表大会常务委员会第十四次会议于1995年6月30日通过，自1995年10月1日起施行。该法没有区分担保物权和担保债权，规定了担保的五种方式：保证、抵押、质押、留置和定金。2007年3月14日《中华人民共和国物权法》经第十届全国人民代表大会第五次会议审议通过，于2007年10月1日起开始施行。该法对担保物权部分，即抵押、质押和留置进行了新的规定，对原来《担保法》的相关规定作了较大修改，原《担保法》的相关规定同时失效。本部分就是结合了《中华人民共和国担保法》和《中华人民共和国物权法》的相关规定进行阐述。

一、担保的概念

担保，是指债的双方当事人根据法律约定采取一定的保证形式，以督促债务人履行义务，保障债权人权利实现的一种法律形式。

担保法律关系即担保关系，是因当事人设立债权担保而形成的一种权利与义务关系。其主体即担保关系的当事人，包括担保权利人和担保义务人，前者是在担保关系中享有权利的一方，通常情况下亦即债权人本人；后者是在担保关系中负有义务的一方，既可以是债务人本人，也可以是债务人以外的第三人。担保主体特别是担保义务人必须要具有相应的民事权利能力和民事行为能力。担保的内容因人的担保和物的担保而各异。在人的担保中，它是一种债权性的请求权，属债权的范围；在物的担保中，它则是一种物权性的优先受偿权。担保的客体即担保权利和担保义务共同指向的对象，亦即担保标的，其种类很广，既可以是动产、不动产，也可以是某些财产权利。

担保之债一般是一种合同。它是原有合同中的权利人与义务人或者第三人之间为保证合同履行的意思表示一致的协议。因此，担保法是调整债权人、债务人和担保人之间法律关系规范的总称。

二、担保的原则和担保的适用范围

（一）担保的原则

《担保法》第3条规定：“担保活动应遵循平等、自愿、公平、诚实信用的原则。”平等、自愿、公平、诚实信用的原则，是民法的基本原则。《担保法》是民事法律体系的一个重要组成部分，因此，这一原则也是《担保法》的基本原则和灵魂，它贯穿于《担保法》的始终。当事人只有在平等、自愿的基础上，达成一致协议，担保合同关系才能依法成立。凡违背这一原则的担保，在法律上是无效的和可以撤销的。同时，也只有遵循这一原则，才能维护参加担保活动的各方当事人的合法权益，保障社会主义市场经济的健康发展。

（二）《担保法》的适用范围

《担保法》第2条第1款规定：“在借贷、买卖、货物运输、加工承揽等经济活动中，债权人需要以担保方式保障其债权实现的，可以依照本法的规定设定担保。”这一规定，明确了担保法的适用范围，即适用于民商事经济活动中发生的债权债务关系。排除了社会活动中其他法律关系对担保法的适用。例如，因侵权而发生的债；因身份关系而产生的权利义务；因政府和国家机关管理行为而发生的权利义务等都不适用担保法。

三、担保的特征

担保之债是为了担保主债而设立的，是为了保证主债的履行。因此担保合同区别于一般的合同，有如下法律特征：

（一）担保合同的预防性

担保合同是在主合同设立时预先确定的，其目的是为了督促债务人履行债务，以保证债权人权利的实现。

（二）担保合同的补充性

当债务人不履行或不能履行债务时，由保证人代替履行。担保之债的请求权从主债成立时就已发生，但这仅是一种期待权，只有当原合同的义务不履行时，担保权人的期待请求权才变成现实的请求权，才有权请求担保人履行其担保的义务。若原合同已因履行而消失，担保之债的设立目的已达到，因而担保合同也归于消灭，从而表现出它的补充性。

（三）担保合同的从属性

担保合同从属于它所担保的原合同。相对于主合同而言，担保合同是一种从合同。它以原合同存在为前提，不能独立存在。因此，主合同无效时，担保合同无效。除非是担保合同另有约定的。但是，反之则不然，即担保合同无效时，一般不影响主合同的效力。

根据担保法的规定，担保的方式为：保证、抵押、质押、留置和定金。

第二节　保　证

一、保证和保证人

（一）保证的概念

《担保法》第6条规定：“本法所称保证，是指保证人和债权人约定，当债务人不履行债务时，保证人按照约定履行债务或者承担责任的行为。”保证是债权债务关系当事人以外的第三人担保债务人如期履行债务的一种担保制度。在保证人与债权人订立保证担保合同的情况下，如果债务履行期满债务人不履行债务，则保证人要代替债务人履行债务，或者承担连带责任，以便债权人的债权得以清偿。当然保证人在代债务人履行债务后，有权向债务人追偿。

（二）保证人

《担保法》第7条规定：“具有代为清偿债务能力的法人、其他组织或者公民，可以作为保证人。”根据这一规定，作为保证人应具备下列条件：

1. 保证人须具有民事主体资格。保证人在保证关系中是承担保证义务的一方并相应的享有一定的权利。无论是法人、自然人或其他组织作为保证人，都必须具备法律规定的民事主体资格。法人或其他组织作保证人应具有独立法律地位的民事主体资格。自然人作保证人须是具有民事权利能力和行为能力的人，根据我国法律规定，应是18岁以上的，具有完全民事行为能力和权利能力的人。

2. 作保证人须具有代为清偿能力。虽然保证是保证人以其信誉和不特定的财产来担保债务履行的，但是设定担保关系时，保证人应当具有足以承担保证责任的财产。对于法人来说，作为独立承担民事责任的组织，其清偿能力主要表现在应当具有足以承担保证责任的财产。一般来说，法人为他人提供保证时，其拥有的财产应当大于所担保的债务数额。如果法人的财产小于其所担保的债务的，即不能认为法人具有清偿能力。

其他组织，是指依法登记领取营业执照又不具备法人资格的私营独资企业、合伙组织、中国人民银行及各专业银行在各地的分支机构等。对于其他组织清偿债务的能力的确认，也是以其拥有的财产来衡量，只有在其财产大于所担保的债务的数额时，才能认为有清偿债务的能力。

公民作为保证人，除了具有民事权利能力和行为能力外，只要具有足以承担保证责任的财产数额即可。

3. 对保证人资格的限制。根据《担保法》第8条至第10条的规定，以下机构不得为保证人：

（1）国家机关不得为保证人，但经国务院批准为使用外国政府或国际经济组织贷款进行转贷的除外。

（2）学校、幼儿园、医院等以公益为目的的事业单位、社会团体不得为保证人。

（3）企业法人的分支机构、职能部门不得为保证人。

但企业法人的分支机构有法人书面授权的，可以在授权范围内提供保证。

二、保证合同

（一）保证合同的形式

《担保法》第13条规定："保证人与债权人应当以书面形式订立保证合同。"订立书面保证合同是保证合同成立的形式。保证法律关系无论是发生在法人之间，还是公民之间都应当以书面形式订立。当事人仅有保证的意思表示，没有订立保证合同的，保证关系不能成立。

书面形式的保证合同可以是债权人和保证人单独订立的合同，也包括当事人之间的具有担保性质的信函、传真等，也可以是主合同中的担保条款。

（二）保证合同的内容

保证合同是保证人和债权人对他们之间权利义务关系达成的一致协议。保证合同应具备下列内容：

1. 被保证的主债权种类、数额。
2. 债务人履行债务的期限。
3. 保证的方式。
4. 保证担保的范围。
5. 保证的期间。
6. 双方认为需要约定的其他事项。

三、保证方式

保证方式，就是保证人承担保证责任的方式。《担保法》第16条规定："保证的方式有：（一）一般保证；（二）连带责任保证。"

（一）一般保证

《担保法》第17条第1款规定："当事人在保证合同中约定，债务人不能履行债务时，由保证人承担保证责任的，为一般保证。"根据这一规定，一般保证的保证人是在债务人不能履行债务时才承担保证责任。保证人在主合同纠纷未经审判或仲裁，并就债务人财产依法强制执行仍不能履行债务前，有权拒绝承担保证责任。一般保证的保证人所享有的这项拒绝履行债务的权利就是先诉抗辩权。

（二）连带责任保证

《担保法》第18法规定："当事人在保证合同中约定保证人与债务人对债务承担连带责任的为连带保证责任。"

连带责任的债务人在主合同规定的债务履行期届满没有履行债务的，债权人可以要求债务人履行债务，也可以要求保证人在其保证范围内承担保证责任。在连带责任保证的情形中，保证人不享有先诉抗辩权。连带责任保证对于保证人来说责任较重，但有利于债权人利益的实现。

（三）保证人的抗辩权

抗辩权是指债权人行使债权时，债务人根据法定事由，对抗债权人行使请求权的权利。在债权债务关系中，债务人根据法定事由对债权人享有各种抗辩权。例如，债权履行期未到债权人即要求债务人履行债务的；债权人过了诉讼时效，对债务人主张权利等，债务人都可以提出抗辩，对抗债权人行使其请求权。

四、保证责任

（一）保证担保的范围

保证的范围包括主债权、利息、违约金、损害赔偿金及实现债权的费用。主债权即合同所确立的债权，这是保证范围的主要部分；利息即主债权所产生的利息，有法定利息和约定利息两种；违约金是无论是否发生损害，法律强制违约人向受害人支付的一笔金钱，列入保证范围的违约金须是主债务人违约所产生的；损害赔偿金是在发生损害的情况下，法律强制违法行为人向受害人支付的一笔金钱，其目的是弥补受害人因违法行为所遭受的财产损失；实现债权的费用，是指债务履行期届满债务人不履行债务的，债权人为了实现债权所支出的费用，包括诉讼费、仲裁费、拍卖费用等合理费用。

（二）保证期间债权债务关系的变化

保证期间债权债务关系的变化，是指在保证期间债权人转让债权，债务人转让债务以及债权人和债务人协议变更主合同等主债权的变更和主债权变更对保证合同的影响。

《担保法》第22条规定："保证期间，债权人依法将主债权转让给第三人的，保证人在原保证担保的范围内继续承担保证责任。保证合同另有约定的，按照约定。”根据这一规定，债权人依法转让主债权的法律行为不影响保证人保证责任的承担。保证是担保主债权的实现，而不是保证人专为某个主债权人作担保。虽然主债权转让后，原债权人的债权已部分或全部由第三人承受，但是债权的转让并不影响主债务人履行原有的债务，对于保证人来说，所担保的主债权并未发生改变，因此，保证应当在原保证的范围内继续承担保证责任。

《担保法》第23条规定：“保证期间，债权人许可债务人转让债务的，应当取得保证人书面同意，保证人对未经其同意转让的债务，不再承担保证责任。”

保证人为债务人提供担保是出于信用和相互之间的需要。因此，如果未经保证人同意，只是债权人与债务人协商一致就将债务转让给第三人，则债务人的变更将造成原有信用基础的丧失，保证人是否提供保证需要重新考虑。因此，未经保证人书面同意转让债务的，保证人不再承担保证责任。

《担保法》第24条规定：“债权人与债务人协议变更主合同的，应当取得保证人书面同意，未经保证人书面同意的，保证人不再承担保证责任。保证合同另有约定的，按照约定。”

主合同的变更，是主合同中双方当事人权利义务关系的变更。这种变更必然会对保证人所承担的保证责任产生影响，可能由此加大保证人的责任。因此，法律要求债权人与债务人协议变更主合同时，应取得保证人书面同意，保证人书面同意，意味着他愿为新的主合同提供保证。否则，视为保证消灭，保证人不再承担保证责任。但是，保证合同另有约定的，从其约定。

（三）保证期间

保证期间，是指保证人对主债权承担责任的期间，具体指主债务履行期届满之日起，保证责任开始到保证责任终止的一段时间。保证合同对保证期间作出约定的，依该约定。当事人未对保证期间约定的，依法律规定。《担保法》对没有约定保证期间的几种情况作了以下规定：

1. 一般保证未约定保证期间的规定。一般保证的保证人与债权人未约定保证期间的，保证期间为主债务履行期届满之日起六个月。在合同约定的保证期间和前款规定的保证期间，债权人未对债务人提起诉讼或者申请仲裁的，保证人免除保证责任；债权人已提起诉讼或者申请仲裁的，保证期间适用诉讼时效中断的规定。

2. 连带责任未约定保证期间的规定。连带责任保证的保证人与债权人未约定保证期间的，债权人有权自主债务履行期届满之日起六个月内要求保证人承担保证责任。连带责任保证的债权人在主债务期满之日起，既可以向债务人要求履行债务，也可以向保证人要求承担保证责任。但是，在合同约定的保证期间和法律规定的期间，债权人未要求保证人承担保证责任的，保证人免除保证责任。

（四）保证人不承担民事责任的规定

担保合同被确认无效，债务人、担保人、债权人有过错的，应当根据其过错各自承担相应的民事责任。如果保证人没有过错，那么保证人就不承担保证责任。保证人不承担保证责任有以下两种情况：

1. 主合同当事人双方串通，骗取保证人提供保证的。

2. 主合同债权人采取欺诈、胁迫等手段，使保证人在违背真实意思的情况下提供保证的。

（五）担保人的追偿权

保证人承担保证责任后，债权人对于债务人的债权以及其他权利自然转移给保证人，保证人和债务人之间形成新的债权债务关系，承担保证责任的保证人可以向债务人追偿，要求债务人清偿保证人代其承担的债务。

若人民法院受理债务人破产案件后，债权人未申报债权的，保证人可以参加破产财产分配，预先行使追偿权。

第三节 抵 押

一、抵押权的概念与特征

（一）抵押权的概念

根据《物权法》第 179 条的规定，抵押权是债权人对债务人或者第三人不转移占有的担保财产，在债务人届期不履行债务或者发生当事人约定的实现抵押权的情形时，依法享有的就抵押财产的变价处分权和就卖的价金优先受偿权的总称。

（二）抵押权的特征

1. 抵押权是担保物权

抵押权是针对财产的交换价值而设定的一种物权，它本质上是价值权，其目的在于以担保财产的交换价值确保债权得以清偿。故从抵押权的性质和目的的角度来看，抵押权是担保物权。

2. 抵押权是在债务人或第三人的特定财产上设定的担保物权

债权人无须为了自己债权的清偿而在自己的财产上设定抵押权，抵押权是为担保债权的清偿而设定的，它只能存在于债权人以外的债务人或者愿意提供财产为债务人履行债务作担保的第三人。

3. 抵押权属约定担保物权而非法定担保物权

根据《物权法》第181条、185条以及《担保法》第33条、38条至43条规定，抵押权系由当事人的抵押合意而设定。当事人可以自由地就抵押财产、抵押期限、抵押担保范围以及当事人认为需要约定的其他事项进行约定，并在抵押合同或者主债权合同中的抵押条款中予以明确。

4. 抵押权是不转移标的物占有的物权

抵押权的公示主要是登记，抵押权的成立与存续，只需登记即可，不必转移标的物的占有。

5. 抵押权的内容是变价处分权和优先受偿权

抵押权的内容有两项：一是抵押财产的标价处分权；二是就抵押财产卖得价金的优先受偿权。对抵押财产的变价处分权是指当债务人届期不履行债务时，抵押权人有权以合法方式拍卖、变卖抵押财产或者与抵押人协议以抵押财产折价抵充债务。

就抵押财产卖得价金的优先受偿权系指：（1）有抵押权担保的债权，债权人能就抵押财产卖得的价金优先于债务人的普通债权人而受清偿。（2）就抵押财产卖得价金的优先受偿权还表现在两物权之间，即如果同一抵押物上设定两个以上的抵押权，先次序之抵押权人优先于后次序抵押权人而受清偿。（3）抵押权人在债务人破产等程序中享有别除权，即抵押财产应从债务人的破产财产中除去，抵押权人对别除出来的抵押财产卖得的价金有优先受偿权。

二、抵押权客体的范围

关于抵押权客体的范围，各国或地区立法规定不一。我国《物权法》规定可以作为抵押权客体的财产包括不动产、动产以及不动产用益物权，其范围极为广泛。从《物权法》第180条和第184条的规定来看，既规定了可以抵押的财产，又规定了不得抵押的财产。

1. 依法不得抵押的财产：（1）土地所有权。（2）耕地、宅基地、自留地、自留山等集体土地使用权。（3）教育设施、医疗卫生设施和其他社会公益设施。（4）所有权、使用权不明或者有争议的财产。（5）依法被查封、扣押、监管的财产。（6）以法定程序确认为违法、违章的建筑物。（7）法律、行政法规规定不得抵押的其他财产。

2. 依法可以抵押的财产

我国《物权法》第180条在整合《担保法》第34条规定和《担保法解释》相关条款的基础上对此作了规定。依《物权法》第180条的规定，债务人或第三人有权处分的下列财产可以抵押：（1）建筑物和其他土地附着物。（2）建设用地使用权。（3）以招标、拍卖、公开协商等方式取得的荒地等土地承包经营权。（4）生产设备、原材料、半成品、产品。（5）正在建造的建筑物、船舶、航空器。（6）交通运输工具。（7）法律、行政法规未禁止抵押的其他财产。

三、抵押权的实行

（一）抵押权实行的条件

抵押权实际是一种附条件的法律行为，因此，只有当所附条件成就时，才可以为之。根据《物权法》第195条第1款的规定，抵押权实行以“债务人不履行到期债务或者发生当事人约定的实现抵押权的情形”为要件，即抵押权须具备以下条件：

1. 抵押权有效存在。

2. 债务人不履行到期债务或者发生当事人约定的实行抵押权的情形。

履行期限没有届满但可以实行抵押权的情形：（1）债务人被人民法院裁定受理破产案件。（2）抵押人故意毁损或者减少抵押物的价值，抵押人应另行提供担保而予以拒绝。（3）债务人明确表示或者以自己的行为表明不履行债务。

（二）抵押权实行的程序

我国《物权法》195条规定，实行抵押权，抵押权人可以与抵押人协议以抵押财产折价或者以拍卖、变卖该抵押财产所得的价款优先受偿；《物权法》第195条第2款规定，抵押人与抵押权人未就抵押权实行方式达成协议的，抵押权人可以请求法院拍卖、变卖抵押财产。

（三）抵押权实行的方法

1. 抵押财产的折价受偿。

2. 拍卖抵押财产。

3. 变卖抵押财产或其他方式实行抵押权。

《物权法》第176条规定：“提供担保的第三人承担担保责任后，有权向债务人追偿。”

四、最高额抵押

（一）最高额抵押权的概念和特征

最高额抵押权又称限定额抵押权，是指对于债权人一定范围内的不特定而连续发生的债权预定一个限额，并由债务人或者第三人提供抵押财产予以担保而设定的一种特殊抵押权。

最高额抵押权的特征：

1. 最高额抵押权系担保将来发生的、不特定的债权清偿而设定的抵押权。

2. 最高额抵押权所担保的债权预定有最高限额，并附有实际发生的债权数额决算期。

3. 最高额抵押全适用于对一定期限内连续发生的债权的担保。

（二）最高额抵押权的设定

依《物权法》第207条之规定：“最高额抵押权除适用本节规定外，适用本章第一节一般抵押权的规定。”也就是说，还存在一些特殊规定：

其一，依《担保法》第60条规定，可以设定最高额抵押权以借款合同、债权人和债务人就某项商品在一定期间内连续发生交易而签订的合同为限。

其二，最高额抵押权所担保的债权最高限额。

其三，结算期，即确定计算抵押权所担保的债权实际数额的日期。

五、最高额抵押权的效力

（一）最高额抵押权的效力范围

最高额抵押权所担保的债权，于最高额的范围内，决定其实际额。因此被担保的债权额在结算前，可以随时增减变动，在结算前就算其债权额因清偿而为零，但抵押权并不因此消灭，仍为其后发生的债权继续存在。

（二）最高额抵押权的实现

最高额抵押权的实现条件：其一，债权额已经确定。其二，于结算外，当事人得自定清偿期。若未定清偿期的，设定有抵押权的存续期间，期间届满即为清偿期的届至。

抵押权人实现最高额抵押权时，如果实际发生的债权余额高于最高限额的，以最高限额为限；如果实际发生的债权余额低于最高限额的，以实际发生的债权余额为限对抵押物优先受偿。

六、浮动担保抵押权

（一）动产浮动抵押的概念与特征

1. 动产浮动抵押的概念

动产浮动抵押，是指财产抵押给债权人后，抵押财产处于变动之中，只有当约定的条件发生时抵押财产才被固定，并用来清偿被担保的债权。动产浮动抵押创设于19世纪英国，是英国衡平法上的一项担保制度。

2. 动产浮动抵押的特征

（1）抵押主体的限定性。动产浮动抵押在英国法上限于公司法人。日本法将其限定为股份有限公司，美国法相对宽泛，既可以是公司又可以是合伙、个人。我国《物权法》将其限定为企业、个体工商户、农业生产经营者。

（2）抵押财产的集合性。通常包括公司的不动产、动产和无形资产以及公司对外享有的各项财产权利。我国《物权法》规定的动产浮动抵押的财产仅限于现有或将有的生产设备、原材料、半成品、产品。不含不动产和商业信誉等。

（3）浮动财产的浮动性。浮动财产的浮动性表现在：抵押财产不特定，既可以包括抵押人现有的财产，也包括其将来取得的财产；同时抵押财产形态经常变化，当然抵押财产并非永远浮动，最终也会特定下来，在封押时确定。

（4）抵押性质的转化性。动产浮动抵押中的抵押财产于债务人不履行到期债务或当事人约定的实现抵押权的情形时发生“封押”，封押之后财产固定。

依《物权法》的规定，动产浮动抵押的抵押人和抵押权人应签订书面抵押合同，抵押权自抵押合同生效时设立。动产浮动抵押登记机关为抵押人住所的工商行政管理部门。

（二）动产浮动抵押的效力

1. 动产浮动抵押的效力范围

动产浮动抵押设立后，在约定的封押条件成就之前，抵押人在其营业范围内，可以自由处分其抵押财产。经抵押权人处分的抵押财产，不受动产浮动抵押的约束。但抵押人为逃避债务而处分抵押财产，抵押权人可请求撤销该处分行为。

2. 动产浮动抵押封押后的效力

动产浮动抵押财产固定后，抵押的效力不仅及于封押时抵押人所有的财产，而且及于封押后抵押人所取得的财产。抵押人对于抵押财产不得再自行处分，处分抵押财产应受到特定抵押的限制。

（三）浮动抵押财产的确定

抵押权人要实现抵押权，首先要使浮动抵押停止浮动，让其固定下来，此即浮动抵押的结果。根据我国《物权法》的规定，浮动抵押财产确定的情形有以下四种：

1. 债务履行期届满，债权未实现。

2. 抵押人被宣告破产或者被撤销，抵押人进入清算程序。

3. 发生当事人约定的实现抵押权的情形。

4. 发生严重影响债权实现的其他情形。

第四节 质 权

一、质权的概述

（一）质权的概念

质权是指质权人为担保其债权而占有由债务人或者第三人移交的动产或者可让与的财产权利，在债务届清偿期未受清偿时，能够以该动产或者可让与的财产权利折价或者以拍卖、变卖该动产或可让与的财产权利的价款优先受偿的权利。

在质权的法律关系中，享有质权的债权人称为质权人，将动产或可让与的财产权利转移给质权人占有并以其作为债的担保的债务人或者第三人，称为出质人。出质人转移给质权人占有并以其作为债权担保的动产或可让与财产权利，称为质物或质押标的。

（二）质权的特征

质权为担保物权的一种，除了具有担保物权的共有属性外，还有其自身的特点：

1. 质权以占有为公示方式。质权的标的为动产或财产权利，其流动性较大，权利变动频繁，如出质人不将质押财产交付质权人占有即可成立质权，质权人对标的物的支配将无从实现。

2. 质权的标的为动产或财产权利。动产和财产权利基于其具有交换价值，同时又方便转移，因而被归入质权范畴，称为权利质押。

3. 质权具有留置效力，并就标的物直接支配以实现质权。债务履行期满，质权人未受清偿或者发生当事人约定的实现质权的情形的，质权人可以继续留置质押财产，并对质押财产行使权利。

二、动产质权

（一）动产质权的概念

我国《物权法》第208条规定："为担保债务的履行，债务人或者第三人将其动产出质给债权人占有的，债务人不履行到期债务或者发生当事人约定的实行质权的情形，债权人有权就该动产优先受偿。前款规定的债务人或者第三人为出质人，债权人为质权人，交付的动产为质押财产。"

据此，动产质权是指债权人享有的在债务人不履行债务时，能够以其占有的债务人或第三人用作债权担保的动产折价或变卖的价款优先受偿的权利。

（二）动产质权的设定

设立质权，当事人应当采用书面形式订立合同。质押合同应包括以下内容：

1. 被担保债权的种类、数额。
2. 债务人履行债务的期限。
3. 质押财产的名称、数量、质量、状况。
4. 担保的范围。
5. 交付质押财产的时间。

当事人设定质权的行为应当公示，动产质押的公示方式为占有。动产质押合同自合同成立时生效，但法律另有规定或当事人另有约定的除外，动产质权自质押合同出质人向质权人转移质押财产占有时设立。

（三）动产质权的效力

1. 动产质权所及标的物的范围

动产质权所及标的物的范围：包括从物、孳息、质押财产的代位物。动产质权的效力及于质押财产的从物，但是从物未随同质押财产移交质权人占有的除外。除非另有约定，质权人有权收取质押财产的孳息。质押期间，质押财产毁损、灭失的，质权人可以就获得的赔偿金、保险金等优先受偿。

2. 动产质权对质权人的效力

质权人的权利：（1）质物的留置权。动产质权以转移标的物的占有为成立要件，质权人对质押财产当然取得占有权。质权人未受清偿以前，对占有的质押财产有留置的权利。（2）质物孳息的收取权。（3）费用偿还的请求权。质权人对于因保管质押财产所支出的必要费用有请求出质人偿还的权利。（4）物上代位权。其一是质押财产毁损、灭失的，质权人可以就获得的赔偿金、保险金等作为代位物，为主债权继续提供担保；其二是质物价值有明显减少的可能，足以损害到质权人的权利的，质权人可以要求出质人提供相应担保。（5）优先受偿权。

质权人的义务：（1）妥善保管质物的义务。（2）质权人返还质物或剩余价款的义务。

（四）动产质权的实行

动产质权的实行，是指质权人于其债权已届受偿期未受清偿，或者发生当事人约定的实现质权的情形时，以质押财产的价值受偿。质权实行的方法有：

1. 质物的折价受偿。
2. 质物的拍卖、变卖。

（五）动产质权的消灭

1. 被担保债权的消灭。

2. 动产质权的实行。

3. 质物的灭失。

4. 质物占有的丧失且不能回复。

5. 质权的抛弃和质物的返还。

三、权利质权

（一）权利质权的概念

权利质权是指以所有权、用益物权以外的可让与的财产权利为标的而设定的质权。根据《物权法》第 223 条的规定，可以作为权利质押标的权利有以下几种：（1）汇票、本票、支票。（2）债券、存款单。（3）仓单、提单。（4）可以转让的基金份额、股权。（5）可以转让的注册商标专用权、专利权、著作权等知识产权中的财产权利。（6）应收账款。（7）法律、法规规定可以出质的其他财产权利。

（二）权利质权的特征

1. 权利质权的标的是所有权、用益物权以外的可让与的财产权利。

2. 权利质权以交付权利凭证或登记为公示方法。

3. 权利质权是一种特殊的质权形式。

（三）权利质权的设定

1. 票据质权

票据质权，包括汇票、本票、支票。票据质权是以票据权利为标的质权，在性质上属于债权质权。票据可以设定质押，质押时应当以背书记载“质押”字样。票据质权设定后，质权人作为被背书人、持票人，取得完整的票据权利，但质权人尚不得行使票据权利，只有在主债务履行期届满主债权未获清偿或者发生当事人约定的实现质权的情形时，质权人才能行使票据权利。

2. 股权质权的设定

股权质权，是指出质人以其拥有的股权作为质押财产而设立的质权。股权为股东所享有的权利，因其具有财产价值、可以让与，所以可为质权标的。以证券登记结算机构登记的股权出质的质权自证券登记结算机构办理出质登记时设立。以其他股权出质的，质权自工商行政管理部门办理出质登记时设立。

股权质权除具有一般股权的效力外，还有以下两个特殊效力：第一，股权出质后，不得转让，但经出质人与质权人协商同意的除外；第二，质权人取得公司或合伙企业的盈余分配权及剩余财产分配权。

股权质权的实现，其结果是发生股权的转让，因此，出质股权的处分应符合《公司法》关于股权转让的规定。

3. 知识产权质权的设定

商标专用权、专利权、著作权中的财产权属无形财产的范畴，由于它们具有商业上的交易性和法律上的可转让性，因此，可以充当质押的标的提供担保。但对于以商标专用权、专利权、著作权中的财产权设定质押的，要求出质人与质权人必须订立书面合同，采取口头形式的合同无效，并且出质人必须向有关管理部门办理出质登记。根据有关规定，负责办理商标专用权出质登记的是国家工商行政机关的工商行政管理总局商标局；负责办理专利权中的财产权出质登记的为国家知识产权局；负责办理著作权中的财产权出质登记的为国家版权局。

4. 应收账款质权

应收账款质权是指权利人因提供一定的货物、范围、服务或者设施而获得的要求义务人付款的权利，在性质上属于一般，包括尚未发生的将来债权，但仅限金钱之债。

以应收账款质权出质的，当事人应当订立书面合同，质权自信贷登记机构办理出质登记时设立。在应收账款的清偿期和质权所担保债权的清偿期同时到期的情况下，质权人可以直接向应收账款债务人请求给付。

（四）权利质权的效力

权利质权的效力包括权利质权所担保的债权范围、所及标的物的范围以及质权人、出质人的权利和义务等内容，我国《物权法》对此无明文规定，依《物权法》第229条之规定准用动产质权的规定。

权利质权之效力特别之处主要表现在如下方面：

1. 表彰主权利的证券与表彰从权利的证券是可以分离的。

2. 基金份额、股权出质后，原则上不得转让。

3. 为了保护知识产权质权人的合法权益，出质人将知识产权设定质权后，依《物权法》第227条规定，出质人不得转让或许可他人使用知识产权，除非该转让或许可得到了质权人的同意。

4. 依《物权法》第228条第2款规定，应收账款出质后，不得转让，但经出质人与质权人协商同意的除外。

5. 不动产收益权质权的质权人是通过收取收益来清偿债权的，但是不动产收益权质权的质权人在收取该不动产的收益后，应当先充抵收取费用，次充抵主债权的利息，再抵充主债权。在质权存续期间，出质人不得转让出质的收益权，但当事人另有约定的除外。

第五节 留置权

一、留置权的概念与特征

（一）留置权的概念

《物权法》第230条规定："债务人不履行到期债务，债权人可以留置已经合法占有的债务人的动产，并有权就该动产优先受偿。前款规定的债权人为留置权人，占有的动产为留置财产。"据此，可对留置权的定义作出如下表述：留置权，是指依照法律的规定，债权人在债务人不履行债务时，对其合法占有的债务人的动产予以留置，并以该动产折价或者以拍卖、变卖该动产的价款优先受偿的权利。在留置权法律关系中，债权人为留置权人，被留置的动产为留置物，留置物的所有权人或合法占有并将其转移给债权人的人为债务人。

（二）留置权的特征

1. 留置权是法定担保物权。我国法律规定的留置权是一种法定权利，是债权人依照法律规定而直接产生的权利。

2. 留置权以合法占有债务人的动产为要件。如果债权人丧失占有债务人的动产，留置权即消灭。

3. 留置权与原始债权具有牵连性。债权人留置的财产与债权属于同一法律关系。如果债权人的债权并非基于留置财产的关系而产生，则不得留置该财产。

二、留置权的成立条件

（一）债权人合法占有债务人的动产

对债务人的动产，只有债权人取得事实上的管领、控制和支配力，才能成立留置权。留置权因占有而成立并存续，因占有的丧失而消灭。

（二）债权与留置财产之间原则上属于同一法律关系

例如，保管合同中寄存人不按期交付保管费，保管人可以留置保管物，如果保管人基于保管合同之外的债权或者留置债务人的其他财产，则留置权不能成立。但是我国《物权法》同时规定，企业之间留置的财产，可以不与债权属于同一法律关系，承认了商事留置权。

（三）债权已届清偿期而且债务人不履行

留置权因债务人不履行债务而发生，如果债权清偿期未届满，债务人仍处于自觉履行合同的状态中，债务人到期能否清偿无法判断，因而留置权不能成立。

三、留置权的效力

（一）留置权对于留置权人的效力

留置权人的权利：

1. 留置标的物的权利。在合同约定的期限届满，债务人不履行债务的，留置权人有权留置依合同合法占有的标的物。

2. 留置物优先受偿的权利。优先受偿权是相对于一般债权人而言的。在一般情况下，若债务人有两个或两个以上的普通债权人时，各债权人都应得到清偿。但是享有优先受偿权的债权人，他可以首先从债务人的全部财产中得到清偿，只有享有优先受偿的债权得到清偿后，有剩余财产的情况下，其他债权人才能在剩余的部分中平均或按比例受偿。

3. 费用的请求权。债权人因保管留置物所支出的必要费用，可向所有权人请求偿还。

留置权人的义务：

1. 妥善保管留置物的义务。留置权人留置标的物后到债务人清偿债务前，负有妥善保管留置物的义务，未经债务人同意，不得使用、出租留置物，也不得以留置物为其他债权提供担保。由于留置人未尽妥善保管的义务致使留置物灭失或者毁损的，留置权人应当承担赔偿损失、恢复原状等民事责任。但如果是由于意外事故、不可抗力以及留置物的自然损耗等原因造成留置物灭失或者毁损的，则留置权人可以免除责任。

2. 返还留置物的义务。在留置权所担保的债权消灭后，留置权人应当将留置物归还债务人。此外，债务人另外提供担保并被债权人接受的，债权人也应当返还留置物，而不能以任何理由拖延或拒绝返还。

四、留置权的实现

债权人留置债务人的财产后，并不能立即实现其留置权，而是应当给予对方一定宽限期，限期在这一期限内履行债务，只有经过一定的宽限期债务人仍不履行债务时，留置权人才能实现其留置权。债权人留置财产后，债务人应当在不少于两个月的期限内履行债务，但鲜活易腐等不易保管的动产除外。

债务人逾期仍不履行的，债权人可以与债务人协议以留置物折价，也可以依法拍卖、变卖留置物，将卖得的价款受偿。折价或者变卖时，应当参照市场的价格进行。如果所得的价款超过债权额的，债权人应当将多余的部分返还给债务人；如果变卖留置物的价款不足以清偿债务时，债权人有权请求债务人补足。

第六节 定 金

一、定金的概念和特征

定金是主合同双方当事人约定，以担保主合同的履行为目的，由一方支付对方一定数额的金钱。《担保法》第89条规定："当事人可以约定一方向对方给付定金作为债权的担保。债务人履行债务后，定金应当抵作价款或者收回。给付定金的一方不履行约定的债务的，无权要求返还定金；收受定金的一方不履行约定的债务的，应当双倍返还定金。"根据上述规定，定金与其他担保物权相比具有以下特征：

（一）定金担保以货币为标的

定金担保是一种特殊的金钱担保，与抵押、留置等担保方式不同的是，定金是以货币这样一种特殊的标的作为债权担保。虽然，货币也是物的一种，但货币是一种特殊的物，它不是担保物权，因而定金的担保不像抵押、留置等担保物权，会产生对担保标的物的保管及物权担保及于标的效力等问题。

（二）定金担保具有从属性

定金合同的存在以主合同存在为前提，是主合同的从合同，主合同无效时，定金合同也无效。反之，主合同不以其他合同存在为前提，自为独立的合同。定金合同无效时，并不导致主合同无效。因此，定金担保是从属主合同的，具有从属性。

（三）定金的设定须有交付定金的行为

定金担保合同的成立，不仅要有双方当事人的合意，而且要有定金的实际交付。合同分为诺成合同与实践合同，诺成合同指当事人双方经过协商，达成一致协议时，合同即成立；而实践合同除当事人协商一致外，还要实际交付标的物，合同才能成立。定金合同的成立，不仅要求合同双方协商一致并以书面形式订立，而且以定金实际交付之日起生效。因此，定金合同属实践合同。

（四）定金担保具有象征性

定金担保同保证、抵押、留置相比，其担保作用只具有保证性，因为定金不具有满足债权清偿的效力。在债务届期未得履行的情况下，债权人并不能从定金中充分获得债权清偿。因此，定金只是一种象征性的担保。

二、定金合同的成立

《担保法》第90条规定："定金应当以书面形式约定。当事人在定金合同中应当约定交付定金的期限。定金合同从实际交付定金之日起生效。"根据这一规定，定金合同的成立须具备以下两个条件：

（一）定金合同须采取书面形式

合同的订立，当事人可采取书面形式，也可以采取口头形式。口头形式是用语言进行意思表示的形式，包括当面协商、电话协商等，其优点是简便易行，一般适用于数额不大或能及时清结的合同。但缺点是一旦发生争议，不易证明其是否存在及具体内容。书面形式的合同是用文字进行意思表示的形式，包括书面订立的合同，也包括当事人之间具有合同性质的信函、传真等。其优点是有文字依据，发生争议时易于找到书面依据，从而确定当事人之间的权利义务关系。担保法明确规定了定金合同须采取书面形式，也就是说书面合同是定金合同的法定形式，如果当事人采取口头形式订立定金合同，则该合同无效。

（二）定金担保的成立须有定金的实际交付

定金担保合同不仅要以书面形式订立，还要以定金的实际交付方能生效，定金交付的期限应在主合同中明确约定，定金合同从定金实际交付之日起生效。因为定金担保以定金的实际交付为成立要件，交付定金本身已具有公示作用，因此，不需再作登记公示。定金作为主合同债务履行的担保，应当在主合同履行前给付。

定金数额由当事人约定，但不得超过主合同标的额的20%。这是担保法对定金数额限制性规定，也就是说，定金的数额只有上限，没有下限。之所以这样规定，是因为近年的经济活动中，当事人约定的定金数额比例过大，有的达到合同标的额的50%以上，如果接受定金的一方违约，其双倍返还的定金数额已超过主合同的标的额。从而导致实践中出现一些人利用约定高额定金，谋取不正当利益的现象，这与定金担保设定的宗旨是相违背的。

三、定金合同的效力

定金合同的效力是指当事人不履行主合同的约定的债务时定金所起的作用。根据担保法规定，定金合同的效力是：其一，给付定金的一方当事人不履行主合同约定的债务的，无权要求返还定金，定金归收受定金的一方当事人所有；其二，收受定金的一方当事人不履行主合同约定的债务的，就当双倍返还定金。

附　录：

一、案例分析

1. （一）案情

自然人甲与自然人乙是好友，甲因扩大店面急需资金向乙借款 10 万元，乙要求甲提供担保，甲将自己的奥迪车出质给乙，乙因自己不会开车，要求甲将该车开回。后甲向自然人丙借款 10 万元，又将该车出质给丙。丙对该车进行了占有。该奥迪车的价值为 50 万元。在丙占有期间，因丁向丙租用该车，丙未经甲同意，即与丁签订了租赁合同。丁因违章驾驶造成该车灭失，为此引起纠纷。

（二）问题

（1）本案中，甲乙之间的质押合同是否生效？为什么？

（2）甲丙之间存在何种法律关系？丙是否有权出租该车？为什么？

（3）甲可就该车损失向谁主张权利？为什么？

2. （一）案情

冯系养鸡专业户，为改建鸡舍和引进良种需资金 20 万元。冯向陈借款 10 万元，以自己的一套价值 10 万元的音响设备抵押，双方立有抵押字据，但未办理登记。冯又向朱借款 10 万元，又以该设备质押，双方立有质押字据，并将设备交付朱占有。冯得款后，改造了鸡舍，且与县良种站签订了良种鸡引进合同。合同约定良种鸡款共计 2 万元，冯预付定金 4 千元，违约金按合同总额的 10% 计算，冯以销售肉鸡的款项偿还良种站的货款。合同没有明确约定合同的履行地点。后县良种站将良种鸡送交冯，要求支付运费，冯拒绝。因发生不可抗力事件，冯预计的收入落空，冯因不能及时偿还借款和支付货款而与陈、朱及县良种站发生纠纷。诉至法院后，法院查证上述事实后又查明：朱在占有该设备期间，不慎将该设备损坏，送蒋修理。朱无力交付修理费 1 万元，该设备现已被蒋留置。

（二）问题

（1）冯与陈之间的抵押关系是否有效？为什么？

（2）冯与朱之间的质押关系是否有效？为什么？

（3）朱与蒋之间是何种法律关系？

（4）对该音响设备陈要求行使抵押权，蒋要求行使留置权，应由谁优先行使其权利？为什么？

二、案例分析答案要点

1.（1）未生效。质押合同自质物移交于质权人占有时生效。依《担保法》第64条规定，出质人和质权人应当以书面形式订立质押合同，质押合同自质物移交于质权人占有时生效。本案中，甲与乙之间签订了质押合同，但是乙放弃了质物的占有，故乙的质权未生效。

（2）甲丙之间存在质权法律关系。丙无权出租该车。质权为担保物权，质权人对质物不享有使用权和收益权，除非是为了保存质物价值的需要，因此，丙无权将该车出租。在质权法律关系成立以后，质物的财产所有权仍归出质人所享有。本案中，丙作为质权人，未经出质人甲的同意，不享有将质物奥迪车出租于丁的权利。

（3）向丙主张权利。质权人擅自出租质物给出质人造成损失的，应依法承担赔偿责任。如同上述，质权人在质权关系存续期间，对质物只享有占有权，不享有使用权、租赁权和处分权。本案中，丙擅自出租该车，致使承租人违章驾驶造成该车灭失，丙应对该车的损失向甲承担责任。丙承担责任以后，可向丁进行追偿。

2.（1）冯、陈之间的抵押关系有效。冯、陈双方立有抵押字据，且根据《民法通则》和《担保法》的有关规定，该抵押物并非必须办理登记的土地使用权、房地产、林木等，故该字据有效，在冯、陈之间形成合法的抵押关系。

（2）冯、朱之间的质押关系有效。因为双方立有质押字据，且质物已移交质权人占有。

（3）朱与蒋之间是承揽合同关系、留置关系。朱不慎将设备损坏而送蒋修理，在朱与蒋之间形成承揽合同关系。后朱无力交付修理费，该设备被蒋留置，在二人之间又形成了留置关系。

（4）应由蒋优先行使留置权。因抵押物未办理登记，不得对抗第三人，故朱不能优先行使其权利。朱与蒋之间，蒋的留置权有优先权。

三、本章复习思考题

1. 担保合同具有哪些法律特征？
2. 作为保证人应具备哪些条件？保证的方式有哪些？
3. 抵押担保的范围和效力是什么？
4. 简述质押的特点与种类。
5. 简述留置的特征和适用范围。

第十章 工业产权法律制度

工业产权法律制度包括专利法和商标法两部分内容。

专利制度从萌芽到为各国所接受仅仅经历了四百年的时间。16世纪至17世纪，工业化革命席卷欧洲，造就了资产阶级。这些人大多没有贵族身份，但却掌握着先进的工业技术，并借此控制着国家的经济命脉。他们追求平等，要求限制王权，保护技术，至英国詹姆斯一世时期的1624年，英国颁布了一套新型的保护技术，鼓励技术进步的《垄断法案》，其被认为是世界上第一部具有现代意义的专利法。之后，各国纷纷效仿，建立了各自的专利制度。到目前为止，世界上大多数国家都相继建立了专利制度。专利制度已经成为保护技术方案的最为重要的法律手段。我国于1984年3月12日，由第六届全国人民代表大会常务委员会第四次会议通过了《中华人民共和国专利法》，自1985年4月1日起施行。1985年1月19日经国务院批准，中国专利局公布了《中华人民共和国专利法实施细则》。1992年9月4日，第七届全国人民代表大会常务委员会第二十七次会议通过了《关于修改〈中华人民共和国专利法〉的决定》，对《专利法》进行了第一次修正；1992年12月21日，专利局发布了经国务院批准修订的《专利法实施细则》。2000年8月25日第九届全国人民代表大会常务委员会第十七次会议对我国《专利法》进行了第二次修正；2008年12月27日，第十一届全国人民代表大会常务委员会第六次会议对我国《专利法》进行了第三次修正。修正后的《专利法》自2009年10月1日起施行。

商标则是商品经济的产物。随着商品生产的发达、商品交换的发展，商标应运而生。到了资本主义社会，商标的使用更加广泛，原来靠商业惯例、行业道德所维系的商标使用规则已远远不能适应市场竞争的需要，商标也不单纯是商品的标记，而成为一种可以转让的工业产权。自19世纪，率先进入现代工业文明的各国相继将商标纳入法律的调整范围，立法保护商标权。1857年法国制定了《关于以使用原则和不审查原则为内容的制造标记和商标的法律》，成为最早的商标法，其后西欧各国相继颁布了商标法。① 我国于1982年8月

① 刘春田主编：《知识产权法》，高等教育出版社2007年版，第247页。

23 日，由第五届全国人民代表大会常务委员会第二十四次会议通过了《中华人民共和国商标法》，于 1983 年 3 月 1 日施行。1993 年 2 月 22 日，第七届全国人大常委会第三十次会议通过了《关于修改〈中华人民共和国商标法〉的决定》，对商标法进行了修改，自 1993 年 7 月 1 日起实施。随着我国社会主义市场经济的发展，并适应我国加入世界贸易组织的进程，2001 年 10 月 27 日，经第九届全国人大常委会第二十四次会议审议，通过了商标法的第二次修正案。新商标法自 2001 年 12 月 1 日起施行。

第一节　工业产权概述

一、工业产权与工业产权法的概念

工业产权是人们依照法律对应用于商品生产和流通中的发明创造和显著标记等智力成果，在一定期限和地区内享有的专有权。工业产权是从 1883 年《保护工业产权巴黎公约》签订以来得到普遍使用的一个法律名词，它主要包括专利权和商标权。

在商品经济高度发达的现代社会，工业产权非常重要，世界上大多数国家都制定有专门的专利法和商标法，二者统称为工业产权法。①

二、工业产权的特征

工业产权是一种无形财产权，与有形财产权相比，它具有专有性、地域性和时间性等基本特征。

1. 专有性。专有性即排他性和绝对性。首先，工业产权为权利人独占，任何人未经权利人许可，不得使用权利人的知识产品，否则就构成侵权。其次，对同一项知识产品，不允许有两个或两个以上同一属性的工业产权并存。例如，两个人作出了同样的发明创造，根据法律程序只能将专利权授予其中的一个人，其他人不能再成为该项工业产权的所有人。

2. 地域性。工业产权作为一种专有权在空间上的效力并不是无限的，而要受到地域的限制，其效力只限于本国境内。按照一国法律获得承认和保护的工业产权，只能在该国地域范围内发生法律效力。除非签订有国际公约或双边互惠协定，其他国家对这种权利没有保护的义务。这是因为，工业产权是法律确认的权利，而立法权属于国家主权，各个国家的权利是相互独立的，工业产

---

① 李兴江，付音，郑天锋主编：《经济法概论》，经济科学出版社 2005 年版，第 139 页。

权法只是一种国内法。

3. 时间性。工业产权不是没有时间限制的永恒权利，它仅在法律规定的期限内受到保护，一旦超过法律规定的有效期限，这一权利就自行消灭，相关知识产品成为整个社会的共同财富，任何人都可以无偿使用。根据工业产权的性质、特征和本国实际情况，各国法律对专利权、商标权都规定了长短不一的保护期。法律之所以这样规定，是因为知识产品对于社会科学文化事业的发展有着极其重要的意义，必须规定一定的期限，使知识产品从个人的专有财产适时地转化为人类共有的精神财富。

第二节　专利法

一、专利、专利权和专利法

（一）专利与专利权

专利一词是从英文“patent”一词翻译过来的，源自英国中世纪国王常使用的“letters patent”，即可以打开的文件。现代意义上的专利一词有三种含义，一是指专利权，就是专利权人依法获得的一种垄断性权利，这是“专利”一词在法律上最基本的含义。二是指依法获得专利法保护的发明创造本身，通常被称为“专利技术”。三是指记载专利技术的公开的专利文献的总和。但一般情况下，“专利”更多的被认为指专利权。①

专利权，是指法律赋予专利权人对其获得专利的发明创造在一定范围内依法享有的专有权利。

（二）专利法和专利制度

专利法是调整在确认、保护和使用发明创造专有权的过程中所产生的社会关系的法律规范的总称。

专利制度是国际上通行的一种利用法律和经济手段保护和鼓励发明创造，推动技术进步的法律制度。它的基本内容是依据专利法对申请专利的发明创造进行科学审查，并授予其专利权。同时将该发明创造公之于世，以促进技术信息的交流和技术的有偿转让，从而确保专利权人的合法权益，促进社会进步和发展。

---

① 吴汉东主编：《知识产权法》，中国政法大学出版社2002年版，第110页。

二、专利权的主体

专利权的主体是指有权申请并取得专利及通过合法途径取得专利的人，包括专利申请人和专利权人两类。申请人，是指就一项发明创造向专利局申请专利的人。一般情况下，申请人就是发明人，但在某些情况下，发明人并不一定是申请人，比如，发明人以外的其他人通过合同从发明人处取得了发明创造的专利申请权，或者法律直接将专利申请权赋予发明人以外的其他人，这种情况主要发生在职务发明创造上。

专利权人即指享有专利权的人。专利权人与专利申请人是两个不同的概念。一项技术申请专利后未必都能获得批准成为专利技术，相应的专利申请人也未必能够成为专利权人。反之，专利权人未必都曾是专利申请人，因为专利权是可以通过转让或继承获得的。在专利法律关系中，专利权人处于核心地位。

按照我国《专利法》的规定，专利权人可以分为下列三类：

(一) 发明人、设计人

发明人或者设计人是指对发明创造的实质性特点做出了创造性贡献的人。其中发明人是指发明或者实用新型的完成人，设计人是指外观设计的完成人。我国《专利法》第6条第2款规定："非职务发明创造，申请专利的权利属于发明人或者设计人；申请被批准后，该发明人或者设计人为专利权人。"所谓非职务发明创造，是相对于职务发明创造而言的，是指发明创造人既不是执行本单位的任务，也没有主要利用单位提供的物质技术条件所完成的发明创造。对于非职务发明，发明人和设计人有权申请专利、获得专利权。

(二) 共同发明人、共同设计人

共同发明人或者共同设计人是指两个或两个以上的对同一发明创造的实质性特点共同作出了创造性贡献的人。共同发明人所完成的发明创造称为共同发明，共同发明申请和取得的专利权归全体共同发明人共有。

确认共同发明创造人，必须以是否作出了创造性贡献为标准。仅提出设想、意图或从事其他辅助性工作，没有完成发明创造，没有作出创造性贡献的人不是共同发明人。

(三) 发明人或者设计人的工作单位

发明创造人执行本单位的任务或者主要是利用本单位的物质技术条件所完成的发明创造是职务发明创造。对于职务发明创造，申请专利的权利属于单位，获得授权后，单位是专利权人。完成职务发明创造的发明人或设计人仍享有一定的权利，一是有权在专利申请文件及有关专利文献中写明自己是发明人或设计人，并可享受荣誉和精神奖励；二是取得物质奖励的权利。《专利法》第16条规定："被授予专利权的单位应当对职务发明创造的发明人或者设计人给予奖励；发明创造专利实施后，根据其推广应用的范围和取得的经济效益，对发明人或者设计人给予合理的报酬。"

职务发明包括执行本单位的任务或主要利用本单位的物质技术条件所完成的发明创造。按照《专利法》第6条及其《实施细则》第11条的规定，执行本单位的任务包括：(1)在本职工作中作出的发明创造。(2)履行本单位交付的本职工作之外的任务所完成的发明创造。(3)退职、退休或者调动工作后1年内作出的，与其在原单位承担的本职工作或者原单位分配的任务有关的发明创造。主要利用单位的物质技术条件是指在发明创造过程中，全部或者大部分利用了单位的资金、设备、零部件、原材料及不对外公开的技术资料。

此外，外国人也可以成为我国专利权的主体。在中国有经常居所或者营业所的外国人，包括长期在我国工作学习的外国自然人和在中国长期设立机构、独立经营的外国企业或其他组织，按照我国《专利法》的规定享有国民待遇，在申请专利时，享有与中国单位和个人完全相同的待遇，没有任何条件限制。《专利法》第8条还规定："在中国没有经常居所或者营业所的外国人、外国企业或者外国其他组织在中国申请专利的，依照其所属国同中国签订的协议或者共同参加的国际条约，或者依照互惠原则，根据本法办理。"所以，在中国没有经常居所或者营业所的外国人只要符合上述条件之一也可以在中国申请并取得专利权。另外，我国《专利法》第19条第1款规定："在中国没有经常居所或者营业所的外国人、外国企业或者外国其他组织在中国申请专利和办理其他专利事务的，应当委托国务院专利行政部门指定的专利代理机构办理。"这一规定是对外国人申请专利在程序方面的限定，符合《巴黎公约》的规定。

三、专利权的客体

专利权的客体，也称专利法保护的对象，是指能取得专利权，可以受专利法保护的发明创造。我国《专利法》第2条规定："本法所称的发明创造是指发明、实用新型和外观设计。"所以，我国专利权的客体包括发明、实用新型和外观设计三种。

(一) 发明

发明是指对产品、方法或者其改进所提出的新的技术方案。它应当具备两个条件：(1)发明是人们利用自然规律作出的具体的技术方案。(2)发明是一种新的技术方案。

发明可以分为产品发明、方法发明及改进发明。产品发明是指人工制造的各种制成品或产品。这些产品是自然界从未有的、具有特定性质的物体，比如机器、工具等。以产品作为专利申请对象，获得的专利是产品专利。方法发明，是指把一种物品或者物质改变为另一种状态或者改造成另一种物品或者物质的方法的发明。方法发明可以是制造方法、化学方法、工艺流程方法等。方法发明专利保护的范围是方法本身，如果是制造方法发明，其保护效力可及于用该方法制造的产品。改进发明是指对已有的产品发明或方法发明所作出的实质性革新的技术方案。

（二）实用新型

实用新型，是指对产品的形状、构造或者其结合所提出的适于实用的新的技术方案。实践中常将实用新型称为“小发明”，因为它的创造性要求低于发明专利。实用新型具有以下特征：（1）实用新型必须是具有一定形状或者构造的产品。（2）实用新型必须具有实用价值。

（三）外观设计

外观设计，是指对产品的形状、图案或者其结合以及色彩与形状、图案的结合所作出的富有美感并适于工业应用的新设计。外观设计作为专利权的客体应当具有以下特点：（1）必须以产品作为载体。（2）构成外观设计的是产品形状、图案或者其组合以及色彩与形状、图案的结合。（3）外观设计应当具有美感。

外观设计专利保护的是产品外表的设计，不涉及产品本身的技术性能和技术效果，这点与发明和实用新型专利不同。

我国《专利法》规定了以上三种专利权的客体，同时规定，并不是所有的智力成果都能成为专利权的客体，对违反国家法律、社会公德或者妨害公共利益的发明创造，不授予专利权。同时，下列各项也不授予专利权：（1）科学发现；（2）智力活动的规则和方法；（3）疾病的诊断和治疗方法；（4）动物和植物品种；（5）用原子核变换方法获得的物质。

四、授予专利权的条件

发明创造要取得专利权必须具备一定的条件，这些条件包括形式条件和实质条件两个方面。形式条件是指申请人的资格、申请文件是否齐全、申请手续的履行等发明创造自身以外的，程序方面的要件。实质条件，我国《专利法》第22条第1款规定：“授予专利权的发明和实用新型，应当具备新颖性、创造性和实用性。”

（一）新颖性

新颖性，是指在申请日以前没有同样的发明或者实用新型在国内外出版物上公开发表过、在国内公开使用过或者以其他方式为公众所知，也没有同样的发明或者实用新型由他人向国务院专利行政部门提出过申请并且记载在申请日以后公布的专利申请文件中。所以，判断新颖性是以已经公开的现有技术为标准，要求发明创造在申请专利之前是现有技术中所没有的，未被公知公用的。对于外观设计的新颖性，《专利法》规定，应当同申请日以前在国内外出版物上公开发表过或者国内公开使用过的外观设计不相同和不相近似，并不得与他人在先取得的合法权利相冲突。

一般情况下，发明创造在申请日前被公开就意味着丧失了新颖性而不能获得专利，但也有例外，我国《专利法》第24条规定，申请专利的发明创造在申请日以前六个月内，有下列情形之一的，不丧失新颖性：（1）在中国政府主办或者承认的国际展览会上首次展出的；（2）在规定的学术会议或者技术会议上首次发表的；（3）他人未经申请人同意而泄露其内容的。

（二）创造性

创造性，是指同申请日以前已有的技术相比，该发明有突出的实质性特点和显著的进步，该实用新型有实质性特点和进步。创造性，就是要求申请专利的发明创造在技术上比现有技术先进，其不能仅是对现有技术的简单重复或演绎推理。这里的现有技术，是指申请日以前已经公开的技术。《专利法》对发明、实用新型和外观设计在创造性方面有不同的规定。发明的创造性必须同申请日以前已有技术相比有“突出的实质性特点和显著的进步”，其中“突出的实质性特点”是指发明相对于现有技术，对本领域的普通技术人员来说，有本质性的突破；“显著的进步”是指发明与现有技术相比有长足的进步。与发明相比，对实用新型的创造性要求较低，以具有“实质性特点和进步”为标准。

（三）实用性

《专利法》第22条第4款规定，授予发明或实用新型专利的实用性条件是要求该发明或者实用新型能够制造或者使用，并且能够产生积极效果。《专利法》第23条和《专利法实施细则》第2条第3款规定，授予专利权的外观设计除具有新颖性和独创性并不得与他人在先取得的合法权利相冲突外，还应具有美感并适于工业应用。

五、专利权的内容

专利权的内容是专利权法律关系的构成要素之一，它是指专利权人依法享有的权利及应承担的义务。

专利权人的权利是指专利权人对其发明创造依法享有的专有权。包括两个方面的内容：一是人身权，与发明人或设计人人身不可分离而没有直接财产内容的权利。这种权利不可转让或者继承。《专利法》第 17 条规定："发明人或者设计人有在专利文件中写明自己是发明人或者设计人的权利。"这就是专利人身权的具体体现。二是财产权，指具有经济内容，能为专利权人带来经济或物质利益的权利，这种权利可以依法转让或继承。专利权人的财产权利一般包括以下几个方面：

（一）实施专利的权利

专利权人有权自主制造、使用、许诺销售、销售、进口其专利产品，或者使用其专利方法以及实用、许诺销售、销售、进口依照该专利方法直接获得的专利产品。

（二）转让权

专利权人可以将自己的专利所有权依法转让给他人。专利权转让后原专利权人丧失专利权和专利权人资格，受让人依法获得专利权，成为专利权人。《专利法》第 10 条第 1 款规定："专利申请权和专利权可以转让。"第 2 款规定："中国单位或者个人向外国人转让专利申请权或者专利权的，必须经国务院有关主管部门批准。"第 3 款规定："转让专利申请权或者专利权的，当事人应当订立书面合同，并向国务院专利行政部门登记，由国务院专利行政部门予以公告。专利申请权或者专利权的转让自登记之日起生效。"

（三）许可权

许可权是指专利权人享有的许可他人实施其专利的权利。与转让权不同，许可权的行使导致专利使用权部分或全部在合同约定时间内转让，而专利所有权仍然属于专利权人。《专利法》第 12 条规定："任何单位或者个人实施他人专利的，应当与专利权人订立书面实施许可合同，向专利权人支付专利使用费。被许可人无权允许合同规定以外的任何单位或者个人实施该专利。"

（四）标记权

专利权人享有在其专利产品或该产品包装上标明专利标记和专利号的权利。专利标记通常有"中国专利"、"专利"或"专利产品"等文字，专利号则是专利权人申请专利时由国家专利行政主管部门确定的专利号码，该号码在专利权有效期内始终如一。标明产品是专利产品，可以提升产品的竞争力和信誉度，同时起到一定的防止仿冒侵权的作用。

专利权人的义务，主要就是缴纳专利年费以及不得滥用专利权。

六、专利的申请和审批程序

发明创造人要使其发明创造成果获得专利保护，必须按照规定向国务院专利行政部门提出专利申请，并接受审查。经审查合格的专利申请，才能被授予专利权。

（一）专利申请的原则

专利申请过程中，必须遵循以下原则：

1. 书面申请原则。是指申请人在专利申请中的各种申请文件及法定手续均应以书面形式办理。

2. 单一性原则。又称为一申请一发明原则，是指一件专利申请只能限于一项发明创造，一项发明只能获取一项专利。《专利法》第31条规定："一件发明或者实用新型专利申请应当限于一项发明或者实用新型。属于一个总的发明构思的两项以上的发明或者实用新型，可以作为一件申请提出。一件外观设计专利申请应当限于一种产品所使用的一项外观设计。用于同一类别并且成套出售或者使用的产品的两项以上的外观设计，可以作为一件申请提出。"

3. 优先权原则。按照《巴黎公约》的规定，在申请专利或商标等工业产权时，各缔约国要互相承认对方国家国民的优先权。申请人在一个缔约国第一次提出专利申请后，在一定期限内（发明和实用新型的优先权期限为12个月，外观设计的优先权期为6个月）又以相同的发明创造向其他缔约国提出申请的，则该申请人有权要求该缔约国以申请人第一次提出专利申请的缔约国的申请日为申请日。优先权原则是《巴黎公约》的重要原则之一，它包括国内优先权和国际优先权。我国《专利法》第29条据此规定："申请人自发明或者实用新型在外国第一次提出专利申请之日起十二个月内，或者自外观设计在外国第一次提出专利申请之日起六个月内，又在中国就相同主题提出专利申请的，依照该外国同中国签订的协议或者共同参加的国际条约，或者依照相互承认优先权的原则，可以享有优先权。"该条第2款规定："申请人自发明或者实用新型在中国第一次提出专利申请之日起十二个月内，又向国务院专利行政部门就相同主题提出专利申请的，可以享有优先权。"所以，发明和实用新型既可以享有国际优先权又可以享有国内优先权，而外观设计只享有国际优先权，不享有国内优先权。

4. 申请在先原则。是指对同一发明创造如果有两个或两个以上的申请人分别提出专利申请，申请权属于最先提出申请的人。判断申请在先的标准是专利的申请日。《专利法》第28条规定，国务院专利行政部门收到专利申请文件之日为申请日。如果申请文件是邮寄的，以寄出的邮戳日为申请日。如果申请人均为同一天就同样的发明创造申请专利，则应当在收到国务院专利行政管理部门的通知后自行协商确定申请人。

（二）专利申请时应当提交的文件

申请发明或者实用新型专利的，应当提交请求书、说明书及其摘要和权利要求书等文件。请求书应当写明发明或者实用新型的名称，发明人或者设计人的姓名，申请人姓名或者名称、地址，以及其他事项。说明书应当对发明或者实用新型作出清楚、完整的说明，以所属技术领域的技术人员能够实现为准；必要的时候，应当有附图。摘要应当简要说明发明或者实用新型的技术要点。权利要求书应当以说明书为依据，说明要求专利保护的范围。

申请外观设计专利的，应当提交请求书以及该外观设计的图片或者照片等文件，并且应当写明使用该外观设计的产品及其所属的类别。

（三）专利申请的审查和批准

我国对发明专利的审查程序比实用新型和外观设计复杂。对实用新型和外观设计专利的审批采用登记制，即经过初步审查没有发现驳回理由的，由国务院专利行政部门作出授予实用新型专利权或者外观设计专利权的决定，发给相应的专利证书，同时予以登记和公告。实用新型专利权和外观设计专利权自公告之日起生效。发明专利的审查程序比较复杂，一般要经过下列步骤：

1. 初步审查。也称为“形式审查”，是国务院专利行政部门对发明申请是否具备形式条件进行的审查。

2. 早期公开。国务院专利行政部门经过初步审查对符合形式条件的发明专利申请，自申请日起满 18 个月，即行公布，也可以根据申请人的请求早日公开。

3. 实质审查。发明专利申请自申请日起三年内，国务院专利行政部门可以根据申请人随时提出的请求，对其申请进行实质审查；申请人无正当理由逾期不请求实质审查的，该申请即被视为撤回。国务院专利行政部门认为必要的时候，可以自行对发明专利申请进行实质审查。实质审查的核心内容是发明是否具有专利性条件，即新颖性、创造性和实用性。

4. 授权登记公告。发明专利申请经实质审查没有发现驳回理由的，由国务院专利行政部门作出授予发明专利权的决定，发给发明专利证书，同时予以登记和公告。发明专利权自公告之日起生效。

5. 复审。国务院专利行政部门设立专利复审委员会，专利申请人对国务院专利行政部门驳回申请的决定不服的，可以自收到通知之日起三个月内，向专利复审委员会请求复审。专利复审委员会复审后，作出决定，并通知专利申请人。专利申请人对专利复审委员会的复审决定不服的，可以自收到通知之日起三个月内向人民法院起诉。

七、专利权的期限、终止和无效

（一）专利权的期限

专利权的期限是指专利权人享有的专利权从生效到正常终止的法定期间，也就是专利权受法律保护的期限。我国《专利法》第42条规定："发明专利权的期限为二十年，实用新型专利权和外观设计专利权的期限为十年，均自申请日起计算。"

（二）专利权的终止

专利权终止是指专利权因保护期届满或其他原因在保护期届满之前失去法律效力。专利权一旦终止，受保护的发明创造就进入公有领域，任何单位和个人都可以无偿使用。按照我国《专利法》的规定，专利权因以下原因而终止：（1）保护期届满；（2）未按期缴纳年费；（3）专利权人以书面申明方式放弃专利权。

（三）专利权的无效

已经授予的专利权，由于不符合《专利法》的规定，由专利复审委员会宣告其无效，不具有法律约束力。《专利法》第45条规定："自国务院专利行政部门公告授予专利权之日起，任何单位或者个人认为该专利权的授予不符合本法有关规定的，可以请求专利复审委员会宣告该专利权无效。"请求宣告专利权无效的理由包括：（1）专利申请文件不符合法律规定；（2）发明创造不属于授予专利的范围；（3）发明创造不符合专利授权的实质条件；（4）被授予的专利权侵犯在先权利。

自国务院专利行政部门公告授予专利权之日起，任何单位或者个人认为该专利权的授予不符合有关规定的，可以请求专利复审委员会宣告该专利权无效。专利复审委员会对宣告专利权无效的请求应当及时审查和作出决定，并通知请求人和专利权人。宣告专利权无效的决定，由国务院专利行政部门登记和公告。对专利复审委员会宣告专利权无效或者维持专利权的决定不服的，可以自收到通知之日起三个月内向人民法院起诉。

被宣告无效的专利权视为自始即不存在。宣告专利权无效的决定，对在宣告专利权无效前人民法院作出并已执行的专利侵权的判决、裁定，已经履行或者强制执行的专利侵权纠纷处理决定，以及已经履行的专利实施许可合同和专利权转让合同，不具有追溯力。但是因专利权人的恶意给他人造成的损失，应当给予赔偿。如果专利权人或者专利权转让人不向被许可实施专利人或者专利权受让人返还专利使用费或者专利权转让费，明显违反公平原则，专利权人或者专利权转让人应当向被许可实施专利人或者专利权受让人返还全部或者部分专利使用费或者专利权转让费。

八、专利权的保护

（一）专利权的保护范围

专利权的保护范围，是指专利权的法律效力所涉及的发明创造的范围。我国《专利法》第 56 条明确规定："发明或者实用新型专利权的保护范围以其权利要求的内容为准，说明书及附图可以用于解释权利要求。外观设计专利权的保护范围以表示在图片或者照片中的该外观设计专利产品为准。"《专利法实施细则》第 20 条第 1 款还规定："权利要求书应当说明发明或者实用新型的技术特征，清楚、简要地表述请求保护的范围。"

（二）专利侵权行为及例外

专利侵权行为是指未经专利权人许可，以营利为目的实施他人专利的行为。按照《专利法》第 11 条及有关司法解释的规定，专利侵权行为主要包括以下几种：

（1）未经专利权人许可，为生产经营目的制造、使用、许诺销售、销售、进口其发明和实用新型专利产品，或者使用专利方法以及使用、许诺销售、销售、进口依照该专利方法直接获得的产品。

（2）未经外观设计专利人许可，为生产经营目的制造、销售、进口其外观设计专利产品。

（3）假冒他人专利的行为。在与他人专利产品类似的产品或者产品的包装上，加上专利权人的专利标记或者专利号，使他人相信该产品是专利权人的专利产品的行为。

（4）冒充专利行为。将非专利产品或者方法冒充为专利产品或者方法的行为。

根据专利法的规定，下列方式不构成对专利权的侵犯：

（1）专利权人制造、进口或者经专利权人许可而制造、进口的专利产品或者依照专利方法直接获得的产品售出后，使用、许诺销售或者销售该产品的。

（2）在专利申请日前已经制造相同产品、使用相同方法或者已经作好制造、使用的必要准备，并且仅在原有范围内继续制造、使用的。

（3）临时通过中国领陆、领水、领空的外国运输工具，依照其所属国同中国签订的协议或者共同参加的国际条约，或者依照互惠原则，为运输工具自身需要而在其装置和设备中使用有关专利的。

（4）专为科学研究和实验而使用有关专利的。

《专利法》还规定，为生产经营目的使用或者销售不知道是未经专利权人许可而制造并售出的专利产品或者依照专利方法直接获得的产品，能证明其产品合法来源的，不承担赔偿责任。

（三）专利权的法律保护

1. 侵犯专利权案件的处理。专利侵权纠纷，由当事人协商解决；不愿协商或者协商不成的，专利权人或者利害关系人可以向人民法院起诉，也可以请求管理专利工作的部门处理。管理专利工作的部门处理时，认定侵权行为成立的，可以责令侵权人立即停止侵权行为，当事人不服的，可以自收到处理通知之日起十五日内依照《中华人民共和国行政诉讼法》向人民法院起诉；侵权人期满不起诉又不停止侵权行为的，管理专利工作的部门可以申请人民法院强制执行。进行处理的管理专利工作的部门应当事人的请求，可以就侵犯专利权的赔偿数额进行调解；调解不成的，当事人可以依照《中华人民共和国民事诉讼法》向人民法院起诉。

2. 诉前禁止令。根据《专利法》的规定，专利权人或者利害关系人有证据证明他人正在实施或者即将实施侵犯其专利权的行为，如不及时制止将会使其合法权益受到难以弥补的损害的，可以在起诉前向人民法院申请采取责令停止有关行为和财产保全的措施。

（四）侵犯专利权的法律责任

侵犯专利权的法律责任包括民事责任、行政责任和刑事责任。

1. 侵权行为的民事责任。我国《专利法》规定，侵犯专利权引起纠纷的，当事人可以协商解决；不愿协商或协商不成的，专利权人或者利害关系人可以向人民法院起诉。法院经审理确认被告构成侵权时，依法追究侵权人以下民事责任：

（1）责令停止侵权行为。

（2）责令侵权人赔偿损失。专利侵权的损失赔偿额可以按照以下方法计算：以专利权人因侵权行为受到的实际经济损失作为赔偿额；以侵权人因侵权行为获得的全部利润作为损失赔偿额；以不低于专利许可使用费的合理数额作为损失赔偿额。

（3）消除影响，恢复专利产品的信誉。

2. 专利侵权的行政责任：（1）责令侵权人停止侵权行为。（2）对假冒他人专利的行为，除依法承担民事责任外，由管理专利工作的部门责令改正并予以公告，没收违法所得，可以并处违法所得三倍以下的罚款，没有违法所得的，可以处5万元以下的罚款。（3）对于以非专利新产品冒充专利新产品，亦非专利方法冒充专利方法的，由管理专利工作的部门责令改正并予以公告，可以处5万元以下的罚款。（4）对侵犯发明人或者设计人的非职务发明创造专利申请权以及其他权益的行为，由所在单位或者上级主管机关给予行政处分。

3. 侵犯专利权的刑事责任。我国《专利法》和《刑法》还规定，专利违法行为和专利侵权行为情节严重，构成犯罪的，应承担刑事责任。应承担刑事责任的情形有以下几种：

（1）假冒他人专利，情节严重的，处3年以下有期徒刑或者拘役，并处或者单处罚金。

（2）违反《专利法》第20条规定向外国申请专利、泄露国家秘密，构成犯罪的，依法追究刑事责任。

（3）专利管理工作人员及其他有关国家机关工作人员玩忽职守、滥用职权、徇私舞弊，构成犯罪的，依法追究刑事责任。

第三节 商标法

一、商标法概述

（一）商标的概念

商标是生产经营者在其商品或者服务项目上使用的，由文字、图形或其组合构成的，具有显著特征、便于识别商品或者服务来源的专用标记。根据我国《商标法》的规定，商标是由文字、图形、字母、数字、三位标志、颜色组合以及上述要素的组合构成的。

（二）商标的功能

1. 识别功能。在商品经济十分发达的现代社会，各种商品琳琅满目，各种服务应接不暇，人们使用商标来区别不同商品的生产者和不同服务的提供者，将相同或类似的商品和服务区别开来。

2. 保证品质。经营者要维护自己商标的信誉，就必须在提高商品或者服务质量上下工夫，所以商标客观上起到了防止商品或者服务质量下降，保证品质的功能。

3. 广告宣传。商标是广告宣传的核心，在信息社会，商标的广告作用越来越重要。

（三）商标的分类

1. 按照构成要素的不同，商标可以分为文字商标、图形商标、组合商标、颜色商标和立体商标。

2. 按照识别对象的不同，商标可以分为商品商标和服务商标。

3. 按照商标是否注册，可以分为注册商标和未注册商标。

4. 按照商标的用途不同，商标可以分为证明商标、集体商标、等级商标、联合商标和防御商标。证明商标是指由对某种商品或者服务具有监督能力的组织所控制，而由该组织以外的单位或者个人使用于其商品或者服务，用以证明该商品或者服务的原产地、原料、制造方法、质量或者其他特定品质的标志。集体商标，是指以团体、协会或者其他组织名义注册，供该组织成员在商事活动中使用，以表明使用者在该组织中的成员资格的标志。等级商标是指同一个企业对于自己生活的同类商品因为规格、质量不同而使用的系列商标。联合商标是指同一企业在同一种或类似商品上申请注册两个或两个以上的近似商标（这些近似商标中首先注册或主要使用的是正商标，其余的是正商标的联合商标）。防御商标是指同一商标所有人把自己的驰名商标同时注册在其他非同种或非类似的商品上的商标。

5. 按照知名度不同，商标分为驰名商标、著名商标和知名商标。

（四）商标法

商标法是调整在商标的注册、使用、管理和保护的过程中发生的各种社会关系的法律规范的总称。

二、商标权的取得

（一）商标权的取得制度

商标专用权的取得，即某个特定主体以一定的法定方式获得商标专用权，依法成为商标权人。各国立法对商标权的取得制度规定不一致，归纳起来主要有以下几种不同的商标专用权取得制度：

1. 使用取得。根据这一制度，在商业活动中已经使用的商标即使不注册，也能取得商标权。如果使用和注册之间发生冲突，受保护的是最先使用商标的人，并且注册的前提条件是商标已经实际使用。现在仍然保留使用取得商标权制度的只有极少数英美法系国家，主要是美国和菲律宾。

2. 注册取得。根据这一制度，注册是取得商标权的唯一根据，未注册的商标不受法律保护。未注册商标与注册商标冲突时，注册商标优先。大陆法系的多数国家采用这样的制度。

3. 根据使用或注册均可取得商标权。这种制度是在原有的使用原则基础上，吸收了注册原则而形成的一种混合制度。[1] 即不注册使用与注册使用并行，两种途径都可以取得商标专用权。目前，以英国为代表的大多数英联邦国家实行这一制度。按照这一制度，对同一商标，有可能产生两个所有人，一是商标注册人，一是原商标使用人。一般说来，法律在确认商标注册人取得商标专用权的同时，也允许首先使用该商标而未办理注册手续的人继续使用。但是，商标首先使用人的权利是有限的，只能自己使用，或只能在转让其业务时连同商标一起转让，而不能像商标注册人那样可以单纯转让商标专用权。

我国《商标法》第 4 条规定："自然人、法人或者其他组织对其生产、制造、加工、拣选或者经销的商品，需要取得商标专用权的，应当向商标局申请商品商标注册。自然人、法人或者其他组织对其提供的服务项目，需要取得商标专用权的，应当向商标局申请服务商标注册。"所以商标专用权的取得，我国采取注册在先取得商标权的制度。根据我国《商标法》规定，商标使用人可以自主决定是否申请注册，但是国家规定必须使用注册商标的商品，必须申请注册。

（二）商标注册的原则

1. 申请在先原则。我国《商标法》第 29 条规定，两个或者两个以上的商标注册申请人，在同一种商品或者类似商品上，以相同或者近似的商标申请注册的，初步审定并公告申请在先的商标；同一天申请的，初步审定并公告使用在先的商标，驳回其他人的申请，不予公告。

2. 自愿注册与强制注册相结合的原则。自愿注册是指商标的使用人是否申请商标注册取决于自己的意愿。在实行自愿注册原则的同时，我国《商标法》对极少数商品保留了强制注册办法。《商标法》第 6 条规定："国家规定必须使用注册商标的商品，必须申请商标注册，未经核准注册的，不得在市场销售。"目前要求必须使用注册商标的商品是人用药品和烟草制品。

3. 优先权原则。我国《商标法》规定，商标注册申请人自其商标在外国第一次提出商标注册申请之日起六个月内，又在中国就相同商品以同一商标提出商标注册申请的，依照该外国同中国签订的协议或者共同参加的国际条约，或者按照相互承认优先权的原则，可以享有优先权。商标在中国政府主办的或者承认的国际展览会展出的商品上首次使用的，自该商品展出之日起六个月内，该商标的注册申请人可以享有优先权。[2]

申请人要求优先权的，应当在提出商标注册申请的时候提出书面声明，并

---

① 刘春田主编：《知识产权法》，中国人民大学出版社 2002 年版，第 277 页。

② 谢维华，谢明斌主编：《经济法概论》，云南民族出版社 2003 年版，第 213 页。

且在三个月内提交第一次提出的商标注册申请文件的副本；未提出书面声明或者逾期未提交商标注册申请文件副本的，视为未要求优先权。在中国政府主办的或者承认的国际展览会展出的商品上首次使用的，自该商品展出之日起六个月内，商标申请人要求优先权的，应当在提出商标注册申请的时候提出书面声明，并且在三个月内提交展出其商品的展览会名称、在展出商品上使用该商标的证据、展出日期等证明文件；未提出书面声明或者逾期未提交证明文件的，视为未要求优先权。

（三）商标注册的条件

可以分为积极性条件和消极性条件两类。

积极性条件，是指获准注册的商标所应具备的条件。包含两个方面的内容：（1）商标必须由文字、图形、字母、数字、三维标志和颜色组合等法定构成要素组成；（2）商标应具有显著性。我国《商标法》第9条规定："申请注册的商标，应当有显著特征，便于识别，并不得与他人在先取得的合法权利相冲突。"

消极性条件，是《指商标法》明文规定的禁止注册情形。

1. 根据《商标法》的规定，下列标志不得作为商标使用：

（1）同中华人民共和国的国家名称、国旗、国徽、军旗、勋章相同或者近似的，以及同中央国家机关所在地特定地点的名称或者标志性建筑物的名称、图形相同的。

（2）同外国的国家名称、国旗、国徽、军旗相同或者近似的，但该国政府同意的除外。

（3）同政府间国际组织的名称、旗帜、徽记相同或者近似的，但经该组织同意或者不易误导公众的除外。

（4）与表明实施控制、予以保证的官方标志、检验印记相同或者近似的，但经授权的除外。

（5）同"红十字"、"红新月"的名称、标志相同或者近似的。

（6）带有民族歧视性的。

（7）夸大宣传并带有欺骗性的。

（8）有害于社会主义道德风尚或者有其他不良影响的。

县级以上行政区划的地名或者公众知晓的外国地名，不得作为商标。但是，地名具有其他含义或者作为集体商标、证明商标组成部分的除外；已经注册的使用地名的商标继续有效。

2. 下列标志不得作为商标注册

（1）仅有本商品的通用名称、图形、型号的。

（2）仅仅直接表示商品的质量、主要原料、功能、用途、重量、数量及其他特点的。

（3）缺乏显著特征的。

上述标志经过使用取得显著特征，并便于识别的，可以作为商标注册。

3. 下列商标不予注册并禁止使用

（1）以三维标志申请注册商标的，仅由商品自身的性质产生的形状、为获得技术效果而需有的商品形状或者使商品具有实质性价值的形状，不得注册。

（2）就相同或者类似商品申请注册的商标是复制、摹仿或者翻译他人未在中国注册的驰名商标，容易导致混淆的，不予注册并禁止使用。就不相同或者不相类似商品申请注册的商标是复制、摹仿或者翻译他人已经在中国注册的驰名商标，误导公众，致使该驰名商标注册人的利益可能受到损害的，不予注册并禁止使用。

（3）未经授权，代理人或者代表人以自己的名义将被代理人或者被代表人的商标进行注册，被代理人或者被代表人提出异议的，不予注册并禁止使用。

（4）商标中有商品的地理标志，而该商品并非来源于该标志所标示的地区，误导公众的，不予注册并禁止使用；但是，已经善意取得注册的继续有效。这里所称地理标志，是指标示某商品来源于某地区，该商品的特定质量、信誉或者其他特征，主要由该地区的自然因素或者人文因素所决定的标志。

（四）商标注册的程序

1. 提出申请。商标申请我国采用申请在先原则，确定申请日非常重要，一般以商标局收到申请文件的日期作为申请日。对申请手续齐备的，确定申请号，并发给《受理通知书》。

2. 实质审查。实质审查是对决定受理商标的实体内容和条件进行的审查。主要审查申请注册的商标是否具备法定构成要素，是否使用了禁用的文字、图形，是否具备显著性特征，以及是否与同种或类似商品上已注册的商标相同或近似。

3. 初步审定和公告。申请注册的商标经过实质审查，符合商标法的规定，商标局即经过公告程序，作出可以初步核准的审定。

4. 异议。对于商标局初步审定的商标，自公告之日起三个月内，任何人均可以提出异议，异议的理由和实质审查内容是一致的。《商标法》第33条规定：“对初步审定、予以公告的商标提出异议的，商标局应当听取异议人和被异议人陈述事实和理由，经调查核实后，做出裁定。当事人不服的，可以自收到通知之日起十五日内向商标评审委员会申请复审，由商标评审委员会做出裁定，并书面通知异议人和被异议人。当事人对商标评审委员会的裁定不服的，可以自收到通知之日起三十日内向人民法院起诉。人民法院应当通知商标复审程序的对方当事人作为第三人参加诉讼。”

5. 核准注册。初步审定的商标在公告期满无人提出异议或异议不成立的，商标局予以正式核准注册，商标注册申请人自其商标核准注册之日起成为商标权人。

三、商标权的内容

（一）专用权

指权利人对其注册商标专有使用的权利。专用权的范围是从商标和商品两个方面的结合加以界定的。《商标法》第51条规定：“注册商标的专用权，以核准注册的商标和核定使用的商品为限”，所以，商标专用权意味着商标权人可以在核定的商品上独占性地使用核准的商标。同时，专用权还意味着商标权人有权禁止他人未经许可，在同一种商品或者类似商品上使用与其注册商标相同或者近似的商标。

（二）使用许可权

指注册商标所有人将其注册商标以一定条件许可他人使用，由被许可人支付使用费。许可他人使用注册商标是商标所有人利用商标权的一种重要方式。商标的许可使用必须订立许可使用合同，并依法将许可合同副本交送所在地工商行政管理机关存查，由许可人报送商标局备案，并由商标局予以公告。除此之外，许可人应当监督被许可人使用其注册商标的商品质量。被许可人应当保证使用该注册商标的商品质量。经许可使用他人注册商标的，必须在使用该注册商标的商品上标明被许可人的名称和商品产地。

（三）转让权

指注册商标所有人将其对注册商标的所有权转让给他人所有。注册商标转让的法律后果是商标权利主体变更。转让注册商标的，转让人和受让人应当签订转让协议，并共同向商标局提出申请。受让人应当保证使用该注册商标的商品质量。转让注册商标经核准后，予以公告。受让人自公告之日起享有商标专用权。

（四）续展权

商标的续展，是指注册商标有效期满时，通过法定程序延续注册商标的有效期限。我国《商标法》规定，注册商标的有效期为十年，自核准注册之日起计算。注册商标有效期满，需要继续使用的，应当在期满前六个月内申请续展注册；在此期间未能提出申请的，有六个月的宽展期。宽展期满仍未提出申请的，注册商标将被注销。每次续展注册的有效期为十年。

四、注册不当商标的撤销

（一）撤销已注册商标

在商标注册中，不符合法定条件但是取得了注册的商标，应当按照法定程序予以撤销。主要有：

（1）违反《商标法》关于禁用条款、商标注册条件、立体商标注册限制性规定的，或者是以欺骗手段或者其他不正当手段取得商标注册的，由商标局撤销注册，其他单位或者个人可以请求商标评审委员会裁定撤销该注册商标。

（2）违反《商标法》第 13 条、第 15 条、第 16 条、第 31 条规定已经注册的商标，即复制、摹仿或者翻译他人的驰名商标，容易导致混淆，误导公众的；未经授权，代理人或者代表人以自己的名义将被代理人或者被代表人的商标进行注册，被代理人或者被代表人提出异议的；商标中有商品的地理标志，而该商品并非来源于该标志所标示的地区，误导公众的；损害他人现有的在先权利，或以不正当手段抢先注册他人已经使用并有一定影响的商标的，自商标注册之日起五年内，商标所有人或者利害关系人可以请求商标评审委员会裁定撤销该注册商标。对于恶意注册的，驰名商标所有人不受五年的时间限制。

（二）注册商标争议的裁定

《商标法》总则中明确规定，国务院工商行政管理部门设立商标评审委员会，负责处理商标争议事宜，这是国家对商标实施管理中的一个与商标局平行设立的机构。对注册商标争议有如下的规定：

1. 除法定的撤销已注册商标的情形外，对已经注册的商标有争议的，可以自该商标经核准注册之日起五年内，向商标评审委员会申请裁定。商标评审委员会收到裁定申请后，应通知有关当事人，限期提出答辩。

2. 对核准注册前已经提出异议并经裁定的商标，不得再以相同的事实和理由申请裁定。

3. 商标评审委员会作出维持或者撤销注册商标的裁定后，应当书面通知有关当事人。

4. 商标评审委员会的裁定不是终局裁定，当事人对裁定不服的，可以向人民法院起诉。

五、商标的管理

商标管理是指国家主管机关对注册商标和未注册商标的使用依法进行的管

理。对商标使用进行管理的目的是监督商标的正确使用，维护正常的商标使用秩序，促使生产、经营者保证商品和服务质量，维护商标信誉，以保障消费者和生产、经营者的利益，促进社会主义市场经济的发展。

（一）注册商标的使用管理

注册商标是经商标局核准注册的商标，注册人享有商标专用权。使用注册商标是一种严肃的法律行为，必须依法行使这种权利，遵守商标使用管理的各项规定，只有这样才能使商标专用权获得有效保护，也避免因为违背法定义务而使自己的权利丧失。《商标法》对注册商标的使用作出了如下规定：

1. 不得自行改变注册商标的文字、图形或者其组合，如果自行改变的，由商标局责令限期改正或者撤销其注册商标。这是因为商标的本质特征在于其区别性，如果在使用中自行改变商标标志，就会扰乱商标管理秩序。

2. 不得自行改变注册商标的注册人名义、地址或者其他注册事项，否则，由商标局责令限期改正或者撤销其注册商标。在商标使用中，已经注册的事项特别是有关注册商标主体的事项，直接涉及权利的确定和商标的管理秩序，可以依法变更，但不能自行改变。

3. 不得自行转让注册商标，否则由商标局责令限期改正或者撤销其注册商标。这是因为注册商标只能在核定的商品上使用，转让已超出商标使用的范围，而且注册商标转让有法定的程序，不允许自行进行。自行转让的，受让人不能取得合法的商标专用权。

4. 注册商标连续三年停止使用的，应当撤销其注册商标，这是因为注册商标的目的是为了使用，如果注册后长期闲置不用，会使商标功能丧失，商标价值难以实现，而且也影响他人的使用。

5. 使用注册商标必须保证商品达到核定的质量标准。我国《商标法》规定，商品粗制滥造，以次充好，欺骗消费者的，由各级工商行政管理部门分别不同情况，责令限期改正，并可以予以通报或者处以罚款，或者由商标局撤销其注册商标。

在注册商标的使用管理中，由于违法行为而被商标局决定撤销注册商标的，如果当事人不服，可以向商标评审委员会申请复审，由商标评审委员会作出决定；而当事人对商标评审委员会的决定不服的，可以向人民法院起诉。

（二）未注册商标的使用管理

我国实行商标自愿注册制度，在实际使用的商标中有注册商标和未注册商标两种，未注册商标同样具有区别商品生产者和经营者的作用。未注册商标的不合理使用，同样有可能导致商标之间的混同，导致消费者误认，并容易侵犯注册商标专用权，干扰正常的商标管理秩序。所以未注册商标的使用仍然需要管理，《商标法》中对此作出了下列规定：

1. 未注册商标不得冒充为注册商标。如果有冒充行为的，由地方工商行政管理部门予以制止，限期改正，并可以予以通报或者处以罚款。

2. 未注册商标不得违反《商标法》的禁用条款的规定。商标的禁用条款是适用于所有商标的，是商标的基本标准。如果未注册商标使用了《商标法》第 10 条和《商标法实施细则》中禁止使用标记，工商行政管理机关有权加以制止，责令限期改正，并可以根据情节予以通报或者处以罚款。

3. 未注册商标应保证商品质量。使用未注册商标，粗制滥造，以次充好，欺骗消费者的，由地方工商行政管理部门予以制止，限期改正，并可以通报或者处以罚款。

六、商标权的保护

（一）商标权的保护范围

注册商标的专用权，以核准注册的商标和核定使用的商品为限，但商标的保护范围则不限于此，在同一种商品或者类似商品上使用与其注册商标相同或者近似的商标都会侵犯商标专用权。在保护范围中增加了近似的商标和类似的商品，目的在于使商标专用权的权利得到切实保护，消除对商品的误认和在市场上引起的混淆。

（二）侵犯注册商标专用权的行为

《商标法》第 52 条明确规定，下列行为属于侵犯注册商标专用权：

1. 未经商标注册人的许可，在同一种商品或者类似商品上使用与其注册商标相同或者近似的商标的。

2. 销售侵犯注册商标专用权的商品的。

3. 伪造、擅自制造他人注册商标标志或者销售伪造、擅自制造的注册商标标志的。

4. 未经商标注册人同意，更换其注册商标并将该更换商标的商品又投入市场的。

5. 给他人的注册商标专用权造成其他损害的。

（三）商标侵权纠纷的解决

商标专用权引起的纠纷可以由当事人协商解决，被侵权人也可以向县级以上工商行政管理部门要求处理，还可以直接向人民法院起诉。对假冒注册商标的，任何人都可以向工商行政管理部门或检察机关控告和检举。我国《商标法》第 53 条规定："有本法第五十二条所列侵犯注册商标专用权行为之一，引起纠纷的，由当事人协商解决；不愿协商或者协商不成的，商标注册人或者利害关系人可以向人民法院起诉，也可以请求工商行政管理部门处理。工商行政管理部门处理时，认定侵权行为成立的，责令立即停止侵权行为，没收、销毁侵权商品和专门用于制造侵权商品、伪造注册商标标志的工具，并可处以罚款。当事人对处理决定不服的，可以自收到处理通知之日起十五日内依照《中华人民共和国行政诉讼法》向人民法院起诉；侵权人期满不起诉又不履行的，工商行政管理部门可以申请人民法院强制执行。进行处理的工商行政管理部门根据当事人的请求，可以就侵犯商标专用权的赔偿数额进行调解；调解不成的，当事人可以依照《中华人民共和国民事诉讼法》向人民法院起诉。”

（四）侵犯注册商标专用权的法律责任

侵犯注册商标专用权的法律责任包括民事责任、行政责任和刑事责任。

1. 侵权行为的民事责任。（1）责令停止侵权行为。（2）赔偿损失。《商标法》规定，侵权赔偿数额，为侵权人在侵权期间因侵权所获得的利益，或者被侵权人在被侵权期间因被侵权所受到的损失，包括被侵权人为制止侵权行为所支付的合理开支。侵权人因侵权所得利益，或者被侵权人因被侵权所受损失难以确定的，由人民法院根据侵权行为的情节判决给予五十万元以下的赔偿。销售不知道是侵犯注册商标专用权的商品，能证明该商品是自己合法取得的并说明提供者的，不承担赔偿责任。

2. 侵权行为的行政责任。对于侵犯注册商标专用权的，工商行政管理机关可以采取下列措施制止侵权：（1）没收、销毁侵权商品和专门用于制造侵权商品、伪造注册商标标志的工具。（2）收缴并销毁侵权商标标志。（3）消除现存商品上的侵权商标。（4）收缴直接专门用于商标侵权的模具、印版和其他作案工具。（5）采取前四项措施不足以制止侵权行为的，或者侵权商标与商品难以分离的，责令并监督销毁侵权商品。对侵犯商标权的行为，尚未造成犯罪的，工商行政管理机关可根据情节处以非法经营额50%以下或者侵权所得利润5倍以下的罚款。对侵犯注册商标专用权的单位的直接责任人员，工商行政管理机关可根据情节处以1万元以下的罚款。

3. 假冒注册商标罪的刑事责任。商标违法行为，构成犯罪的，应当依法追究刑事责任。这在《商标法》中做出了三项规定，在刑法中也都有相应的规定，具体内容是：（1）假冒注册商标罪。商标法规定，未经商标注册人许可，在同一种商品上使用与其注册商标相同的商标，构成犯罪的，除赔偿被侵权人的损失外，依法追究刑事责任。《刑法》第213条规定，未经商标注册所有人许可，在同一种商品上使用与其注册商标相同的商标，情节严重的，处三年以下有期徒刑或者拘役，并处或者单处罚金；情节特别严重的，处三年以上七年以下有期徒刑，并处罚金。（2）非法制造、销售非法制造的商标标志罪。

商标法规定，伪造、擅自制造他人注册商标标识或者销售伪造、擅自制造的注册商标标志，构成犯罪的，除赔偿被侵权人的损失外，依法追究刑事责任。《刑法》第215条对这种违法行为作出相同的规定，对情节严重的和情节特别严重的规定了刑事处罚。（3）销售假冒注册商标商品罪。商标法规定，销售明知是假冒注册商标的商品，构成犯罪的，除赔偿被侵权人的损失外，依法追究刑事责任。《刑法》第214条规定，销售明知是假冒注册商标的商品，销售金额数额较大的，处三年以下有期徒刑或者拘役，并处或者单处罚金；销售金额数额巨大的，处三年以上七年以下有期徒刑，并处罚金。

附　录：

一、案例分析

1.（一）案情

日本某公司与中国某大学光学研究所专利权属纠纷案①

2002年10月3日，日本某公司向国家知识产权局提交了一份发明专利的申请书，名称为“防眼睛疲劳镜片”。该专利申请已经在2002年5月7日，以相同主题的内容向日本专利管理机关提出了专利申请。日本某公司在向国家知识产权局提交该专利申请的同时，提交了要求优先权的书面声明。2002年12月25日，该公司又向国家知识产权局提交了第一次在日本提出的专利申请文件的副本。该申请专利的眼镜镜片能有效地防止因长时间观看电视所造成的眼睛疲劳和眼睛损伤。

中国某大学光学研究所于2002年7月也研制成功一种镜片，可以用于减轻因长时间观看电视荧屏所造成的眼睛疲劳。这种镜片和日本某公司的镜片在具体结构、技术处理以及技术效果等方面都是相同的。该光学研究所于2002年9月10日向国家知识产权局提交该镜片的发明专利申请，名称为“保健镜片”。该光学研究所的专利申请与日本某公司的专利申请的主题相同，其申请日早于日本某公司在中国申请的申请日。

经国家知识产权局审查，该镜片具备新颖性、创造性和实用性，可以授予专利权。日本某公司和中国某大学光学研究所均认为根据申请在先原则自己能够获得专利权，双方由此发生纠纷。

（二）问题

中国某大学光学研究所在中国申请在先，日本某公司在日本的申请日又早于中国某大学光学研究所在中国的申请日，如何处理？

① 周正义主编：《专利法实务与案例评析》，中国工商出版社2003年版，第337页。

2. （一）案情

"OPIUM"（鸦片）商标注册撤销案①

法国伊夫圣洛朗香水公司在商标分类第3类香水产品上注册了第16256号"OPIUM"商标。"OPIUM"翻译成中文就是鸦片。成都市工商局（下称申请人）在办案中发现了这个问题，向国家工商行政管理局商标评审委员会提交了撤销注册不当商标申请，对法国伊夫圣洛朗香水公司（下称被申请人）注册的"OPIUM"商标提出注册不当，申请裁定。

被申请人答辩："OPIUM"商标是一个带有暗示性质并与香水行业贴切的好商标。鸦片是一种能使人抛开困难和现实问题，造就一种惬意、舒适心态的药物。被申请人使用"OPIUM"作为香水商标正是取这一种暗示性含义，"OPIUM"商标自20世纪70年代起就在世界上100多个国家和地区相继注册，该品牌商品的年销售量均以百万瓶计算，"OPIUM"在中国也早已于1982年注册，注册号162156，1992年该商标如期续展，现在，"OPIUM"品牌的商品正在中国各大城市及香港、台湾地区广泛销售。在中国，该商标理应受到有效保护。

（二）问题

你认为商标局是否应该撤销"OPIUM"商标？为什么？

二、案例分析答案要点

1. 日本某公司享有外国优先权，应以其第一次申请专利的申请日为优先权日。日本某公司的优先权日是2002年5月7日，早于中国某大学光学研究所的专利申请日2002年9月10日，因此，日本某公司的专利申请优先。

2. "OPIUM"意为鸦片，鸦片是一种毒品，通称大烟。近代史上的"鸦片战争"是中国逐渐沦为半殖民地半封建国家的开始。因此"鸦片"一词在中国除具有毒品名称的含义之外，更多的是使人联想到导致近代中国走向没落、耻辱的"鸦片战争"。以"鸦片"作为商标并广泛使用，无论从上述任何一种意义上讲，都会产生不良的社会影响，因此这个商标应当撤销。国家工商行政管理局商标评审委员会也撤销了这个商标。

三、本章复习思考题

1. 简述工业产权的概念和特征。
2. 简述哪些行为构成专利侵权行为。
3. 简述商标注册的积极性条件和消极性条件。

---

① 宋红松编著：《知识产权法案例教程》，北京大学出版社2005年版，第220页。

第十一章　消费者权益保护法律制度

第二次世界大战以后，资本主义经济有了飞速发展，损害消费者利益的问题日趋严重，消费者运动蓬勃开展，也促使各国改变了早先的“放任”态度，出面干预经济生活，即通过制定法律维护消费者利益。我国改革开放以来，特别是邓小平1992年“南巡”讲话以后，实行了社会主义市场经济制度，保护消费者权益也提上了立法日程。1993年10月31日第八届全国人大常委会第四次会议通过了《中华人民共和国消费者权益保护法》，这部法律颁行以来，对保护消费者的合法权益起到了不可替代的作用，亦极大地促进了我国社会主义法治的进程，让消费者权益这一市场经济的重要概念深入人心，使“消费”这一曾经在毛泽东时代属于负面的词汇回归到它原本应有的正常状态。但是这部法律颁布以来，迄今为止一直没有修改过，有些地方已不太适应时代的发展，以至于在司法实践中产生很大的分歧，亟须在今后的立法中加以完善。

第一节　消费者权益保护法概述

一、消费与消费者

消费，是与生产相对应而产生的一个概念，是实现社会再生产的一个重要环节。

消费，是指接受、使用生产的产品或者接受服务的活动过程。按照消费目的，可以将消费分成生产消费和生活消费。生产消费，是生产者为满足生产需要而接受和使用原材料、半成品、成品或者接受生产所需要的服务的活动过程。生活消费，则是指人们为满足日常生活需要，接受和使用商品或者接受服务的活动过程。

消费实现了生产的目的，促进了再生产；生产满足了消费的要求，使生产者的经营效益得到体现。没有生产就没有消费，而没有有效的消费也不可能促进进一步的生产。可见，消费不仅是个人或者某一个经济活动主体的事情，它涉及整个社会。消费和生产的有效结合，促进了社会各方面的发展。

由于生产消费可以通过经济活动主体之间的契约等形式接受有关法律的调整，因而消费者权益保护法律制度所调整的消费，仅指生活消费。

消费者一词，有多种含义。在经济学上，消费者是指在一定的社会条件下为自身的再生产而消费各种物质资料和精神产品的人，即是指那些购买、使用各种商品及接受各种服务的人。在法学上，消费者是消费者权益保护法最重要的主体。我国《消费者权益保护法》第2条规定："消费者为生活消费需要购买、使用商品或者接受服务，其权益受本法保护；本法未作规定的，受其他有关法律、法规保护。"可见，无论在经济学上还是在法学上，一般都把消费者看做是从事生活消费的主体。

尽管我国《消费者权益保护法》没有对"消费者"一词作出一个明确的界定（这在实践中往往会因为某人是不是"消费者"而产生激烈争议），但是，我们认为，所谓消费者，就是为了满足个人生活消费的需要而购买、使用商品或者接受服务的社会成员，主要是指个人消费者，即自然人。所以，消费者的外延是很大的，每个公民都可能成为消费者。

消费者权益，是指消费者在购买、使用商品或接受服务时，依法所享有的不容侵犯的权利，是公民财产权和人身权在商品消费领域的具体体现，在世界各国都普遍受到法律的确认和保护。

1993年10月31日第八届全国人大常委会第四次会议通过，自1994年1月1日起施行的《中华人民共和国消费者权益保护法》（以下简称《消费者权益保护法》）是我国第一部保护消费者权益的专门法律，它标志着我国消费者权益保护方面的法律制度的建立。此外，保护消费者权益的法律规定还散见于其他法律、法规之中，比如《产品质量法》、《反不正当竞争法》等等，它们与《消费者权益保护法》一起共同构成我国保护消费者权益的法律体系。

二、消费者权益保护法的基本原则

消费者权益保护法的基本原则贯穿于保护消费者权益的立法过程中，体现在保护消费者权益的具体法律规定上。它包括以下几个方面：

（一）自愿、公平、平等、诚实信用原则

这一原则是民法通则所规定的基本原则在消费领域里的具体反映，《消费者权益保护法》第4条对此作了明确规定。自愿，是指经营者与消费者进行交易时，要尊重消费者的意愿，经营者不得强行交易或强行服务。平等，则是市场经济的本质要求，经营者与消费者之间法律地位完全平等。公平和诚实信用，体现了普遍的商业道德要求。

（二）国家对经济上处于弱势地位的消费者给予特别保护的原则

从法律地位上说，消费者和生产经营者属于平等的主体。但实际上，消费者在商品交易关系中，相对于生产经营者来说，一般都处于弱者的地位，具体表现在：第一，经营者大多是有较雄厚实力的单位或组织，而消费者则以分散的个人为主，不足与经营者相抗衡。第二，现代消费品日趋复杂化，消费者不可能对所有商品的结构、性能、品质等诸方面有明确而深刻的了解，消费者所能依赖的“路标”只是广告、标签、商标等，很容易被不真实的信息所欺骗。第三，生产与经营的社会化、专业化，常常使消费者难以靠个人的力量去追究侵害其消费权利的责任者，而传统的诉讼程序费时耗力，又常常使消费者望而却步，默认亏损。基于以上原因，《消费者权益保护法》确立了向消费者倾斜，国家对消费者权益特别保护的原则。

（三）方便消费者诉讼的原则

在现实生活中，许多消费者在自己的权利被侵害时，不愿起来捍卫自身利益，特别是不愿向法院提起诉讼。这是因为消费者诉讼的请求额或纠纷涉及的金额往往较小，如果诉诸法律，除花费相当的精力和费用外，即使胜诉，经济上也得不偿失。针对上述问题，法律上已作出方便消费者为维护自己的权益而提起诉讼的规定。如我国目前已有简易程序和集团诉讼等制度以方便消费者。今后还需进一步从立法及司法实践等方面加强方便消费者诉讼的工作，以使消费者的权益能得到充分、及时、有效的保护。

三、《消费者权益保护法》的地位和作用

《消费者权益保护法》作为调整市场经济中最基本、最主要的一种社会关系，即生产经营者与消费者之间的社会关系的法律，是市场经济法律制度的重要组成部分，属于经济法的范畴，它与民法的不同主要有：(1)《消费者权益保护法》注重维护消费者的弱者地位，予以特别保护，而民法主要规范平等主体之间的交易。(2)《消费者权益保护法》中有国家对经营者义务的强制性规范，不允许经营者通过合同免除，而民法强调契约自由。(3)《消费者权益保护法》中有行政处罚和刑事处罚之内容，而民法中没有。

具体说来，《消费者权益保护法》的作用主要体现在以下两个方面：

（一）保护消费者的合法权益

消费在社会经济生活中占有十分重要的地位，既是社会再生产的出发点，也是社会再生产的归宿。保护消费者的合法权益，是维持正常的社会再生产的需要，也是保护公民权利的具体体现。近些年来，我国社会生活中，侵犯消费者权益的现象屡屡发生，假冒伪劣产品泛滥，损害事故不断，给广大消费者造

成了很大的损失，保护消费者合法权益显得尤为重要。而《消费者权益保护法》以保护消费者权益为宗旨，全面规定了消费者享有的权利以及对消费者权利的保护措施，是保护消费者权益最有力的法律武器。

（二）维护社会经济秩序，促进社会经济建设发展

在商品经济社会，社会再生产的基本关系是生产和消费的关系。反映在主体上，就是生产经营者与消费者之间的关系。客观事实证明，只有生产、消费两旺，经济才可能健康发展。我国过去很长一段时间实行的是重生产，轻消费的错误政策导向，忽视了对消费者的保护。随着市场经济的建立，这种政策的弊端日益明显，给经济的发展带来了障碍。《消费者权益保护法》给消费者提供了充分、及时的保护，以消除在消费环节、消费领域出现的停滞、扭结，从而能有效地疏通社会经济秩序，促进经济的健康发展。

保护消费者权益的立法与消费者运动的兴起和发展密不可分。20 世纪以前，还处于自由竞争阶段的国家对经济生活很少干预，调整经济生活的主要法律形式是民法、商法。但第二次世界大战以后，资本主义经济有了飞速发展，损害消费者利益的问题日趋严重，消费者运动蓬勃开展，也促使各国改变了早先的“放任”态度，出面干预经济生活，即通过制定法律维护消费者利益。总的来说，西方资本主义国家以立法的形式保护消费者权益的原因有以下几个：（1）原有的民、商等私法不足以解决日益严重的侵害消费者权益的问题。民法以主体之间平等为原则，但消费者与生产经营者相比处于弱者地位，要求不平等主体之间平等交易是不可能的。（2）损害消费者利益的后果已成为一种“公害”，单靠民事手段不足以管制和处罚。（3）一些大公司、大企业的垄断行为已对资本主义经济造成不良影响，需要对它们有所约束。（4）为了缓和消费者与生产经营者之间的矛盾，稳定社会秩序，目前有许多国家已经形成了较为完备的消费者权益保护法律制度。

第二节　消费者的权利

一、消费者权利的概念

从政府管理的角度，最早明确提出消费者权利的是美国总统约翰·肯尼迪。1962 年 3 月 15 日，约翰·肯尼迪在向国会提出的“关于保护消费者利益的特别国情咨文”中，提出了消费者应该享有的四项权利：一是获得商品的安全保障的权利；二是获得正确的商品信息资料的权利；三是对商品有自由选择的权利；四是有提出消费者意见的权利。

为了纪念肯尼迪提出消费者权益，后来国际消费者组织联盟于1983年作出决定，将每年的3月15日定为“国际消费者权益日”。世界各国广泛认同这些权利，并在实践中加以扩展，又相继增加了获得合理赔偿的权利，获得有益于健康的环境的权利以及受尊重的权利等内容。每年的3月15日前后，我国各级人民政府均举办相应的宣传活动。

二、消费者的权利

我国《消费者权益保护法》借鉴了国外消费者权益保护立法的经验，结合我国国情，在该法第二章专门规定了消费者的九项权利：

（一）安全权

安全权是消费者最基本的权利。它是指消费者在购买、使用商品和接受服务时，享有人身、财产安全不受损害的权利。《消费者权益保护法》第7条第2款规定了主动行使的权利：“消费者有权要求经营者提供的商品和服务，符合保障人身、财产安全的要求。”

安全权包括消费者人身安全权和消费者财产安全权两项内容：

1. 人身安全权，是指人的生命、健康的安全，即消费者在购买、使用商品和接受服务时，享有保护身体各器官及其机能的完整以及生命不受危害的权利。

2. 财产安全权，是指消费者购买、使用的商品或接受的服务应该是安全的，不仅不会给人身造成损害，而且不会对消费者的财产造成损害。

要确保消费者安全权的实现，就要求商品或服务在向消费者提供时，除符合上述要求外，还应达到一定的标准。在我国，依《中华人民共和国标准化法》，将商品或服务的标准分为四级：（1）国家标准；（2）行业标准；（3）地方标准；（4）企业标准。其中国家标准和行业标准又分为强制性标准和推荐标准。关于保障消费者人身安全和财产安全的标准与法律、法规强制规定执行的标准都是强制性标准，经营者应严格遵守，消费者也有权进行监督，违反强制性标准要承担法律责任。任何不符合国家强制性标准和强制性行业标准的产品不得上市流通，消费者一经发现该种产品，有权拒绝购买，并可依法要求政府有关部门进行查处，如因使用该种商品遭受损失的，有权提出索赔的要求。

（二）知情权

知情权是指消费者享有知悉其购买、使用的商品或接受的服务的真实情况的权利。

由于科技的进步和生产力的发展，商品的种类、品牌、性能、用途等日益复杂，由此带来了质量、价格等方面的巨大差异。面对如此繁杂的消费品市场，了解和掌握商品和服务的真实情况，往往是消费者决定是否购买某种商品或接受某项服务的前提。所以知情权是消费者的一项基本权利，《消费者权益保护法》第8条对此作了明确规定。知情权主要有以下几层含义：

1. 消费者有权要求经营者按照法律、法规规定的方式标明商品或服务的真实情况。例如商品或服务的价格，必须实行明码标价制度。

经营者所提供的有关商品或服务的信息不实，或者因其引人误解的宣传而使消费者接受该商品或服务时，消费者可援引《中华人民共和国民法通则》第4条："民事活动应当遵循自愿、公平、等价有偿、诚实信用的原则。"及第58条第1款："一方以欺诈胁迫的手段或者乘人之危，使对方在违背其真实意思的情况下所为的行为无效"等法律依据，主张彼此的交易无效。如果消费者权益受到损害的，还可以向经营者索赔，并可请求有关部门对经营者的违法行为予以惩处。

2. 消费者享有询问和了解商品或服务的具体情况的权利。

《消费者权益保护法》第8条第2款明确规定了消费者可以要求经营者提供有关商品或服务的信息的内容，可以分为三类：（1）关于商品或服务的基本情况，包括商品名称、商标、产地、厂商、生产日期等；（2）有关技术状况的表示，包括商品用途、性能、规格、等级，所含成分、有效期等；（3）有关销售状况，包括价格、售后服务等。

对于其中的多数情况，消费者较易知悉，但对于商品和服务的技术状况，消费者往往难以了解，而且在出现问题时举证较难。对此，我国《民事诉讼法》在产品造成消费者人身、财产伤害时，规定了举证责任倒置的方法，即只要消费者能够证明产品是何人生产或者何人销售，能够证明自己的伤害存在且确系因该种商品或该种服务所致，即可以向法院主张权利救济，消费者不必证明商品确实存在缺陷。这也是产品责任法发展至今，对处于弱者地位的消费者的特别保护。

（三）自主选择权

自主选择权是指消费者享有自主选择商品或服务的权利，它是《民法通则》规定的自愿原则在消费领域中的体现。《消费者权益保护法》第9条对此作了明确规定。消费者的自主选择权包括：

1. 自主选择经营者的权利。这是消费者自主选择交易对象的权利。经营者或者其他单位不得强制消费者必须购买某一家的商品或不得购买某一家的商品。

在现实生活中，一些行政性垄断行业单位或公用企业，利用自己的经营优势，规定消费者必须购买自己的商品，或购买其指定的商品，或接受自己提供的服务，这些行为同时违反了《消费者权益保护法》和《反不正当竞争法》。

2. 自主选择商品品种或服务方式的权利。消费者有权依自己的消费习惯、兴趣爱好、经济条件等决定自己将购买、使用何种商品或接受何种服务。消费者在选择时，经营者不得干涉，更不能违背消费者的意愿强行搭售商品。

3. 自主决定购买或者不购买任何一种商品，接受或者不接受任何一种服务的权利。这是自主选择权的最终体现，它是指消费者的选择范围不受限制，经营者不得干涉和阻挠。

4. 自由选择商品或服务时的比较、鉴别、挑选权。这是消费者自主选择权不可缺少的组成部分。所谓"货比三家"，才能知道商品的品质、价格是否合适。消费者希望在同类商品中选择自己最满意、最称心的商品，经营者应当正确对待和理解消费者的购物心理，协助消费者完成这一重要权利的行使。

需要说明的是消费者在行使自主选择权时有两个问题应予注意：第一，合法行使。即不得滥用这一权利，必须符合法律规定，尊重社会公德和商业惯例，不侵犯他人合法权益。第二，行使自主选择权时不排除经营者向消费者介绍、推荐商品和服务。

（四）公平交易权

消费者享有公平交易的权利，是指消费者在购买商品或接受服务时所享有的获得质量保障和价格合理、计量正确等公平交易条件的权利。根据《消费者权益保护法》第10条之规定，它包含以下方面的内容：

1. 质量保证。对于商品或者服务的质量的保证，是公平交易的前提之一。只有获得了质量保证，才能体现公平。没有质量保障的商品和服务，不仅不能满足消费者的需求，致使消费者遭受财产损失，还可能危及消费者的人身健康甚至生命安全。

2. 合理的价格。这是公平交易的重要内容。价格合理是指商品或服务的价格与其实际价值相符。价格是否合理直接关系消费者的经济利益，经营者在制定商品价格和收费标准时，必须按照国家规定的权限和程序以及有关法律规定执行，做到按质论价，质价相符。我国的价格体系目前仍有不同的定价原则，比如市场价、计划价、指导价等。在有国家定价或国家指导价的情况下，经营者要按照国家定价或指导价销售商品或收取服务费用；对于由市场自动调节的商品或服务的定价，应按关于禁止谋取暴利的规定，制定合理的价格。对于违反规定提级抬价或层层加价、自立名目滥收费的经营者，消费者可要求有关部门予以处罚。

3. 计量正确。公平交易权的实现还需要计量正确的保证。计量正确包括两方面：一是计量器具的使用要符合法律、法规的规定。使用何种器具，应当按照有关计量法规的规定执行；二是计量准确、数量充足。要求经营者在提供商品或服务时，计量应当准确无误，不得缺斤少两，坑害消费者。

4. 有权拒绝经营者的强制交易行为。强制交易行为，如商品搭售等，是违背消费者真实意愿而建立的一种交易关系，它损害了消费者自主选择商品或服务的权利，当然也是违背公平交易原则的。

（五）索赔权

消费者的索赔权，是指依照《消费者权益保护法》第 11 条之规定："消费者因购买、使用商品或者接受服务受到人身、财产损害的，享有依法获得赔偿的权利。"索赔权是对消费者安全权、自主选择权、公平交易权的保障，也是在这些权利受到损害时的一种补偿措施。关于索赔权的行使，要明确以下几点：

1. 索赔主体。在确定索赔主体时，不能仅局限于购买、使用商品或接受服务的主体本身，也应当包括没有购买商品却使用商品的消费者。如某人买了某厂家生产的啤酒，啤酒瓶的爆炸炸伤了应邀参加聚会的朋友。还应当包括既未购买商品，也未使用商品的第三人。如某人买来的电暖器不合格引起火灾，使邻居家的财产被烧毁等。上述两种人虽不是商品的购买者和使用者，也不是接受服务者，但他们的损害却都是由于（相关人）购买、使用该种商品或接受该项服务而引起，法律应赋予他们同等的索赔权利。

2. 索赔权的范围。索赔权的范围，即赔偿损失的范围，除法律另有规定或当事人另有约定外，损失的范围包括财产损害和精神损害。其中财产损害不仅包括购买、使用商品本身和与之相关财产的直接损失，也包括因使用商品或接受服务造成消费者身体上的损害，即间接损失。这在我国一律划入财产损失范围内。索赔权只是消费者请求损害赔偿的方式之一，此外消费者还可以通过《民法通则》规定的承担民事责任的其他方式，来保护自己的权益。

（六）结社权

结社权是指消费者享有依法成立维护自身合法权益的社会团体的权利。其最基本的依据是《宪法》第 35 条规定的公民的结社权。《消费者权益保护法》第 12 条对此也作了规定。

消费者的结社权是随着消费者运动的兴起和发展而在法律上的必然表现。以维护消费者权利为宗旨的团体的建立，使得消费者从分散、弱小走向集中和强大，并通过集体的力量来改变自己的弱者地位，以便与实力雄厚的经营者相抗衡。这种团体，目前在我国主要是中国消费者协会和地方各级消费者协会。现今世界各国的消费者团体又在不同的领域成立了专门性社团，各团体的合作不断加强。我国于1987年9月被接纳为国际消费者联盟的正式会员。

（七）获得有关知识权

获得知识权是指消费者享有获得有关消费和消费者权益保护方面的知识的权利。根据《消费者权益保护法》第13条的规定，获得有关知识，提高自我保护能力，既是消费者的权利，也是消费者的义务，从而使保护消费者合法权益的义务不仅仅落在生产者、经营者和提供服务者身上。在现今立法中，把消费者错误使用商品造成损害的法律责任排除于生产者和销售者的责任之外的趋势已经出现。

消费者有获得知识权的内容包括两方面：一是消费知识。消费知识是消费者在进行消费活动时所应掌握的与商品和服务有关的基本知识，包括消费心理、商品和服务的基本常识以及市场的基本知识。二是消费者权益保护的知识。一般是指我国有关法律法规规定的对消费者权益进行保护的知识，如保护消费者合法权益的法律规定、消费者有哪些基本权利、消费者权益保护的机构、途径以及消费争议的解决方式等。

（八）受尊重权

受尊重权是指消费者在购买、使用商品和接受服务时所享有的其人格尊严、民族风俗习惯得到尊重的权利。《消费者权益保护法》第14条规定了这一权利。它包括两方面的内容：

1. 消费者的人格尊严在消费过程中应得到尊重。公民的人格尊严权主要是指公民的姓名、名誉、荣誉、肖像等权利。在消费领域中，公民作为消费者，在与生产者、经营者、提供服务者进行交易或者签订其他形式的消费合同时，其名誉、荣誉、肖像不受侵犯，这是消费者应享有的起码权利，但由于长期计划经济体制形成的官商合一的弊端的影响，致使侵犯消费者人格尊严的行为时有发生，如商店保安人员对顾客身体和随身物品的非法搜查、扣押等。《消费者权益保护法》对这类事件的处理有明确规定：侵害消费者的人格尊严或者侵犯消费者人身自由的，应当停止侵害，为消费者恢复名誉、消除影响、赔礼道歉并赔偿损失。我国《刑法》还规定了严重侵犯公民人格尊严和人身自由的行为的刑事责任，这些法律规定对消费者权益的保护有着十分重要的意义。

2. 消费者的民族风俗习惯受到尊重的权利。我国是一个统一的多民族国家，各个民族的风俗习惯体现了本民族的历史传统以及生产、生活方式。民族团结首先就体现在民族平等，尊重少数民族的风俗习惯上。我国《宪法》和《民族区域自治法》中都明确了各民族都有保护或者改革自己的风俗习惯的自由。因此，在消费过程中，尊重少数民族在服饰、饮食、礼节等方面的风俗习惯，不仅是关系民族感情问题，也是一个遵守法律的问题。

（九）监督批评权

监督权是指消费者享有对商品或者服务以及保护消费者权益工作进行监督的权利。依照《消费者权益保护法》第15条的规定，监督权包括以下几个方面；

1. 对商品和服务进行监督。其监督的内容是多方面的：（1）对价格的监督，监督经营者是否做到对商品的明码标价，是否违反了有关商品价格的规定，是否有牟取暴利的行为等。（2）对商品质量进行监督，消费者对生产者违反有关产品质量法规的行为，对质量低劣的服务行为，有权予以批评、监督。

2. 对消费者权益保护工作的监督。消费者是消费领域的主体，消费者权益保护工作的好坏，直接关系到消费者的切身利益。其监督主要包括：（1）对消费者权益立法的监督。国家在制定消费政策或消费者权益保护立法等工作时，应广泛征求消费者及消费者组织的意见和建议。（2）对于消费者权益保护法律的实施进行监督。这主要指有关执法部门忽视消费者权益，对侵害消费者合法权益的行为查处不力时，消费者有权予以批评或者质询，提出意见和建议等。

3. 有权检举、控告侵害消费者权益的行为和国家机关及其工作人员在保护消费者权益工作中的违法失职行为。对于侵害消费者权益的行为，能够接受消费者检举和控告的机关主要有司法机关、工商、物价、卫生、商检等诸多部门。《消费者权益保护法》赋予消费者检举、控告国家机关及其工作人员违法失职行为的权利，既为消费者维护自身的权益提供了法律武器，又可督促执法机关及其工作人员认真执法。

第三节　经营者的义务

一、经营者义务的概念

经营者的义务，是指经营者在消费领域内，依照法律的规定或者合同的约定所必须履行的某种责任。经营者的义务是消费者权利不受侵犯的前提条件，即经营者只有一丝不苟地履行义务，才能使消费者的权利切实得到保障。同时，经营者的义务又是其承担法律责任的根据，即经营者只有在不履行义务并给消费者权利造成损害时，才承担法律责任。

可见，经营者的义务和消费者的权利是相对应的。作为专门用来保护消费者权益的法律，如果只规定消费者的权利而不规定经营者的义务，消费者的权利就没有保证。所以，《消费者权益保护法》专门在第三章规定了经营者的义务。

二、经营者义务的内容

（一）依据法律或约定履行义务

这是《消费者权益保护法》第16条的规定。此条规定将经营者的义务分为法定义务和约定义务两种。

1. 法定义务。所谓法定义务，是指由国家立法机关或有权机关制定的法律、法规中明确规定经营者所必须履行的某种责任。

经营者在向消费者提供商品或服务时，应首先依照《产品质量法》的有关规定履行其法定义务。此外，经营者还应当遵守其他法律、法规所规定的法定义务，如《食品卫生法》、《计量法》等。需要明确的是，经营者的法定义务属于经营者的默示担保范畴，无论消费者是否就经营者的法定义务与经营者进行协商约定，都不能免除经营者的法定义务。法定义务的不履行将会使经营者受到以国家强制力为后盾的法律制裁。

2. 约定义务。经营者与消费者之间在交易时可就双方的权利义务进行约定。在不违背法律、法规的前提下，这种约定受法律的承认和保护。经营者单方违约时，也要承担相应的法律责任。

（二）听取意见和接受监督的义务

《消费者权益保护法》第17条规定："经营者应当听取消费者对其提供的商品或服务的意见，接受消费者的监督。"

（三）保证商品和服务安全的义务

这是与消费者的安全保障权相对应的经营者的义务。《消费者权益保护法》第18条对此有明确规定。经营者履行该项义务时，必须做到以下几点：

1. 经营者对可能危及消费者人身、财产安全的商品或者服务，有警示说明的义务。警示必须明确、通俗易懂。

2. 说明或者标明正确使用商品或接受服务的方法，以及防止危害发生的方法。例如燃气热水器事故的发生，常常是因为经营者没有告知消费者该商品要分室安装。

3. 经营者发现其提供的商品或者服务存在严重缺陷，即使正确使用，仍然可能对消费者人身、财产安全造成危害的，应当立即向有关行政主管部门报告，及时告知消费者，并采取防止危害发生的措施。

（四）提供商品和服务真实信息的义务

依据《消费者权益保护法》第19条之规定，经营者有义务向消费者提供商品或服务的真实情况。这是与消费者的知悉真情权相对应的经营者的一项义务。它包含三方面的内容：

1. 经营者不得作引人误解的虚假宣传。经营者必须实事求是、真实负责地向消费者提供商品和服务的信息，不得用虚假、夸大的广告等信息传播手段来欺骗消费者。

2. 经营者对消费者提出的有关商品或者服务的质量和使用方法等问题，应当作出真实明确的答复。

3. 明码标价。商品和服务的价格是否真实，关系到消费者的合法权益是否受到侵害。明码标价，是指将标明价格金额的标签放置于醒目并不易与其他商品相混淆的位置，便于消费者了解、判断和选择。

（五）标明真实名称和标记的义务

名称和标记是经营者之间相互区别的文字符号和特殊标识。经营者的名称是其法律人格的体现，而其标记往往比名称更能给消费者以深刻的印象。经营者的名称和标记在消费领域中的重要作用，就是区别不同的经营主体，区别商品和服务的来源。依照《消费者权益保护法》第20条之规定，经营者的此项义务有两方面的要求：

1. 经营者应当标明其真实名称和标记。严禁擅自改变、转让自己的名称，更不准假冒、仿冒他人的企业名称或标志。

2. 租赁他人柜台或场地的经营者应当标明真实名称和标记。

依照《消费者权益保护法》第38条的规定，消费者在展销会、租赁柜台购买商品或接受服务受到损害的，可以向销售者或服务者要求赔偿；展销会结束或柜台租赁期满后，也可以向展销会的举办者、柜台的出租者要求赔偿。

（六）出具购货凭证和服务单据的义务

购货凭证是销售者与购买者之间在买卖合同履行后向购买者出具的书面凭证，如销货凭证、行业发票等。服务单据是服务业的经营者向消费者出具的证明服务合同的书面凭证，如行业发票、车船票等。这些书面凭证使经营者与消费者之间的交易行为有据可查，有利于保护消费者实现获得赔偿的权利。

（七）保证商品或服务质量的义务

关于经营者应当保证商品或服务的质量的义务，其法律规定散见于诸多法律中。如我国的《产品质量法》、《药品管理法》、《食品卫生法》以及一些行政法规和规章中都有这方面的规定。《消费者权益保护法》第22条又从保护消费者的角度对经营者的这一义务作了概括性规定。

（八）履行"三包"或其他责任的义务

所谓"三包"，是指包修、包换、包退。对某些商品，特别是高档耐用消费品、家用电器等在保修期内实行"三包"，是国家督促经营者提高生产和服务质量，维护广大消费者权益的重要措施。

"三包"的基本内容是：经营者对于实行"三包"的商品，如果在一定期限内质量发生问题，便有免费修理、更换、退货的义务；经营者如果不履行"三包"的义务，则应当承担赔偿损失的民事责任。目前，国家对有关商品实行"三包"的规定主要是对部分家用电器作出，很多商品比如手机等，国家没有列入"三包"的规定，消费者可与经营者自行约定"三包"的具体内容。

（九）不得以格式合同等方式损害消费者利益的义务

格式合同又称标准合同，是经营者事先拟定的对于消费者和经营者双方的权利义务作出规定的合同。格式合同的优点是内容完整详尽且可缩短交易过程，节省交易成本，但这种单方面的规定往往使经营者作出有利于自己而不利于消费者的不公平、不合理的规定。如"商品售出概不退换"、"商店有权检查顾客携带的包袋"等等。为此，《消费者权益保护法》第 24 条规定："经营者不得以格式合同、通知、声明、店堂告示等方式作出对消费者不公平、不合理的规定，或者减轻、免除其损害消费者合法权益应当承担的民事责任。"

格式合同、通知、声明、店堂告示等含有前款所列内容的，其内容无效。

（十）尊重消费者人格权的义务

人格权作为公民所享有的基本权利，主要包括姓名权、名誉权、荣誉权、肖像权、生命健康权等内容。《消费者权益保护法》在规定了消费者享有人格尊严不受侵犯的权利之后，又在第 25 条规定了经营者有尊重消费者人格尊严的义务，即经营者不得对消费者进行侮辱、诽谤，不得搜查消费者的身体及其携带的物品，不得侵犯消费者的人身自由。

第四节 消费争议的解决

一、消费争议的概念和特点

消费争议，是指消费者与经营者在购买使用商品、接受和提供服务中因权利、义务关系产生的纠纷。

消费争议千差万别，但其共同之处在于：第一，消费争议的核心是消费者的权利或经营者的义务；第二，消费争议是在消费领域或消费过程中产生；第三，它是一种民事争议，其解决的途径具有显著的民事纠纷处理的特点。

二、消费者赔偿主体的确定

在市场经济条件下，各种经济关系复杂，消费者在不同的交易活动中所受损害的原因各不相同。为有效解决消费纠纷，就必须首先明确责任主体或消费者的赔偿主体。对此，《消费者权益保护法》以谁损害消费者权益就负责赔偿、方便消费者为原则，对消费赔偿主体作了明确规定：

1. 消费者既可以向销售者（服务者）索赔，也可以向生产者索赔。销售者和生产者所负的是连带责任，不得互相推诿。

2. 原企业损害了消费者利益后变更的，由变更后承受其权利义务的企业赔偿。如果企业合并，就由合并后的企业承担赔偿责任。

3. 使用他人营业执照的违法经营者损害了消费者权益，由经营者或营业执照持有人负责赔偿。

4. 消费者因虚假广告购买商品或接受服务，其合法权益受损害的，可以向经营者要求赔偿。如果广告的经营者不能向消费者提供经营者的真实名称、地址，应由广告的经营者（如报社等）向消费者承担赔偿责任。

三、争议解决的途径

根据《消费者权益保护法》第34条的规定，消费者与经营者发生消费争议的，可以通过以下途径解决：

1. 与经营者协商和解；
2. 请求消费者协会调解；
3. 向有关行政部门申诉；
4. 提请仲裁机构仲裁；
5. 向法院提起诉讼。

第五节　法律责任

对消费者权益的保护，即是对经营者侵权行为的制裁。根据经营者侵权行为的性质、危害程度等情况的不同，其法律责任分为以下三种：

一、民事责任

（一）经营者侵犯消费者财产权利的民事责任

1. 经营者提供的商品或服务造成消费者财产损害的，经营者负有修理、重作、更换、退货、补足商品数量、退还货款和服务费用或赔偿损失的责任。

2. 经营者提供的商品不合格的，消费者如果要求退货，经营者应负责退货。

3. 经营者提供商品或服务有欺诈行为的，已不仅仅是产品责任问题，对经营者的法律责任不仅具有赔偿性，还有制裁性。法律要求经营者增加赔偿消费者受到的损失，增加赔偿金额为消费者购买商品价款或者接受服务费用的一倍。

（二）经营者侵犯消费者人格尊严或人身自由应承担的民事责任

1. 消费者人身受到伤害，经营者未构成犯罪的，要负赔偿责任。赔偿内容包括医疗费、护理费、因误工减少的收入、残疾者的生活自助器具费、生活补助费等。构成犯罪的，要承担刑事责任，但并不排除或减轻其民事赔偿责任。

2. 经营者提供商品或者服务，造成消费者或其他受害人死亡的，应当支付丧葬费、赔偿金以及死者生前抚养的人所必需的生活费等费用。

3. 侵害消费者的人格尊严或人身自由的，应当停止侵害，恢复名誉、消除影响、赔礼道歉，并赔偿精神损失。

二、行政责任

经营者违法经营，侵犯消费者合法权益，除依法承担民事责任外，还应承担相应的行政责任，受到行政处罚。

（一）应当给予行政处罚的违法经营行为

根据《消费者权益保护法》第50条的规定，应当承担行政处罚的行为主要有以下八种：

1. 生产、销售的商品不符合保障人身、财产安全要求的。

2. 在商品中掺杂、掺假，以假充真、以次充好，或者以不合格商品冒充合格商品的。

3. 生产国家明令淘汰的商品或者销售失效、变质的商品的。

4. 伪造商品的产地，伪造或者冒用他人的厂名、厂址，伪造或者冒用认证标志、名优标志等质量标志的。

5. 销售的商品应当检验、检疫而未检验、检疫或者伪造检验、检疫结果的。

6. 对商品或者服务作引人误解的虚假宣传的。

7. 对消费者提出的修理、重作、更换、退货、补足商品数量、退还货款和服务费用或者赔偿损失的要求，故意拖延或者无理拒绝的。

8. 侵害消费者人格尊严或人身自由的。

（二）行政处罚方式

依据《消费者权益保护法》第50条，行政处罚方式有以下几种：（1）责令改正；（2）警告；（3）没收非法所得；（4）罚款；（5）责令停业整顿；（6）吊销经营执照。

三、刑事责任

（一）《消费者权益保护法》中关于刑事责任的规定

1. 第41条规定，经营者提供商品或服务，造成消费者人身伤害并构成犯罪的，依法追究刑事责任。

2. 第42条规定，经营者提供商品或服务，造成消费者死亡并构成犯罪的，依法追究刑事责任。如近年的山西假酒案等。

3. 第52条规定，以暴力、威胁等方法阻碍有关行政工作人员依法执行职务的，依法追究刑事责任。

4. 第53条规定，国家机关工作人员玩忽职守或者包庇经营者侵害消费者合法权益的行为，情节严重、构成犯罪的，依法追究刑事责任。

（二）追究刑事责任的刑罚手段

侵害消费者利益的犯罪是整个社会犯罪的一部分，属于刑法调整的范围。我国《刑法》中关于刑罚的种类及其具体运用的有关规定，均适用于侵害消费者利益的犯罪。

附　录：

一、案例分析

（一）案情

2001年5月，李小姐和同事去某超市购物。该超市的入口处写着：大型皮包等不得带入，本超市保留对顾客进行检查的权利。当李小姐走出收银台后，该超市两名保安将其截住，说刚才收银台检测机信号响了，因此需要检查小姐是否带了超市中的东西出来没有付钱。李小姐感到很气愤，随保安人员来到商场的办公室里，并脱下外衣，打开手提包让保安检查，结果一无所获。李小姐深感屈辱，要求商家道歉并赔偿精神损失。商家答复说：本店在入口处明确写着保留对顾客进行检查的权利，李小姐既然已经进入超市购物，表明其已同意这一声明，因此在双方之间已达成了一项约定，商店不应承担责任，并且对李小姐的检查是在商家办公室里进行，没有第三人在场，因此不构成对李小姐的侮辱。

（二）问题

1. 本案超市门口所写的声明是否有效？为什么？

2. 李小姐可以通过哪些途径解决自己与该超市的争议？

二、案例分析答案要点

1. 该声明无效。因为其内容违法，它只是商家单方意思表示，它的内容侵犯了顾客的人格尊严。

2. 李小姐可以与经营者协商调解；请求消费者协会调解；向有关行政部门申诉；向人民法院起诉。

三、本章复习思考题

1. 如何界定消费者？

2. 消费者有哪些具体的权利？

3. 经营者有哪些义务？

4. 消费赔偿主体怎样确定？

5. 应当如何加强对消费者权益的保护？

第十二章　产品质量法律制度

第一节　产品质量法概述

一、产品质量法的概念

产品质量法是调整产品质量监督管理关系和产品质量责任关系的法律规范的总称。

1993年2月22日第七届全国人大常委会第三十次会议通过了《中华人民共和国产品质量法》（以下简称《产品质量法》），并于1993年9月1日起生效。2000年7月8日第九届全国人大常委会第十六次会议对《产品质量法》作了重大修改，修改后的《产品质量法》共6章74条，自2000年9月1日起施行。

二、产品质量法的调整对象

根据《产品质量法》第2条的规定，产品质量法的调整对象包括两个方面：一是产品质量监督管理关系，即各级产品质量监督管理部门与生产者、销售者之间在产品质量监督管理过程中产生的社会关系，这种关系带有行政管理的性质；二是产品质量责任关系，即产品的生产者、销售者与产品的消费者之间因产品缺陷而产生的产品质量责任关系，它是一种民事关系。

《产品质量法》所称产品，是指经过加工、制作，用于销售的产品，不包括建设工程和虽经加工、制作，但不用于销售的产品以及天然物品。建设工程使用的建筑材料、建筑配件和设备属于经过加工、制作，用于销售的，适用《产品质量法》的规定。

三、制定和修改产品质量法的意义

质量问题是经济发展中的一个战略问题，质量工作是经济工作的重要组成部分，质量水平的高低是一个国家经济、科学、教育和管理水平的综合反映，是影响国民经济和对外贸易发展的重要因素之一。十一届三中全会以后，我国确立了“质量第一”的战略方针，开始推行全面质量管理，重视质量立法工作，相继制定了数十个与质量有关的法规。1993年《产品质量法》的正式颁布，标志着我国产品质量立法迈出了重要的一步，为产品质量的监督管理和保护消费者的合法权益提供了法律依据，对产品质量的法律制度建设起了巨大的推动作用。该法实施七年后，我国产品质量情况又有许多新的变化，对产品质量有了更高的要求，为此，九届全国人大常委会第十六次会议于2000年7月对《产品质量法》作了较大幅度的修改，可以说，这次修改是具有现实意义和战略意义的一次修改。其重要意义着重体现在以下几个方面：

（一）加强对产品质量的监督管理，提高产品质量水平

改革开放以来，我国的产品质量有了很大提高，但产品质量差、消耗高、经济效益低，仍然是经济建设中的一个突出问题。要解决产品质量问题，主要靠市场竞争，优胜劣汰，使企业自觉地在市场竞争中提高自己的产品质量，不断巩固和扩大自己的生存空间。作为政府也要采取必要的措施进行一定的宏观调控，对产品质量进行监督管理，为此，修改后的《产品质量法》一方面明确了企业产品质量自主管理的责任，另一方面规定了政府部门对产品质量监督的职责，并规定了严格的法律责任，将产品质量监督管理纳入法制化轨道，这无疑对我国加强产品质量监督管理，提高产品质量水平起到了巨大的促进和推动作用。

（二）保护消费者的合法权益

产品质量涉及千家万户，关系到广大人民群众的切身利益，是社会各界普遍关心的热门话题。在现实生活中，广大消费者反映比较强烈的是购买的商品质量得不到保证，假冒伪劣产品到处可见，坑害消费者的现象屡有发生，而且当消费者的权益受到侵害时，有关部门相互推诿、扯皮，无人承担责任，群众告状无门，合法的权益得不到保障。修改后的《产品质量法》提高了对消费者的保护程度，对与消费者权益有关的多个事项作了明确具体的规定，如：明确了产品质量责任，规定了民事赔偿制度，受损害的赔偿更为充分，为广大消费者解决因产品质量问题造成的人身伤害、财产损失的赔偿提供了更加有力的法律保障。

（三）维护社会的经济秩序

市场经济是法治经济，良好的市场经济环境和秩序，是发展市场经济的基础和条件，产品质量的好坏又直接关系到市场和社会的稳定、群众的生活质量和情绪，关系到国计民生和能否在国际市场上具有竞争能力，只有保证产品的质量才能有利于维护市场经济秩序。《产品质量法》的制定和修改，旨在通过

法律手段加强对产品质量的监督检查，严厉打击产品质量方面的制假售假行为，严惩产品质量方面的违法犯罪行为，治理整顿市场秩序，形成良好的社会经济秩序。

第二节 产品质量的监督

一、产品质量的监督体制

产品质量的监督体制，是确定国家和行业在产品质量监督方面的权限和职责范围。关于我国产品质量的监督体制，《产品质量法》第8条规定："国务院产品质量监督部门主管全国产品质量监督工作。国务院有关部门在各自的职责范围内负责产品质量监督工作。县级以上地方产品质量监督部门主管本行政区域内的产品质量监督工作。县级以上地方人民政府有关部门在各自的职责范围内负责产品质量监督工作。法律对产品质量的监督部门另有规定的，依照有关法律的规定执行。"根据这一规定，产品质量的监督体制既可分为"主管"和"负责"，又可以说是分为产品质量的"国家监督"和"行业监督"。

（一）产品质量的国家监督

国家监督是国家通过立法，授予特定的国家机关，代表政府以国家赋予的特定权利进行的监督。依照《产品质量法》第8条的规定，国务院产品质量监督部门和县级以上地方产品质量监督部门代表国家行使产品质量的监督权，主管全国和县级以上行政区域内的产品质量监督工作。

（二）产品质量的行业监督

行业监督是指产业的主管部门和企业主管部门对本行业、本系统产品质量的监督。《产品质量法》第8条所指的国务院有关部门和县级以上地方人民政府有关部门在各自的职责范围内负责产品质量监督工作，就属于行业监督。一般说来，国务院和县级以上地方人民政府的有关部门，包括产业主管部门、综合管理部门、企业主管部门等，这些部门对于产品质量的监督，依其职权范围划定，其主要职责是按照同级人民政府赋予的职权，负责本行业、本行政区域内产品质量的行业监督。

"法律对产品质量监督部门另有规定，依照有关法律的规定执行。"这是在监督体制上依照各有关规定进行衔接，使之依法分工，各行其职。如《食品卫生法》、《药品管理法》等法律对有关产品质量监督部门作了相关规定，需依照这些规定执行，同时也为将来新制定的法律还可能有相关规定留有余地。

二、产品质量的监督制度

根据《产品质量法》的规定，我国目前对产品质量的监督制度有以下几个方面：

（一）产品质量标准制度

《产品质量法》第12条规定："产品质量是应当检验合格，不得以不合格产品冒充合格产品。"同时，该法第13条进一步指出："可能危及人体健康和人身、财产安全的工业产品，必须符合保障人体健康和人身、财产安全的国家标准、行业标准；未制定国家标准、行业标准的，必须符合保障人体健康和人身、财产安全的要求。禁止生产、销售不符合保障人体健康和人身、财产安全的标准和要求的产品。"

国家标准是在全国范围内统一的标准。国家标准由国务院标准化行政主管部门制定。当前全国共有1.9万多项国家标准，其中80%为产品标准，20%为管理性标准。

行业标准主要是指全国性的各行业范围内统一的标准。行业标准由国务院有关行政主管部门制定，并报国务院标准化行政主管部门备案。制定行业标准应当遵守有关强制性国家标准的规定，行业标准不得与国家标准相抵触。当前全国有行业标准3万项，其中80%为产品标准，其他为管理性标准。

（二）企业质量体系认证制度

《产品质量法》第14条规定："国家根据国际通用的质量管理标准，推行企业质量体系认证制度。企业根据自愿原则可以向国务院产品质量监督部门认可的或者国务院产品质量监督部门授权的部门认可的认证机构申请企业质量体系认证。经认证合格的，由认证机构颁发企业质量体系认证证书。"

根据这一规定，我国企业质量体系认证的依据是国际通用的质量管理标准，即ISO9000质量管理和质量保证体系标准。企业质量体系认证的原则是自愿原则，即企业是否申请质量体系认证，由企业自主决定，不作强制性规定。企业质量体系认证的机构是国务院产品质量监督部门认可的或者国务院产品质量监督部门授权的部门认可的认证机构，即得到政府部门认可的独立的第三方质量体系认证机构，截止2000年6月，我国已经成立了34个企业质量体系认证机构，对近15000多个企业颁发了质量体系认证证书。

（三）产品质量认证制度

《产品质量法》第14条规定："国家参照国际先进的产品标准和技术要求，推行产品质量认证制度。企业根据自愿原则可以向国务院产品质量监督部门认可的或者国务院产品质量监督部门授权认可的认证机构申请产品质量认证。经认证合格的，由认证机构颁发产品质量认证证书，准许企业在产品或者其包装上使用产品质量认证标志。”产品质量认证的对象是产品，并且主要是指实物产品，这是与企业质量体系认证的显著区别之一。产品质量认证的依据是具有国际水平的国家标准或者行业标准，企业根据自愿原则向经政府部门认可的认证机构申请产品质量认证，经检验和评审合格，发给合格证书，允许在被认证的产品及其包装上使用特定的认证标志。目前，我国已组建了若干个产品质量认证委员会，已经开展了电产品、电动工具、电线电缆、低压电器、家用电器、电子元件、水泥、汽车安全玻璃、卫星地面接收器、食品、玩具、节能产品、药品等产品质量认证工作。1993 年以来，我国共有一万多家企业获得了 49 万张产品质量认证证书。

（四）产品质量监督检查制度

我国的产品质量监督检查制度包括两个方面：一是国家监督检查；二是消费者及有关组织的监督。

1. 国家对产品质量的监督检查。《产品质量法》第 15 条规定：“国家对产品质量实行以抽查为主要方式的监督检查制度，对可能危及人体健康和人身、财产安全的产品，影响国计民生的重要工业产品以及消费者、有关组织反映有质量问题的产品进行抽查。抽查的样品应当在市场上或者企业成品仓库内的待销产品中随机抽取。监督抽查工作由国务院产品质量监督部门规划和组织。县级以上地方产品质量监督部门在本行政区域内也可以组织监督抽查。法律对产品质量的监督检查另有规定的，依照有关法律的规定执行。”

根据这一规定，抽查是国家对产品质量进行监督检查最主要、最直接的办法，抽查的对象主要是可能危及人体健康和人身、财产安全的产品，影响国计民生的重要工业品以及消费者、有关组织反映有质量问题的产品。为了防止重复监督检查，减轻企业负担，《产品质量法》还规定：“国家监督抽查的产品，地方不得另行重复抽查。上级监督抽查的产品，下级不得另行重复抽查。检验抽取样品的数量不得超过检验的合理需要，并不得向被检查人收取检验费用，监督抽查所需检验费用按照国务院规定列支。”

此外，修改后的《产品质量法》还对产品质量抽查中出现不合格产品的处理以及监督抽查定期公告制度作了明确规定。依照产品质量法规定进行监督抽查的产品质量不合格的，由实施监督抽查的产品质量监督部门责令其生产者、销售者限期改正。逾期不改正的，由省级以上人民政府产品质量监督部门予以公告；公告后经复查不合格的，责令停业，限期整顿；整顿期满后经复查产品质量仍不合格的，吊销营业执照。国务院和省、自治区、直辖市人民政府的产品质量监督部门应当定期发布其监督抽查产品的质量状况公告。

2. 消费者及有关组织对产品质量的监督。《产品质量法》为了便于消费者对产品质量进行监督，赋予了消费者对于产品质量的查询权和申诉权，该法第22条明确规定："消费者有权就产品质量问题，向产品的生产者、销售者查询；向产品质量监督部门、工商行政管理部门及有关部门申诉，接受申诉的部门应当负责处理。"此外，为了更有效地保证消费者对产品质量的监督，《产品质量法》第23条明确了保护消费者权益的社会组织的建议权和支持起诉权，规定保护消费者权益的社会组织可以就消费者反映的产品质量问题建议有关部门负责处理，也可以支持消费者对因产品质量造成的损害向人民法院起诉。

第三节　生产者、销售者的产品质量责任和义务

一、生产者的产品质量责任和义务

根据《产品质量法》的规定，产品的生产者必须承担或履行下列责任和义务：

（一）对产品质量的要求

生产者要对其生产的产品质量负责。产品质量必须符合下列要求：

1. 不存在危及人身、财产安全的不合理的危险，有保障人体健康和人身、财产安全的国家标准、行业标准的，应当符合该标准。

2. 具备产品应当具备的使用性能，但是，对产品存在使用性能的瑕疵作出说明的除外。

3. 符合在产品或者其包装上注明采用的产品标准，符合以产品说明、实物样品等方式表明的质量状况。

（二）产品或其包装上的标志应当符合法定要求

产品或者其包装上的标志必须真实，并符合下列要求：

1. 有产品质量检验合格证明。

2. 有中文标明的产品名称、生产厂厂名和厂址。

3. 根据产品特点和使用要求，需要标明产品规格、等级、所含主要成分的名称和含量的，用中文相应予以标明；需要事先让消费者知晓的，应当在外包装上标明，或者预先向消费者提供有关资料。

4. 限期使用的产品，应当在显著位置清晰地标明生产日期和安全使用期或者失效日期。

5. 使用不当，容易造成产品本身损坏或者可能危及人身、财产安全的产

品，应当有警示标志或者中文警示说明。

裸装的食品和其他根据产品的特点难以附加标志的裸装产品，可以不附加产品标志。

此外，易碎、易燃、易爆、有毒、有腐蚀性、有放射性等危险物品以及储运中不能倒置和其他有特殊要求的产品，其包装质量必须符合相应要求，依照国家有关规定作出警示标志或者中文警示说明，标明储运注意事项。

（三）禁止生产者从事的行为

生产者生产的产品除了要符合法律规定的要求以外，为了保证消费者和其他生产者的合法权益得以充分实现，《产品质量法》第29条至第32条还规定了生产者不得从事下列行为：

1. 生产者不得生产国家明令淘汰的产品。

2. 生产者不得伪造产地，不得伪造或者冒用他人的厂名、厂址。

3. 生产者不得伪造或者冒用认证标志等质量标志。

4. 生产者生产产品，不得掺杂、掺假，不得以假充真，以次充好，不得以不合格产品冒充合格产品。

二、销售者的产品质量责任和义务

根据《产品质量法》规定的内容，可以将销售者的产品质量责任和义务，归纳为以下四个方面：

（一）进货检查验收的责任和义务

销售者应当建立并执行进货检查验收制度，验明产品合格证明和其他标志，如产品合格证、生产日期、认证标志等是否齐备。进货检查验收制度是销售者销售合格产品的前提条件，也是区分生产者和销售者责任的依据。

（二）保持产品质量的责任和义务

销售者应当采取措施，保持销售产品的质量。销售者应当根据产品的质量特性，采取相应的措施以保持产品进货时的质量状况。如果进货时产品符合质量要求，但销售时的产品出现缺陷，销售者就要承担相应的责任。

（三）销售的产品标志符合法定要求

销售者销售的产品的标识应当符合《产品质量法》第27条的规定。其产品标志与生产者的产品或者其包装上的标志要求相同。

（四）禁止销售者从事的行为

《产品质量法》第35条、第37条至第39条规定了销售者不得从事下列行为：

1. 销售者不得销售国家明令淘汰并停止销售的产品和失效、变质的产品。

2. 销售者不得伪造产地，不得伪造或冒用他人的厂名、厂址。

3. 销售者不得伪造或者冒用认证标志等质量标志。

4. 销售者销售产品，不得掺杂、掺假，不得以假充真，以次充好，不得以不合格产品冒充合格产品。

第四节　损害赔偿

损害赔偿，是指产品的生产者、销售者因生产、销售的产品质量不符合合同约定或存在缺陷，给消费者造成损失的，应当承担的赔偿责任。这里所说的“缺陷”，是指产品存在危及人身、他人财产安全的不合理的危险；产品有保障人体健康、人身、财产安全的国家标准、行业标准的，是指不符合该标准的。为了保护消费者的合法权益，我国《产品质量法》确立了以严格责任为主的产品质量责任原则，即不论产品的生产者、销售者主观上有无过错，只要因产品质量问题造成损失的，均应承担责任。

一、生产者的损害赔偿责任

《产品质量法》第 41 条规定：“因产品存在缺陷造成人身、缺陷产品以外的其他财产（以下简称他人财产）损害的，生产者应当承担赔偿责任。”

产品存在缺陷是承担产品质量责任的基础。实践中，产品缺陷一般表现为设计缺陷、制造缺陷和说明缺陷。设计缺陷是指产品在设计上存在不合理、不妥当的因素，如设计结构上、安全系数上的不合理，导致产品存在潜在的危险；制造缺陷是指产品由于加工、制作、装配等方面的原因，导致产品存在危及人身、财产安全的危险；说明缺陷是指由于产品本身的特性就具有一定的危险性，由于生产者未能用警示标志或警示说明，明确地告诉使用者使用时应注意的事项，而导致产品存在不合理的危险。此外，从方便对缺陷产品的认识角度出发，《产品质量法》还将不符合保障人体健康，人身、财产安全的国家标准、行业标准的产品规定为缺陷产品。

当然，生产者并非在任何情况下均承担因产品缺陷造成的损害赔偿责任。《产品质量法》第 41 条第 2 款规定，生产者能够证明有下列情形之一的，不承担赔偿责任：

（一）未将产品投入流通的；

（二）产品投入流通时，引起损害的缺陷尚不存在的；

（三）将产品投入流通时的科学技术尚不能发现缺陷存在的。

二、销售者的损害赔偿责任

销售者的损害赔偿责任主要有两种情况：一种是因产品质量问题引起的违约责任，另一种是因产品缺陷给他人造成损害的侵权责任。

（一）销售者因售出产品的质量问题应承担的违约责任

《产品质量法》第40条规定："售出的产品有下列情形之一的，销售者应当负责修理、更换、退货；给购买产品的消费者造成损失的，销售者应当赔偿损失：

1. 不具备产品应当具备的使用性能而事先未作说明的。
2. 不符合在产品或者其包装上注明采用的产品标准的。
3. 不符合以产品说明、实物样品等方式表明的质量状况的。

销售者依照前款规定负责修理、更换、退货、赔偿损失后，属于生产者的责任或者属于向销售者提供产品的其他销售者（以下简称供货者）的责任的，销售者有权向生产者、供货者追偿。销售者未按照第一款规定给予修理、更换、退货或者赔偿损失的，由产品质量监督部门或者工商行政管理部门责令改正。生产者之间，销售者之间，生产者与销售者之间订立的买卖合同、承揽合同有不同约定的，合同当事人按照合同约定执行。"

上述规定，就是《产品质量法》关于销售者对售出产品的质量问题应承担的违约责任的法律规定。

（二）销售者因产品缺陷给他人造成损害时应承担的侵权责任

《产品质量法》第42条规定："由于销售者的过错使产品存在缺陷，造成人身、他人财产损害的，销售者应当承担赔偿责任。销售者不能指明缺陷产品的生产者也不能指明缺陷产品的供货者的，销售者应当承担赔偿责任。"这是《产品质量法》关于销售者因产品缺陷给他人造成损害时应承担的侵权责任的规定。

三、受害人要求赔偿的对象、范围和时效

（一）受害人要求赔偿的对象

根据《产品质量法》第43条的规定，因产品存在缺陷造成人身、他人财产损害的，受害人可以向产品的生产者要求赔偿，也可以向产品的销售者要求赔偿。属于产品的生产者的责任，产品的销售者赔偿的，产品的销售者有权向产品的生产者追偿。属于产品的销售者的责任，产品的生产者赔偿的，产品的生产者有权向产品的销售者追偿。

（二）受害人要求赔偿的范围

《产品质量法》第44条规定："因产品存在缺陷造成受害人人身伤害的，侵害人应当赔偿医疗费、治疗期间的护理费、因误工减少的收入等费用；造成残疾的，还应当支付残疾者生活自助器具费、生活补助费、残疾赔偿金以及由其扶养的人所必需的生活费等费用；造成受害人死亡的，并应当支付丧葬费、死亡赔偿金以及由死者生前扶养的人所必需的生活费等费用。因产品存在缺陷造成受害人财产损失的，侵害人应当恢复原状或者折价赔偿。受害人因此遭受其他重大损失的，侵害人应当赔偿损失。"

有关损害赔偿的这一条款，对原有条款所作的修改使得对赔偿费用的规定变得更为具体明确，增加了几项赔偿费用，对受害人利益的保护更为有力，也更具有可操作性。

（三）受害人要求赔偿的时效

时效是指受害人因产品存在缺陷造成损害要求赔偿的有效期限。《产品质量法》第45条就赔偿时效作了明确规定。

1. 因产品存在缺陷造成损害要求赔偿的诉讼时效期间为二年，自当事人知道或者应当知道其权益受到损害时起计算。

2. 因产品存在缺陷造成损害要求赔偿的请求权，在造成损害的缺陷产品交付最初消费者满十年丧失；但是，尚未超过明示的安全使用期的除外。

四、产品质量纠纷的解决

因产品质量发生民事纠纷时，当事人可以通过协商或者调解解决。当事人不愿通过协商、调解解决或者协商、调解不成的，可以根据当事人各方的协议向仲裁机构申请仲裁；当事人各方没有达成仲裁协议或者仲裁协议无效的，可以直接向人民法院起诉。仲裁机构或者人民法院可以委托符合法律规定的产品质量检验机构，对有关产品质量进行检验。

第五节　法律责任

根据《产品质量法》的规定，凡违反产品质量法规定的，要承担相应的法律责任，包括民事责任、行政责任和刑事责任。

一、民事责任

（一）违反《产品质量法》有下列情形之一的，产品的生产者、销售者应当负责修理、更换、退货，给购买产品的消费者造成损失的，应当赔偿损失：

1. 不具备产品应当具备的使用性能而事先未说明的。

2. 不符合在产品或者其包装上注明采用的产品标准的。

3. 不符合以产品说明、实物样品等方式表明质量状况的。

（二）因产品缺陷造成受害人人身伤害的，侵害人应当赔偿医疗费、治疗期间的护理费、因误工减少的收入等费用；造成残疾的，还应支付残疾者生活自助工具费、生活补助费、残疾赔偿金以及由其扶养的人所必需的生活费等费用；造成受害人死亡的，并应当支付丧葬费、死亡赔偿金以及由死者生前抚养的人所必需的生活费等费用。

因产品存在缺陷造成受害人财产损失的，侵害人应当恢复原状或者折价赔偿。受害人因此遭受其他重大损失的，侵害人应当赔偿损失。

（三）产品质量检验机构、认证机构出具的检验结果或者证明不实，造成损失的，应当承担相应的赔偿责任。

产品质量认证机构对不符合认证标准而使用认证标志的产品，未依法要求其改正或者取消其使用认证资格，给消费者造成的损失，与产品的生产者、销售者共同承担连带责任。

（四）社会团体、社会中介机构对产品质量作出承诺、保证，而该产品又不符合其承诺、保证的质量要求，给消费者造成损失的，与产品的生产者、销售者共同承担连带责任。

二、行政责任

（一）生产、销售不符合保障人体健康和人身、财产安全的国家标准、行业标准的产品的，责令停止生产、销售，没收违法生产、销售的产品，并处违法生产、销售产品（包括已售出和未售出的产品，下同）货值金额等值以上三倍以下的罚款；有违法所得的，并处没收违法所得；情节严重的，吊销营业执照。

（二）在产品中掺杂、掺假，以假充真，以次充好，或者以不合格产品冒充合格产品的，责令停止生产、销售，没收违法生产、销售的产品，并处违法生产、销售产品货值金额50%以上三倍以下的罚款；有违法所得的，并处没收违法所得；情节严重的，吊销营业执照。

（三）生产国家明令淘汰的产品的，销售国家明令淘汰并停止销售的产品的，责令停止生产、销售，没收违法生产、销售的产品，并处违法生产、销售产品货值金额等值以下的罚款；有违法所得的，并处没收违法所得；情节严重的，吊销营业执照。

（四）销售失效、变质的产品的，责令停止销售，没收违法销售的产品，并处违法销售产品货值金额两倍以下的罚款；有违法所得的，并处没收违法所得；情节严重的，吊销营业执照。

（五）伪造产品产地的，伪造或者冒用他人厂名、厂址的，伪造或者冒用认证标志等质量标志的，责令改正，没收违法生产、销售的产品，并处违法生产、销售产品货值金额等值以下的罚款；有违法所得的，并处没收违法所得；情节严重的，吊销营业执照。

（六）产品标志不符合《产品质量法》第 27 条规定的，责令改正；有包装的产品标志不符合该法第 27 条第（四）项、第（五）项规定，情节严重的，责令停止生产、销售，并处违法生产、销售产品货值金额 30% 以下的罚款；有违法所得的，并处没收违法所得。

（七）拒绝接受依法进行的产品质量监督检查的，给予警告，责令改正；拒不改正的，责令停止整顿，情节特别严重的，吊销营业执照。

（八）产品质量检验机构、认证机构伪造检验结果或者出具虚假证明的，责令改正，对单位处 5 万元以上 10 万元以下的罚款，对直接负责的主要人员和其他责任人员处 1 万元以上 5 万元以下的罚款；有违法所得的，并处没收违法所得；情节严重的，取消检验资格、认证资格。

（九）知道或者应当知道属于《产品质量法》规定禁止生产、销售的产品而为其提供运输、保管、仓储等便利条件的，或者为以假充真的产品提供制假生产技术的，没收全部运输、保管、仓储或者提供制假生产技术的收入，并处违法收入 50% 以上三倍以下的罚款。

（十）隐匿、转移、变卖、损毁被产品质量监督部门或者工商行政管理部门查封、扣押的物品的，处被隐匿、转移、变卖，损毁物品货值金额等值以上三倍以下罚款；有违法所得的，并处没收违法所得。

（十一）产品质量监督部门在产品质量监督抽查中超过规定的数量索取样品或者向被检查人收取检验费用的，由上级产品质量监督部门或者监察机关责令退还；情节严重的，对直接负责的主管人员和其他直接责任人员依法给予行政处分。

（十二）产品质量监督部门或者其他国家机关违反《产品质量法》第 25 条的规定，向社会推荐生产者的产品或者以监制、监销等方式参与产品经营活动的，由其上级机关或者监察机关责令改正、消除影响，有违法收入的予以没收；情节严重的，对直接负责的主管人员和其他直接责任人员依法给予行政处分。

（十三）产品质量监督部门或者工商行政管理部门的工作人员滥用职权、玩忽职守、徇私舞弊，尚不构成犯罪的，依法给予行政处分。

三、刑事责任

违反《产品质量法》有下列行为之一的，对有关人员依法追究刑事责任：

（一）生产、销售不符合保障人体健康和人身、财产安全的国家标准、行业标准的产品，构成犯罪的。

（二）在产品中掺杂、掺假，以假充真，以次充好的，或以不合格产品冒充合格产品，构成犯罪的。

（三）销售失效、变质的产品，构成犯罪的。

（四）产品质量检验机构、认证机构及其工作人员伪造检验结果或者出具虚假证明，构成犯罪的。

（五）知道或者应当知道属于《产品质量法》规定禁止生产、销售的产品而为其提供运输、保管、仓储等便利条件的。

（六）各级人民政府工作人员和其他国家机关工作人员有违反《产品质量法》第65条规定的行为，情节严重，构成犯罪的。

（七）产品质量监督部门或者工商行政管理部门的工作人员滥用职权、玩忽职守、徇私舞弊，构成犯罪的。

（八）以暴力、威胁方法阻碍产品质量监督部门或者工商行政管理部门的工作人员依法执行职务的。

上述行为，可以依照或者比照刑法分别按生产、销售伪劣商品罪、中介组织人员提供虚假证明文件罪、徇私舞弊罪、滥用职权罪、玩忽职守罪、妨害公务罪等罪名处以刑罚。

附　录：

一、案例分析

1. 销售玻璃花瓶争议案

（一）案情

甲公司售与乙商场一批玻璃花瓶，称花瓶上有不规则的抽象花纹为新产品。乙商场接货后即行销售，后受到很多消费者投诉，消费者说花瓶上的花纹实际上是裂缝，花瓶漏水，要求乙商场退货并赔偿损失。乙商场与甲公司交涉，甲公司称此类花瓶是用于插装塑料花的，裂缝不影响使用，且有特殊的美学效果，拒绝承担责任。经查，消费者所述属实。

（二）问题：该案应如何处理？

2. 高压锅爆炸伤害案

（一）案情

一日，李女士在家中做饭时高压锅突然爆炸，李女士被炸飞的锅盖击中头部，抢救无效死亡。后据质量检测专家鉴定，高压锅发生爆炸的直接原因是设计不尽合理，使用时造成排气孔堵塞而发生爆炸。

（二）问题：本案中，应以何种依据判定生产者承担责任？

二、案例分析答案要点

1. 乙商场应予退换并赔偿损失或乙商场退换并赔偿损失后可向甲公司追偿（见《产品质量法》第14条第2款第（二）项）。

2. 因产品存在缺陷造成人身损害的，生产者应当承担赔偿责任（见《产品质量法》第29条第1款）。

三、本章复习思考题

1. 产品质量从哪些方面进行监督？

2. 生产者和销售者的产品质量责任和义务有哪些？

3. 对产品质量产生的责任如何赔偿？

第十三章 反不正当竞争法律制度

第一节 反不正当竞争法基本理论

市场竞争，是指具有不同经济利益的两个以上的经营者，为争取受益最大化，以其他利益关系人为对手，采用能够争取交易机会的商业策略，争取市场份额的行为。市场经济是自由竞争、平等竞争的经济发展模式，要实现自由竞争和平等竞争，使商业主体能够把竞争的焦点放在提高劳动生产率和服务质量上，而非相互诋毁的恶性竞争，就要有法律来维护公平、公正的竞争环境。调整在反对不正当竞争过程中发生的社会关系的法律规范，就是反不正当竞争法。

一、反不正当竞争法的历史发展

不正当竞争行为是针对市场竞争中的正当竞争行为而言的，它泛指经营者为了争夺市场竞争优势，违反公认的商业习俗和道德，采用欺诈、混淆等经营手段排挤或破坏竞争，扰乱市场经济秩序，并损害其他经营者和消费者利益的竞争行为。

19 世纪末期，西欧各国由于市场经济的迅猛发展，市场竞争日益激烈复杂，出现了仿冒产品的商标、包装、外观设计等行为，破坏了自由、公平竞争的市场环境。为了制止这些市场竞争中的不正当行为，1883 年《保护工业产权巴黎公约》第 10 条第 2 款规定："凡在工商业活动中违反诚实经营的竞争行为即构成不正当竞争的行为。"此后许多国家相继制定了反不正当竞争法。例如英美法系的国家里，美国 1890 的《谢尔曼法》对反垄断和反不正当竞争都做了规定。在一个法律文件中对反垄断和反不正当竞争行为一起作规范，这就是竞争法"合并式"的立法模式。

我国的《反不正当竞争法》于 1993 年 9 月 2 日由第八届全国人民代表大会常务委员会第三次会议通过，1993 年 12 月 1 日起施行。这是我国第一部专门调整市场竞争行为的法律。该法实施以来，对于鼓励和保护公平竞争，制止不正当竞争，维护经营者和消费者合法权益，保障我国社会主义市场经济健康发展，发挥了重要的作用。除了《反不正当竞争法》外，我国还单独出台了《反垄断法》。因此，我国的竞争法采用的是“分立式”立法模式。

随着我国市场经济的迅速发展，《反不正当竞争法》的滞后性越来越突出，一是适应性不强，对市场上出现的一些新不正当竞争行为缺乏调控力；二是有关不正当竞争行为的规定比较原则，可操作性差；三是赋予行政执法机关对不正当竞争行为进行监督检查的权限十分软弱，不能有效打击不正当竞争行为；四是法律责任制度不完善，不利于遏制不正当竞争行为。2003 年以来，国家工商总局受国务院委托，承担了《反不正当竞争法》的具体修改任务。时至2009 年，《反不正当竞争法》的修订草案已经拟定，正在广泛征集社会公众意见，预计正式的修订案会在近年内出台。

二、不正当竞争行为的概念及特征

不正当竞争行为是指经营者违背自愿、平等、公平、诚实信用的原则和公认的商业道德，损害其他经营者的合法权益，扰乱社会经济秩序的行为。不正当竞争行为具有如下特征：

1. 主体是经营者。不正当竞争行为是经营者在竞争活动中的违法行为。这里所称经营者是指从事商品经营或者营利性服务的法人、其他经济组织和个人。

2. 行为的反道德性。不正当竞争行为违背了自愿、平等、公平、诚实信用等社会公认的交易原则和商业道德。

3. 后果的危害性。不正当竞争行为的危害性后果主要表现在侵犯竞争者和消费者合法权益，扰乱市场秩序，破坏竞争环境。此外，商业贿赂等不正当竞争行为还败坏了社会风气。

三、反不正当竞争法与知识产权法的关系

从反不正当竞争法的历史发展曲线中，我们可以看到，反不正当竞争法最早是脱胎于知识产权法律制度的，二者有着历史的传承和紧密的联系。

1. 从制止不正当竞争的角度来看，知识产权法属于广义的反不正当竞争法的范畴。无论是著作权法、专利法，还是商标法，都是通过禁止不正当竞争行为来实现对权利人的合法权益的保护的。

2. 从调整范围来看，反不正当竞争法与知识产权法对某些行为共同予以规范。如知名商品的包装、装潢可同时成为专利法、著作权法和反不正当竞争法的保护对象；仿冒知名商品的包装、装潢的行为也同时构成专利侵权、著作

权侵权以及不正当竞争行为。

3. 从保护知识产权的角度来看，反不正当竞争法对知识产权制度起着重要的补充作用。凡是现有知识产权专门立法不能保护或者超出其保护范围的内容，均可由反不正当竞争法来调整，如商业秘密、未注册商标、作品名称等。因此，在这一意义上，反不正当竞争法也被称作知识产权法的兜底法。

但是，反不正当竞争法和知识产权法也有性质上的区别。二者的价值取向不同：反不正当竞争法的立法目的是为了维护公平健康的市场竞争环境，知识产权法的立法目的则是“为智慧之火增添利益的柴薪”，鼓励人类在文学艺术科学领域里的创造发明。

第二节 不正当竞争行为及法律责任

一、仿冒行为及法律责任

（一）概念及具体表现形式

仿冒行为是指行为人通过使用与他人商品相同或相似的标志或表征，使人将其商品或服务误认为他人商品或服务的行为。其具体表现形式有：

1. 假冒他人注册商标

（1）未经注册商标权利人许可，在同一种商品或者类似商品上使用与其注册商标相同或相近似的商标的。

（2）销售明知是假冒注册商标的商品的。

（3）伪造、擅自制造他人注册商标标志或者销售伪造、擅自制造的注册商标标志的。

（4）给他人注册商标专用权造成其他损害的。

2. 擅自使用知名商品特有的名称、包装、装潢，或者使用与知名商品近似的名称、包装、装潢，造成和他人的知名商品相混淆，使购买者误认为是该知名商品。

值得注意的是，该种保护仅仅针对知名商品。知名商品是指在中国境内具有一定的市场知名度，为相关公众所知悉的商品。目前法律并未对知名商品有具体的界定，多在司法实践当中由人民法院确认。法律并不保护非知名商品的名称、包装、装潢。

3. 擅自使用他人的企业名称或者姓名，引人误认为是他人的商品。

4. 在商品上伪造或者冒用认证标志、名优标志等质量标志，伪造产地，对商品质量作引人误解的虚假表示。

（二）法律责任

1. 民事侵权责任：经营者违反了《反不正当竞争法》规定，给被侵害的经营者造成损害的，应当承担损害赔偿责任。被侵害的经营者的损失难以计算的，赔偿额为侵权期间因侵权所获得的利润；并应当承担被侵害的经营者因调查该经营者侵害其合法权益的不正当竞争行为所支付的合理费用。被侵害的经营者的合法权益受到不正当竞争行为损害的，可以向人民法院提起诉讼。

2. 行政及刑事责任：经营者假冒他人的注册商标，擅自使用他人的企业名称或者姓名，伪造或者冒用认证标志、名优标志等质量标志，伪造产地，对商品质量作引人误解的虚假表示的，依照《中华人民共和国商标法》、《中华人民共和国产品质量法》的规定处罚。

经营者擅自使用知名商品特有的名称、包装、装潢，或者使用与知名商品近似的名称、包装、装潢，造成和他人的知名商品相混淆，使购买者误认为是该知名商品的，监督检查部门应当责令停止违法行为，没收违法所得，并可以根据情节处以违法所得一倍以上三倍以下罚款；情节严重的，可以吊销营业执照；销售伪劣商品，构成犯罪的，依法追究刑事责任。

二、商业贿赂行为及法律责任

（一）概念

商业贿赂是指经营者为了销售或购买商品而采用财物或者其他手段贿赂对方单位或者个人的行为。在账外暗中给予对方回扣的，以行贿定性，对在账外暗中收受回扣的，以受贿定性。

经营者给予或收受回扣是违法的，但经营者可以以明示的方式给对方折扣，也可以给对方佣金。回扣与正当的折扣、佣金的根本区别在于，折扣和佣金必须如实计入公司账簿中，而回扣是账外暗中进行的，并不入账。

（二）法律责任

经营者采用财物或者其他手段进行贿赂以销售或者购买商品，构成犯罪的，依法追究刑事责任；不构成犯罪的，监督检查部门可以根据情节处以一万元以上二十万元以下的罚款，有违法所得的，予以没收。

三、虚假宣传行为及法律责任

（一）概念

虚假宣传行为是指经营者利用广告或者其他方法，对商品的质量、制作方法、性能、用途、生产者、有效期限、产地等作引人误解的虚假宣传的行为。虚假宣传行为的主体有两类，一是商品和服务的经营者；二是广告经营者。广告的经营者不得在明知或者应知的情况下，代理、设计、制作、发布虚假广告。

经营者具有下列行为之一，足以造成相关公众误解的，可以认定为引人误解的虚假宣传行为：

（1）对商品作片面的宣传或者对比的。

（2）将科学上未定论的观点、现象等当做定论的事实用于商品宣传的。

（3）以歧义性语言或者其他引人误解的方式进行商品宣传的。

以明显的夸张方式宣传商品，不足以造成相关公众误解的，不属于引人误解的虚假宣传行为。

（二）法律责任

经营者利用广告或者其他方法，对商品作引人误解的虚假宣传的，监督检查部门应当责令停止违法行为，消除影响，可以根据情节处以一万元以上二十万元以下的罚款。广告的经营者，在明知或者应知的情况下，代理、设计、制作、发布虚假广告的，监督检查部门应当责令停止违法行为，没收违法所得，并依法处以罚款。

四、侵犯商业秘密行为及法律责任

（一）商业秘密的概念

所谓商业秘密，是指不为公众所知悉，能为权利人带来经济利益、具有实用性并经权利人采取保密措施的技术信息和经营信息。食品药品的秘方、工艺及其他技术诀窍，客户名单、商业策划方案都是商业秘密的表现形式。商业秘密有如下三个特征或要件：

1. 秘密性

秘密性是指有关信息不为公众所知悉，正常情况下，不易获得或探明。这一特征也使商业秘密与专利技术相区别，因专利是公开的。

2. 商业性

即该信息具有实用价值并能为权利人带来经济利益的商业秘密。

3. 保密性

保密性是指权利人对商业秘密采取了保密措施。例如：签订保密协议；对于涉密信息载体采取加锁等防范措施等等。

（二）侵犯商业秘密的表现形式

1. 以盗窃、利诱、胁迫或者其他不正当手段获取权利人的商业秘密。

2. 披露、使用或者允许他人使用以盗窃、利诱、胁迫或其他不正当手段获取的权利人的商业秘密。

3. 违反约定或者违反权利人有关保守商业秘密的要求，披露、使用或者允许他人使用其所掌握的商业秘密。

4. 第三人明知或者应知上述所列违法行为，获取、使用或者披露他人的商业秘密，视为侵犯商业秘密。

此外要注意“反向工程”和通过自行开发研制来侦破商业秘密的问题。所谓“反向工程”，是指通过技术手段对从公开渠道取得的产品进行拆卸、测绘、分析等而获得该产品的有关技术信息。通过自行开发研制或者反向工程等方式获得的商业秘密，不认定为是侵犯商业秘密行为。但如果当事人是事先以不正当手段知悉了他人的商业秘密之后，又以反向工程为由主张获取行为合法的，人民法院不予支持。

（三）法律责任

侵犯商业秘密的，监督检查部门应当责令停止违法行为，可以根据情节处以一万元以上二十万元以下的罚款。

五、不正当有奖销售行为及法律责任

（一）不正当有奖销售行为

1. 采用谎称有奖或者故意让内定人员中奖的欺骗方式进行有奖销售；

2. 利用有奖销售的手段推销质次价高的商品；

3. 抽奖式的有奖销售，最高奖的金额超过 5000 元。

（二）法律责任

经营者进行不正当有奖销售的，监督检查部门应当责令停止违法行为，可以根据情节处以一万元以上十万元以下的罚款。

六、诋毁商誉行为及法律责任

（一）概念

诋毁商誉行为是指经营者捏造、散布虚伪事实，损害竞争对手的商业信誉、商品声誉的行为。诋毁与自己毫无竞争关系的非商业竞争者的商誉，并不构成此项不正当竞争行为。

诋毁商誉行为具有以下特征：

1. 行为人有诋毁竞争对手的故意。

2. 诋毁行为的客体是竞争者商业信誉和商品声誉。

3. 行为人采取了捏造、散布虚假事实的手段。

（二）法律责任

《反不正当竞争法》仅规定经营者不得捏造、散布虚伪事实，损害竞争对手的商业信誉、商品声誉，并未对其行政责任给予具体规定。由于该行为给竞争对手造成损害的，应当承担停止侵害、赔偿损失的民事责任。

七、公用企业及其他依法具有独占地位的经营者的垄断行为

（一）概念

公用企业是指其商品或者服务涉及人民群众基本的物质生活需要的一些行业，如电力、电信、石油、公共交通、自来水、天然气等行业。

其他依法具有独占地位的经营者是指由国务院规范性文件规定的某一特定领域或某一特定产品只由某一企业或少数几个企业生产经营的经营者，比如烟酒和彩票的专营者。

这二者的垄断行为具体指：限定他人购买其指定的经营者的商品，以排挤其他经营者的公平竞争。

（二）法律责任

公用企业或者其他依法具有独占地位的经营者，限定他人购买其指定的经营者的商品，以排挤其他经营者的公平竞争的，省级或者设区的市的监督检查部门应当责令停止违法行为，可以根据情节处以五万元以上二十万元以下的罚款。被指定的经营者借此销售质次价高的商品或者滥收费用的，监督检查部应当没收违法所得，可以根据情节处以违法所得一倍以上三倍以下的罚款。

八、政府及其所属部门滥用职权排除、限制竞争行为

（一）概念

政府及其所属部门滥用职权排除、限制竞争行为是指政府及其所属部门滥用行政权力，限定他人购买其指定的经营者的商品，限制其他经营者正当的经营活动；限制外地商品进入本地市场，或者本地商品流向外地市场。

（二）法律责任

政府及其所属部门限定他人购买其指定的经营者的商品、限制其他经营者正当的经营活动，或者限制商品在地区之间正常流通的，由上级机关责令其改正；情节严重的，由同级或者上级机关对直接责任人员给予行政处分。被指定的经营者借此销售质次价高商品或者滥收费用的，监督检查部门应当没收违法所得，可以根据情节处以违法所得一倍以上三倍以下的罚款。

九、不正当倾销行为

（一）概念

不正当倾销是指经营者以排挤竞争对手为目的，以低于成本的价格销售

商品。

但是经营者有下列情形之一的，即使以低于成本的价格销售商品，也不属于不正当竞争行为：

1. 销售鲜活商品。
2. 处理有效期限即将到期的商品或者其他积压的商品。
3. 季节性降价。
4. 因清偿债务、转产、歇业降价销售商品。

（二）法律责任

《反不正当竞争法》并未对其行政责任给予具体规定。由于该行为给竞争对手造成损害的，应当承担停止侵害、赔偿损失的民事责任。

十、搭售行为及法律责任

（一）概念

搭售行为是指经营者利用其经济优势，违背购买者人的意愿，搭配销售商品或附加其他不合理条件。

（二）法律责任

《反不正当竞争法》并未对其行政责任给予具体规定。由于该行为给竞争对手造成损害的，应当承担停止侵害、赔偿损失的民事责任。

十一、串通招投标行为

（一）概念

招标投标是一种通过投标者之间相互竞争从而使招标人获得最优交易条件的合同订立方式。招投标过程中的限制竞争行为主要表现为串通招投标，表现为：投标者之间串通投标，抬高标价或者压低标价；或者投标者和招标者相互勾结，以排挤竞争对手的公平竞争。

（二）法律责任

投标者串通投标，抬高标价或者压低标价；投标者和招标者相互勾结，以排挤竞争对手的公平竞争的，其中标无效。监督检查部门可以根据情节处以一万元以上二十万元以下的罚款。

附　录：

一、案例分析

（一）案情

某县市场上主要销售“小糊涂神”和“小财神”两种白酒。其中“小糊涂神”牌白酒为当地甲厂生产，“小财神”牌白酒为外地乙厂生产。由于“小财神”牌白酒质量好，占据的市场份额远远高于“小糊涂神”牌白酒。

2009年5月，为了提高销量，甲厂通过广告推出有奖销售活动，广告称：购买“小糊涂神”牌白酒实行开盖有奖，一等奖为现金3000元。由于获奖可能性极小，此举对市场没有造成影响。

2009年7月，甲厂派人对外散布“小财神”牌白酒含有对人体有害的工业酒精，后经卫生部门检验纯属谣言。此事经媒体曝光后，“小糊涂神”牌白酒销量下滑。

2009年10月，在县政府召开的商务工作会上，甲厂经理提议县政府应当采取措施保护本地企业，县委书记当场表示：“我个人希望经销商优先考虑购进本地生产的小糊涂神牌白酒”。会后，县政府发出通知，要求本县各经销商只能购进本地生产的“小糊涂神”牌白酒。

（二）问题

（1）甲厂的有奖销售活动是否属于不正当竞争行为？说明理由。

（2）甲厂散布谣言的行为是否属于不正当竞争行为？说明理由。

（3）县委书记表示希望经销商优先考虑购进“小糊涂神”牌白酒是否属于不正当竞争行为？县政府要求本县各经销商只能购进本地生产的白酒是否属于不正当竞争行为？说明理由。

（4）如果县政府发出的通知得以实施，应如何处理？

二、案例分析答案要点

（1）甲厂的有奖销售活动不属于不正当竞争行为。根据规定，禁止经营者从事以下不正当有奖销售行为：①采用谎称有奖或者故意让内定人员中奖的欺骗方式进行有奖销售；②利用有奖销售的手段推销质次价高的商品；③抽奖式的有奖销售，最高奖的金额超过5000元。本题中，甲厂的有奖销售活动没有上述情形。

（2）甲厂散布谣言的行为属于不正当竞争行为。根据规定，诋毁商誉行为是指经营者捏造、散布虚伪事实，损害竞争对手的商业信誉、商品声誉的行为属于不正当竞争行为。本题中，甲厂的行为属于诋毁商誉行为。

（3）县委书记表示希望经销商优先考虑购进“小糊涂神”牌白酒不属于不正当竞争行为。书记此举利用的是个人影响力，并非政府在滥用行政权力，“优先考虑”也不是直接限制。

县政府要求本县各经销商只能购进本地生产的白酒属于不正当竞争行为。这是滥用行政权力，限定他人购买其指定的经营者的商品行为。

（4）应由上级机关责令其改正，对直接责任人员和其他直接责任人员给予行政处分。

三、本章复习思考题

1. 反不正当竞争法与反垄断法的区别和联系是什么?

2. 反不正当竞争法与知识产权法的区别和联系是什么?

3. 反不正当竞争法列举的不正当竞争行为有哪些?

4. 实施不正当竞争行为，给相对人造成损失的，应该承担哪些法律责任?如何认定损失数额?

第十四章　反垄断法律制度

通过本章学习，应了解垄断与反垄断法的基本概念，理解垄断协议、滥用市场支配地位、经营者集中等经济性垄断行为和行政性垄断的含义及构成要件，熟悉对涉嫌垄断行为的调查程序、掌握垄断行为的法律责任。

第一节　垄断及反垄断法概述

一、垄断的概念

垄断的原意是独占，即一个市场上只有一个经营者。在学理上，垄断一般是指经营者以独占或有组织的联合行动等方式，凭借经济优势或行政权力，操纵或支配市场，限制和排斥竞争的行为。而竞争机制是市场经济中最为重要的机制，一旦竞争机制被扭曲，市场秩序和市场结构就会遭到破坏，市场机制就不能正常发挥作用，市场经济体制的优越性就无法得到体现。垄断的危害性主要就表现为妨害市场竞争，影响社会资源优化配置，影响技术进步和经营者组织效率，损害消费者利益造成社会福利的损失。

由于各国反垄断法规制的重点有所不同，国际法意义上的统一垄断概念尚未形成。《中华人民共和国反垄断法》也未对垄断做出内涵型界定，而是对外延进行归纳，根据《中华人民共和国反垄断法》第三条，我国法律上的垄断行为包括：

（一）经营者达成垄断协议；

（二）经营者滥用市场支配地位；

（三）具有或者可能具有排除、限制竞争效果的经营者集中。

另外，我国《反垄断法》第八条规定：行政机关和法律、法规授权的具有管理公共事务职能的组织不得滥用行政权力，排除、限制竞争。如果上述行政机关或组织实施该类行为，则适用《反垄断法》予以调整。

我国《反垄断法》第五十五条还规定经营者依照有关知识产权的法律、行政法规规定行使知识产权的行为，不适用本法；但是，经营者滥用知识产权，排除、限制竞争的行为，适用本法。第五十六条规定农业生产者及农村经济组织在农产品生产、加工、销售、运输、储存等经营活动中实施的联合或者协同行为，不适用本法。

二、世界各国反垄断立法概况

1865年美国南北战争结束后，随着全国铁路网的建立和扩大，原来地方性和区域性的市场迅速融为全国统一的大市场。大市场的建立一方面推动了美国经济的迅速发展，另一方面也推动了垄断组织即托拉斯的产生和发展。1879年美孚石油公司即美国石油业第一个托拉斯的建立，标志着美国历史上第一次企业兼并浪潮的开始，托拉斯从而在美国成为不受控制的经济势力。过度的经济集中不仅使社会中下层人士饱受垄断组织滥用市场势力之苦，而且也使市场普遍失去了活力。在这种背景下，美国在19世纪80年代爆发了抵制托拉斯的大规模群众运动，这种反垄断思潮导致1890年《谢尔曼法》（Sherman Act）的诞生。谢尔曼法是世界上最早的反垄断法，从而也被称为世界各国反垄断法之母。

从谢尔曼法问世到第二次世界大战结束，这期间除美国在1914年颁布了《克莱顿法》和《联邦贸易委员会法》作为对谢尔曼法的补充外，其他国家的反垄断立法几乎是空白。然而，第二次世界大战一结束，形势产生了很大的变化。首先，在美国的督促和引导下，日本在1947年颁布了《禁止私人垄断和确保公正交易法》，德国于1957年颁布了《反对限制竞争法》。意大利在1990年颁布了反垄断法，已经是发达市场经济国家中颁布反垄断法最晚的国家。现在，经济合作与发展组织（OECD）的所有成员国都有反垄断法。

20世纪末，由于美国频繁展开对一些知名跨国公司的反垄断调查以及制裁，难免对美国经济竞争力造成一定的短期影响，因而，美国反垄断法律体制开始受到主要来自经济学界的批评。诺贝尔经济学奖得主加里·贝克认为无论是法官还是立法者都缺乏足够的证据断定一个企业到底是推动了竞争还是抑制了竞争。控制垄断的更有效的办法是鼓励竞争者进入行业，包括国外的竞争者。诺贝尔经济学奖得主米尔顿·弗里德曼也认为多年的观察反映出反垄断法的实施并没有推动竞争，反而抑制了竞争，因为官僚总舍不得放弃调控的大权。1999年，240位经济学家给美国总统的公开信中称：反垄断法本来是用来对付垄断者“高价格、低质量”的行为的，但是现在情况恰恰相反，消费者前所未有地享受着不断降低的价格，以及不断提高的质量。呼吁有关当局撤销那些证据不足的反垄断起诉。

但事实上，20世纪80年代后期以来，世界各国经济政策总的导向是民营化、减少政府行政干预和反垄断，各国反垄断立法的步伐大大加快了。甚至在国有经济占相当比重的国家，除一些特殊的行业以外，在原先国家垄断经营的部门也开始引入了私人经济，甚至在电信、电力、煤气等传统上被视为自然垄断的行业引入了竞争机制。现在，世界各国都已经普遍地认识到，垄断不仅会损害企业的效率，损害消费者的利益，而且还会遏制了一个国家或者民族的竞争精神，而这种竞争精神才是一个国家经济和技术发展的真正动力。

三、世界各国反垄断法的立法模式

反垄断法在不同国家有不同的称谓。在美国，反垄断法以反托拉斯为主要内容，故被称为“反托拉斯法”；在德国，反垄断法以控制企业联合组织（卡特尔）之间的协议为主要内容，故被称为“反卡特尔法”，也可称为“反限制竞争法”；在日本，反垄断法以反对私人垄断和限制竞争作为反垄断法的主要内容，故被称为“禁止私人垄断及确保公平交易的法律”。竞争法律制度包括反垄断和反不正当竞争两个方面。

由于政治体制、经济体制、法律传统等方面的差异，各国竞争法律制度的立法模式并不完全相同，可以概括为两种类型：分立式立法和合并式立法。前者对反垄断和反不正当竞争分别立法，这种模式以德国、韩国等国家为代表；后者将反垄断和反不正当竞争合并在一个法律之中，这种模式以匈牙利、俄罗斯等国家为代表。

我国采用分立式立法的模式，《中华人民共和国反垄断法》于 2007 年 8 月 30 日第十届全国人民代表大会常务委员会第 29 次会议通过，自 2008 年 8 月 1 日起施行。在我国，反不正当竞争法与反垄断法有机结合，从微观和宏观两个层面规制市场主体的行为，形成较完整的竞争法体系。

四、我国反垄断法的基本框架

客观来说，我国反垄断规制早在 1993 年颁布实施的《反不正当竞争法》就有所涉及，但一直未能形成明确、整体、统一的规制，《反垄断法》首次构建了反垄断法律的基本框架。

（一）反垄断法立法目的

根据我国《反垄断法》第一条的规定，反垄断法的立法目的是为了预防和制止垄断行为，保护市场公平竞争，提高经济运行效率，维护消费者利益和社会公共利益，促进社会主义市场经济健康发展。

（二）反垄断法适用范围

1. 空间范围。《反垄断法》第二条规定，中华人民共和国境内经济活动中的垄断行为，适用本法；中华人民共和国境外的垄断行为，对境内市场竞争产生排除、限制影响的，适用本法。可见，我国的《反垄断法》具有域外效力。

2. 主体范围。反垄断法调整的是竞争关系，因此，参与市场竞争的经营者是竞争法律关系的主体。所称经营者，是指从事商品生产、经营或者提供服务的自然人、法人和其他组织。但是值得注意的是，在确定竞争所涉及的范围时，需要对相关市场进行界定，所谓相关市场，是指经营者在一定时期内就特定商品或者服务（以下统称商品）进行竞争的商品范围和地域范围。界定相关市场，一般主要考虑竞争所涉及的产品范围、地域范围和时间范围这三个因素。

（三）反垄断法执法体制

根据我国《反垄断法》的规定，我国反垄断法的执法体制包括反垄断委员会和反垄断执法机构两个层面。

1. 反垄断委员会

国务院设立反垄断委员会，负责组织、协调、指导反垄断工作。所以，反垄断委员会只是履行组织、协调、指导反垄断工作职能的议事协调机构，并不行使行政权力、作出行政决定。国务院反垄断委员会的组成和工作规则由国务院规定。

国务院反垄断委员会履行下列职责：第一，研究拟订有关竞争政策；二，组织调查、评估市场总体竞争状况，发布评估报告；第三，制定、发布反垄断指南；第四，协调反垄断行政执法工作。第五，国务院规定的其他职责。

2. 反垄断执法机构

由于历史的原因，我国已经形成了事实上的分散的反垄断执法机构。有关执法机构已经在部分履行反垄断的执法职责。如价格垄断的执法监督权在国家发展改革委员会，公司兼并重组的审批权在商务部，地区封锁的认定、公用企业滥用市场支配地位等方面的反垄断工作以及部分反垄断的执法权在国家工商行政管理总局。

为了保证反垄断法颁布后能够顺利实施，《反垄断法》只是原则性规定反垄断执法机构依照本法规定，负责反垄断执法工作的职责，对具体承担反垄断执法的机构，采取了授权国务院另行规定的办法。

我国反垄断法维持现有多部门、多机构分头执法的局面，但在国务院反垄断委员会统一协调组织之下，可以使多个反垄断执法机构有效合作、相互配合，有效地实施反垄断法。

第二节 对垄断协议的规制

一、垄断协议的含义及特征

垄断协议，通常也称为卡特尔、卡特尔协议、限制竞争协议、联手行为、联合行为、横向限制竞争行为等，是指经营者之间达成的以排除、限制竞争为目的的协议、决定或者其他协同的行为。垄断协议的核心是经营者之间的共谋，协议可以是书面的，也可以是口头的，还包括限制竞争的其他协调性行为。禁止垄断协议成为世界各国反垄断法的核心内容之一。

垄断协议的特征表现在：

1. 垄断协议的主体是两个或者两个以上同行业的具有竞争关系的经营者。

2. 垄断协议的主观方面是故意，目的是排除、限制竞争，而且往往经营者之间具有共同的故意。

3. 垄断协议的表现形式有协议、决定或者其他协同的行为方式。

二、垄断协议的种类

根据不同的标准，垄断协议可以有不同的分类。

（一）根据垄断协议主体所处的商品生产流通环节的相同和不同，可以将垄断协议分为横向的垄断协议和纵向的垄断协议。

所谓横向垄断协议，是指在生产或销售过程中，处于同一环节的、相互具有直接竞争关系的经营者之间共同决定价格、产量、技术、产品、设备、交易对象、交易地区等所订立的协议，比如，电视机的生产厂家共同订立的有关限制生产数量、提高产品价格的协议。

所谓纵向垄断协议，是指处于不同的生产经营阶段，相互不具有直接竞争关系的经营者之间订立的协议，比如，电视机的生产商与电视机的销传商之间订立的协议。

（二）根据垄断协议对竞争的影响程度，可以把垄断协议分为适用本身违法原则的垄断协议和适用合理原则的垄断协议。

适用本身违法原则的垄断协议，不管协议的具体情况如何，经营者之间只要达成垄断协议，都被认为违法，当事人不能以任何理由为其限制竞争的行为开脱。它适用于对市场竞争有严重不利影响的行为，主要是价格协议、生产数量协议、分割销售市场的协议等。横向垄断协议多属于适用本身违法原则的垄断协议。

适用合理原则的垄断协议，对这类协议应当进行个案审查，根据其对市场竞争的影响程度判断其是否具有违法性。对于虽限制竞争但有利于整体经济发展与社会公共利益的协议给予豁免。纵向垄断协议多属于适用合理原则的垄断协议。

（三）根据垄断协议的不同表现形式，可以将垄断协议分为垄断协议、垄断决定和其他协同的垄断行为等三类。

垄断协议是指同行业经营者之间达成的限制竞争的协议或者合同；垄断决定是指企业联合组织或者行业协会所作出的限制竞争的决定；其他协同的垄断行为是指同行业经营者之间在没有协议或者决定的情况下实施的协调一致的行为。

（四）根据垄断协议的不同内容，可以将垄断协议分为固定价格协议、限制数量协议、划分市场协议、联合抵制协议、串通投标协议等种类。

（五）。根据协议是否有利于国民经济发展或符合社会公共利益，以及是否得到政府的许可，可以把垄断协议分为禁止的垄断协议和例外许可的垄断协议。

三、横向垄断协议

我国《反垄断法》第十三条规定，禁止具有竞争关系的经营者达成下列垄断协议：

（一）固定价格协议

固定价格协议，也称为横向定价协议或者横向价格协议，是指两个或两个以上经营者以合同、协议或其他方式确定、维持或改变商品或服务价格的行为。消除或者限制价格竞争的联合行为是最为严重的反竞争行为，它成为各国反垄断法首当其冲的规制对象。

（二）限制数量协议

限制数量协议是指两个或两个以上经营者以合同、协议或其他方式限制商品的生产数量或者销售数量，以控制价格的行为。

（三）分割市场协议

分割市场协议，也称为协议划分市场，是指经营者通过协议划分销售市场或者原材料采购市场，限制彼此之间竞争的行为。

（四）限制购买或者开发新技术、新设备协议

限制购买或者开发新技术、新设备协议是指经营者之间在技术转让和设备买卖过程中，转让方通过合同条款限制另一方在合同标的技术的基础上进行新的研究开发或者购买新设备的行为。值得注意的是，知识产权是法律赋予权利

人对特定客体的垄断权，授予知识产权的垄断权的目的在于刺激科技进步、鼓励技术创新，但是如果权利人滥用垄断地位实施限制竞争行为，就必须受到反垄断法的规制。

（五）联合抵制交易协议

联合抵制交易是两个或两个以上经营者达成协议，共同拒绝购买或者销售交易相对人的商品（包括服务）的行为。联合抵制的表现形式是多种多样的。有时是针对竞争者实施的；有时是针对垂直关系的其他企业实施的；有时是相当大的数量的竞争者为将特定的企业排挤出市场而实施的。但所有的这些情况大体上可以分为两类，即促进竞争的联合抵制和反竞争的联合抵制。

（六）其他排除、限制竞争的协议

除了以上五种典型的横向垄断协议外，《反垄断法》还授权国务院反垄断执法机构有权认定其他垄断协议是否属于应被禁止的横向垄断协议。

四、纵向垄断协议

纵向垄断协议是指经营者与交易相对人之间所达成的限制竞争的垄断协议。我国《反垄断法》第十四条规定："禁止经营者与交易相对人达成下列垄断协议：

（一）固定向第三人转售商品的价格；

（二）限定向第三人转售商品的最低价格；

（三）国务院反垄断执法机构认定的其他垄断协议"。

五、垄断协议的豁免

（一）含　义

垄断协议的豁免，也称为垄断协议的适用除外或者垄断协议的例外许可，是指经营者之间的协议、决定或者其他协同行为，虽然排除、限制了竞争，但是如果该类协议所带来的好处要大于其对竞争秩序的损害，则可以排除适用反垄断法有关垄断协议的规定。这并非说被豁免的垄断行为对竞争没有危害，而是它对竞争的危害被其所带来的福利所抵消，甚至许可这类垄断行为所带来的其他好处将超过禁止或取缔该行为所能带来的好处。可见，豁免是利益衡量的结果，即在"利大于弊"的情况下，将其排除适用反垄断法的禁止规定。

各国反垄断法都有豁免条款。由于各国或一国的不同时期经济发展和竞争政策不同，反垄断法的豁免条款或者豁免范围也有所不同，豁免条款的法律形式具有灵活多样的特点，完全依各国反垄断法的制定情况而定。

（二）我国《反垄断法》对垄断协议的豁免制度

1. 可以被豁免的垄断协议

我国《反垄断法》第十五条规定，经营者能够证明所达成的协议属于下列情形之一的，不适用有关垄断协议的规制：（1）为改进技术、研究开发新产品的；（2）为提高产品质量、降低成本、增进效率，统一产品规格、标准或者实行专业化分工的；（3）为提高中小经营者经营效率，增强中小经营者竞争力的；（4）为实现节约能源、保护环境、救灾救助等社会公共利益的；（5）因经济不景气，为缓解销售量严重下降或者生产明显过剩的；（6）为保障对外贸易和对外经济合作中的正当利益的；（7）法律和国务院规定的其他情形。

2. 豁免的条件

属于前述第（1）项至第（5）项情形，予以适用除外的，经营者要承担相应的举证责任，证明所达成的协议不会严重限制相关市场的竞争，并且能够使消费者分享由此产生的利益。

第三节　对滥用市场支配地位的规制

一、滥用市场支配地位行为的概念和特征

（一）滥用市场支配地位行为的概念

滥用市场支配地位，是指处于市场支配地位的经营者滥用自己的市场支配地位，操纵市场，扰乱正常的生产经营秩序，损害其他经营者或消费者的合法权益，危害社会公共利益的行为。

需要指出的是，这个概念并不强调行为的后果。到目前为止，大多数国家和地区都采用不充分列举的办法来对滥用市场支配地位的行为进行界定。

（二）滥用市场支配地位行为的特征

滥用市场支配地位的行为具有如下特征：

1. 行为主体是具有支配地位的经营者。

2. 必须是经营者滥用自己市场支配地位的行为。

3. 滥用市场支配地位的目的，或者是为了维持、加强自己的支配地位，排除竞争，或者是为了榨取高额垄断利润。

二、我国《反垄断法》对滥用市场支配地位行为的规制

（一）市场支配地位的界定

1. 市场支配地位的内涵与外延

市场支配地位，是指经营者在相关市场内具有能够控制商品价格、数量或者其他交易条件，或者能够阻碍、影响其他经营者进入相关市场能力的市场地位。简单说，就是经营者具有控制相关市场的能力。

一般而言，相关市场是指经营者在一定时期内就特定商品或者服务进行竞争的商品范围和地域范围。具体而言，界定相关市场需要考虑它的商品因素、地域因素和时间因素。

我国《反垄断法》第十七条采用列举式，规定下列行为是滥用市场支配地位行为：

（1）以不公平的高价销售商品或者以不公平的低价购买商品

（2）没有正当理由，以低于成本的价格销售商品。

（3）没有正当理由，拒绝与交易相对人进行交易。

（4）没有正当理由，限定交易相对人只能与其进行交易或者只能与其指定的经营者进行交易。

（5）没有正当理由搭售商品，或者在交易时附加其他不合理的交易条件。

（6）没有正当理由，对条件相同的交易相对人在交易价格等交易条件上实行差别待遇。

（7）国务院反垄断执法机构认定的其他滥用市场支配地位的行为。

2. 认定市场支配地位的依据

根据我国《反垄断法》第十八条的规定，认定经营者具有市场支配地位应当依据一下列因素：（1）该经营者在相关市场的市场份额，以及相关市场的竞争状况；（2）该经营者控制销件市场或者原材料采购市场的能力；（3）该经营者的财力和技术条件；（4）其他经营者对该经营者在交易七的依赖程度；（5）其他经营者进人相关市场的难易程度；（6）与认定该经营者市场支配地位有关的其他因素。

3. 市场支配地位的推定

根据我国《反垄断法》第十九条的规定，有下列情形之一的，可以推定经营者具有市场支配地位：

（1）一个经营者在相关市场的市场份额达到二分之一的；

（2）两个经营者在相关市场的市场份额合计达到三分之二的；

（3）三个经营者在相关市场的市场份额合计达到四分之三的。

有上述（1）、（2）项规定的情形，其中有的经营者市场份额不足十分之一的，不应当推定该经营者具有市场支配地位。另外，被推定具有市场支配地位的经营者，有证据证明不具有市场支配地位的，不应当认定其具有市场支配地位。

值得注意的是：推定制度的举证责任在于被推定的经营者一方，如果被推定的经营者不提出反证或者反证不为推定方认可，则推定成立。

第四节　对经营者集中的规制

一、经营者集中的概念和特征

（一）经营者集中的概念

我国《反垄断法》第二十条规定，经营者集中是指下列情形：经营者合并；经营者通过取得股权或者资产的方式取得对其他经营者的控制权；经营者通过合同等方式取得对其他经营者的控制权或者能够对其他经营者施加决定性影响。

（二）经营者集中的特征

反垄断法意义上的经营者集中，具有以下特征：

1. 行为主体是经营者。不只公司可以成为经营者集中的主体，合伙企业以及个人独资企业也可以成为经营者集中的主体。

2. 行为方式主要包括企业合并、财产控制、经营控制等方式。

3. 行为结果行为结果是经营者增强自身的市场力量。这种增强是依靠一个企业直接或者间接控制另一个企业而实现的，而这种直接或者间接的控制往往会对市场竞争产生破坏作用，所以反垄断法对其予以规制。

二、经营者集中的一般分类

依照不同的标准，可以将经营者集中划分为不同的类型。按照不同标准对经营者集中进行分类，不仅在理论上具有学术意义，而且在司法实践中也有重要价值。

（一）按集中当事人是否处于相同的生产经营阶段划分

按照集中当事人是否处于相同的生产经营阶段，可以将经营者集中分为横向经营者集中、纵向经营者集中和混合经营者集中。这种对经营者集中的划分主要是依据经营者集中对竞争秩序危害性的大小。因为当事人是否处于相同的生产经营阶段，其集中后对竞争的影响是不同的。

（二）按经营者集中的不同实现方式划分

按照经营者集中的不同实现方式，可以将经营者集中分为企业合并、取得股份、取得财产、交叉任职等集中方式。

1. 企业合并

是指两个或者两个以上的独立的企业依法达成合意，合并为一个企业的法律行为，一般有新设合并和吸收合并等具体方式。

2. 取得股份

是指企业之间通过股份的取得，使一个企业能够直接或者间接控制另一个企业，它是经营者集中的一种重要方式。取得股份虽然是经营者集中的重要方式，但是，并非所有的取得股份的行为都是经营者集中，当一个企业仅取得另一个企业很小份额的股份的时候，它们相互之间的影响就很小，各国反垄断法一般都对取得股份的数量或比例作出适当的规定。德国《反对限制竞争法》第37条第3款规定，一个企业取得另一个企业的股份，如果这些股份或者它们与该企业以往所持有的股份共同达到被取得企业25%或者50%的资本或者表决权，这两个企业便可以视为实现了集中。

3. 取得财产

是指企业之间通过取得财产的方式，使一个企业能够直接或者间接地控制另一个企业。同取得股份一样，取得财产也是一种重要的经营者集中方式。如果一个企业通过购买、承担债务或者其他方式取得了另一个企业全部或者相当部分的财产，那么这两个企业便实现了集中。

4. 交叉任职

是指企业之间通过兼任管理职务的行为，使一个企业能够直接或者间接地控制另一个企业。如果一家企业的董事会、监事会或者其他被委托执行事务的机构中有一部分成员兼任了另一家企业的管理机构的成员，并且使该企业能够实现对另一家企业直接或者间接的控制，那么，这种交叉任职的行为也被视为反垄断法意义上的经营者集中。

三、我国《反垄断法》对经营者集中的规制

（一）经营者集中的表现形式

我国《反垄断法》第二十条规定的经营者集中行为包括以下三种：

1. 经营者合并

经营者合并，也称为兼并、结合，是指两个以上经营者通过订立合并协议，合并成为一个经营者的行为。经营者合并通常可分为三种基本类型，即横向合并、纵向合并和混合合并。

2. 财产控制

财产控制是指经营者通过取得其他经营者的股权或者资产从而取得对该经营者的控制权的行为。

3. 经营控制

经营控制是指一个经营者通过合同或者其他方式取得对其他经营者的控制权或者能够对其他经营者施加决定性影响的行为。

（二）经营者集中的申报制度

经营者集中的申报审查制度，是指经营者集中达到规定的申报标准的，应该向反垄断执法机构进行申报，经审查通过以后，方可进行集中的制度。

1. 申报的标准

申报标准是经营者集中需要向有关管理部门申报、该集中受到法律控制的标准。申报标准一般根据参与集中的经营者的资产、销售额、交易额、市场占有率等确定。在具体计算销售额或资产额及市场份额等时，一般还要将与该经营者具有控制与从属关系的经营者的销售额或资产额及市场份额等一并计算在内。

我国《反垄断法》第二十一条规定了对于经营者集中采取事先的强制申报制度。达不到申报标准的，无需申报；达到申报标准的，应当事先向国务院反垄断执法机构申报，未申报的不得实施集中。但是，我国《反垄断法》并没有直接规定具体的申报标准，而是授权国务院作出规定并适时调整。

2. 申报的例外

申报的例外是指经营者集中即使达到了申报标准，但是由于该集中不会使市场结构和竞争状况发生大的改变，所以也可以不进行申报的制度。

我国《反垄断法》第二十二条规定了两种达到申报标准的经营者集中可以不向国务院反垄断执法机构申报的情形：

（1）参与集中的一个经营者拥有其他每个经营者百分之五十以上有表决权的股份或者资产的。

（2）参与集中的每个经营者百分之五十以上有表决权的股份或者资产被同一个未参与集中的经营者拥有的。

3. 申报的材料

经营者向国务院反垄断执法机构申报集中，应当提交下列文件、资料：

（1）申报书，并且应当载明参与集中的经营者的名称、住所、经营范围、预定实施集中的日期和国务院反垄断执法机构规定的其他事项；

（2）集中对相关市场竞争状况影响的说明；

（3）集中协议；

（4）参与集中的经营者经会计师事务所审计的上一会计年度财务会计报告；

（5）国务院反垄断执法机构规定的其他文件、资料。

经营者提交的文件、资料不完备的，应当在国务院反垄断执法机构规定的期限内补交文件、资料。经营者逾期未补交文件、资料的，视为未申报。

（三）经营者集中的审查制度

只有当经营者的过度集中行为可能产生市场支配力量而形成垄断，才需要适当地控制经营者的集中行为，禁止经营者的过度集中，这就需要反垄断执法机构对经营者集中的申报进行审查。

1. 初步审查

国务院反垄断执法机构应当自收到经营者提交的符合反垄断法规定的文件、资料之日起三十日内，对申报的经营者集中进行初步审查，作出是否实施进一步审查的决定，并书面通知经营者。国务院反垄断执法机构作出决定前，经营者不得实施集中。国务院反垄断执法机构作出不实施进一步审查的决定或者逾期未作出决定的，经营者可以实施集中。

2. 进一步审查

国务院反垄断执法机构决定实施进一步审查的，应当自决定之日起九十日内审查完毕，作出是否禁止经营者集中的决定，并书面通知经营者。作出禁止经营者集中的决定，应当说明理由。审查期间，经营者不得实施集中。

有下列情形之一的，国务院反垄断执法机构经书面通知经营者，可以延长前款规定的审查期限，但最长不得超过六十日：（1）经营者同意延长审查期限的；（2）经营者提交的文件、资料不准确，需要进一步核实的；（3）经营者申报后有关情况发生重大变化的。

国务院反垄断执法机构逾期未作出决定的，经营者可以实施集中。

3. 审查经营者集中的考虑因素

我国《反垄断法》在总结实践经验的基础上，参考国际上的通行做法，对于审查经营者集中应当考虑的因素作了具体规定，这些应予考虑的因素是：（1）参与集中的经营者在相关市场的市场份额及其对市场的控制力；（2）相关市场的市场集中度；（3）经营者集中对市场进入、技术进步的影响；（4）经营者集中对消费者和其他有关经营者的影响；（5）经营者集中对国民经济发展的影响；（6）国务院反垄断执法机构认为应当考虑的影响市场竞争的其他因素。

4. 审查后的决定

反垄断执法机构在进行审查以后，应该分别作出准予集中、禁止集中、不予禁止、不予禁止但附加限制性条件等四种类型的决定。(1) 准予集中；(2) 禁止集中；(3) 不予禁止；(4) 不予禁止但附加限制性条件。

5. 决定的公布

国务院反垄断执法机构应当将禁止经营者集中的决定或者对经营者集中附加限制性条件的决定，及时向社会公布。这是强制性规定。而对于是否公布其他有关经营者集中的决定并无强制性要求，反垄断执法机构可以根据需要公布或者不公布。

(四) 外资参与经营者集中的审查

根据我国《反垄断法》第三十一条的规定，对外资并购境内企业或者以其他方式参与经营者集中，涉及国家安全的，除依照《反垄断法》规定进行经营者集中审查外，还应当按照国家有关规定进行国家安全审查。

第五节　对滥用行政权力排除、限制竞争的规制

一、滥用行政权力排除、限制竞争的概念和特征

(一) 滥用行政权力排除、限制竞争的概念

滥用行政权力排除、限制竞争，也称为行政垄断、行政性垄断、行政性限制竞争、滥用政府权力限制竞争或者滥用行政权力限制竞争行为等，是指行政机关和法律法规授权的具有管理公共事务职能的组织滥用行政权力排除、限制竞争的行为。

(二) 滥用行政权力排除、限制竞争行为主要有以下法律特征

1. 实施主体是行政机关和法律、法规授权的具有管理公共事务职能的组织，其中的行政机关包括中央政府所属的各部门、地方各级政府、地方各级政府所属的各部门，但不包括中央政府。

2. 本质是滥用行政权力。滥用行政权力排除、限制竞争行为所凭借的不是一种经济优势，而是一种行政权力优势，即所谓超经济的力量；并且，这种优势是通过对行政权力的滥用表现出来的。

3. 具有鲜明的强制性。滥用行政权力排除、限制竞争是以行政权力为后盾，借助行政权力的权威不正当地干预特定市场上企业间的竞争。对特定市场上的企业来说，它们既不能无视行政性垄断的存在，也不能逃避或抗拒行政性垄断的强制力量。

二、滥用行政权力排除、限制竞争的危害

滥用行政权力排除、限制竞争是一种比经济性垄断影响更广泛、更持久、更严取的排除和限制竞争的不法行为，因而其危害性远甚于经济性垄断。具体来说，滥用行政权力排除、限制竞争的危害主要体现在以下诸方面：

第一，阻碍全国统一市场的形成。滥用行政权力排除、限制竞争行为总是从某一地区或某一部门的利益出发，将该地区或该部门与其他地区或其他部门隔绝开来，形成地区经济封锁和部门经济封锁，从而直接阻碍和破坏全国市场的形成。

第二，损害市场主体独立自主的经营权和消费者的利益。地区垄断和部门垄断等行政性垄断行为破坏了优胜劣汰机制正常发挥作用，保护了落后经营者，使广大消费者没有选择的余地，不得不接受质量低劣的商品或服务。

第三，阻碍形成自由、公平的有效竞争秩序。滥用行政权力排除、限制竞争行为通过“条块分割”和企业差别待遇等行政手段，直接阻碍企业之间的自由和公平的竞争，从而在一定的交易领域直接限制甚至排除竞争，自然难以期待出现有效竞争的良好秩序。

第四，极易演化为经济性垄断。从 1980 年以来，为发展规模经济和打破地区、部门垄断，国务院经济管理部门纷纷采用行政手段促成企业的兼并、重组，结果建立厂一批全国性和地区性的行政性公司和企业集团，但未想到反行政性垄断的目的未达到，反而在一定程度上增强了地区封锁和部门垄断，严重限制了竞争。由于这些行政性公司、企业集团都占有很大的市场份额，一日进人了经济领域，极易演化成经济性垄断。

此外，滥用行政权力排除、限制竞争行为的泛滥会使企业不再把精力放在如何提高经济效益和科学管理水平来进行正当的合法竞争，而是将大量的费用用于政府寻租行为，尤其是争取得到行政权力的庇护，这必然产生官商勾结、权钱交易等腐败现象，从而败坏良好的社会风气。

三、我国《反垄断法》对滥用行政权力排除、限制竞争的规制

我国《反垄断法》在总则部分作出了原则规定。该法第八条规定，行政机关和法律、法规授权的具有管理公共事务职能的组织不得滥用行政权力排除、限制竞争。

（一）滥用行政权力限定交易

为了打破行业垄断，我国《反垄断法》第三十二条规定，行政机关和法律、法规授权的具有管理公共事务职能的组织不得滥用行政权力，限定或者变

相限定单位或者个人经营、购买、使用其指定的经营者提供的商品。

（二）滥用行政权力实行地区封锁

为了打破地区封锁，我国《反垄断法》第三十三条规定，行政机关和法律、法规授权的具有管理公共事务职能的组织不得滥用行政权力，实施下列行为，妨碍商品在地区之间的自由流通：

1. 对外地商品设定歧视性收费项目、实行歧视性收费标准，或者规定歧视性价格；

2. 对外地商品规定与本地同类商品不同的技术要求、检验标准，或者对外地商品采取重复检验、重复认证等歧视性技术措施，限制外地商品进人本地一市场；

3. 采取专门针对外地商品的行政许可，限制外地商品进人本地市场；

4. 设置关卡或者采取其他手段，阻碍外地商品进入或者本地商品运出；

5. 妨碍商品在地区之间自由流通的其他行为。

另外，针对现实经济生活中暴露的问题，我国《反垄断法》第三十四条规定，行政机关和法律、法规授权的具有管理公共事务职能的组织不得滥用行政权力，以设定歧视性资质要求、评审标准或者不依法发布信息等方式，排斥或者限制外地经营者参加本地的招标投标活动；第三十五条规定，行政机关和法律、法规授权的具有管理公共事务职能的组织不得滥用行政权力，采取与本地经营者不平等待遇等方式，排斥或者限制外地经营者在本地投资或者设立分支机构。

（三）滥用行政权力强制经营者从事垄断

滥用行政权力强制经营者从事垄断行为，是指行政机关和法律、法规授权的具有管理公共事务职能的组织滥用行政权力，强制经营者从事《反垄断法》规定的垄断行为的行为。

我国《反垄断法》第三十六条禁止的垄断行为是指经营者达成垄断协议行为、经营者滥用市场支配行为和具有或者可能具有排除、限制竞争效果的经营者集中行为。

（四）滥用行政权力制定含有排除、限制竞争内容的规定

滥用行政权力制定含有排除、限制竞争内容的规定，是指行政机关滥用行政权力，以抽象行政行为方式排除、限制竞争的行为。

值得注意的是：行政行为可以分为具体行政行为和抽象行政行为。上述（一）至（三）项滥用行政权力的排除、限制竞争行为，基本上都是由具体行政行为构成。

第六节　对涉嫌垄断行为的调查及相关法律责任

一、对涉嫌垄断行为的调查

（一）对涉嫌垄断行为的调查权和举报权

对涉嫌垄断行为进行调查的机构是反垄断执法机构，反垄断执法机构依法行使调查权，对涉嫌垄断行为进行调查。

而对于涉嫌垄断行为的举报权则属于任何单位和个人，任何单位和个人都有权向反垄断执法机构举报。反垄断执法机构应当为举报人保密。反垄断执法机构对于单位和个人的涉嫌垄断行为的举报应该予以充分的重视，对于采用书面形式并提供相关事实和证据的举报，反垄断执法机构应当进行必要的调查。

（二）反垄断执法机构的调查措施

反垄断执法机构调查涉嫌垄断行为，经过向反垄断执法机构主要负责人书面报告并经批准，可以采取下列措施：

1. 进入被调查的经营者的营业场所或者其他有关场所进行检查；

2. 询问被调查的经营者、利害关系人或者其他有关单位或者个人，要求其说明有关情况；

3. 查阅、复制被调查的经营者、利害关系人或者其他有关单位或者个人的有关单证、协议、会计账簿、业务函电、电子数据等文件、资料；

4. 查封、扣押相关证据；

5. 查询经营者的银行账户。

（三）反垄断执法机构在调查涉嫌垄断行为中的义务

1. 反垄断执法机构调查涉嫌垄断行为，执法人员不得少于二人，并应当出示执法证件。

2. 执法人员进行询问和调查，应当制作笔录，并由被询问人或者被调查人签字。

3. 反垄断执法机构及其工作人员对执法过程中知悉的商业秘密负有保密义务。

（四）被调查者的配合义务和权利

被调查的经营者、利害关系人或者其他有关单位或者个人应当配合反垄断执法机构依法履行职责，不得拒绝、阻碍反垄断执法机构的调查。被调查的经营者、利害关系人有权陈述意见。反垄断执法机构应当对被调查的经营者、利害关系人提出的事实、理由和证据进行核实。

（五）处理决定

反垄断执法机构对涉嫌垄断行为调查核实后，认为构成垄断行为的，应当依法作出处理决定，并可以向社会公布。

（六）调查的中止、终止和恢复

对反垄断执法机构调查的涉嫌垄断行为，被调查的经营者承诺在反垄断执法机构认可的期限内采取具体措施消除该行为后果的，反垄断执法机构可以决定中止调查。中止调查的决定应当载明被调查的经营者承诺的具体内容。反垄断执法机构决定中止调查的，应当对经营者履行承诺的情况进行监督。经营者履行承诺的，反垄断执法机构可以决定终止调查。有下列情形之一的，反垄断执法机构应当恢复调查：

1. 经营者未履行承诺的；
2. 作出中止调查决定所依据的事实发生重大变化的；
3. 中止调查的决定是基于经营者提供的不完整或者不真实的信息作出的。

二、经营者违反《反垄断法》的法律责任

（一）垄断行为的民事责任

我国《反垄断法》第五十条明确规定，经营者实施垄断行为，给他人造成损失的，依法承担民事责任。

（二）垄断行为的行政责任

1. 垄断协议的行政责任。经营者违反反垄断法的规定，达成并实施垄断协议的，由反垄断执法机构责令停止违法行为，没收违法所得，并处上一年度销售额1%以上10%以下的罚款；尚未实施所达成的垄断协议的，可以处50万元以下的罚款。

值得注意的是，由于许多垄断协议是秘密达成的，反垄断执法机构发现并查处秘密垄断协议的难度甚大。鼓励秘密垄断协议的参与者告发，有利于阻止达成秘密垄断协议，及时发现秘密垄断协议并防止其危害的持续和蔓延。我国《反垄断法》借鉴其他国家立法经验，引入了宽恕制度，以有力打击秘密垄断协议、节约执法资源。为此，第四十六条第二款规定，经营者主动向反垄断执法机构报告达成垄断协议的有关情况并提供重要证据的，反垄断执法机构可以酌情减轻或者免除对该经营者的处罚。

此外，针对行业协会，反垄断法专款规定，行业协会违反反垄断法的规定，组织本行业的经营者达成垄断协议的，反垄断执法机构可以处50万元以下的罚款；情节严重的，社会团体登记管理机关可以依法撤销其登记。

2. 滥用市场支配地位的行政责任。经营者违反反垄断法的规定，滥用市

场支配地位的，由反垄断执法机构责令停止违法行为，没收违法所得，并处上一年度销售额1%以下10%以下的罚款。

3. 经营者违法实施集中的行政责任。经营者违反反垄断法的规定实施集中的，由国务院反垄断执法机构责令停止实施集中、限期处分股份或者资产、限期转让营业以及采取其他必要措施恢复到集中前的状态，可以处50万元以下的罚款。

三、滥用行政权力排除、限制竞争的法律责任

我国《反垄断法》第五十一条规定，行政机关和法律、法规授权的具有管理公共事务职能的组织滥用行政权力，实施排除、限制竞争行为的，由上级机关责令改正；对直接负责的主管人员和其他直接责任人员依法给予处分。反垄断执法机构可以向有关上级机关提出依法处理的建议。法律、行政法规对行政机关和法律、法规授权的具有管理公共事务职能的组织滥用行政权力实施排除、限制竞争行为的处理另有规定的，依照其规定。

四、妨害反垄断调查的法律责任

我国《反垄断法》第五十二条规定，对反垄断执法机构依法实施的审查和调查，拒绝提供有关材料、信息，或者提供虚假材料、信息，或者隐匿、销毁、转移证据，或者有其他拒绝、阻碍调查行为的，由反垄断执法机构责令改正，对一个人可以处2万元以下的罚款，对单位可以处20万元以下的罚款；情节严重的，对个人处2万元以上10万元以下的罚款，对单位处20万元以上100万元以下的罚款；构成犯罪的，依法追究刑事责任。

我国《反垄断法》第五十三条规定，对反垄断执法机构依据本法第二十八条、第二十九条作出的决定不服的，可以先依法申请行政复议；对行政复议决定不服的，可以依法提起行政诉讼。对反垄断执法机构作出的前款规定以外的决定不服的，可以依法申请行政复议或者提起行政诉讼。

五、反垄断执法机构工作人员的法律责任

我国《反垄断法》第五十四条规定，反垄断执法机构工作人员滥用职权、玩忽职守、徇私舞弊或者泄露执法过程中知悉的商业秘密构成犯罪的，依法追究刑事责任；尚不构成犯罪的，依法给予处分。

第七节　反垄断法的实施

一、反垄断法的适用原则

反垄断法的适用，普遍存在两个重要的原则，即本身违法原则（Per－seillegal）和合理原则（Rule of Reason）。这两项原则，最初是作为判断是否构成限制竞争协议的标准而确立的，后被各国反垄断法所采用，作为判断垄断及垄断性行为违法与否的原则，成为“重要的或者基本性的竞争政策分析工具”。

（一）本身违法原则

本身违法原则是指，当某种行为一旦被认定为反垄断法明文规定的类型，无须对其经济理由和经济后果进行进一步调查，便可认定其非法。

本身违法原则的形成则经历了一系列的判例。在1940年的美国诉索科尼真空油公司案（United States V. Socony－Vacuum Oil CO）中，该原则得到最终确立。该案中美国联邦最高法院认为：“有些协议或做法由于它们本身危害竞争以及对该危害无法弥补，肯定意味着是不合理的，因而是非法的，无须详细调查该类协议造成的确切损害或对其适用作出辩解。”本身违法原则最大的优势是避免了旷日持久的司法调查，简化了反垄断法的适用程序，从而节省诉讼成本。同时，这一原则的适用，为反垄断法带来了新的确定性，使企业可预期其行为所带来的后果。例如，价格卡特尔、数量卡特尔、联合抵制等行为属于典型的可适用本身违法原则的行为。

（二）合理原则

合理原则是指在衡量案件的所有情况下，决定企业的行为是否对竞争有不合理的限制，从而确定案件中的行为是否属于法律禁止的行为。因此，合理原则也是一种衡量方法。

根据合理原则，是否对竞争秩序构成危害是特定的垄断状态或者垄断行为成为反垄断法规制对象的直接尺度。反垄断主管机关在全面衡量当事人行为对市场影响的基础上，确定该行为是否违法。从美国法发展史上可知，创设合理原则的初衷在于豁免少数限制性协议，具有弥补本身违法原则不足的功能。然而，值得注意的是，合理原则的弹性使得它的适用范围可宽可窄，适用标准可严可松。受其规制的对象既可以是极为抽象的“不合理的”、“对公众有害的”、“压制或毁灭竞争的”行为，也可以是较为具体的“结果导致垄断或意图形成垄断的行为”，还可以是把握不准的“反竞争效果大于竞争利益的行为”。这在增加法官和执法官员的自由裁量权的同时，也进一步增加了争议解决中的非连续性和不可预见性。这既是该原则的最大优点，也是它的致命缺陷。另外，它的弹性也产生了新的司法成本，降低了特定行为合法性的确定性，增加了诉讼争议的发生率。

一般说来，合理原则采取个案评价的方式，体现了该原则的灵活性。合理原则的应用与一国的产业政策和竞争政策息息相关，这正体现了反垄断法的经济政策性，所以，合理原则在不同的国家以及同一个国家的不同发展时期的判断标准是不同的。在不同的历史时期采取宽严有别的企业集中政策是发达国家反垄断立法及实践的价值取向。

二、反垄断主管机构

（一）机构的设置及其特点

“徒法不足以自行”，而且竞争法的规定往往比较原则，因此如何保证竞争法的实施就是一个十分重要的立法和执法问题。各国法律一般都专门规定竞争法的主管机关，由其负责竞争法的执法。总结其他国家和地区的立法例，可以发现竞争法的主管机关具有以下特点：

1. 法定性。各国对竞争法的主管机关的设立及职权均由法律明确规定，如美国制定专门的《联邦贸易委员会法》，德国《反限制竞争法》第二编标题为“卡特尔当局”。通过这些明确规定，不但赋予了主管机关较高的法律地位和独立性，而且使其行使职权有了具体的法律依据。

2. 独立性。由于竞争法对市场经济十分重要，而违反竞争法的主体通常能得到丰厚的利益，它们为了获得或者维护这种地位有很强的利益动机，因此为了使主管机关摆脱各种利益冲突和其他机关对它的影响，并避免出现监管者被俘获的现象，各国都强调主管机关的独立性。美国联邦贸易委员会是独立的管制委员会，德国联邦卡特尔局虽然隶属于联邦经济部，但德国却是以强调主管机关独立性著称的，联邦卡特尔局裁决的独立性基本可以不受利益集团争执的影响。

3. 专业性。由于竞争关系本身就是一种复杂的社会现象，竞争法规定一般都很原则，对执法者执法水平有很高的要求。竞争法的执法不仅牵涉到法律问题，还可能与一国或一地区的产业政策、经济政策相联系，因此各国竞争法主管机关一般由法学家、律师和经济学家等专家组成，这些成员具有法学、经济学和管理学等专业知识。具有专业性和专家化的主管机关不但可以提高执法活动的科学性和效率，而且能提高主管机关的独立性。因为这些人本身就是专家，不容易受到其他因素影响。

4. 权力的广泛性。为了保证竞争法能得到有效实施，各国一般规定主管机关有广泛的权力。虽然主管机关性质是行政机关，但其享有的权利远远超过了行政权力，还享有准立法权和准司法权。主管机关有权根据法律或立法机关的授权制定、颁布具有普遍约束力的规范性文件，并可以按照准司法程序处理违反竞争法的案件。对于主管机关的具体权力将在主管机关的权限中具体介绍。

（二）主管机构的工作程序

竞争法的公力实施通常是由竞争法的主管机关通过行政权（包括准立法权和准司法权）进行的。正如上文所指出的，许多国家的主管机关对违反竞争法的行为进行处理一般是采用准司法程序，这种实施方式是竞争法区别于一般法律的重要特征。

（三）我国《反垄断法》确立了“双层次多机构”的反垄断实施体制

“双层次”是国务院反垄断委员会与反垄断执法机构。“多机构”是指商务部、发改委、工商总局，以及电力监管委员会、信息产业部、铁道部、民航局、证监会、银监会、保监会等行业主管部门。

1. 主要实施机构及其职责

（1）国务院反垄断委员会

《反垄断法》规定，国务院设立反垄断委员会，负责组织、协调、指导反垄断工作。反垄断委员会履行下列职责：研究拟订有关竞争政策；组织调查、评估市场总体竞争状况，发布评估报告；制定、发布反垄断指南；协调反垄断行政执法工作；国务院规定的其他职责、国务院反垄断委员会的组成和工作规则由国务院规定。

（2）国务院反垄断执法机构

国务院规定的承担反垄断执法职责的机构（以下统称国务院反垄断执法机构）依照规定，负责反垄断执法工作。国务院反垄断执法机构根据工作需要，可以授权省、自治区、直辖市人民政府相应的机构，依照本法规定负责有关反垄断执法工作。

2. 执法机构的执法保障措施及义务

反垄断执法机构调查涉嫌垄断行为，可以采取下列措施：（1）进入被调查的经营者的营业场所或者其他有关场所进行检查；（2）询问被调查的经营者、利害关系人或者其他有关单位或者个人，要求其说明有关情况；（3）查阅、复制被调查的经营者、利害关系人或者其他有关单位或者个人的有关单证、协议、会计账簿、业务函电、电子数据等文件、资料；（4）查封、扣押相关证据；（5）查询经营者的银行账户。采取前款规定的措施，应当向反垄断执法机构主要负责人书面报告，并经批准。

反垄断执法机构调查涉嫌垄断行为，执法人员不得少于2人，并应当出示执法证件。执法人员进行询问和调查，应当制作笔录，并由被询问人或者被调查人签字。反垄断执法机构及其工作人员对执法过程中知悉的商业秘密负有保密义务。

3. 被调查的经营者的配合义务

被调查的经营者、利害关系人或者其他有关单位或者个人应当配合反垄断执法机构依法履行职责，不得拒绝、阻碍反垄断执法机构的调查。被调查的经营者、利害关系人有权陈述意见。反垄断执法机构应当对被调查的经营者、利害关系人提出的事实、理由和证据进行核实。

4. 对垄断行为的处理

反垄断执法机构对涉嫌垄断行为调查核实后，认为构成垄断行为的，应当依法作出处理决定，并可以向社会公布。

5. 经营者承诺制度

对反垄断执法机构调查的涉嫌垄断行为，被调查的经营者承诺在反垄断执法机构认可的期限内采取具体措施消除该行为后果的，反垄断执法机构可以决定中止调查。经营者承诺制度有助于节约执法资源并有效地打击垄断行为，因而为很多国家的反垄断法所采纳。

中止调查的决定应当载明被调查的经营者承诺的具体内容。反垄断执法机构决定中止调查的，应当对经营者履行承诺的情况进行监督。经营者履行承诺的，反垄断执法机构可以决定中止调查。有下列情形之一的，反垄断执法机构应当恢复调查：（1）经营者未履行承诺的；（2）作出中止调查决定所依据的事实发生重大变化的；（3）中止调查的决定是基于经营者提供的不完整或者不真实的信息作出的

三、最高人民法院《关于审理因垄断行为引发的民事纠纷案件应用法律若干问题的规定》

（一）起诉垄断企业不需行政机构认定

反垄断法司法解释明确规定，因垄断行为受到损失后，直接向法院提起民事诉讼的，或者在反垄断执法机构认定构成垄断行为的处理决定发生法律效力后起诉的，只要符合法律规定的其他受理条件，法院应当受理。这意味着，个人可直诉垄断企业，只要原告有证据证明受到损失，均可以提起诉讼，要求垄断企业承担侵权责任，反垄断民事诉讼不需要以行政执法程序前置为条件。

（二）省会城市中院管辖一审

司法解释规定，对于垄断民事纠纷案件，由省、自治区、直辖市政府所在地的市、计划单列市中级法院及最高院指定的中级法院管辖，这意味着，除特殊指定外，垄断民事案件主要由省会城市和直辖市的中级法院审理。此外，对于群体诉讼案件，法院可以合并审理。如果有两个或两个以上原告因同一垄断行为向有管辖权的同一法院分别提起诉讼，法院可以合并审理。在不同法院起诉的，后立案的法院在得知有关法院先立案的情况后，应当在7天内裁定将案件移送先立案的法院，先立案的法院可以合并审理。

（三）加重垄断企业举证责任，适当减轻原告举证责任

司法解释对于举证责任分配、免证事实、专家证据等问题作了解释和细化。在举证责任分配方面，司法解释区分不同的垄断行为类型，明确了当事人的举证责任分配。

1. 对于明显具有严重排除、限制竞争效果的特定横向垄断协议，由被告垄断企业对被诉协议不具有排除、限制竞争的效果承担举证责任。这就意味着垄断企业对固定或者变更商品价格、限制商品的生产数量或者销售数量、分割销售市场或者原材料采购市场、限制购买新技术、新设备或者限制开发新技术、新产品等行为将要承担举证倒置责任。

2. 被诉垄断行为属于《反垄断法》规定的滥用市场支配地位的，原告应当对被告在相关市场内具有支配地位和其滥用市场支配地位承担举证责任；

3. 对于公用企业以及具有独占经营资格的经营者滥用市场支配地位的案件，适当减轻原告的举证责任。法院可以根据市场结构和竞争状况的具体情况，认定被告在相关市场内具有支配地位。比如对社会公认的时间较长垄断企业，原告就不再对被告的垄断地位承担举证责任。同时，司法解释还引导当事人通过专家证人、专家意见的方式帮助查明案件事实。这些措施的引入，对于适当减轻原告举证责任、降低证明难度具有一定作用。

（四）行业协会章程违法也可被起诉

司法解释规定了垄断民事纠纷案件的两种基本类型，一是因垄断行为受到损失而引起的诉讼，通常属于侵权之诉；二是因合同内容、行业协会的章程等违反垄断法而发生争议引起的诉讼。垄断可以通过如协议、协同一致的行为、行业协会的章程等很多形式表现出来。如果行业协会的章程违反了反垄断法，规定了垄断条款，那么行业协会也是实施垄断行为的主体。自然人、法人或者其他组织可以向法院提起反垄断民事诉讼，这也是国际上的通行做法。在我国的司法实践中也是这样做的。在垄断民事诉讼中，只要原告有证据证明因垄断行为受到损失，或者因合同内容、行业协会的章程等违反《反垄断法》而发

生争议，均可以提起诉讼，要求垄断行为人承担民事责任。

（五）当事人可委托法院做市场调查

由于垄断民事案件通常疑难复杂，经济与法律问题相互交织，专业性很强《司法解释规定》赋予了当事人一定权利：当事人可以向法院申请一至两名具有相应专门知识的人员出庭，就案件的专门性问题进行说明。此外，当事人可以向法院申请委托专业机构或者专业人员就案件的专门性问题作出市场调查或者经济分析报告。经法院同意，双方当事人可以协商确定专业机构或者专业人员；协商不成的，由法院指定。法院要对市场调查或者经济分析报告进行审查判断。

附　录：

一、本章复习思考题

1. 我国反垄断立法存在的主要问题及其如何完善？
2. 简述我国反垄断法的立法历程。
3. 我国反垄断法确定的垄断行为有哪些？其危害的表现以及如何规制？
4. 简述反垄断法的适用除外制度。

第十五章 银行法律制度

银行是专门经营存款、贷款和汇兑等货币信用业务，充当信用中介和支付中介的金融机构。我国现有的银行机构主要有中央银行、商业银行和政策性银行，以及外资银行、外国银行分行、中外合资银行等涉外银行机构。

银行法是调整银行组织机构和业务经营以及对银行的调控和监督管理的法律规范的总称。国家通过立法对各类银行的种类、性质、地位、职能、作用、组成、业务及其相互关系加以规定或确认，并依法予以规范和管理。银行法是金融法体系的核心，是金融法的基本法。

第一节 中央银行法律制度

中国人民银行最初于1948年12月1日在河北省石家庄市宣告成立，第二年总行迁入北京。由于当时高度集中的计划经济管理体制，中国人民银行一直执行的是大一统的国家银行体制。1983年9月，国务院决定中国人民银行专门行使中央银行的职能，负责领导和管理各专业银行的业务。1986年1月7日，国务院颁布《中华人民共和国银行管理暂行条例》，明确规定中国人民银行专门行使中央银行的职能。1995年3月18日，第八届全国人民代表大会第三次会议审议通过并公布《中华人民共和国中国人民银行法》，第一次以法律的形式确定了中国人民银行作为我国中央银行的地位。

一、中央银行与中央银行法概述

（一）中央银行与中央银行法的概念

中央银行是依法制定和执行国家货币政策，调节和控制货币流通和信用活动，提供公共金融服务，维护金融稳定，依法实施金融监管的特殊金融机构。所谓中央银行法是指规定中央银行的性质、地位、职责权限、组织形式、组织机构以及金融调控、金融监管和金融服务规划的法律规范的总称。

（二）我国的中央银行与中央银行法

中国人民银行是中华人民共和国的中央银行。1995年3月18日，第八届全国人民代表大会第三次会议审议通过并公布《中华人民共和国中国人民银行法》，该法第一次以法律的形式确定了中国人民银行作为我国中央银行的地位。2003年12月27日，第十届人大常委会第六次会议通过并公布《关于修改〈中华人民共和国中国人民银行法〉的决定》，自2004年2月1日起施行。

二、中国人民银行的法律地位及其基本职能

《中国人民银行法》第2条规定："中国人民银行是中华人民共和国的中央银行。中国人民银行在国务院领导下，制定和执行货币政策，防范和化解金融风险，维护金融稳定。"该条规定明确了中国人民银行的法律地位及其基本职能。

（一）中国人民银行的法律地位

中央银行的法律地位是指中央银行在国家机构体系中的地位。中国人民银行是中华人民共和国的中央银行。中国人民银行是国务院领导下，制定和执行货币政策，防范和化解金融风险，维护金融稳定的国家金融管理机构，属国家行政机关。作为中央银行，中国人民银行是发行的银行，政府的银行和银行的银行。同时，为"防范和化解金融风险，维护金融稳定"，中国人民银行负责金融宏观调控和行使必要的监管职责。

《中国人民银行法》第6条规定："中国人民银行应当向全国人民代表大会常务委员会提出有关货币政策情况和金融业运行情况的工作报告。"可见，中国人民银行一方面在行政上隶属于国务院的领导，另一方面，还受国家最高权力机构的监督。

为了确保中国人民银行法律地位的实现，必须在组织上保持其应有的独立性。所以，中国人民银行在国务院领导下依法独立的制定和执行货币政策，履行职责，开展业务，不受地方政府、各级政府部门、社会团体和个人的干涉。

（二）中国人民银行的职能与职责

1. 中国人民银行的职能。依据我国《中国人民银行法》的规定，中国人民银行的职能包括：（1）制定和执行货币政策。中国人民银行通过制定货币政策，对国家的货币、信用活动进行调节和控制，以促进整个国民经济的发展。（2）维护金融稳定。中国人民银行通过对金融市场进行必要监管，维护国家金融体系的稳健运行，以防止金融市场不稳定给社会经济发展造成不利影响。（3）提供金融服务。中国人民银行为政府和金融机构提供金融服务，主要有发行人民币并管理人民币流通，经理国库，保管金融机构缴存的存款准备金，票据清算服务等。

2. 中国人民银行的职责。根据法律规定，中国人民银行履行下列职责：

发布与履行其职责有关的命令和规章；依法制定和执行货币政策；发行人民币，管理人民币流通；监督管理银行间同业拆借市场和银行间债券市场；实施外汇管理，监督管理银行间外汇市场；监督管理黄金市场；持有、管理、经营国家外汇储备、黄金储备；经理国库；维护支付、清算系统的正常运行；指导、部署金融业反洗钱工作，负责反洗钱的资金监测；负责金融业的统计、调查、分析和预测；作为国家的中央银行，从事有关的国际金融活动；国务院规定的其他职责。

3. 中国人民银行业务的禁止性规定。《中国人民银行法》规定了中国人民银行业务活动的禁止性内容，即中国人民银行不得向地方政府、各级政府部门提供贷款，不得向非银行金融机构以及其他单位和个人提供贷款，但国务院决定中国人民银行可以向特定的非银行金融机构提供贷款的除外。中国人民银行不得向任何单位和个人提供担保。中国人民银行可以根据需要，为金融机构开立账户，但不得对金融机构的账户透支。中国人民银行不得对政府财政透支，不得直接认购、包销国债和其他政府债券。

三、中国人民银行的货币政策

（一）货币政策目标

《中国人民银行法》第3条规定："货币政策目标是保持货币币值的稳定，并以此促进经济增长。"一般认为，稳定货币币值是我国货币政策的首要的和直接的目标，而经济增长是货币政策的最终目标。因此，中国人民银行应该根据经济增长的需要来调节和控制货币币值变化的方式和幅度；同时，当稳定币值与经济增长发生矛盾时，应当把稳定币值放在首位。

（二）货币政策工具

中国人民银行为执行货币政策，可以运用下列货币政策工具：（1）要求银行业金融机构按照规定的比例交存存款准备金。我国所有吸收一般存款的银行业金融机构都有按规定比例和期限缴存存款准备金的义务，自2004年4月25日起，中国人民银行规定的存款准备金缴存比例为7.5%。（2）确定中央银行基准利率。中央银行通过基准利率的调整，来实现紧缩银根或放松银根的目的。（3）为在中国人民银行开立账户的银行业金融机构办理再贴现。中央银行通过调整其对银行业金融机构办理票据再贴现的再贴现率，来扩大或缩小金融机构的信贷量，从而促使信用扩张或收缩。（4）向商业银行提供贷款。中国人民银行通过再贷款控制和调节商业银行的信贷活动，从而控制和调节货币供应量和信用总量。（5）在公开市场上买卖国债、其他政府债券和金融债券及外汇。中国人民银行在公开市场上买卖国债、其他政府债券和金融债券及外汇，以吞吐基础货币，从而控制和调节货币供应量。（6）国务院确定的其他货币政策工具。这一规定是有关中央银行选择性和补充性货币政策工具的弹性条款，主要有特种贷款、贷款限额、证券市场信用控制、消费信用控制、不动产信用控制以及窗口指导、道义劝告等。

四、中国人民银行的组织机构

（一）中国人民银行的领导机构

中国人民银行设立行长1人，副行长若干人。中国人民银行实行行长负责制。中国人民银行行长是中国人民银行的最高行政领导人，是中国人民银行的法定代表人，负责领导中国人民银行的工作。中国人民银行副行长协助行长工作。

（二）货币政策委员会

根据《中国人民银行法》第12条的规定，中国人民银行设立货币政策委员会。货币政策委员会是中国人民银行制定货币政策的咨询议事机构。依据国家的宏观经济调控目标，在综合分析国家宏观经济形势的基础上，货币政策委员会负责讨论货币政策事项，并提出建议，其讨论的主要事项涉及：货币政策的制定、调整；一定时期内的货币政策目标；货币政策工具的运用；有关货币政策的重要措施，以及货币政策与其他宏观经济政策的协调。货币政策委员会的职责、组成和工作程序，由国务院规定，报全国人民代表大会常务委员会备案。中国人民银行货币政策委员会应当在国家宏观调控、货币政策制定和调整中，发挥重要作用。

（三）中国人民银行的分支机构

中国人民银行根据履行职责的需要设立分支机构，作为中国人民银行的派出机构。1998年12月，为强化中央银行的独立性，中国人民银行在全国九个城市设立了跨省、自治区、直辖市的九大区行，即天津分行、沈阳分行、上海分行、南京分行、济南分行、武汉分行、广州分行、成都分行、西安分行。同时，在北京和重庆设立中国人民银行总行营业管理部。

各分支机构是中国人民银行的派出机构，是中央银行的组成部分，不具备独立的法人资格，受中国人民银行的统一的领导和管理。其履行职责必须根据中国人民银行的授权进行。中国人民银行的分支机构根据中国人民银行的授权，维护本辖区的金融稳定，承办有关业务。

五、中国人民银行的金融监管

为维护金融业的合法、稳健运行，促进金融市场的协调发展，中国人民银行作为我国的金融宏观管理部门，依法监测金融市场的运行情况，对金融市场实施宏观调控。中国人民银行具有以下六项监管职责：（1）中国人民银行有权对金融机构以及其他单位和个人的下列行为进行检查监督：执行有关存款准备金管理规定的行为；与中国人民银行特种贷款有关的行为；执行有关人民币管理规定的行为；执行有关银行间同业拆借市场、银行间债券市场管理规定的行为；执行有关外汇管理规定的行为；执行有关黄金管理规定的行为；代理中国人民银行经理国库的行为；执行有关清算管理规定的行为；执行有关反洗钱规定的行为。（2）中国人民银行根据执行货币政策和维护金融稳定的需要，可以建议国务院银行业监督管理机构对银行业金融机构进行检查监督。国务院银行业监督管理机构应当自收到建议之日起三十日内予以回复。（3）当银行业金融机构出现支付困难，可能引发金融风险时，为了维护金融稳定，中国人民银行经国务院批准，有权对银行业金融机构进行检查监督。（4）中国人民银行根据履行职责的需要，有权要求银行业金融机构报送必要的资产负债表、利润表以及其他财务会计、统计报表和资料。中国人民银行应当和国务院银行业监督管理机构、国务院其他金融监督管理机构建立监督管理信息共享机制。（5）中国人民银行负责统一编制全国金融统计数据、报表，并按照国家有关规定予以公布。（6）中国人民银行应当建立、健全本系统的稽核、检查制度，加强内部的监督管理。

第二节　银行业监管法律制度

长期以来，我国人民银行集货币政策与金融监管职能于一体。随着我国金融市场的迅速发展，以及顺应货币政策与监管职能分离的要求，2003 年 3 月 10 日，第十届全国人民代表大会第一次会议通过《关于国务院机构改革方案的决定》，批准国务院成立中国银监会，从此建成了中国人民银行、银监会、证监会和保监会四大机构分工协作的金融监管体制。

一、中国银行业监督管理委员会与《银行业监督管理法》

（一）中国银行业监督管理委员会（以下简称中国银监会）

2003 年 3 月 10 日，第十届全国人民代表大会第一次会议通过《关于国务院机构改革方案的决定》，批准国务院成立中国银监会。4 月 26 日，中国银监会根据第十届全国人大常委会第二次会议通过的《关于中国银行业监督管理委员会履行原由中国人民银行履行的监督管理职责的决定》，确定中国银监会履行审批、监督管理银行、金融资产管理公司、信托投资公司及其他存款类金融机构等的职责及相关职责。

（二）中国《银行业监督管理法》

1. 中国《银行业监督管理法》的性质、地位。2003 年 12 月 27 日，第十届全国人民代表大会常务委员会第六次会议通过并颁布了《中华人民共和国银行业监督管理法》，自 2004 年 2 月 1 日起施行。该法从法律上确立了中国银监会的法律地位及银行业的监管体制，并从金融监管角度规范监管实施者和被监管者的权力、职责和义务。《银行业监督管理法》共 6 章 50 条，分为总则、监督管理机构、监督管理职责、监督管理措施、法律责任和附则。其与《中国人民银行法》和《商业银行法》构成我国银行业法律体系的三部基本法律。

2. 立法宗旨。《银行业监督管理法》第 1 条规定，为了加强对银行业的监督管理，规范监督管理行为，防范和化解银行业风险，保护存款人和其他客户的合法权益，促进银行业健康发展，制定本法。

3. 调整范围。银监会负责对全国银行业金融机构及其业务活动进行监督管理。银行业金融机构，包括在中华人民共和国境内设立的商业银行、城市信用合作社、农村信用合作社等吸收公众存款的金融机构以及政策性银行；同时，对在中华人民共和国境内设立的金融资产管理公司、信托投资公司、财务公司、金融租赁公司以及经国务院银行业监督管理机构批准设立的其他金融机构，包括外资、中外合资银行业金融机构、外国银行业金融机构的分支机构。对银监会批准在境外设立的金融机构以及上述金融机构在境外的业务活动，也适用《银行业监督管理法》的规定。

二、银监会监管的原则、目标和监管标准

（一）银行业监督管理的基本原则

根据《银行业监督管理法》的相关规定，我国银行业监管应坚持以下几项原则：

1. 依法、公开、公正和效率的原则。《银行业监督管理法》第 4 条规定，银行业监督管理机构对银行业实施监督管理，应当遵循依法、公开、公正和效率的原则。

2. 独立监管原则。银行业监督管理机构及其从事监督管理工作的人员依法履行监督管理职责，受法律保护。地方政府、各级政府部门、社会团体和个人不得干涉。

3. 监管信息共享原则。《银行业监督管理法》第 6 条规定，国务院银行业监督管理机构应当和中国人民银行、国务院其他金融监督管理机构建立监督管理信息共享机制。

4. 国际监管合作与跨境监管原则。《银行业监督管理法》第7条规定，国务院银行业监督管理机构可以和其他国家或者地区的银行业监督管理机构建立监督管理合作机制，实施跨境监督管理。

（二）银行业监督管理的目标

银行业监督管理的目标是促进银行业的合法、稳健运行，维护公众对银行业的信心。银行业监督管理应当保护银行业公平竞争，提高银行业竞争能力。

1. 促进银行业的合法、稳健运行，维护公众对银行业的信心。银行业的合法运行要求银行应遵守市场规范，依法开展经营活动；稳健运行要求银行建立健全各类规章制度，加强风险管理，完善内部控制，保持充足的资本和健全的财务状况。同时，监管机构应宣传金融知识，提高社会公众对银行业务活动的了解程度和知识水平，提高监管活动的透明度，加强对银行活动的社会监督，打击金融违法行为，从而维护公众对银行业的信心。

2. 保护银行业公平竞争，提高银行业竞争能力。银行业的监督管理要有利于保护和鼓励公平竞争，反对无序竞争，努力提高我国银行业在国际金融服务中的竞争能力。

三、银监会的监管职责与管理措施

（一）银监会的监管职责

银监会根据《银行业监督管理法》的规定和根据国务院的授权，负责对全国银行业金融机构及其业务活动监督管理的工作，统一监管商业银行、政策性银行、信用合作社、金融资产管理公司、信托投资公司及其他存款类金融机构，以维护银行业的合法、稳健运行。其具体主要职责包括：制定和发布有关银行业金融机构监管的规章和规则；审批银行业金融机构及分支机构的市场准入与市场退出；制定审慎性经营规则，实施审慎性监管；对银行业金融机构实行非现场监管；实施全面现场检查和专项现场检查；实施并表监督管理；审查银行业金融机构高级管理人员任职资格；负责统一编制全国银行业金融机构统计数据、报表，并予以公布；建立银行业金融机构的监督管理评级体系和风险预警机制；报告、处置银行业突发事件；指导和监督银行业自律组织；开展与银行业监管有关的国际交流与合作等。

（二）银监会的监管措施

我国借鉴巴塞尔银行监管委员会《有效银行监管的核心原则》的规定，在《银行业监督管理法》中以专章规定银监会的监管措施，包括要求银行业金融机构按照规定报送监管所需各种报表资料，询问、查阅、复制等现场检查措施，审慎性监管谈话，对违反经营规则的处理措施和程序，接管或者重组有问题银行业金融机构，撤销问题严重的银行业金融机构，限制被接管、被指令合并、被撤销银行业金融机构的董事、高级管理人员及其他直接责任人员的行为，查询、冻结等。

第三节 商业银行法律制度

1979年以后，我国恢复了中国农业银行，设立了中国银行、中国人民建设银行（现为中国建设银行），逐步经营各项信贷业务。1984年1月，又成立了中国工商银行。为此，国务院于1987年颁布《中华人民共和国银行管理暂行条例》。1995年5月10日经第八届全国人大常委会第十三次会通过并公布《中华人民共和国商业银行法》，自同年7月1日起施行。此后，为了配合银监会的成立，2003年12月27日，第十届全国人大常委会第六次会议审议通过了《关于修改〈中华人民共和国商业银行法〉的决定》，对该法作了相应修改。

一、中国商业银行与商业银行法概述

（一）中国的商业银行与《商业银行法》

1. 中国的商业银行。我国《商业银行法》第2条规定："本法所称的商业银行是指依照本法和《中华人民共和国公司法》设立的吸收公众存款、发放贷款、办理结算等业务的企业法人。"

目前，我国的商业银行可分为：（1）国有独资商业银行，即中国工商银行、中国农业银行、中国建设银行和中国银行。（2）全国性股份制商业银行，主要有交通银行、招商银行、中信实业银行、深圳发展银行、福建兴业银行、广东发展银行、中国光大银行、华夏银行、上海浦东发展银行、中国民生银行等。（3）地方性股份制商业银行，即城市商业银行和农村商业银行。（4）合作制商业银行。2003年4月8日挂牌成立的宁波鄞州农村合作银行为我国第一家农村合作银行。农村信用合作社、城市信用合作社亦属此类。（5）外资银行、中外合资银行和外国银行分行。

2. 中国的《商业银行法》。《中华人民共和国商业银行法》于1995年5月10日经第八届全国人大常委会第十三次会通过并公布，自同年7月1日起施行。2003年12月27日，第十届全国人大常委会第六次会议审议通过了《关于修改〈中华人民共和国商业银行法〉的决定》，自2004年2月1日起施行。除适用于商业银行外，外资商业银行、中外合资商业银行、外国商业银行分行，城市信用合作社、农村信用合作社办理存款、贷款和结算等业务，以及邮

政企业办理商业银行的有关业务，均适用《中华人民共和国商业银行法》的有关规定。

（二）我国商业银行的法律性质

《商业银行法》第4条规定：商业银行“实行自主经营，自担风险，自负盈亏，自我约束”，“商业银行以其全部法人财产独立承担民事责任”。商业银行的组织形式、组织机构适用《中华人民共和国公司法》的规定。因此，按照商业银行的组织形式，我国主要有有限责任公司的商业银行和股份有限公司的商业银行。

（三）商业银行的经营原则

1. “三性”原则。商业银行以安全性、流动性、效益性为经营原则。其中，效益性是“三性”中的重点，是“三性原则”的首要原则。而要实现效益性目标，必须以安全性和流动性原则作保证。

2. 业务原则。商业银行与客户的业务往来，应当遵循平等、自愿、公平和诚实信用的原则。商业银行应当保障存款人的合法权益不受任何单位和个人的侵犯。商业银行开展信贷业务，应当严格审查借款人的资信，实行担保，保障按期收回贷款。商业银行依法向借款人收回到期贷款的本金和利息，受法律保护。

3. 依法营业，不得损害公益原则。商业银行开展业务，应当遵守法律、行政法规的有关规定，不得损害国家利益、社会公共利益。

4. 公平竞争原则。商业银行开展业务，应当遵守公平竞争的原则，不得从事不正当竞争。

5. 依法接受监管原则。商业银行依法接受国务院银行业监督管理机构的监督管理，但法律规定其有关业务接受其他监督管理部门或者机构监督管理的，依照其规定。

二、我国商业银行的设立与变更

（一）我国商业银行的设立

按照《中华人民共和国公司法》的规定，设立商业银行，应当经国务院银行业监督管理机构审查批准。未经国务院银行业监督管理机构批准，任何单位和个人不得从事吸收公众存款等商业银行业务，任何单位不得在名称中使用“银行”字样。

1. 我国商业银行的设立条件。我国《商业银行法》规定如下条件：（1）有符合本法和《中华人民共和国公司法》规定的章程。（2）有符合本法规定的注册资本最低限额。设立全国性商业银行的注册资本最低限额为10亿元人民币；设立城市商业银行的注册资本最低限额为1亿元人民币；设立农村商业银行的注册资本最低限额为5000万元人民币。注册资本应当是实缴资本。(3)有具备任职专业知识和业务工作经验的董事、高级管理人员。(4)有健全的组织机构和管理制度。(5)有符合要求的营业场所、安全防范措施和与业务有关的其他设施。此外，设立商业银行，还应当符合其他审慎性条件。

2. 我国设立商业银行的程序。商业银行法将设立程序分为筹建和开业两个阶段以及申请、审批、登记、公告四个环节。申请人应当向中国银监会提交筹建申请书、筹建可行性研究报告、筹建方案或开立申请书及规定提交的其他文件。申请书应载明拟设立的商业银行的名称、所在地、注册资本、业务范围等。中国银监会按照法定条件进行审查，并在分析金融市场供求和金融市场竞争状况后作出是否批准其申请决定。中国银监会或其派出机构，负责对其监管的商业银行的金融许可证的颁发与管理。商业银行领到金融许可证后，应凭许可证向工商行政管理部门办理登记，领取《企业法人营业执照》。金融许可证颁发时，应在银监会或其派出机构指定的全国公开发行的报纸上进行公告。银监会对于商业银行的设立统一进行公告；工商行政管理机关发布企业登记公告。

商业银行根据业务需要，可以在中华人民共和国境内外设立分支机构。设立分支机构必须经国务院银行业监督管理机构审查批准。在中华人民共和国境内的商业银行分支机构不按行政区划设立。商业银行分支机构不具有法人资格，在总行授权范围内依法开展业务，其民事责任由总行承担。

（二）商业银行的变更

商业银行下列事项的变更，应当经国务院银行业监督管理机构批准：(1)变更名称；(2)变更注册资本；(3)变更总行或者分支行所在地；(4)调整业务范围；(5)变更持有资本总额或者股份总额5%以上的股东；(6)修改章程；(7)国务院银行业监督管理机构规定的其他变更事项。此外，商业银行更换董事、高级管理人员时，应当报经国务院银行业监督管理机构审查其任职资格。

商业银行的分立、合并，适用《中华人民共和国公司法》的规定。商业银行的分立、合并，应当经国务院银行业监督管理机构审查批准。

四、商业银行的业务范围

（一）我国商业银行的业务范围

我国《商业银行法》第3条规定，商业银行可以经营下列部分或者全部业务：吸收公众存款；发放短期、中期和长期贷款；办理国内外结算；办理票据承兑与贴现；发行金融债券；代理发行、代理兑付、承销政府债券；买卖政府债券、金融债券；从事同业拆借；买卖、代理买卖外汇；从事银行卡业务；提供信用证服务及担保；代理收付款项及代理保险业务；提供保管箱服务；经国务院银行业监督管理机构批准的其他业务。商业银行的经营范围由银行章程规定，报国务院银行业监督管理机构批准。此外，商业银行经中国人民银行批准，可以经营结汇、售汇业务。

（二）我国商业银行的禁止性业务

我国《商业银行法》第43条规定，商业银行在中华人民共和国境内不得从事信托投资和证券经营业务，不得向非自用不动产投资或者向非银行金融机构和企业投资，但国家另有规定的除外。这表明，我国现阶段仍实行严格的金融分业管理，商业银行与信托投资公司、证券经营公司以及房地产公司等在业务上不得交叉。

五、商业银行的接管与终止

（一）商业银行的接管与接管终止

1. 商业银行的接管。接管是指商业银行已经或者可能发生信用危机，严重影响存款人的利益时，国务院银行业监督管理机构可以对商业银行实行整顿和改组等措施。接管的目的主要是对被接管的商业银行采取必要措施，以保护存款人的利益，恢复商业银行的正常经营能力。被接管的商业银行的债权债务关系不因接管而变化。

接管由国务院银行业监督管理机构决定，并组织实施。国务院银行业监督管理机构应当按照法律规定的要求作出接管决定，并将接管决定予以公告。接管决定应当载明下列内容：被接管的商业银行名称；接管理由；接管组织；接管期限。接管自接管决定实施之日起开始。自接管开始之日起，由接管组织行使商业银行的经营管理权力。接管期限届满，国务院银行业监督管理机构可以决定延期，但接管期限最长不得超过两年。

2. 商业银行的接管终止。接管终止是指因法律规定的情形出现而停止接管工作。《商业银行法》规定了下列导致接管终止的情形：接管决定规定的期限届满或者国务院银行业监督管理机构决定的接管延期届满；接管期限届满前，该商业银行已恢复正常经营能力；接管期限届满前，该商业银行被合并或者被依法宣告破产。

（二）商业银行的终止

商业银行的终止是指因出现法律规定的情形或者章程约定的事由而导致商业银行主体资格归于消灭的法律行为。《商业银行法》第72条规定：“商业银行因解散、被撤销和被宣告破产而终止。”

1. 解散。商业银行因分立、合并或者出现公司章程规定的解散事由需要解散的，应当向国务院银行业监督管理机构提出申请，并附解散的理由和支付存款的本金和利息等债务清偿计划。经国务院银行业监督管理机构批准后解散。商业银行解散的，应当依法成立清算组，进行清算，按照清偿计划及时偿还存款本金和利息等债务。国务院银行业监督管理机构监督清算过程。

2. 被撤销。商业银行被撤销是指已经成立的商业银行因在经营行为中违反法律、法规，国务院银行业监督管理机构有权吊销其金融机构法人许可证，撤销该违法经营的商业银行。商业银行应当依照法律、行政法规的规定使用经营许可证，从事经营活动。商业银行因吊销经营许可证被撤销的，国务院银行业监督管理机构应当依法及时组织成立清算组，进行清算，按照清偿计划及时偿还存款本金和利息等债务。

3. 破产。商业银行的破产是指商业银行因不能支付到期债务，被人民法院宣告破产，从而终止其法人资格的法律行为。《商业银行法》规定，商业银行不能支付到期债务，经国务院银行业监督管理机构同意，由人民法院依法宣告其破产。商业银行被宣告破产的，由人民法院组织国务院银行业监督管理机构等有关部门和有关人员成立清算组，进行清算。商业银行破产清算时，在支付清算费用、所欠职工工资和劳动保险费用后，应当优先支付个人储蓄存款的本金和利息。具体的破产程序适用公司法、破产法和民事诉讼法的有关规定。

第四节　中国政策性银行法律制度

按照1993年12月25日国务院颁布的《关于金融体制改革的决定》规定，我国于1994年相继组建成立了三家国家政策性银行，即国家开发银行、中国进出口银行和中国农业开发银行。三家政策性银行依照各自的银行章程及其他相关法律法规，分别开展相应的政策性银行业务。

一、中国政策性银行法律制度概述

（一）政策性银行的概念和特征

政策性银行是指由政府创立、参股或保证，不以盈利为目的，专门为贯彻、配合政府经济政策或产业政策，在特定的业务领域内，直接或者间接从事政策性融资活动，充当政府发展经济、促进社会进步、进行宏观经济管理的专门金融机构。

政策性银行作为承担政策性银行业务的银行，一般具有以下特征：第一，政策性银行多由政府创立、参股或者保证，以政府为后盾，与政府保持着密切的关系。第二，政策性银行不以盈利为目的，而以追求社会整体效益为归依。政策性银行要坚持自担风险、保本经营、不与商业性金融机构竞争的原则。第三，政策性银行具有确定的业务领域和服务对象。一般都是为国家重点建设和按照国家产业政策重点扶持的行业及企业提供资金融通，包括支持农业开发贷款、农副产品收购贷款、交通、能源等基础设施和基础产业的贷款。第四，政策性银行具有特殊的融资原则。政策性银行不能吸收活期存款，主要的资金来源是政府提供的资本金、各种借入资金和发行金融债券筹集的资金。第五，政策性银行一般采用单独立法。

（二）政策性银行法

政策性银行法是规定政策性银行的组织和行为的法律规范的总称，主要包括政策性银行的设立宗旨、性质、地位、资金来源与资金运作、业务领域、组织形式及组织机构的设立、变更和终止等内容。目前，我国尚未制定专门的政策性银行法，各政策性银行的业务开展主要是依据各自的银行章程规定和有关的一些法规、规章等。

二、我国的政策性银行

（一）国家开发银行

国家开发银行成立于 1994 年 3 月 17 日，是一家以国家重点建设为主要融资对象的政策性投资开发银行，注册资本为 500 亿元人民币，由财政部划拨，主要办理国家重点建设，包括基础设施、基础产业和支柱产业的政策性贷款及贴息业务。其设立宗旨是为了更有效地集中资金保证国家重点建设，缓解经济发展的“瓶颈”制约，增强国家对固定资产投资的宏观调控能力，进一步深化投融资体制的改革。

国家开发银行的主要任务是按照国家的法律、法规和方针、政策，筹集和引导社会资金，支持国家基础设施、基础产业和支柱产业的大中型基本建设和技术改造等政策性项目及配套工程的建设，从资金来源上对固定资产投资总量进行调控，优化投资结构，提高经济效益，促进国民经济持续、快速、健康发展。

（二）中国农业发展银行

中国农业发展银行成立于 1994 年 11 月 18 日，是一家以承担国家粮棉油储备、农副产品收购、农业开发等方面的政策性贷款为主要业务的政策性银行，注册资本为 200 亿元人民币。其设立宗旨是为了完善农村金融服务体系，更好地贯彻落实国家的产业政策和区域经济发展，促进农业和农村经济的健康发展。

中国农业发展银行的主要任务是按照国家的法律、法规和方针、政策，以国家信用为基础，筹集农业政策性信贷资金，承担国家规定的农业政策性金融业务，代理财政性支农资金的拨付，为农业和农村经济服务。

（三）中国进出口银行

中国进出口银行成立于1994年7月1日，是直属国务院领导的政策性金融机构，具有法人资格。其注册资本金为33.8亿元人民币，由财政部核拨。

中国进出口银行的主要任务是执行国家产业政策和外贸政策，为机电产品、成套设备等资本性货物进出口提供政策性金融支持。

三、我国政策性银行的法律地位

国家开发银行、中国农业发展银行和中国进出口银行三家政策性银行都是直属国务院领导的政策性银行金融机构，是独立的法人，属国有独资企业。实行独立核算、自主和保本经营、企业化管理。在业务上接受国务院银行业监督管理机构的指导和监督。

附　录：

一、案例分析

（一）案情

2006年1月，某市甲商业银行见房地产业利润丰厚，便立即斥资5000万元收购了某乙房地产股份公司的51%的股份，成为其第一大股东。同时，该银行为获取高额收益，将1亿元资金投入股市。

（二）问题

请结合《商业银行法》的有关规定，指出甲商业银行的违法之处。

二、案例分析答案要点

1. 甲商业银行向乙房地产股份公司投资的行为违反《商业银行法》。根据《商业银行法》第43条规定，商业银行在中华人民共和国境内不得向非自用不动产投资或者向非银行金融机构和企业投资。

2. 甲商业银行投资于股市的行为违反《商业银行法》。根据《商业银行法》第43条规定，商业银行在中华人民共和国境内不得从事信托投资和证券经营业务。

三、本章复习思考题

1. 中国人民银行的法律地位。

2. 中国人民银行的货币政策工具。

3. 中国人民银行金融监管的范围。
4. 中国银行业监督管理的目标及其基本原则。
5. 我国银监会的监管职责与监管措施。
6. 我国商业银行的设立条件。
7. 我国商业银行的业务范围。
8. 政策性银行的概念和特征。

第十六章 税收法律制度

税收不仅是国家取得财政收入的手段，还是国家实现经济政策的工具，对国民经济具有重要意义。在依法治国的今天，税法对税收是密不可分的，没有税法就没有税收，任何税收行为都要有相应的法律依据。与其他部门法相比，税法的专业性更强，其体系也更为庞大和复杂，其中较为重要的是流转税法、所得税法和税收征收管理法。

第一节 税法概述

一、税收概述

（一）税收的概念

税收是国家凭借政权的力量，按照法律规定的标准，向居民、经济组织无偿、强制地征集一定货币或实物而形成的特定的分配关系。

税收作为一种特定的分配形式，既是一个历史范畴，又是一个经济范畴。首先，税收是人类历史发展到一定历史阶段的事物，是伴随着私有制、阶级、国家的产生而产生的，其内容和性质也因社会生产力的发展、社会制度和国家性质的变更而变化；其次，税收是国家参与一部分社会产品的分配和再分配的手段，其实质是一种以国家为主体的特殊分配形式。

（二）税收的特征

1. 强制性

税收的强制性是指国家征税是凭借政治权力，以国家强制力为后盾，用法律、法规的形式来实现的。任何单位和个人，只要取得属于法定应该纳税的收入，拥有应该纳税的财产，或发生应该纳税的行为，都必须无条件地履行纳税义务，否则将会受到法律的制裁。

2. 无偿性

税收的无偿性是指税款一经征收，便由纳税人向国家做单向的转移，形成国家财政收入。国家征税之后，既不向纳税人支付任何报酬，也不提供某种特殊权利或相应的服务。

3. 固定性

税收的固定性是指国家在征税之前，就以法律的形式，把每种税的征收对象、纳税人及征收数额或比例都事先规定下来，因此又可称为税收的法定性。纳税人必须依照法定的标准及时、足额地纳税，未经国家调整，任何单位和个人以及征税机关不得任意改变征税标准。

强制性、无偿性和固定性是税收在任何社会形态中的都具有的共性，也是税收收入区别于财政发行、国家信用、政府规费等其他财政收入的基本标志。

（三）税收的作用

1. 形成财政收入

国家要实现其职能，维持国家机器的正常运转，需要大量的财政资金。国家可以采取多种方式、通过各种渠道来实现财政收入，其中最有效、最可靠的就是征税，因为税收所固有的特性能够满足国家对财政收入在数量和时间方面的要求。

2. 调节宏观经济

在市场机制对资源配置起基础性、主导性作用的同时，税收这一重要的经济杠杆所表现的政策导向功能，可以被用于国民经济的宏观调控。国家可以通过实行公平税负政策，鼓励多种所有制企业之间平等竞争，还可以通过税收实行积极的产业政策调整，引导资产存量和投资增量的合理流动。

3. 实现共同富裕

国家可以采取多种税收手段，通过加大对部分高收入群体、高消费行为的征税力度，实现社会财富的合理转移，以缩小贫富差距，缓和贫富不均所带来的社会矛盾。

4. 维护国家经济利益

通过设计合理的涉外税收政策，既有利于吸引外资、引进先进技术、发展外向型经济，又有利于维护国家的经济利益。同时，国家还可以运用国际税收这一合法有效的经济手段，参与国际市场竞争和国际收益的分配，体现一个主权国家在国际经济交往中应有的国际地位和价值。

5. 维护市场经济秩序

国家通过征税活动，可以实施对企业生产经营活动的真实性、合法性、有效性的监督，及时反映国家经济运行中存在的问题，并通过税务机关的严格执法，查处有关涉税的违法犯罪行为，维护正常的市场经济秩序。

二、税法的概念和分类

（一）税法的概念

税法是调整国家和纳税人之间因征纳税而形成的权利义务关系的法律规范的总称。

税收体现了社会产品分配过程中国家与社会的经济单位、组织和个人之间的利益关系，其目的在于取得财政收入，以满足国家实现职能的各种物质需要。为了使这种利益分配关系合法化具有规范性、稳定性和长期性，保证财政收入的及时、可靠，国家必须采用法的形式将自己的征税意志、权力及纳税人的责任和义务固定下来，这样就产生了税法。

（二）税法的分类

税法的分类标准很多，理论和实践中通常采用的是以征收对象为标准的分类方法。按照征收对象的不同，税法可以分为以下五种：

1. 流转税法，即以流转额为征税对象的税法，主要包括增值税、营业税、消费税、关税等税法。这类税法的特点是与商品生产、流通、消费有密切关系，对商品经济活动有直接影响，对国民经济有宏观调控作用。

2. 所得税法，即以所得额为征税对象的税法，包括企业所得税、外商投资企业和外国企业所得税、个人所得税三大税法。其特点是能够直接调节纳税者的收入，有利于缩小贫富差距。

3. 财产税法，即以法定财产为征税对象的税法，我国现行的财产税法包括房产税法和契税法。其特点是征收范围有限，政策性目的很强。

4. 行为税法，也称为特定行为税法，是以特定行为为征税对象的税法，我国现行的行为税法主要包括印花税、车船使用税、屠宰税、筵席税等税法。其特点是具有较强的灵活性，对经济行为有很强的调节作用。

5. 资源税法，即以自然资源为征税对象的税法，我国现行的资源税、城镇土地使用税属于资源税法。资源税法的立法目的主要是为了保护和合理利用国家的自然资源。

三、税法的构成要素

目前，作为我国税法体系主体部分的各单行税法，都有各自特定的调整对象，但其结构却是由一些相对固定的共同要素所组成的，这些共同要素主要有以下几个：

（一）纳税主体

纳税主体，也就是纳税义务人，通常简称为纳税人，是指税法规定的对国家负有纳税义务的单位和个人。纳税人可以是自然人、法人、非法人的企业或事业单位。

（二）征税对象

征税对象，也叫征税客体，是指对什么征税，反映了征税的基本范围和界限，是区别不同税种的主要标志。比如，所得税是以企业或个人的所得为征税对象，资源税是以土地、矿藏等各种资源为征税对象。

（三）税　目

税目是指各个税种所规定的具体征税项目，是税种细分的结果，代表征税的广度。比如，我国消费税具体规定了烟、酒等14个税目。

（四）税　率

税率是指应纳税额占征税对象数额的比例。税率是税法结构中的核心要素，在征税对象数额既定的情况下，税率的高低直接关系到纳税人负担的轻重和国家收入的多少。税率从形式上可分为四种：比例税率、超额累进税率、超率累进税率和定额税率。

1. 比例税率。比例税率是对同一征税对象，不论数额大小，均按同一比例计算其应纳税额的一种税率。我国的增值税、营业税、城市维护建设税、企业所得税等税种采用这种税率形式。

2. 超额累进税率。超额累进税率是根据数额的大小，将征税对象划分为几个等级，不同等级适用不同的税率，递增征税，数额越大，税率越高，但每一纳税人的征税对象则依其所属等级同时适用几个税率分别计算，将计算结果相加后得出应纳税款的总额。我国目前采用这种税率的是个人所得税。

3. 超率累进税率。超率累进税率是依征税对象数额的相对率将征税对象划分为若干级距，分别规定相应的差别税率，相对率超过一个级距的，对超过的部分就按高一级的税率计算征税。目前，我国采用这种税率的是土地增值税。

4. 定额税率。定额税率也称固定税率或者固定税额，是指按征税对象的计量单位直接规定其应纳税额的固定数额，而不采用百分比形式。此种税率一般适用于从量计征的税种。

（五）纳税环节

纳税环节是指税法规定的在商品流转过程中应当缴纳税款的环节。根据不同税种的具体情况，应该从有利于税款征收、控制税源等原则出发，来确定纳税环节。

（六）纳税期限

纳税期限是指税法规定纳税人缴纳税款的期限。确定纳税期限的依据是国民经济各部门生产经营的不同特点、纳税人缴纳税款数额的大小或者应纳税行为的发生等。

（七）税收减免

这是对特定的纳税人减轻或免除其税负的一种特殊优惠措施，其目的在于，国家能够充分运用税收对某些企业或产业予以扶持和照顾。我国目前的税收减免措施主要包括起征点、免征额、减税和免税等。

起征点是指税法规定对征税对象开始征税的数额界限，征税对象数额未达到起征点的不征税；达到或超过起征点的，则以征税对象的全部数额（包括起征点以下的部分）征税。

免征额是指税法规定按一定标准从征税对象中预先扣除，并免于征税的数额。征税对象数额未达到免征额标准的，不征税；达到或超过免征额标准的，只对超过免征额的部分征税。

（八）法律责任

法律责任是指纳税人、扣缴义务人或其他税收当事人的漏税、欠税、偷税、抗税或未履行税务登记、纳税申报等违法行为所应承担的否定性法律后果。

四、税收法律关系

（一）税收法律关系的概念及特征

税收法律关系是税法确认和调整的，国家税务机关与纳税人之间在征纳税过程中形成的权利义务关系。税收法律关系反映的是一种特殊的社会关系，即国家强制参与社会财富的分配和再分配活动所形成的分配关系，它具有以下特征：

1. 主体一方的相对固定性

税法调整的是发生在国家和纳税人之间的税收征纳关系，所以，具体的税收法律关系中有一方主体始终是国家或代表国家行使征税权的专门机关，包括税务机关、财政机关及海关。

2. 权利义务的不对等性

税收法律关系是一种纵向法律关系。税收专门机关往往是以税收管理者、执法者的身份出现的，并凭借法律所赋予的权力，以国家的名义，实施税收征管活动；而纳税人必须完全服从前者的管理，依法承担纳税义务，及时、足额、无偿地缴纳税款。这种权利义务上的不对等正是由税收这一特殊分配形式的本质所决定的。

3. 财产所有权转移的无偿性和单向性

在税收法律关系中，纳税人在履行纳税义务后，其相应的财产就无偿地转让给国家，国家既不直接偿还，也不需要支付报酬。

（二）税收法律关系的要素

1. 税收法律关系的主体，即税收法律关系中的权利享有者和义务承担者，一般分为征税主体和纳税主体。税收法律关系中的征税主体是国家，而具体代表国家行使征税职责的是国家各级税务机关、海关和财政机关；纳税主体则是按照税法规定负有纳税义务的单位和个人，包括法人、自然人和其他组织。

2. 税收法律关系的客体，即税收法律关系主体双方的权利和义务共同指向的对象，一般包括实物、货币和行为。

3. 税收法律关系的内容，即税收法律关系主体享有的权利和承担的义务，这是税收法律关系的核心，也是税法的灵魂。它明确规定税收法律关系主体可以做什么、不可以做什么以及相应的法律后果。

（三）税收法律关系的产生、变更和终止

税法是产生税收法律关系的前提条件，但税法本身并不会直接产生具体的税收法律关系。任何税收法律关系的产生、变更和终止都必须基于一定的税收法律事实，即税务机关依法征税和纳税人依法纳税的经济行为或者事实，如：纳税人取得了应税财产、收入或发生了应税行为，就会引起税收法律关系的产生；纳税人分立、合并或其财产、收入状况发生了变化及修改税法都可能会导致税收法律关系的变更；国家废止了某些税法或纳税主体消灭则会使税收法律关系终止。

五、我国的税收管理体制

（一）税收管理体制的概念

税收管理体制是指在各级国家机构之间划分税权的制度。它既是税收制度的重要组成部分，也是财政管理体制的重要内容。

税权也就是国家的税收管理权限，包括税收立法权、税收法律与法规的解释权、税种的开征和停征权、税收调整权以及减免税决定权等。

（二）我国现行税权的划分

税收管理权限可以简单地分为税收立法权和税收执法权。

1. 我国税收立法权的划分

税收立法权是指制定、修改、或废止税收法律、法规、规章等规范性文件的权力。为保证国家税法的统一制定和执行，维护全国统一的市场和企业平等竞争，我国现行的中央税、共享税及全国统一实行的地方税的立法权都集中在中央。同时，由于我国地域辽阔，各种经济资源分布不均，各地经济发展水平不平衡，所以，为鼓励各级地方政府因地制宜，发挥地区优势，促进经济的发展，国家适当地给地方下放了一些税收立法权。具体而言，我国税收立法权划分层次如下：

（1）全国性税种的立法权由全国人民代表大会及其常务委员会行使；

（2）经全国人大及其常委会授权，全国性税种可以先由国务院以“条例”或“暂行条例”的形式发布实行，然后进行修改并通过立法程序，由全国人大及其常委会正式立法；

（3）经全国人大及其常委会授权，国务院有解释税法、制定税法实施细则、增减税目和调整税率的权力；

（4）经国务院授权，国家税务主管部门有税收条例的解释权利制定税收条例实施细则的权力；

（5）省级人民代表大会及其常务委员会有根据本地区经济发展的具体情况和实际需要，在不违背国家统一税法，不影响中央财政收入的前提下，开征全国性税种以外的地方税种的税收立法权；

（6）经省级人民代表大会及其常务委员会授权，省级人民政府有本地区地方税法的解释权和制定税法实施细则、调整税目与税率的权力。

2. 我国税收执法权的划分

根据有关法律、法规的规定，我国税收执法管理权限的划分大致如下：

（1）国务院及其税务主管部门行使中央税的税收管理权，中央税由中央税务机构负责征收；

（2）地方政府及其税务主管部门行使地方税的管理权，地方税由地方税务机构负责征收；

（3）对于中央和地方共享税，其管理权限按中央和地方政府各自的收入归属划分，由中央税务机构负责征收，共享税中由地方分享的部分，由中央税务机构直接划入地方金库；

（4）地方自行立法的地区性税种，其管理权由省级人民政府及其税务主管部门行使，属于地方税收管理权限的，在省级及其以下的地区如何划分，由省级人民代表大会或省级人民政府决定；

（5）经全国人大及其常委会和国务院批准，民族自治地方和经济特区有某些特殊的税收管理权，但必须以不影响国家宏观调控和中央财政收入为前提；

（6）除少数民族自治区和经济特区外，各地不得擅自停征全国性的地方税种；

（7）涉外税收政策的调整权集中在全国人大常委会和国务院，各地一律不得自行制定涉外税收的优惠措施。

（三）税务机构设置及税收征管范围

根据我国经济和社会发展及实行分税制财政管理体制的需要，现行税务机构的设置是：中央政府设立国家税务总局，省及省级以下税务机构分为国家税务局和地方税务局两个系统。国家税务总局对国家税务局系统实行机构、编制、干部、经费的垂直管理，并协同省级人民政府对省级地方税务局实行双重领导。

国家税务局系统负责征收和管理的项目有：增值税，消费税，车辆购置税，铁道部门、各银行总行、各保险总公司集中缴纳的营业税、所得税、城市维护建设税，中央企业缴纳的所得税，中央与地方所属企业、事业单位组成的联营企业、股份制企业缴纳的所得税，地方银行、非银行金融机构企业缴纳的所得税，海洋石油企业缴纳的所得税、资源税，外商投资企业和外国企业所得税等。

地方税务局系统负责征收和管理的项目有：营业税，城市维护建设税（不包括上述由国家税务局系统负责征收管理的部分），地方国有企业、集体企业、私营企业缴纳的所得税，个人所得税，资源税，城镇土地使用税，耕地占用税，土地增值税，房产税，城市房地产税，车船使用税，车船使用牌照税，印花税等。

在大多数的地区，契税、耕地占用税由地方财政部门征收和管理。

海关负责征收和管理的项目是关税、船舶吨税及其负责代征进出口环节的增值税和消费税。

第二节　我国税法的现行税种

一、流转税法

（一）增值税

增值税是以商品或应税劳务销售额为计税依据，运用税款抵扣原则计算征收的一种流转税。其实质是对增值额课税，所谓增值额，是指纳税人在生产、经营活动中创造的新增价值。

1993 年 12 月 13 日，国务院颁布了《中华人民共和国增值税暂行条例》，从 1994 年 1 月 1 日实施。为了进一步完善税制，应对金融危机对我国经济的影响，国务院对《增值税暂行条例》进行了修订，并于 2009 年 1 月 1 日起开始实施。

1. 纳税义务人

凡在中华人民共和国境内销售货物或者提供加工、修理、修配劳务及进口货物的单位和个人为增值税纳税义务人。根据经营规模大小、会计核算的健全程度，增值税纳税义务人分为一般纳税人和小规模纳税人，具体划分如下：

根据规定，达到下列条件之一的，可认定为增值税的一般纳税人：

（1）从事货物生产或者提供应税劳务的纳税人及以从事货物生产或提供应税劳务为主，兼营货物批发或零售的纳税人，年应税销售额在50万元以上的；

（2）从事货物批发或零售的纳税人，年应税销售额在80万元以上的。年应税销售额未达到上述标准的纳税人是小规模纳税人；年应税销售额超过上述标准的个人、非企业性单位及不经常发生应税行为的企业，也视为小规模纳税人。

2. 税率

为了简化税额的计算，实行公平税负，增值税税率有以下三个档次：

（1）基本税率为17%，适用于纳税人销售或进口的大多数货物及纳税人提供的加工、修理、修配劳务；

（2）低税率为13%，适用于纳税人销售和进口粮食、食用植物油、自来水、暖气、天然气、煤气、冷气、沼气、居民用煤炭制品、图书、报纸、杂志、饲料、化肥、农药、农机、农膜或其他国务院规定的货物；

（3）零税率，纳税人出口货物，税率为零，但是，国务院另有规定的除外。

纳税人兼营适用不同税率的货物或者应税劳务的，应当分别核算不同税率货物或者应税劳务的销售额；未分别核算销售额的，从高适用税率。

3. 一般纳税人的有关规定

（1）计税依据。增值税一般纳税人的计税依据，是纳税人销售货物或者提供应税劳务所取得的销售额，包括向购买方收取的全部价款和价外费用，但不包括向购买方收取的销项税额。若一般纳税人销售货物或应税劳务采用的是销售额和销项税额合并定价的方法，按下列公式将含税的销售额换算成不含税的销售额：

不含税销售额 = 含税销售额 ÷（1 + 税率）

（2）应纳税额的计算。纳税人销售货物或者提供应税劳务的，应纳税额为当期销项税额抵扣当期进项税额后的余额，其计算公式为：

当期应纳增值税额 = 当期销项税额 − 当期进项税额

若当期销项税额小于当期进项税额不足抵扣时，其不足部分可以结转到下期继续抵扣。

销项税额是指纳税人销售货物或者提供应税劳务时，按照不含税销售额和适用税率计算的并向购买方收取的增值税税额。

纳税人购进货物或者接受应税劳务所支付或者负担的增值税税额为其进项税额。企业购买货物或接受应税劳务，必须向对方索取增值税专用发票，然后根据专用发票上注明的增值税税额计算并抵扣进项税额。按照我国现行增值税的规定，不是所有的进项税款都能够抵扣。

准予抵扣的进项税额包括：纳税人购进货物或者应税劳务，从销售方取得的增值税专用发票上注明的增值税额；纳税人进口货物，从海关取得的完税凭证上注明的增值税税额；购进免税农产品的进项税额，按买价依照13%的扣除率计算。

不得抵扣的进项税额包括：用于非应税项目的购进货物或应税劳务，所谓非应税项目，是指提供非应税劳务，转让无形资产，销售不动产和在建工程等；用于免税项目的购进货物或者应税劳务；用于集体福利或者个人消费的购进货物或者应税劳务；非正常损失的购进货物。所谓非正常损失，是指生产经营过程中正常损耗外的损失，如自然灾害损失、货物被盗损失等；非正常损失的在产品、产成品所耗用的购进货物或者应税劳务。

4. 小规模纳税人的有关规定

小规模纳税人是指年应税销售额在规定标准以下，并且会计核算不健全，不能按规定报送有关税务资料的增值税纳税义务人。如果按照会计制度和税务机关的要求，能够准确核算销项税额、进项税额和应纳税额的，也可以向税务机关申请成为增值税一般纳税人。已认定为一般纳税人的，不能再转变为小规模纳税人。

小规模纳税人应纳税款的计税依据是销售货物或者提供应税劳务所取得的销售额，不包括向购买方收取的增值税税额。税法规定，小规模纳税人销售货物或者提供应税劳务的征收率为3%，并不得抵扣进项税额，其应纳税额的计算公式为：

应纳税额 = 不含税销售额 × 征收率

5. 增值税的其他规定

（1）增值税的免税、减税项目由国务院规定，其他任何地区、部门均不得规定免税、减税项目。纳税人兼营免税、减税项目的，应当单独核算免税、减税项目的销售额；未单独核算销售额的，不得免税、减税。

（2）除国务院另有规定的以外，纳税人出口货物不必缴纳增值税，而且还可以退还以前环节已经缴纳的增值税税款。

（3）增值税专用发票是纳税人经济活动的重要凭证，也是销货方纳税义务和购货方进项税额的合法证明。增值税专用发票只限于增值税的一般纳税人领购使用，增值税的小规模纳税人和非增值税纳税人不得领购使用。

（二）消费税

消费税是对某些特定消费品和消费行为所征收的一种税，其目的在于引导消费方向，调节消费规模和结构。

1993 年 12 月 13 日，国务院发布了《中华人民共和国消费税暂行条例》，于 1994 年 1 月 1 日起正式施行。为了进一步完善税制，应对金融危机对我国经济的影响，国务院于 2008 年对《消费税暂行条例》进行了修订，并于 2009 年 1 月 1 日起开始实施。

1. 纳税义务人

在中华人民共和国境内从事生产、委托加工和进口应税消费品的单位和个人为消费税纳税义务人。消费税主要是一种对生产环节征收的流转税、间接税，虽然消费者不是直接纳税人，但消费税的实际承担者最终还是消费者。

2. 征税范围

消费税是在对商品普遍征收增值税的基础上，有选择对一些特殊商品进行征收，现行的消费税共有烟、酒、化妆品等 14 个税目，具体可以分为以下几大类：

（1）过度消费会对人类健康、社会秩序、生态环境造成危害的消费品，如烟、酒、鞭炮、焰火等；

（2）奢侈品、非生活必需品，如首饰、化妆品、高档手表等；

（3）高能耗及高档消费品，如小汽车、摩托车等；

（4）不可再生资源类消费品，如汽油、柴油等；

（5）具有一定财政意义的消费品，如汽车轮胎等。

3. 应纳税额的计算

（1）从价定率征收。实行从价定率征收消费税的消费品，以其销售额为计税依据，采用比例税率。所谓销售额，是指纳税人销售应税消费品而向购买方收取的全部价款和价外费用。其应纳税额的公式为：

$$应纳税额 = 销售额 \times 税率$$

（2）从量定额征收，对于一些市场供求基本平衡，同类产品之间价格差别不大的消费品，如汽油、柴油、啤酒、黄酒，采用定额税率，其应纳税额的公式为：

$$应纳税额 = 销售数量 \times 单位税额$$

4. 纳税环节

纳税人生产、销售应税消费品的，在销售环节缴纳；自产自用应税消费品的，在移送使用环节缴纳；委托加工应税消费品的，在完成加工提货环节由受托方代收代缴；进口应税消费品的，在报关进口环节缴纳。

5. 出口退税

除国务院对国家限制出口的应税消费品有规定外，纳税人出口应税消费品的，免征消费税；已征消费税的，可以按国家有关规定办理退税手续。出口的应税消费品办理退税后，发生退关或者国外退货，进口时予以免税的，报关出口时必须及时向其所在地主管税务机关申报并缴纳已退还的消费税税款。

（三）营业税

营业税是对在我国境内从事应税劳务、转让无形资产、销售不动产的单位和个人，根据其提供应税劳务的营业额、转让无形资产的转让额或者销售不动产的销售额所征收的一种税。1993 年 12 月 13 日，国务院颁布了《中华人民共和国营业税暂行条例》，从 1994 年 1 月 1 日起施行。为了进一步完善税制，应对金融危机对我国经济的影响，国务院于 2008 年对《营业税暂行条例》进行了修订，并于 2009 年 1 月 1 日起开始实施。

1. 纳税义务人

营业税的纳税义务人是指在中华人民共和国境内提供本条例规定的劳务（以下简称“应税劳务”）、转让无形资产或者销售不动产的单位和个人。

2. 税目和税率

营业税共有 9 个税目，适用 3%、5% 和 5% ~20% 的三档税率，具体规定如下：

（1）交通运输业。包括陆路运输、水路运输、航空运输、管道运输、装卸搬运，税率为 3%；

（2）建筑业，包括建筑、安装、修缮、装饰及其他工程作业，税率为 3%；

（3）邮电通信业，包括邮政业和电信业，税率为 3%；

（4）文化体育业，包括文化业和体育业，税率为 3%；

（5）金融保险业，包括金融业和保险业，税率为 5%；

（6）娱乐业，采用 5%—20% 的幅度比例税率，具体适用的税率，由各省、自治区、直辖市人民政府根据当地的实际情况在规定的幅度内决定，但对经营歌厅、舞厅、卡拉 OK 歌舞厅、音乐茶座、台球、高尔夫球、保龄球、游艺等项目的一律适用 20% 的税率；

（7）服务业，包括代理业、旅店业、饮食业、旅游业、仓储业、租赁业、广告业及其他服务业，税率为5%。航空勘探、钻井（打井）勘探和爆破勘探，不按本税目征税；

（8）转让无形资产，包括转让土地使用权、专利权、非专利技术、商标权、商誉等，税率为5%。以无形资产投资入股，参与接受投资方的利润分配，共同承担投资风险的行为，不征收营业税，在投资后转让其股权的也不征收营业税；

（9）销售不动产，包括销售建筑物或构筑物及其他土地附着物，税率为5%。单位将不动产无偿赠与他人，视为销售不动产。以不动产投资入股，参与接受投资方的利润分配，共同承担投资风险的行为，不征收营业税，在投资后转让其股权的也不征收营业税；

3. 应纳税额的计算

纳税人提供应税劳务、转让无形资产或者销售不动产，按照营业额和规定的税率计算应纳税额。应纳税额的计算公式为：

$$\text{应纳税额} = \text{营业额} \times \text{税率}$$

纳税人的营业额为纳税人提供应税劳务、转让无形资产或者销售不动产而向对方收取的全部价款和价外费用，但是，下列情形除外：

（1）运输企业自中华人民共和国境内运输旅客或者货物出境，在境外改由其他运输企业承运乘客或者货物的，以全程运费减去付给该承运企业的运费后的余额为营业额；

（2）旅游企业组织旅游团到中华人民共和国境外旅游，在境外改由其他旅游企业接团的，以全程旅游费减去付给该接团企业的旅游费后的余额为营业额；

（3）建筑业的总承包人将工程分包或者转包给他人的，以工程的全部承包额减去付给分包人或者转包人的价款后的余额为营业额；

（4）转贷业务，以贷款利息减去借款利息后的余额为营业额；

（5）外汇、有价证券、期货买卖业务，以卖出价减去买入价后的余额为营业额；

（6）财政部规定的其他情形。

4. 减免税规定

（1）减免税权集中于国务院，其他任何部门、任何地区均无权减税、免税；

（2）只保留统一减免税，对企业一律不给予减税、免税；

（3）统一减免税项目也要尽可能少，只保留一部分政策性较强的减免税项目。

5. 征收管理

（1）纳税方式。营业税的纳税方式有两种：一种是自行申报纳税；另一种是实行源泉扣缴制度。

（2）纳税义务发生时间。营业税的纳税义务发生时间，为纳税人收讫营业收入款项或者取得营业收入款项凭据的当天。

（3）纳税地点。营业税的纳税地点有如下原则性规定：纳税人提供应税劳务，应当向应税劳务发生地主管税务机关申报纳税，但纳税人从事运输业务，应当向其机构所在地主管税务机关申报纳税；纳税人转让土地使用权，应当向土地所在地主管税务机关申报纳税；纳税人转让其他无形资产，应当向其机构所在地主管税务机关申报纳税；纳税人销售不动产，应当向不动产所在地主管税务机关申报纳税。

（4）纳税期限。营业税的纳税期限分别为 5 日、10 日、15 日或者 1 个月。纳税人的具体纳税期限，由主管税务机关根据纳税人应纳税额的大小分别核定；不能按照固定期限纳税的，可以按次纳税。

（四）关　税

关税是指设置在国家指定的边境、沿海口岸，或者设置在境内的其他水、陆、空国际交往通道的海关机构，依法对进出关境（国境）的货物和物品，就其流转额所征收的一种税。它包括进口关税和出口关税两种。

1. 征税对象

关税的征税对象主要是对外贸易中的进出口货物、国家准许入境旅客的行李物品、个人邮递物品、馈赠物品及其他个人日用物品。

2. 纳税义务人

贸易性商品（即货物）的关税纳税义务人，是进口货物的收货人、出口货物的发货人及接受委托办理有关手续的代理人，实际操作中主要是各代理进出口业务的专业公司和经批准可以自营进出口业务的各类企业；非贸易性商品（即物品）的关税纳税义务人是进出境物品的所有人、收件人或其代理人。

3. 税目和税率

（1）进出口货物的税目和税率。进出口货物的税率分为进口关税税率和出口关税税率，均采用比例税率。其中，进口关税税率又分设普通税率和优惠税率。我国对于出口货物，按照“奖出限入”的原则，除某些国际市场容量有限或者国内资源有限又大量需求的货物以外，一般免征出口关税。

（2）进口物品的税目和税率。准许入境的旅客行李物品、个人邮递物品从其他个人自用物品，除另有规定的以外，均由海关按照《入境旅客行李物品和个人邮递物品进口税税率表》征收进口税。

4. 计税依据

进出口关税实行从价计征，其计税依据是进出口货物和物品的完税价格，具体规定如下：

（1）进口货物以海关审查确定的货物在采购地的正常批发价格，加上运抵我国境内输入地点起卸前的包装费、运费、保险费和其他劳务费作为完税价格。

（2）出口货物以海关审查确定的货物售往境外的离岸价格，扣除出口关税后，作为完税价格。

（3）进口物品由海关参照该项物品的境外正常零售平均价格确定其完税价格。

二、所得税法

（一）企业所得税

企业所得税是对我国境内的企业和其他取得收入的组织的生产经营所得和其他所得征收的一种税。1993 年 12 月 23 日，国务院发布了《中华人民共和国企业所得税暂行条例》，1994 年 2 月 4 日，财政部发布了《中华人民共和国企业所得税暂行条例实施细则》。2007 年 3 月 16 日，全国人民代表大会通过了《中华人民共和国企业所得税法》，并于 2008 年 1 月 1 日开始实施。

1. 纳税义务人

《中华人民共和国企业所得税法》第一条规定，除个人独资企业、合伙企业不适用企业所得税法外，凡在我国境内，企业和其他取得收入的组织为企业所得税的纳税人，依照本法规定缴纳企业所得税。

企业所得税的纳税人分为居民企业和非居民企业。居民企业是指依法在中国境内成立，或者依照外国（地区）法律成立但实际管理机构在中国境内的企业，非居民企业是指依照外国（地区）法律成立且实际管理机构不在中国境内，但在中国境内设立机构、场所的，或者在中国境内未设立机构、场所，但有来源于中国境内所得的企业。

2. 征税范围

企业所得税以纳税人在一个纳税年度内来源于我国境内外的全部生产经营所得和其他所得为征税对象。

3. 税率

企业所得税实行固定比例税率，基本税率为 25%，适用于民民企业和中国境内有机构、场所且所得与机构、场所有联系的非居民企业。对于在中国境内未设立机构、场所，或者虽设立机构、场所但取得的所得与其所设的机构、场所没有实际联系的非居民企业，适用20%的低税率。

4. 应纳税额的计算

企业所得税的计税依据，是企业的应纳税所得额，即纳税人每一纳税年度的收入总额，减去准予扣除项目后的余额。应纳税额的计算公式为：

应纳税额=应纳税所得额×适用税率

（1）收入总额的确定。纳税人每一纳税年度的收入总额应当包括以下几方面的内容：生产、经营收入，财产转让收入，利息收入，租赁收入，特许权使用费收入，股息收入及其他收入。

（2）税前扣除项目及其标准。纳税人在计算应纳税所得额时，按照税法规定可以从其收入总额中扣除一部分项目，即税前准予扣除项目，主要是与纳税人取得收入有关的各种成本、费用和损失。具体扣除项目要严格按照国家规定的标准和范围进行税前扣除，如纳税人用于公益、救济性的捐赠，在年度利润的12%以内的部分，才准予扣除。

在计算应纳税所得额时，下列项目不得扣除：资本性支出；无形资产受让、开发支出；违法经营的罚款和被没收财物的损失；各项税收的滞纳金、罚金和罚款；自然灾害或者意外事故损失有赔偿的部分；超过国家规定允许扣除的公益、救济性的捐赠以及非公益、救济性捐赠；各种非广告性赞助支出；与取得收入无关的其他各项支出。

5. 其他规定

（1）亏损弥补。纳税人发生年度亏损的，经税务机关核实后，可以用下一年度的税前所得弥补；下一年度税前所得不足以弥补的，可以逐年延续弥补，但延续弥补期最长不得超过5年。

（2）税收抵免。由于企业所得税的纳税义务人都是我国税法意义上的居民企业，依法应当承担无限的纳税义务，即企业的收入无论是来源于国内还是国外，都应向中国政府缴纳所得税。同时，为了避免国家间重复征税，鼓励企业积极参与国际市场竞争，纳税人来源于中国境外所得并已在境外缴纳所得税的，准予其在国内汇总纳税时，从应纳税额中抵免，但抵免限额不得超过该境外所得依照我国税法有关规定所计算出的应纳税额。

（3）税收优惠。除民族自治地方的企业经省级人民政府批准可以实行定期减免税以外，其他企业必须严格按照法律、法规和国务院有关规定的税收优惠政策执行。

（二）个人所得税

个人所得税是对我国境内的公民个人来源于中国境内外的所得和境外个人来源于我国境内的所得征收的一种税。

1. 纳税义务人

个人所得税的纳税义务人为在中国境内有住所或者无住所而在境内居住满1年的个人，及在中国境内无住所又不居住或者无住所而在境内居住不满1年的个人，具体包括我国公民、外国人、无国籍人和从事生产、经营的个体工商户等。

2. 征税对象

我国采取的是分项所得税制，具体包括11个税目：工资、薪金所得，个体工商户生产、经营所得，对企事业单位的承包、承租经营所得，劳务报酬所得，稿酬所得，特许权使用费所得，利息、股息、红利所得，财产租赁所得，财产转让所得，偶然所得和其他所得。

3. 税收管辖原则

根据纳税义务人的住所和居住时间两个标准，将纳税义务人分为居民纳税人和非居民纳税人，分别行使税收管辖权：

（1）居民纳税人，即在中国境内有住所，或者无住所而在境内居住满1年的个人。按照居民税收管辖权，对其来源于中国境内和境外的各项个人所得征收个人所得税。

（2）非居民纳税人，即在中国境内无住所又不居住，或无住所而在境内居住不满1年的个人。按照所得来源地管辖权，对其从中国境内取得的各项个人所得征收个人所得税。

4. 应纳税额的计算

（1）工资、薪金所得，从2011年9月1日（含）开始，以每月收入扣除3 500元后的余额，为应纳税所得额，适用3% ~45%的七级超额累进税率（见下表）。下列人员在3 500元费用扣除标准基础之上，再增加1 300元的附加扣除费用：在中国境内的外商投资企业和外国企业中工作的外籍人员；应聘在中国境内的企业、事业单位、社会团体、国家机关中工作的外籍专家；中国境内有住所而在中国境外就职或受雇取得工资、薪金所得的个人；华侨和香港、澳门、台湾同胞；财政部确定的其他人员。

工资、薪金所得适用税率表

级　数	全月应纳税所得额	税率（%）	速算扣除数（元）
1	不超过1 500元的	3	0
2	超过1 500元至4 500元的部分	10	105
3	超过4 500元至9 000元的部分	20	555

级　数	全月应纳税所得额	税率（%）	速算扣除数（元）
4	超过 9 000 元至 35 000 元的部分	25	1 005
5	超过 35 000 元至 55 000 元的部分	30	2 755
6	超过 55 000 元至 80 000 元的部分	35	5 505
7	超过 80 000 元的部分	45	13 505

（2）个体工商户的生产、经营所得，以每一纳税年度的收入总额减除成本、费用和损失后的余额为应纳税所得额，适用 5% ~35% 的五级超额累进税率。

（3）对企事业单位的承包经营、承租经营所得，以每一纳税年度的收入总额减除必要的费用后的余额为应纳税所得额，适用 5% ~35% 的五级超额累进税率。

（4）稿酬所得，纳税人每次稿酬收入不超过 4 000 元的，减除 800 元的费用；4 000 元以上的，减除 20% 的费用，其余额为应纳税所得额适用 20% 的税率，并按其应纳税额减征 30% 。

（5）劳务报酬所得、特许权使用费所得、财产租赁所得，每次收入不超过 4 000 元的，减除 800 元的费用；4 000 元以上的，减除 20% 的费用，其余额为应纳税所得额，适用 20% 的税率。

（6）财产转让所得，以转让财产的收入总额减除财产原值和合理费用的余额为应纳税所得额，适用 20% 的税率。

（7）利息、股息、红利所得、偶然所得和其他应纳税所得，不减除任何费用，以每次收入额为应纳税所得额，适用 20% 的税率。从 2007 年 8 月 15 日起，居民储蓄利息税率调整为 5% ，自 2008 年 10 月 19 日起，暂免征收储蓄存款利息的个人所得税。

5. 减税免税

（1）可以减征个人所得税的有三项：残疾、孤老人员和烈属的所得；因严重自然灾害造成重大损失的；其他经国务院财政部门批准减税的。减征的幅度和期限，由各省、自治区、直辖市人民政府确定。

（2）可以免征个人所得税的项目共有十项：省级人民政府、国务院部委和中国人民解放军以上单位及外国组织、国际组织颁发的科学、教育、技术、文化、卫生、体育、环境保护等方面的奖金；国债和国家发行的金融债券利息；按照国家统一规定发给的补贴、津贴；福利费、抚恤金、救济金；保险赔款；军人的转业费、复员费；按照国家统一规定发给干部职工的安家费、退职费、退休工资、离休工资、离休生活补助费；依照我国法律规定应予免税的各国驻华使馆、领事馆的外交代表、领事官员和其他人员所得；中国政府参加的国际公约、签订的协议中规定免税的所得；经国务院财政部门批准免税的其他所得，如个人举报、协查各种违法犯罪行为而获得的奖金。

6. 税收抵免

个人所得税的纳税人从中国境外取得的所得，已在境外缴纳个人所得税的，允许其在国内汇总时，从应纳税所得额中予以扣除，但是，扣除的税额不得超过该纳税人境外所得依照我国税法规定计算的应纳税额。

7. 缴纳方法

（1）源泉扣缴。各项所得有支付单位的，由支付单位在向纳税人支付款项时，依法代扣代缴其应当缴纳的个人所得税税额。

（2）自行申报。对以下情形由纳税人自行申报：年所得在12万元以上的；从中国境内两处或者两处以上取得工资、薪金所得；从中国境外取得所得的；取得应税所得，没有扣缴义务人的；国务院规定的其他情形。

三、其他税法

（一）房产税

房产税是指以应税房产为征税对象，按照房屋的计税余值或出租房屋的租金收入，向产权所有人或使用人征收的一种财产税。

1. 纳税义务人

房产税的纳税义务人是房屋的产权所有人，同时根据房屋产权关系和实际使用情况，还包括经营管理单位、承典人、房产代管人或者使用人。

2. 征税对象和征收范围

房产税的征税对象是房屋。由于房屋是不动产，所以与房屋不可分割的各种附属设施或者一般不单独计算价值的配套设施，也应作为房屋一并征税。

房产税的征收范围包括城市、县城、建制镇和工矿区。

3. 应纳税额的计算

（1）从价计征。依照房产原值一次减除10%～30%后的剩余价值，即房产余值，作为计税依据，适用1.2%的税率来计算应纳税额。

（2）从租计征。房产出租的，以房产租金收入为计税依据，适用12%的税率来计算应纳税额。

4. 减免规定

根据税法规定，下列房产免税：

（1）国家机关、人民团体、军队团体、军队自用的房产；

（2）由国家财政部门拨付事业经费的单位自用的房产；

（3）宗教、寺庙、公园、名胜古迹自用的房产；

（4）个人所有的非生产经营用房产；

（5）经财政部批准免税的其他房产。

房产税是地方税，由房产所在地税务机关按年征收，分期缴纳，纳税期限由各省、自治区、直辖市人民政府规定。

（二）城市维护建设税

城市维护建设税是指对缴纳增值税、营业税、消费税的单位和个人征收的一种特定目的税。

城市维护建设税的计税依据是纳税义务人实际缴纳的增值税、营业税、消费税税额。为了体现纳税人的收益与税负相一致的原则，贯彻区别对待、合理负担的政策精神，城市维护建设税实行地区差别税率。按照纳税义务人所在地不同，具体规定如下：

（1）纳税人所在地在市区的，税率为7%；

（2）纳税人所在地在县城、镇的，税率为5%；

（3）纳税人所在地不在市区、县城或镇的，税率为1%。

（三）印花税

印花税是对在经济活动和经济交往中书立、领受的具有法律效力，受中国法律保护的凭证所征收的一种税。

1. 征收范围

（1）合同或具有合同性质的凭证，如购销、加工承揽、工程承包、租赁、运输、保险等合同、凭证；

（2）产权转移书据，如财产所有权、版权、商标权、专利权、专有技术使用权等产权转移所书立的各种书据；

（3）营业账簿；

（4）专利、许可证照，如房屋产权证、营业执照、商标注册证、专利证、土地使用证等证照；

（5）经财政部确定征税的其他凭证。

2. 纳税义务人

在中华人民共和国境内书立、领受应税凭证的单位和个人，都是印花税的纳税义务人，根据不同的纳税对象，分别称为立合同人、立账簿人、立据人、领受人和使用人。

3. 应纳税额的计算

（1）以应税凭证所记载的金额为计税依据，适用比例税率来计算应纳税额，如各种合同或具有合同性质的凭证、产权转移书据及资金类账簿等。

（2）对于一些没有记载金额或者虽然载有金额但作为计税依据明显不合理的凭证，则采用定额税率，每件5元，如权利许可证照和营业账簿税目中的非资金类账簿。

4. 纳税方法

纳税人可以根据税法规定，自行计算其应纳税额，购买并一次贴足印花税票以履行纳税义务；对于应纳税额较大或者贴花次数频繁的，纳税人可向税务机关提出申请、采取缴款书或者定期汇总缴纳的办法。

（四）车船税

车船税是对行驶于公共道路的车辆和航行于国内河流、湖泊或领海口岸的船舶所征收的一种行为税。由于车船又是一种财产，所以该税也具有财产税的特点。

1. 征税范围和纳税义务人

车船使用税的征税范围是车辆和船舶。凡在中华人民共和国境内拥有并使用车船的单位和个人，为车船使用税的纳税义务人。新购置的车船暂不使用时，可不向税务机关申报纳税；已税的车船如果停止使用，必须向税务机关报停，才能在停止使用期间免税。

2. 税率

车船使用税采用定额税率。税法对不同种类的车辆分别规定一个最低及最高限度的税额，由各省、自治区、直辖市人民政府根据具体情况在规定的幅度内决定适用的税额。对于船舶税额，全国则采用统一的固定税额，并按船舶的吨位划分为若干等级进行计算征收。

3. 其他规定

新购置使用的车船，应当于购置之日起30日内办理纳税申报登记。

（五）资源税

资源税是指以纳税人开采的应税矿产品和盐为征税对象而征收的一种税。

1. 纳税义务人

凡在我国境内开采应税矿产品和生产盐的单位和个人，均为资源税的纳税义务人。从事应税资源开采的中外合资企业、中外合作企业和外商独资企业也是资源税的纳税义务人。资源税由税务机关负责征收，收购未税矿产品的单位为资源税的扣缴义务人。

2. 征税范围

资源税的征税范围包括以下自然资源：原油、天然气、煤炭和其他非金属原矿、黑色金属原矿、有色金属原矿及盐。原则上是以开采者取得的原料产品或自然资源的初级产品为征税对象，不包括经过加工的产品。

3. 计税依据和税目

税法规定，纳税人开采或者生产应税产品销售的，以销售数量为计税依据；自产自用的，以移送使用数量为计税依据。资源税共设7个税目，采用从量定额的征收办法。幅度税额的调整，由财政部确定。

4. 减免规定

纳税人有下列情形之一的，减征或免征资源税：

（1）开采原油过程中用于加热、修井的原油，免税；

（2）纳税人开采或者生产应税产品过程中，因意外事故或者自然灾害等原因遭受重大损失的，由省、自治区、直辖市人民政府酌情决定减税或免税；

（3）国务院规定的其他减税、免税项目。

（六）契　税

契税是指在土地使用权、房屋所有权的权属转移过程中，向取得土地使用权、房屋所有权的单位和个人所征收的一种税。

1. 纳税义务人

契税的纳税义务人是指在中华人民共和国境内承受转移的土地、房屋权属的单位和个人。转移土地、房屋权属具体是指下列行为：

（1）国有土地使用权出让；

（2）土地使用权转让，包括出售、赠与和交换（不包括农村集体土地承包经营权的转移）；

（3）房屋买卖、赠与和交换。

2. 税率

契税税率为3%～5%的幅度税率。各省、自治区、直辖市人民政府按照本地区的实际情况在规定幅度内确定适用的税率，并报财政部和国家税务总局备案。

3. 计税依据

（1）国有土地使用权出让、土地使用权出售、房屋买卖的，以成交价格为计税依据；

（2）土地使用权赠与、房屋赠与的，以市场价格为计税依据；

（3）土地使用权交换、房屋交换的，以所交换的土地使用权、房屋的价格的差额为计税依据。

4. 税收优惠

（1）国家机关、事业单位、社会团体、军事单位承受土地、房屋用于办公、教学、医疗、科研和军事设施的，免征契税；

（2）城镇职工按规定第一次购买公有住房，免征契税；

（3）因不可抗力灭失住房而重新购买住房的，酌情减免；

（4）土地、房屋被县级以上人民政府征用、占用后，重新承受土地、房屋权属的，由省级人民政府决定是否减免；

（5）承受荒山、荒沟、荒丘、荒滩土地使用权，并用于农、林、牧、渔业生产的，免征契税。

（七）土地增值税

土地增值税是对转让国有土地使用权、地上建筑物及其附着物并取得收入的单位和个人，就其转让房地产所取得的增值额征收的一种税。

1. 纳税义务人

土地增值税的纳税义务人为转让国有土地使用权、地上的建筑物及其附着物并取得收入的单位和个人，具体包括个人、各类企业、事业单位、国家机关和社会团体及其他组织。

2. 征税范围

（1）转让国有土地使用权。“国有土地”是指按国家法律规定属于国家所有的土地。

（2）地上的建筑物及其附着物连同国有上地使用权一并转让。“地上建筑物”是指建于土地上的一切建筑物，包括地上、地下的各种附属设施；“附着物”是指附着于地上不能移动或一经移动即遭损坏的物品。

国有土地使用权出让所取得的收入和房地产的权属虽转让但未取得收入的，如房地产的继承，不属于土地增值税的征税范围。

3. 应纳税额的计算

土地增值税的计税依据是有偿转让房地产所取得的土地增值额，税法规定的增值额为纳税人转让房地产所取得的收入减去法定扣除项目金额后的余额。

（1）收入的确定。转让房地产所取得收入包括货币收入、实物收入和其他收入。纳税人发生下列情形的，由税务机关按照房地产评估价格计算征收土地增值税：隐瞒、虚报房地产成交价格的；提供扣除项目金额不实的；转让房地产的成交价格低于房地产评估价格，又无正当理由的。

（2）扣除项目的确认。税法准予纳税人从转让收入额中减除的扣除项目有下列几项：取得土地使用权所支付的金额；开发土地和新建房及配套设施的成本；开发土地和新建房及配套设施的费用；旧房及建筑物的评估价格；与房地产转让有关的税金；财政部规定的其他扣除项目。

（3）税率。土地增值税实行四级超率累进税率：增值额未超过扣除项目金额的50%的部分，税率为30%；增值额超过扣除项目金额的50%、未超过扣除项目金额的 100% 的部分，税率为 40%；增值额超过扣除项目金额的 100%、未超过扣除项目金额的 200% 的部分，税率为 50%；增值额超过扣除项目金额的 200% 的部分，税率为 60%。

4. 税收优惠

（1）纳税人建造普通标准住宅出售，增值额未超过扣除项目金额的 20% 的，免征土地增值税；

（2）因国家建设需要依法征用、收回的房地产，免征土地增值税；

（3）个人因工作调动或改善居住条件而转让原自有住房，经向税务机关申报核准，凡居住满 5 年或 5 年以上的，免征土地增值税；居住满 3 年而未满 5 年的，减半征收土地增值税。

第三节　税收征收管理法

一、税收征收管理法概述

税收征收管理法是调整征税机关与纳税人之间在征纳税活动中的权利义务关系的法律规范的总称。

1992 年，第七届全国人大常委会通过了《中华人民共和国税收征收管理法》（以下简称《税收征收管理法》），自 1993 年 1 月 1 日起施行。2001 年 4 月 28 日，第九届全国人大常委会对其进行了修改，修订后的《税收征收管理法》，自 2001 年 5 月 1 日起施行。2002 年 9 月 7 日，国务院颁布的《中华人民共和国税收征收管理法实施细则》，自 2002 年 10 月 15 日起施行。

二、税务登记

税务登记是税务机关依照《税收征收管理法》的规定，对纳税人的生产、经营活动的基本状况进行登记管理的一项制度。它是建立法定的税收征纳关系的起点，是税务机关对纳税人实施管理和了解税源情况的基本手段。税务登记根据办理登记的具体情况不同，可分为开业登记、变更登记和注销登记。

三、账簿、凭证管理

纳税人、扣缴义务人应当按照有关法律、行政法规和国务院财政税务主管部门的规定设置账簿，根据合法、有效凭证记账，进行核算。从事生产、经营的纳税人、扣缴义务人必须按照规定的期限保管账簿、记账凭证、完税凭证及其他有关资料，并不得伪造、变造或者擅自毁损上述资料。

税务机关对所有发票进行统一管理，发票的种类、联次、内容和使用范围由国家税务总局规定；发票的印制由省、自治区、直辖市税务机关指定的企业印制，但增值税专用发票由国家税务总局统一印制；发票的领购、开具和保管要符合法律规定。

四、纳税申报

纳税申报是纳税人、扣缴义务人为了正确履行纳税义务或扣缴义务，就有关纳税事项向税务机关提出书面申报的一种法定手续。我国税法规定，纳税人、扣缴义务人必须在法律、行政法规规定的申报期限内办理纳税申报，报送纳税申报表、财务会计报表及其他纳税资料。

纳税人在享受减税、免税待遇期间也应当按照规定办理纳税申报。纳税人、扣缴义务人应当在规定的期限内办理纳税申报，如果确有困难需要延期的，应当在规定的期限内向税务机关提出书面延期申请，经税务机关核准后，在核准的期限内办理。

五、税款征收

税款征收是指税务机关按照事先确定的标准，采取查账征收、查定征收、查验征收、委托征收等方法形成的税收收入过程。它是税收征收管理工作的中心环节。

依法征税是税务机关在征税过程中必须严格遵循的一个原则。因此，税务机关必须依照法律、行政法规的规定征收税款，不得违反法律、行政法规的规定开征、停征、多征或者少征税款。

纳税人因有特殊困难不能按期缴纳税款的，经省、自治区、直辖市国家税务局、地方税务局批准，可以延期缴纳税款，但最长不得超过 3 个月。经税务机关批准延期缴纳税款的，在批准的期限内不加收滞纳金。纳税人未按期缴纳税款或扣缴义务人未按期解缴税款的，税务机关除责令限期缴纳外，从滞纳税款之日起，按日加收滞纳税款万分之五的滞纳金。

纳税人超过应纳税额缴纳的税款，税务机关发现后应当立即退还；纳税人自结算缴纳税款之日起 3 年内发现的，可以向税务机关要求退还，税务机关查实后应当立即退还；因税务机关的责任致使纳税人、扣缴义务人未缴或者少缴税款的，税务机关在 3 年内可以要求纳税人、扣缴义务人补缴税款，但是不得加收滞纳金。

六、纳税担保、税收强制执行和税收保全

纳税担保是指当税务机关认为从事生产、经营活动的纳税人有逃避纳税义务行为时，可以在规定的纳税期之前，责令其限期缴纳应纳税款；在该限期内发现纳税人有明显的转移、隐匿其应纳税商品、货物及其他财产或者应税收入迹象时，可以责成纳税人提供担保。纳税担保主要有信用担保、财产担保、货币担保三种形式。如果纳税人不能提供纳税担保，经县以上税务局（分局）局长批准，税务机关可以采取以下税收保全措施：（1）书面通知纳税人开户银行或者其他金融机构暂停支付纳税人金额相当于应纳税款的存款；（2）扣押、查封纳税人的价值相当于应纳税款的商品、货物或者其他财产。

税收强制执行是指纳税义务人、扣缴义务人或纳税担保人未按期纳税的，先由税务机关责令其限期缴纳，逾期仍未缴纳的，经县以上税务局（分局）局长批准，税务机关可以采取强制执行措施。依照《税收征收管理法》的规定，税务机关可以采取下列强制执行措施：（1）书面通知其开户银行或者其他金融机构从其存款中扣缴税款；（2）扣押、查封、依法拍卖或者变卖其价值相当于应纳税款的商品、货物或者其他财产，以拍卖或者变卖所得抵缴税款。另外，欠缴税款的纳税人需要出境的，应当在出境前向税务机关结清应纳税款或者提供担保；未结清税款，又不能提供担保的，税务机关可以通知出入境管理机关阻止其出境。

税收保全是指欠缴税款的纳税人怠于行使或放弃到期债权、无偿转让财产、或以明显不合理的低价转让财产且受让人知道该情形，对国家税收造成损害的，税务机关可以依法行使代位权和撤销权，且并不免除欠缴税款的纳税人尚未履行的纳税义务和应承担的法律责任。

七、税收优先

税收优先是指为保证稳定可靠的国家财政收入，增强税法的可操作性和刚性，而在税收法律上确定税款的征收优先于其他债权的制度。2001 年修改的《税收征收管理法》第一次规定了这项制度。税款的优先地位具体体现为：税收优先于无担保债权，法律另有规定的除外；纳税人欠缴的税款发生在纳税人以其财产设定抵押、质押或者纳税人的财产被留置之前的，税收应当先于抵押权、质权、留置权执行；税款优先于罚款、没收非法所得，即纳税人欠缴税款，同时被税务机关以外的其他行政部门处以罚款、没收违法所得的，税收优先于罚款、没收违法所得。

第四节 违反税法的法律责任

一、违反税法的法律责任概述

违反税法的法律责任是税法主体违反税法规定的义务所应承担的否定性法律后果。税法主体的权利义务是税法的核心，征纳双方在享有各自的权利的同时，还必须依法履行各自的义务，这是税收秩序和税收征管的极为重要的保障。如果征纳双方未能依法履行其义务，就必须依法追究其法律责任，否则，税法的严肃性将荡然无存。依据承担责任的主体的不同，违反税法的法律责任可以分为纳税人的责任、扣缴义务人的责任和税务人员的责任。

二、纳税人违反税法的法律责任

纳税人违反税法的行为包括一般违法行为和犯罪行为，对其应依法处以罚款或刑罚处罚。纳税人违反税法的法律责任主要包括以下几种：

（一）纳税人违反税务管理规定，包括违反税务登记、账簿凭证管理的规定，以及违反纳税申报的规定这两类情况。对于前一类情况，税务机关有权责令其限期改正，逾期不改正的，可处以2 000元以下的罚款；情节严重的，处以2 000元以上10 000元以下的罚款。对于后者，由税务机关责令限期改正，并可处与前一类情况相同的罚款。

（二）纳税人违反税款征收规定的法律责任

纳税人违反税款征收规定的行为较为普遍，其应承担的法律责任主要包括以下几种：

1. 偷税行为，即纳税人采取伪造、变造、隐匿、擅自销毁账、记账凭证，在账簿上多列支出、不列或少列收入或进行虚假的纳税申报等手段，不缴或者少缴应纳税款的行为。对于偷税行为，除追缴偷税款及滞纳金外，处以偷税数额50%以上5倍以下的罚款。

纳税人采取欺骗、隐瞒手段进行虚假纳税申报或者不申报，逃避缴纳税款数额较大并且占应纳税额百分之十以上的，处三年以下有期徒刑或者拘役，并处罚金；数额巨大并且占应纳税额百分之三十以上的，处三年以上七年以下有期徒刑，并处罚金。扣缴义务人采取前款所列手段，不缴或者少缴已扣、已收税款，数额较大的，依照前款的规定处罚。对于多次实施上述逃避缴纳税款的行为，未经处理的，按照累计数额计算。纳税人有上述的逃避缴纳税款行为，经税务机关依法下达追缴通知后，补缴应纳税款，缴纳滞纳金，已受行政处罚的，不予追究刑事责任；但是，五年内因逃避缴纳税款受过刑事处罚或者被税务机关给予二次以上行政处罚的除外。

2. 欠税行为，即纳税人在纳税期限届满后仍未缴纳或少缴纳应纳税款的行为。税务机关应责令欠税人限期缴纳并加收滞纳金，逾期仍未缴纳的，可采取强制执行措施。此外，如果欠税人采取转移、隐匿等手段，致使税务机关无法追缴税款的，则构成妨碍追缴欠税的行为。欠税行为未构成犯罪的，除追缴欠款外，处以欠缴税款 50% 以上 5 倍以下的罚款；构成犯罪的，处拘役、有期徒刑和罚金。

3. 抗税行为，即以暴力、威胁方法拒不缴纳税款的行为，未构成犯罪的，应追缴税款，并处所拒缴税款 1 倍以上 5 倍以下的罚款；构成犯罪的，处拘役、有期徒刑，并处罚金。

4. 骗税行为，即骗取国家出口退税款的行为，未构成犯罪的，应追缴其骗取的退税款，处以所骗税款 1 倍以上 5 倍以下的罚款；构成犯罪的，依法追究刑事责任。

三、扣缴义务人违反税法的法律责任

扣缴义务人是税法规定的负有代扣代缴、代收代缴税款义务的单位和个人。扣缴义务人违反其法定义务的，同样要承担相应的法律责任，具体包括以下几种：

（一）未按规定设置、保管代扣代缴、代收代缴税款的账簿、记账凭证及有关资料，或者未按规定报送代扣代缴、代收代缴税款的报表的，由税务机关责令其限期改正，逾期不改正的，处 2 000 元以下的罚款；情节严重的，可在法定限度内处更高额度的罚款。

（二）扣缴义务人采取偷税手段进行偷税的，其应承担的法律责任与纳税人偷税所应承担的法律责任相同。

（三）扣缴义务人应扣未扣、应收未收税款的，除非已将纳税人拒绝抵扣、代收的情况及时报告税务机关，否则由扣缴义务人缴纳应扣未扣、应收未收的税款。

四、税务人员违反税法的法律责任

税务人员违反税法的法律责任主要包括以下几种：

（一）税务机关的工作人员违反法律、行政法规的规定，在办理发售发票、抵扣税款、出口退税工作中，徇私舞弊，致使国家利益遭受重大损失的，处五年以下有期徒刑或者拘役；致使国家利益遭受特别重大损失的，处五年以

上有期徒刑。

（二）税务人员与纳税人、扣缴义务人勾结，或者唆使、协助纳税人、扣缴义务人偷税、欠税、骗税、抗税，构成犯罪的，依共同犯罪论处；未构成犯罪的，给予行政处分。

（三）税务人员玩忽职守，未征或少征应纳税款，致使国家税收遭受重大损失的，处三年以下有期徒刑或者拘役；情节严重的，处三年以上七年以下有期徒刑；未构成犯罪的，给予行政处分。

（四）税务人员利用职务上的便利，收受或者索取纳税人财物，构成犯罪的，按照受贿罪追究刑事责任；未构成犯罪的，给予行政处分。

（五）税务人员违反法律、行政法规的规定，擅自决定税收的开征、停征或者减税、退税、补税的，由上级行政机关追究直接责任人员的行政责任。

（六）税务人员私分所扣押、查封的商品货物或其他财产的，必须责令其退回并给予行政处分；情节严重，构成犯罪的，移送司法机关依法追究其刑事责任。

附　录：

一、案例分析题

研究所研究员李某 2012 年 3 月取得如下收入：

（1）工资收入 5 100 元；

（2）一次性稿费收入 5 000 元；

（3）一次性讲学收入 500 元；

（4）一次性翻译资料收入 3 000 元。

计算李某应纳个人所得税。

二、案例分析题答案

（1）工资收入应纳个人所得税 = （5 100 - 3 500） ×10% - 105 = 55（元）

要点分析：从 2011 年 9 月 1 日开始，以每月收入扣除 3500 元后的余额，为应纳税所得额，适用 3% ~45% 的七级超额累进税率。

（2）稿费收入应纳个人所得税 = 5 000 × （1 - 20%） ×20% × （1 - 30%） = 560（元）

要点分析：稿酬所得，纳税人每次稿酬收入不超过 4 000 元的，减除 800 元的费用；4 000 元以上的，减除 20% 的费用，其余额为应纳税所得额适用 20% 的税率，并按其应纳税额减征 30% 。

（3）讲学收入不纳税。

要点分析：讲学收入属于劳务报酬所得，而劳务报酬所得，每次收入不超过 4 000 元的，减除 800 元的费用；4 000 元以上的，减除 20% 的费用，其余额为应纳税所得额，适用 20% 的税率。本题中的收入为 500 元，低于扣除标准（800 元），故不纳税。

（3）翻译收入应纳个人所得税 =（3000 - 800）×20% =440（元）

要点分析：翻译收入属于劳务报酬所得，而劳务报酬所得每次收入不超过 4 000 元的，减除 800 元的费用；4 000 元以上的，减除 20% 的费用，其余额为应纳税所得额，适用 20% 的税率。

（4）李某 3 月份应纳个人所得税 =55 +560 +440 =1055（元）

三、复习思考题：

1. 税收的特征是什么？
2. 简述营业税的税目和税率。
3. 个人所得税的应纳税额如何计算？
4. 什么是税收优先？
5. 纳税人违反税款征收规定的法律责任有哪些？

第十七章　会计审计法律制度

第一节　会计法律制度

一、会计与会计法

（一）会计的概念及特征

我国在1985年第六届全国人大常委会第九次会议上通过了《中华人民共和国会计法》（以下简称《会计法》），1993年12月29日年第八届全国人民代表大会常务委员会第五次会议修订了《会计法》。1999年10月31日第九届全国人民代表大会常务委员会第十二次会议又一次修订了《会计法》。修改后的《会计法》共7章52条，包括总则、会计核算、公司、企业会计核算的特别规定、会计监督、会计机构和会计人员、法律责任、附则。

会计是伴随着人类的生活、生产实践和经济管理的实际需要而产生和发展起来的一项管理活动。人类进行生活、生产，必然关心自己的收入与支出，以及劳动成果。随着对投入与产出，成本与收益等情况的关心，对经济活动的记录，会计活动孕育而生。

会计是以货币为主要计量单位，运用专门专业方法，通过记账、算账、报账等手段对各企业、各有关单位的内部经济活动进行核算和监督，旨在反映和监督经济过程及经济成果，实现经济效益的一种管理活动。

会计首先表现为单位内部的一项管理活动，对本单位的经济进行核算和监督。

会计具有以下特征：第一，会计必须以会计凭证为依据，进行系统、全面、连续核算；第二，以货币为计量标准，以数量来反映单位的经济活动过程及结果；第三，会计以专门科学专业方法对单位内部经济活动进行核算、监督以确保提供科学、严密的会计信息，实现单位管理的科学化、专业化。

《会计法》第5条规定："会计机构、会计人员按照本法规定进行会计核算，实行会计监督。"会计核算、会计监督是会计机构，会计人员的两大基本职能。

会计核算是指通过专门方法，依规定的确认、记录等程序对单位活动的连续、系统、完整的核算。目的是保证以此形成的会计信息的真实、完整、可信。

会计监督是指会计机构，会计人员在办理会计事务，进行会计核算过程中，对单位不合法、无效益等经济业务的制止、建议、纠正行为，以保证会计信息质量，会计资料的真实、合法。

（二）会计法的概念和适用范围

对会计法的理解，有广义和狭义之分。广义的会计法是指国家权力机关和行政机关制定的各种会计规范性文件的总称。包括会计法，国务院制定的会计行政法规以及财政部制定的会计规章等。狭义的会计法是指国家最高权力机关通过一定立法程序颁布施行的会计法律。这里的会计法主要是指狭义的会计法。

会计法是调整会计关系法律规范的总称。会计关系是指会计机构、会计人员在办理会计事务过程中发生的经济关系及国家在监督会计工作过程中发生的经济关系。

根据《会计法》第 2 条的规定，国家机关、社会团体、公司、企业、事业单位和其他组织（以下统称单位）必须依照《会计法》办理会计事务。

二、会计法的基本制度

（一）会计工作管理体制

会计工作管理体制是指一国对划分管理会计工作职责、管理权限关系的制度，包括四个方面的内容：一是会计工作的主管部门；二是国家统一的会计制度的制定权限；三是会计工作的监督部门和监督范围；四是对会计人员的管理。

至于会计工作的主管部门，《会计法》第 7 条规定：国务院财政部门主管全国的会计工作。县级以上地方各级人民政府财政部门管理本行政区域内的会计工作。我国的会计管理实行“统一领导，分级管理”的原则。

对此，《会计法》第 50 条具体解释为“国家统一的会计制度，是指国务院财政部门根据本法制定的关于会计核算，会计监督，会计机构和会计人员以及会计工作管理的制度”。会计法包括制度，准则等。国家统一会计制度包括三个方面：第一，会计核算制度，如《企业会计准则》、《事业单位会计准则》等；第二，会计机构、会计人员管理制度，如《会计人员职权管理条例》、《总会计师条例》、《会计管理办法》等；第三，会计工作管理制度，如《会计人员工作规则》、《会计档案管理办法》等。

（二）会计核算

会计核算是会计工作的核心和重点，《会计法》主要规定了以下几个方面的内容：

1. 会计核算的基本要求

（1）依法建账。国家机关、社会团体、公司、企业、事业单位和其他组织，都应依照《会计法》的规定设置会计账本，进行会计核算。会计账簿的种类和具体要求，应符合《会计法》和国家统一会计制度的规定。

（2）会计核算必须以单位实际发生的经济业务事项为依据。实际发生的经济业务事项是指单位在生产经营或预算执行过程中发生的包括引起或未引起资金增减变化的经济活动。这体现为经济核算的真实性要求，如果以不真实或虚假经济业务事项或资料为前提进行会计核算，会造成依此填制的会计凭证、登记的会计账簿、编制的财务会计报告的失真、失实，影响会计资料的有效使用，扰乱社会经济秩序，也是法律禁止的违法行为。

（3）保证会计资料的真实，完整。《会计法》规定，会计资料的内容、要求必须符合国家统一会计制度的规定。不得伪造、编造会计凭证和会计账簿及其他会计资料，不得提供虚假财务会计报告。

（4）正确使用会计记录文字。根据《会计法》的规定，会计记录的文字应当使用中文；民族自治地方会计记录可以同时使用当地通用的一种民族文字；在中国境内的外商投资企业、外国企业和其他外国组织的会计记录可以同时使用一种外国文字。

（5）对会计电算化的基本要求

《会计法》第13条规定：使用电子计算机进行会计核算的，其软件生成的会计凭证、会计账簿、财务会计报告和其他会计资料，也必须符合国家统一的会计制度。

《会计法》对会计电算化作出了两方面规定：一是用电子计算机进行会计核算的单位，使用的会计软件必须符合国家统一的会计制度的规定。二是用电子计算机生成的会计资料必须符合国家统一的会计制度的要求。具体要求为账簿的登记，更正等。具体规定主要有财政部发布的《会计电算化管理办法》、《会计电算化工作规范》等。

2. 会计核算的内容

《会计法》第10条规定：下列经济业务事项，应当办理手续，进行会计核算。

（1）款项和有价证券的收付；

（2）财物的收发、增减和使用；
（3）债权债务的发生和结算；
（4）资本、基金的增减；
（5）收入、支出、费用、成本的计算；
（6）财务成果的计算和处理；
（7）需要办理会计手续、进行会计核算的其他事项。

3. 会计年度

会计年度，是指以年度为单位进行会计核算的时间区间。《会计法》第 11 条规定：我国以公历年度为会计年度，会计年度自公历 1 月 1 日起至 12 月 31 日止。每个会计年度还可以按照公历日期划分为半年度、季度、月份。

4. 记账本位币

记账本位币是指日常登记账簿和编制财务会计报告用以计量的货币。《会计法》第 12 条规定：会计核算以人民币为记账本位币，业务收支以人民币以外的货币为主的单位，可以选定其中一种货币作为记账本位币，但是编制的财务会计报告应当折算为人民币。

5. 会计凭证

各单位在依法办理会计手续进行会计核算时，必须以会计凭证为依据，根据会计法的规定，会计凭证分为原始凭证和记账凭证。

《会计法》第 14 条第 3 款对审核原始凭证问题作出了规定，主要包括以下内容：

第一，会计机构、会计人员必须审核凭证，这是法定职责。

第二，会计机构、会计人员对不真实、不合法的原始凭证，有权不予受理，并向单位负责人报告，请求查明原因，追究有关当事人的责任；对记载不正确、不完整的原始凭证有权予以退回，并按照国家统一的会计制度的规定更正、补充。

第三，原始凭证的更正、补充：原始凭证内容不得涂改。

6. 会计账簿

各单位应依《会计法》和国家统一会计制度的规定设置总账、明细账、日记账以及其他辅助性账簿，任何单位都不得在法定会计账簿之外私设会计账簿。设账外账，是严重违法行为。

7. 财务会计报告

财务会计报告是单位会计核算工作的全面总结，也是及时提供真实完整会计资料的重要环节。财务会计报告完整、真实与否，对使用者来说将严重影响其正常投资或经营活动。因此，《会计法》第 20 条规定：“财务会计报告应当经过审核的会计账簿记录和有关资料编制，并符合本法和国家统一的会计制度关于财务会计报告的编制要求，提供对象和提供期限的规定”。

企业负责人对本企业财务会计报告的真实性、完整性负责。

《会计法》、《企业财务会计报告条例》规定，企业不得编制和对外提供虚假的或隐瞒重要事实的财务会计报告。

三、会计监督

（一）会计监督的概念

会计监督是指会计监督主体按经济管理的要求，依据监督标准，对资金的组织、分配和运用进行的指导，监督检查，包括内部监督、国家监督和社会监督。

（二）会计监督的内容

1. 内部监督

内部监督指各单位的会计机构、会计人员对本单位的经济活动进行的会计监督。

内部会计监督包括三个方面：第一，对原始凭证的监督；对财产清理中账簿记录与实物款项关系的监督；对违法财政、财务收支的监督；第二，会计监督的方法包括不予受理、不予办理，不予退回，或要求更正、补充，或向领导报告、反映、请求处理等。第三，单位负责人负责单位内部会计监督制度的组织实施，对单位内部会计监督制度的建立及有效实施承担最终责任。

2. 国家监督

国家监督指国家财政，审计、税收、人民银行、证监委、保险等部门的监督，是由上述部门代表国家实施的外部监督。

3. 社会监督

社会监督主要是指由社会中介，如会计师事务所的注册会计师，依法对受托单位经济活动进行的审计、鉴证，并据实客观评价的社会监督制度，其特点是中介性、公正性、权威性，得到法律认可。

《会计法》规定：“有关法律、行政法规规定，须经注册会计师进行审计的单位，应当向受委托的会计师事务所如实提供会计凭证、会计账簿、财务会计报告和其他会计资料的有关情况。”注册会计师开展审计业务以委托人提供的会计资料和有关情况，依法定程序进行。

如实提供会计资料和有关情况，是委托人的法定义务。《会计法》规定：“任何单位或者个人不得以任何方式要求或者示意注册会计师及其所在的会计师事务所出具不实或者不当的审计报告。”

四、违反《会计法》的法律责任

违反《会计法》的法律责任是指违反《会计法》规定的违法会计行为应承担的法律后果。修订后的《会计法》增加了行政制裁手段，如限期改正，吊销从业资格证书等，行政处分增加了撤职、开除等。主要有：

（一）单位领导人、会计人员违反《会计法》的法律责任

单位领导人、会计人员伪造，变造、故意毁灭会计资料的，或者利用虚假会计资料偷税，或损害国家利益、社会公共利益的，由财政、审计、税务机关或其他有关主管部门依法定职责负责处理，追究责任；对其中的会计人员，并由县级以上人民政府财政部门吊销会计从业资格证书，构成犯罪的依法追究刑事责任。

（二）其他人员违反《会计法》法律责任

其他人员伪造，变造、故意毁灭会计资料的，或者利用虚假的会计资料偷税或损害国家利益、社会利益的，由有关部门依法负责处理，追究责任，构成犯罪的，依法追究刑事责任。

第二节　审计法律制度

《中华人民共和国审计法》于1994年8月31日第八届全国人民代表大会常务委员会第九次会议通过。

一、审计法概述

（一）审计的概念和特征

审计原意即查账，审计是指审计机构、审计人员依法独立审查、评介被审计单位的会计凭证、会计账簿、会计报表以及其他与财政收支、财务收支有关的资料和资产，监督财政收支、财务收支真实性、合法性的一种监督活动。

审计具有下列特征：

第一，审计实施主体是审计机关。审计机关代表国家行使监督权力，通过对被审计对象的经济活动的合法性审查，维护委托人、财产所有人的利益，促进经济秩序的健康有序。第二，审计具有独立性。审计机构、审计人员以独立第三人立场进行公正审查、评价。第三，审计具有经济监督职能。审计以对会计活动提供的会计资料的审查达到监督经济活动的目的。

（二）审计法的概念

审计法是调整审计关系法律规范的总称。审计关系是指审计人员、被审计

人员以及审计委托人之间在审计被审计单位的财政收支、财务收支、经济活动是否合法过程中发生的各种经济监督关系。它包括国家审计关系、民间审计关系、内部审计关系的法律规范。

对审计法的理解，有广义和狭义之分。广义审计法指调整各种审计关系的法律规范。狭义的审计法是指国家最高权力机关通过一定立法程序颁布施行的审计法律，如人大制定的《中华人民共和国审计法》。

二、审计监督制度

（一）审计机关和审计人员

根据《审计法》的规定，审计机关是代表国家行使审计监督权的国家行政机关。国务院设立审计署，在国务院总理的领导下，主管全国的审计工作。省、市、县三级设审计厅、局，分别在三级行政首长和上一级审计机关的领导下，负责本行政区域内的审计工作。

审计机关实行双重领导体制，审计业务以上级审计机关领导为主。审计机关还可以根据需要派出审计特派员，在审计机关职权和辖区范围内，依法开展审计工作。

审计人员属于国家工作人员，应当具备与从事的审计工作相适应的专业知识和业务能力，国家实行审计人员专业技术资格制度。审计人员依法执行职务受法律保护。审计机关负责人依照法定程序任免。审计机关负责人没有违法失职或其他不符合任职条件情况的，不得随意撤换。

《审计法》这一规定从组织程序上保证了审计机关可以独立行使审计监督权。

（二）审计机关的职责和权限

1. 审计机关的职责

（1）审计机关对本级各部门（含直属单位）和下级政府的预算的执行情况和决算以及预算外资金的管理和使用情况进行审计监督。

（2）审计署对中央预算执行情况进行审计监督，向国务院总理提出审计结果报告。

地方各级审计机关对本级预算执行情况进行审计监督，向本级人民政府和上一级审计机关提出审计结果报告。

审计署对中央银行的财务收支，国家金融机构的资产、负债、损益进行审计监督。

（3）审计机关对国家的事业组织的财务收支进行审计监督。

（4）审计机关对国有企业的资产、负债、损益，进行审计监督。

（5）审计机关对国计民生有重大关系的国有企业、接受财政补贴较多或者亏损数额较大的国有企业，以及国务院和本级地方人民政府指定的其他国有企业定期进行审计。

（6）对国有资产占控股地位或者主导地位的企业的财务收支进行审计监督。

（7）审计机关对国家建设项目预算的执行情况和决算进行审计监督。

（8）审计机关对政府部门管理的和社会团体受政府委托管理的社会保障基金、社会捐赠资金以及其他有关基金、资金的财务收支，进行审计监督。

（9）审计机关对国际组织和外国政府援助、贷款项目的财务收支进行审计监督。

（10）其他法律、法规规定应由审计机关进行审计的事项。

审计机关有权对国家财政收支有关的特定事项，进行专项审计调查，并向本级人民政府和上一级审计机关报告审计调查结果。

2. 审计机关的权限

按照《审计法》的规定，审计机关主要有下列权限：

（1）要求报送资料权。审计机关有权要求被审计单位按期报送预算或者财务收支计划、预算执行情况、决算报告，以及其他与财政收支或者财务收支有关的资料，被审计单位不得拒绝、拖延、谎报。

（2）检查权。审计机关进行审计时，有权检查被审计单位的有关会计凭证、会计账簿、会计报表等资料和资产，被审计单位不得拒绝。

（3）调查权。审计机关进行审计时，有权就审计事项的有关问题向有关单位和个人进行调查，并取得有关证明材料，有关单位和个人应当支持，如实向审计机关反映情况，提供有关证明材料。

（4）建议权。审计机关对被审计单位进行中的违反国家规定的财政收支、财务收支行为，有权予以制止，制止无效的，经县级以上审计机关负责人批准，通知财政部门和有关主管部门暂停拨付与违反国家规定的财政收支、财务收支行为直接有关的款项，已经拨付的，暂停使用。

（5）通报、公布审计结果权。关于审计结果，审计机关可以向政府有关部门通报或者向社会公布，并就有关问题提出意见和建议。

三、审计程序

审计工作要做到依法进行必须依赖于一套完整的审计工作程序。只有审计工作按法定程序进行，才能保证审计监督的真实性、有效性和合法性。

审计工作按下列程序进行：

（一）组成审计组，向被审计单位送达审计通知书

《审计法》第37条规定：审计机关根据审计项目计划确定的审计事项组成审计组，并应当在实施审计三日前，向被审计单位送达审计通知书。被审计单位应当配合审计机关的工作，并提供必要的工作条件。

（二）实施审计，取得证明材料

审计人员通过审查会计凭证、会计账簿、会计报表，查阅与审计事项有关的文件、资料，检查现金、有价证券，向有关单位和个人调查等方式进行审计，并取得证明材料。审计人员向有关单位和个人调查时，应当出示审计人员的工作证件和审计通知书副本。

（三）审计终结

审计组对审计事项实施审计后，应当向审计机关提出审计报告。

审计报告提交审计机关前，应当征求被审计单位的意见。被审计单位应当自接到审计报告之日起十日内，将其书面意见送交审计组或者审计机关。

（四）审定审计报告

作出审计评价，出具审计意见书。审计机关审定审计报告，对审计事项作出评价，出具审计意见书。审计意见书是审计机关向被审计单位和有关单位出具的，对审计事项进行评价，表达意见、建议的具有法律性质的文书。

审计机关应当自收到审计报告之日起三十日之内，将审计意见书和审计决定送达被审计单位和有关单位。

四、社会审计

社会审计是指社会审计机构依法以第三人身份独立承办审计业务和咨询服务的审计监督活动。社会审计活动开展的依据是受国家审计机关或部门、单位的委托所进行的审计工作。

（一）社会审计机构和人员

社会审计机构是指依照法律规定，经政府有关部门审核，注册登记的会计师事务所和审计师事务所。

社会审计机构人员组成主要是注册会计师。在我国，只有通过注册会计师考试合格者才能取得注册会计师的资格，只有加入会计师事务所，从事审计业务工作两年以上的，并具备相应的业务能力，才能准予注册成为执业注册会计师。

（二）社会审计机构的业务范围和职权

1. 社会审计的业务范围

社会审计的业务范围由《审计法》和其他法规确定。具体包括：审计业

务；会计咨询业务；股份制试点企业有关业务。

2. 社会审计机构的职权

社会审计机构的职权包括社会审计机构接受国家机关委托办理业务，根据业务需要，有权查阅有关财务会计资料和文件，查看业务现场和设施，向有关单位和个人进行调查与核实。

其他委托人委托社会审计机构办理业务，需要查阅资料、文件和进行调查的，按照依法签订的业务约定书的约定办理。

五、违反《审计法》的法律责任

《审计法》对被审计单位负有直接责任的主管人员、直接责任人员以及其他有关人员根据不同情况给予下列处分：

（一）被审计单位违反《审计法》的法律责任

1. 被审计单位违反《审计法》规定，拒绝或拖延提供与审计事项有关的资料或者拒绝、阻挠检查的，可以通报批评，审计机关责令改正、给予警告；拒不改正的，依法追究责任。

2. 审计机关发现被审计单位违反《审计法》规定，转移、隐匿、篡改、毁弃会计凭证、会计账簿、会计报表以及其他与财政收支或财务收支有关资料的，有权予以制止，审计机关认为对负有直接责任的主管人员和直接责任人员依法应给予行政处分的，应当提出给予行政处分的建议，被审计单位或者其上级机关、监察机关应依法及时作出决定；构成犯罪的，依法追究刑事责任。

3. 被审计单位违反《审计法》规定，转移、隐匿违法取得的资产的，审计机关或提请政府或者有关主管部门予以制止或者申请法院采取保全措施。

（二）审计机关的法律责任

1. 审计机关的审计报告、审计决定确有错误的、应当依法改正。

2. 审计机关滥用职权，徇私舞弊，玩忽职守，构成犯罪的，依法追究刑事责任；不构成犯罪的，给予行政处分。

3. 审计人员违法、违纪所得的财物，依法予以追缴、没收或者责令退赔。

附　录：

一、案例分析

（一）案情

B 公司账外设置小金库，某会计师事务所发现后依法对该公司进行审计。2003 年 5 月，B 公司接到通知：B 市财政局将依法对该公司的会计工作进行检查。

（二）问题

1. 某会计师事务所对B公司审计的依据是什么？

2. B市财政局是否有权对B公司进行检查？

二、案例分析答案要点

1. 根据《会计法》的规定，某会计师事务所只有在B公司委托的情况下，才可以对B公司进行审计，因此，B公司可以拒绝某会计师事务所的审计。

2. 根据《会计法》的规定，县级以上人民政府财政部门是各单位会计工作监督检查部门，有权依法对B公司的会计工作进行监督检查，B公司应接受监督。

三、本章复习思考题

1. 会计的概念是什么？

2. 会计制度的基本内容是什么？

3. 单位会计监督的具体内容是什么？

4. 审计的概念及特征。

第十八章　仲裁法律制度

仲裁是一种非诉讼解决争议的方式，是指当事人双方将争议事项提交第三者居中裁决的一种解决争议的方法。仲裁法的调整对象为平等主体的公民、法人和其他组织之间发生的合同纠纷和其他财产权益纠纷。它具有自愿、独立仲裁、根据事实、符合法律规定、公平合理解决纠纷的原则、处分原则和一裁终局等原则。仲裁以双方当事人的合意为前提，以必要的书面形式的仲裁协议为成立要件。仲裁结果对双方均有法律约束力，并以国家强制力作为履行保障。我国的仲裁机构是仲裁委员会，我国涉外仲裁机构有两个：一是中国国际经济贸易仲裁委员会，二是中国海事仲裁委员会。仲裁程序包括申请与受理、答辩与反请求、仲裁庭的组成和仲裁员的选定、开庭和裁决。仲裁实行一裁终局制，当事人可以根据法律规定申请执行或撤销。

第一节　仲裁法概述

一、仲裁

（一）仲裁的概念

仲裁又称公断，是指双方当事人发生合同或其他财产纠纷时，根据双方当事人的书面仲裁协议，由仲裁机构以第三者的身份，对争议的事实和权利义务关系依法作出裁决，从而解决争议的一种法律制度。“所谓‘仲裁’，包含着‘仲’和‘裁’两层意思。‘仲’是居中的意思，‘裁’即衡量、作出裁判的意思”。[①] 简言之，仲裁就是指当事人双方将争议事项提交第三者居中裁决的一种解决争议的方法。

（二）仲裁的特征

仲裁作为解决民商事纠纷的一种法律制度，具有以下特征：

1. 仲裁是一种非诉讼解决争议的方式，具有极大的灵活性和便利性。通

① 杨荣新主编，《仲裁法学案例教程》，知识产权出版社出版 2004 年版，第 1 页。

过仲裁方式解决争议，可以避免经历漫长而繁琐的诉讼程序，从而达到省时省费又快捷解决争议的效果。

2. 仲裁结果对双方均有法律约束力，并以国家强制力作为履行保障。当事人一方不履行仲裁裁决时，另一方有权申请人民法院强制执行。

3. 仲裁以双方当事人的合意为前提。对双方的争议是否通过仲裁解决，由哪个仲裁机构解决必须由双方当事人事前或事后达成一致的书面意见才能提交仲裁。

二、仲裁法

（一）仲裁法的概念

广义上的仲裁法是指由国家规定的在仲裁活动中必须遵守的各种仲裁法律法规的总称。我国的仲裁制度发展迅速，到目前为止，共有14个法律、82个行政法规和190个地方性法规对仲裁问题作出规定，它们都属于广义的仲裁法。狭义上的仲裁法是指1994年8月31日第八届全国人大常委会第九次会议通过的《中华人民共和国仲裁法》（以下简称《仲裁法》），该法于1995年9月1日起施行。

（二）仲裁法的调整对象

根据《仲裁法》第2条规定，仲裁法的调整对象为平等主体的公民、法人和其他组织之间发生的合同纠纷和其他财产权益纠纷。根据这一规定，仲裁事项只能是平等民事主体之间的合同纠纷和其他财产性法律关系纠纷。与身份权有关的纠纷，如婚姻关系、收养关系、继承关系等与人身权有关的纠纷不能进行仲裁，行政案件也不在仲裁范围之内。此外，劳动争议和农业承包合同纠纷的仲裁，法律另有规定，也不在本章所述的仲裁范围。

三、仲裁的基本原则

仲裁的基本原则是指仲裁组织和当事人及其他仲裁参与人在仲裁活动中必须遵循的基本准则。这里主要介绍自愿原则；独立仲裁原则；根据事实、符合法律规定、公平合理解决纠纷的原则；处分原则和一裁终局原则。

（一）自愿原则

自愿原则是仲裁的基本原则，这一原则主要体现为当事人双方选择某个仲裁机构以仲裁方式解决纠纷，必须自愿达成仲裁协议。同时，自愿原则还体现在自愿选择仲裁员、审理方式、开庭形式、自愿调解等诸多方面。具体体现在以下几个方面：第一，当事人是否将他们之间发生的纠纷提交仲裁，由他们自愿协商决定。《仲裁法》规定，当事人采取仲裁方式解决纠纷，应当自愿，达成仲裁协议。一方申请仲裁的，仲裁委员会不予受理。反之，当事人之间达成仲裁协议后，一方向人民法院起诉的，人民法院不予受理。第二，仲裁委员会、仲裁员、仲裁方式由当事人自由决定。第三，仲裁的继续以申请人自愿为前提，申请人撤回仲裁申请并不违反法律法规的，仲裁委员会应予以同意。第四，当事人之间可以自愿达成和解协议，也可以经仲裁庭调解达成协议。[①]

（二）独立仲裁原则

《仲裁法》第 8 条规定，仲裁机构依法独立进行仲裁，不受任何行政机关、社会团体和个人的干涉。仲裁庭对有关行政机关的干涉有权予以抵制，根据事实和法律，公平公正地作出裁决。为保证这一独立仲裁原则的实施，《仲裁法》第 14 条规定，我国仲裁法规定的仲裁机构不按行政区划设置，并独立于行政机关，与行政机关没有隶属关系，仲裁委员会之间也没有上下级之间的隶属关系。根据《仲裁法》第 67 条的规定，涉外仲裁委员会可以从外籍人士中聘任仲裁员。

（三）根据事实、符合法律规定、公平合理解决纠纷的原则

《仲裁法》第 7 条规定：仲裁应当根据事实，符合法律规定。其含义是指仲裁机构必须以事实为根据，以法律为准绳，并遵照公平合理处理纠纷的原则进行仲裁，做到公平、公正、合法、不偏不倚。

（四）处分原则

《仲裁法》第 6 条、第 31 条、第 39 条和第 40 条规定，当事人有权协议选择仲裁委员会；当事人申请仲裁不受地域限制；任何一方当事人都有权从仲裁名册中选定或委托仲裁委员会主任指定一名仲裁员；仲裁不公开进行，如当事人协议公开的，可以公开，但涉及国家机密的除外；仲裁应当开庭进行，但当事人协议不开庭的，仲裁庭可以根据双方的诉辩文书以及其他材料作出裁决。即在仲裁过程中，当事人对于自己依法享有的实体权利和程序权利有权自己决定是否行使以及如何行使。

（五）当事人地位平等原则

当事人地位平等原则是指当事人在仲裁活动中享有平等的法律地位。在仲裁活动中对仲裁当事人必须平等的适用实体法和程序法，因为当事人在仲裁活动中是平等主体，没有高低贵贱之分，不允许一方因政治、经济地位等原因在仲裁中优越于另一方。

（六）一裁终局原则

一裁终局原则，为世界普遍接受的仲裁原则，主要是出于效率的考虑。我

---

① 参见谭兵编，《中国仲裁制度研究》，法律出版社 1995 年版，第 200 ~ 202 页。

国仲裁也是采取的一裁终局制度。它是指仲裁机构的裁决一经作出就具有终局的法律效力。当事人既不能上诉，也不能申请复议，也不能就同一纠纷再向人民法院提起诉讼，当事人就同一纠纷再申请仲裁或向人民法院起诉的，仲裁委员会或人民法院不予受理。如果仲裁决定被人民法院撤销或者不予执行，当事人可以重新达成仲裁协议申请仲裁，也可以向人民法院提起诉讼。

第二节　仲裁员与仲裁机构

一、仲裁员

仲裁员有专职和兼职两种，由仲裁委员会从具备仲裁员资格的人员中聘任。并按不同的专业设立仲裁员名册供当事人选择。由于仲裁实行一裁终局，仲裁庭一旦成立，便对案件具有决定性权力。仲裁员素质及业务能力的高低直接影响到案件审理的质量。因此根据《仲裁法》第 13 条规定，必须符合下列条件之一者，方可取得仲裁员资格：

（1）从事仲裁工作满 8 年的；

（2）从事律师工作满 8 年的；

（3）曾任审判员满 8 年的（但现职法官不得兼职）；

（4）从事法律研究、教学工作具有高级职称的；

（5）具有法律知识、从事经济贸易等专业工作并具有高级职称或者具有同等专业水平的。

二、仲裁委员会

我国的仲裁机构是仲裁委员会。仲裁委员会是依照我国仲裁法的规定，在直辖市和省、自治区人民政府所在地的市以及根据需要在设区的市设立的，以仲裁方式解决合同纠纷和其他财产权益纠纷的机构。仲裁委员会具有民间性和自治性的性质。仲裁委员会是完全独立于行政机关的事业法人，与行政机关之间没有隶属关系，各仲裁委员会之间也无隶属关系，它们各自独立地从事仲裁业务。

仲裁委员会由上述市人民政府组织有关部门和商会统一组建，经省、自治区、直辖市司法行政部门登记设立。

根据《仲裁法》第 12 条规定，仲裁委员会经司法机关登记，取得法人资格。仲裁委员会由主任一人、副主任 2 至 4 人和委员 7 至 11 人组成，仲裁委员会的主任、副主任和委员由法律、经济贸易专家和有实际工作经验的人员担任，在仲裁委员会的组成人员中，法律、经济贸易专家不得少于2/3。仲裁委员会的组成人员，可以在仲裁委员会组建时协商产生，也可以由仲裁委员会的章程规定产生。

三、仲裁协会

中国仲裁协会是社会团体法人，是仲裁委员会的自律性组织。各仲裁委员会都必须加入中国仲裁协会作为团体会员，接受协会的业务指导和管理。中国仲裁协会可以根据本会章程的规定，制定仲裁规则，对仲裁委员会及其组成人员、仲裁员的违纪行为进行监督。

第三节　仲裁协议

一、仲裁协议的概念

仲裁协议，是指双方当事人协商一致签订的自愿把他们之间将来可能发生，或者已经发生的经济或其他财产纠纷，提交某个仲裁机构解决的协议条款或协议书。仲裁协议可以在合同的争议解决方式条款中约定，也可以以单独的书面形式表达，既可以是纠纷发生前约定，也可以在纠纷发生后协商一致达成请求仲裁的协议。

二、仲裁协议的特征

（一）仲裁协议的重要性

由于仲裁协议是仲裁机构取得仲裁权的基础，它同时排除司法管辖权，其重要性决定了仲裁协议要以书面形式作出。

（二）仲裁协议的独立性

《仲裁法》第19条规定：“仲裁协议独立存在，合同的变更、解除、终止或者无效，不影响仲裁协议的效力。仲裁庭有权确认合同的效力。”根据《仲裁法》的规定，仲裁协议效力的独立性是指仲裁协议的效力不受主合同的影响，仲裁协议不会因主合同的无效而无效。

三、仲裁协议的形式要件

仲裁协议在形式上必须是书面形式，在内容上必须具备以下三个条件：

（一）请求仲裁的意思表示真实、明确

在仲裁协议中，当事人必须具有将争议提交仲裁解决的真实、明确的意思表示。这种真实、明确的意思表示应当具备三个条件：

1. 必须是双方当事人共同的意思表示，而不是单方意思表示。如果只是单方意思表示，那么这种意思表示不属于真实、明确的意思表示。

2. 必须是双方协商一致的意思表示。

3. 意思表示应当是出于当事人内心的真实意思，而不是在外界影响和强制下所表现出来的虚假的意思。如果是在外界影响或强制下所表现出来的意思，虽然明确，但不能代表当事人的内心真实想法，故不属于真实、明确的意思表示。

（二）有明确的仲裁事项

当事人在请求仲裁时，必须有明确的仲裁事项。即双方当事人将何种争议提交仲裁机构仲裁必须在仲裁协议中明确，仲裁机构才有权受理。并且当事人约定仲裁事项必须是该仲裁机构有权仲裁的事项，即约定的事项具有可仲裁性，属于法律上允许通过仲裁加以解决的事项。

（三）有选定的仲裁委员会

当事人在签订仲裁协议的时候，必须明确、具体地写清楚选择哪一个仲裁委员会对仲裁事项进行仲裁，而且只能约定由一个仲裁委员会仲裁，如果当事人约定不明或约定两个以上仲裁委员会仲裁的，协议无效。

四、仲裁协议的效力

（一）仲裁协议的效力

仲裁协议的效力是指一项有效的仲裁协议对当事人和有关机构的约束力。《仲裁法》规定，有权对仲裁协议效力进行认定的机构有仲裁机构和受诉法院。仲裁协议的效力不仅对当事人具有法律效力，而且对仲裁机构和相关的法院都具有法律效力。具体表现如下：符合法定要件的仲裁协议一经签订，对双方当事人具有约束力。仲裁协议独立存在，合同的变更、解除、终止或者无效，不影响仲裁协议的效力。当事人对仲裁协议的效力有异议的，可以请求仲裁委员会作出决定，也可以请求人民法院作出裁定，一方请求仲裁委员作出决定，另一方请求人民法院作出裁定的，由人民法院裁定。如果仲裁申请已经被受理的，当事人对仲裁协议的效力有异议，应当在仲裁庭首次开庭前提出。

（二）仲裁协议的无效

我国《仲裁法》第 17 条规定，有下列情况之一，仲裁协议无效：

1. 约定的事由超出法律规定的仲裁范围的。

《仲裁法》第 3 条规定，下列纠纷不能仲裁：婚姻、收养、监护、抚养、继承纠纷；依法应当由行政机关处理的行政争议。

2. 无民事行为能力人或限制民事行为能力人订立的仲裁协议。

3. 一方采取胁迫手段迫使对方订立仲裁协议的。

第四节　仲裁程序

一、申请与受理

（一）申请

当事人根据合同中订立的仲裁条款或者事后达成的书面仲裁协议，将争议提请仲裁机构进行裁决的行为称为申请仲裁。

1. 申请仲裁必须符合的条件：

（1）有书面仲裁协议；

（2）必须有具体的仲裁请求和事实、理由；

（3）属于仲裁委员会受理的范围。

当事人申请仲裁，应当向仲裁协议中约定的仲裁委员会递交仲裁协议、仲裁申请书及副本。申请仲裁应当以书面形式提出，仲裁申请人口头形式提出仲裁请求的，仲裁机构不予受理。

2. 仲裁申请书应当载明的事项：

（1）当事人的姓名、性别、年龄、职业、工作单位和住所、法人或者其他组织的名称、住所和法定代表人或主要负责人的姓名、职务；

（2）仲裁请求和所依据的事实、理由；

（3）证据和证据来源、证人姓名和住所。

（二）受理

对当事人提出的仲裁申请，仲裁委员会应当在收到仲裁申请书之日起五日内进行审查，认为符合受理条件的，应当受理，并通知当事人；认为不符合受理条件的，应当书面通知当事人不予受理，并说明理由。

仲裁委员会受理仲裁申请后，应当在仲裁规则规定的期限内将仲裁规则和仲裁员名册送达申请人，并将仲裁通知书、仲裁申请书副本和仲裁规则、仲裁员名册送达被申请人。

二、答辩与反请求

（一）答辩

被申请人收到仲裁申请书副本后，应当在仲裁规则规定的期限内向仲裁委员会提交答辩书。仲裁委员会收到答辩书后，应当在仲裁规则规定的期限内将答辩书副本送达申请人。被申请人未提出答辩书的，不影响仲裁程序的进行。

（二）反请求

反请求是指在已经开始的仲裁程序中，被申请人以原仲裁申请人为被申请人，向仲裁委员会提出的与原仲裁请求在事实上和法律上有牵连的，目的在于抵消或吞并仲裁申请人原仲裁请求甚至会产生新权益的独立的请求。《仲裁法》第72条规定，对于被申请人可以承认或者反驳仲裁请求，有权提出反请求。

被申请人有权提出反请求。被申请人提出反请求的，应当在仲裁庭首次开庭前提出。被申请人提出反请求后，对于符合条件的，仲裁委员会应当受理，并与仲裁请求合并审理。如果仲裁申请人撤回申请，仲裁委员会应当对反请求继续审理并作出仲裁裁决。

三、仲裁庭的组成和仲裁员的选定

（一）仲裁庭的组成

仲裁庭的组成方式有两种：一种是由三名仲裁员组成，一种是由一名独任仲裁员组成。由三名仲裁员组成仲裁庭的，设首席仲裁员。

（二）仲裁员的选定

仲裁庭的组成方式当事人可以约定。当事人约定由三名仲裁员组成仲裁庭的，应各自在仲裁员名册中选定一名仲裁员，也可以委托仲裁委员会主任为自己指定一名仲裁员，第三名仲裁员由当事人共同选定，不能共同选定的，可以共同委托仲裁委员会主任指定。第三名仲裁员是首席仲裁员。当事人约定由一名仲裁员组成仲裁庭的，应当由当事人共同选定或共同委托仲裁委员会主任指定仲裁员。

当事人自收到受理通知书或仲裁通知书之日起十五日内没有约定仲裁庭的组成方式或者选定仲裁员的，由仲裁委员会主任或主任授权的副主任确定仲裁庭的组成方式和指定仲裁员，并在仲裁庭组成之日起五日内，由仲裁委员会将仲裁庭的组成情况书面通知当事人。

四、开庭和裁决

（一）仲裁审理的方式

仲裁应当开庭进行。当事人协议不开庭的，仲裁庭可以根据仲裁申请书、答辩书以及其他材料作出裁决。

仲裁不公开进行。当事人协议公开的，可以公开进行，但涉及国家秘密的除外。

（二）仲裁中的举证与查证

当事人对自己的主张应当提供证据予以证明。证据主要有：书证、物证、视听资料、证人证言、当事人陈述、鉴定结论、勘验笔录。书证应当提交原件，物证应当提交原物，提交原件或者原物确有困难的，可以提交与原件、原物内容、形式及其他特征相符的复制品、照片等。

仲裁庭认为有必要时，可以自行搜集证据。

（三）自行和解与仲裁调解

当事人申请仲裁后，可以自行和解。达成和解协议的，可以请求仲裁庭根据和解协议作出裁决书，也可以撤回仲裁申请。当事人达成和解协议，撤回仲裁申请后反悔的，可以根据仲裁协议申请仲裁。

仲裁庭在作出裁决前，可以先行调解。当事人双方请求调解的，应当进行调解。调解不成的，应当根据开庭查证的事实，本着符合法律规定、公平合理的原则及时做出裁决。调解达成协议的，仲裁庭应当制作调解书或者根据协议结果制作裁决书。调解书与裁决书具有同等法律效力。调解书经双方当事人签收后，即发生法律效力。在调解书签收前当事人反悔的，仲裁庭应当及时做出裁决。

（四）仲裁裁决

1. 仲裁的时间。仲裁庭应当最迟在仲裁庭组成后四个月内作出仲裁裁决。因特殊情况确需要延长期限的，由仲裁庭提请仲裁委员会主任或主任授权的副主任批准，可以适当延长。

2. 仲裁裁决。仲裁庭由一名仲裁员组成的，仲裁裁决由仲裁员作出。仲裁庭由三名仲裁员组成的，仲裁裁决应当按照多数仲裁员的意见作出，少数仲裁员的不同意见可以记入笔录。仲裁庭不能形成多数意见时，裁决应当按照首席仲裁员的意见作出。

裁决书由仲裁员签名，加盖仲裁委员会印章。对裁决持不同意见的仲裁员，可以签名，也可以不签名。

（五）仲裁裁决的法律效力

仲裁庭的裁决是终局裁决。仲裁裁决自作出之日起发生法律效力，对双方当事人均有约束力。当事人应当在裁决书规定的期限内自觉履行裁决。一方当事人不履行的，另一方当事人可能依照《民事诉讼法》的有关规定向人民法院申请强制执行。

第五节　仲裁裁决的撤销与执行

一、申请撤销仲裁裁决

（一）申请人撤销仲裁裁决的概念

申请撤销仲裁裁决，是指仲裁庭的仲裁裁决作出后，当事人提出证据证明仲裁裁决有不符合法律规定的情形，向人民法院提出撤销该仲裁裁决，以纠正仲裁裁决错误的法律制度。

仲裁实行一裁终局制，虽然具有迅速解决民商事案件的优点，但不可能保证没有一点偏差或错误，因此，设置一种救济程序以充分保障当事人的合法权益是必要。根据《仲裁法》规定，向人民法院申请撤销仲裁裁决程序就是一种司法救济手段。

（二）申请撤销仲裁裁决的条件

申请撤销仲裁裁决不同于就同一纠纷再向人民法院提起诉讼。申请撤销仲裁裁决当事人必须提供证据证明仲裁裁决具有下列法定情形之一的，才可以向仲裁委员会所在地的中级人民法院申请撤销：

（1）没有仲裁协议的；

（2）裁决的事项不属于仲裁协议的范围或者仲裁委员会无权仲裁的；

（3）仲裁庭的组成或者仲裁的程序违反法定程序的；

（4）裁决所依据的证据是伪造的；

（5）对方当事人隐瞒了足以影响公正裁决的证据的；

（6）仲裁员在仲裁该案时有索贿受贿、徇私舞弊、枉法行为的。

（三）申请撤销裁决的时间和法律后果

1. 时间。当事人申请撤销裁决的，应当自收到裁决书之日起六个月内向仲裁委员会所在地的中级人民法院提出。人民法院应当在受理撤销裁决申请之日起两个月内作出撤销裁决或驳回申请的裁定。

2. 法律后果。《仲裁法》第61条规定，人民法院受理撤销裁决的申请后，经人民法院组成合议庭审查认为裁决有问题时，可以通知仲裁庭在一定期限内重新仲裁，并裁定中止撤销程序，再给仲裁庭一次重新仲裁的机会，使纠纷得到尽快的解决。仲裁庭对人民法院重新仲裁的通知，可以接受重新仲裁，也可以拒绝。仲裁庭拒绝重新仲裁的，人民法院应当裁定恢复撤销程序，依法作出撤销裁定或驳回申请的裁定。

二、申请执行仲裁裁决

仲裁裁决的强制执行权属于人民法院，由人民法院根据当事人的申请依照法定程序将仲裁裁决按其内容与要求强制地付诸实现。

（一）申请执行仲裁裁决的条件

申请执行仲裁裁决必须符合下列条件：（1）必须以生效的仲裁裁决书为根据；（2）裁决书必须具有给付内容；（3）当事人必须具有不履行裁决书所确定的义务的行为；（4）申请人必须在法定的期限内提出申请。

（二）申请执行仲裁裁决

1. 申请执行的时间。根据《民事诉讼法》第 219 条的规定，双方或者一方当事人是公民的为一年，双方是法人或者其他组织的为六个月，从法律文书规定履行期间的最后一日起计算。

2. 申请执行仲裁裁决。一方当事人申请执行裁决，另一方当事人申请撤销裁决的，人民法院应当裁定中止执行。人民法院裁定撤销裁决的，应当裁定终结执行。撤销裁决的申请被裁定驳回的，人民法院应当裁定恢复执行。

三、法院不予执行仲裁裁决的情形

一方当事人不履行仲裁裁决，另一方当事人申请人民法院执行的，受申请的人民法院应当执行。但是，被申请人提出证据证明裁决有下列情形之一的，经人民法院组成合议庭审查核实，裁定不予执行：（1）当事人在合同中没有订立仲裁条款或者事后没有达成书面仲裁协议的；（2）裁决的事项不属于仲裁协议的范围或者仲裁机构无权仲裁的；（3）仲裁庭的组成或者仲裁的程序违反规定程序的；（4）认定事实的主要证据不足的；（5）适用法律确有错误的；（6）仲裁员在仲裁该案时有贪污受贿、徇私舞弊、枉法裁决行为的。

仲裁裁决被人民法院裁定撤销或者不予执行的，当事人就该纠纷可以根据双方重新达成的仲裁协议申请仲裁，也可以向人民法院起诉。

第六节　涉外仲裁

一、涉外仲裁的概念

涉外仲裁是指我国涉外仲裁机构依据当事人之间的仲裁协议而对发生于涉外经济贸易、运输和海事中的纠纷进行裁决的一种方式。所谓涉外，是指申请仲裁的当事人一方或双方是外国人、无国籍人、外国企业或组织，或者当事人之间争议的标的位于外国，或者当事人之间争议的民商事法律关系的产生、变更或消灭在外国。

二、涉外仲裁机构

我国涉外仲裁机构有两个：一是中国国际经济贸易仲裁委员会，二是中国海事仲裁委员会。

中国国际经济贸易仲裁委员会总会设在北京，并在深圳和上海等地设有分会。主要受理产生于国际或涉外的契约性或者非契约性的经济贸易方面的争议。中国海事仲裁委员会主要解决产生于远洋、沿海和与海相通的水域的运输、生产、航行过程中的契约性或者非契约性的海事方面的争议。他们由中国国际商会组织设立。

涉外仲裁委员会由主任1人，副主任若干人和委员若干人组成，主任、副主任和委员可以由中国国际商会聘任。仲裁委员会设秘书处，负责处理仲裁委员会的日常事务。

涉外仲裁委员会的仲裁员，可以从具有法律、经济贸易、科学技术等专门知识的外籍人士中聘任。

三、涉外仲裁的效力和执行

（一）在中国领域内的执行

涉外仲裁机构作出的裁决是发生法律效力的终局裁决，对双方当事人均有约束力。仲裁裁决一经作出，任何一方当事人均不得向人民法院起诉，也不得向其他任何机构提出变更仲裁裁决的请求。一方当事人不履行仲裁裁决的，对方当事人可以向被申请人住所地或者财产所在地的中级人民法院申请执行。但是，如果当事人和被申请人提出证据证明涉外仲裁裁决有下列情形之一的，经人民法院组成合议庭审查核实，分别裁定撤销裁决或裁决不予执行：（1）当事人在合同中没有订有仲裁条款或者事后没有达成书面仲裁协议的；（2）被申请人没有得到指定仲裁员或者进行仲裁程序的通知，或者由于其他不属于被申请人负责的原因未能陈述意见的；（3）仲裁庭的组成或者仲裁的程序与仲裁规则不符的；（4）裁决的事项不属于仲裁协议的范围或者仲裁机构无权仲裁的。此外，人民法院认定执行该裁决违背社会公共利益的，裁决不予执行。

在国内申请执行的期限，双方或一方当事人是个人的为一年，双方当事人是法人或其他组织的为六个月。

（二）在中国领域外的执行

如果被执行人或者财产不在中华人民共和国领域内，应当由当事人直接向有管辖权的外国法院申请承认和执行。在中国领域外执行的情形有以下几种：

1. 需要在 1985 年《承认及执行外国仲裁裁决公约》的缔约国境内执行的，当事人可以根据该公约向有关国家有管辖权的法院或其他主管机关申请执行。

2. 对于需要在非《承认及执行外国仲裁裁决公约》缔约国执行的裁决，如果执行国与我国签订有相互承认和执行仲裁裁决的条款的双边条约或互惠关系，可以根据条约的规定由当事人申请或由我国法院委托该国法院协助执行。或由我国法院在互惠的基础上，委托有关外国法院协助执行。

3. 如果执行国与我国既无双边条约和协定，又无司法协助或“互惠关系”，应通过外交途径，要求有关外国政府主管部门协助执行，或要求有关外国的民间贸易团体协助执行。

附　录：

一、案例分析

（一）案情

南江化工厂和中兴技术开发有限公司因买卖合同发生纠纷，经多次协商，无法达成一致意见。2001 年 4 月 5 日，南江化工厂向某仲裁委员会申请仲裁，并递交了仲裁申请书。中兴技术开发有限公司却不同意仲裁，于同年 4 月 6 日向南江化工厂所在地人民法院提起诉讼，在起诉时并未声明有仲裁协议。法院受理本案后才发现双方的买卖合同中附有有效的仲裁条款，便作出了驳回起诉的判决。同年 4 月 12 日，南江化工厂法定代表人吴某接到某仲裁委员会的电话通知，被告知仲裁申请书不合格，不予受理。吴某于次日请律师修改了仲裁申请书，再次向某仲裁委员会申请仲裁。仲裁委员会受理了申请，组成了仲裁庭，并向被申请人中兴技术开发有限公司发出书面通知。但在开庭审理时中兴技术开发有限公司法定代表人借口太忙，没有到庭。仲裁庭既以被申请人不到庭，案件无法审理为由，拘传中兴技术开发有限公司法定代表人丁某到庭。经过审理，仲裁庭作出被申请人赔偿申请人人民币 50 万元的裁决。中兴技术开发有限公司收到裁决书后，拒不履行。南江化工厂即向某仲裁委员会申请强制执行。仲裁委员会受理了申请。

（二）问题

在本案中，人民法院和仲裁委员会的工作存在哪些错误？

二、案例分析答案要点

1. 对于中兴技术开发有限公司的起诉，人民法院在受理后得知双方存在有效仲裁协议的，应当裁定驳回起诉，而非判决驳回起诉。

2. 仲裁委员会收到仲裁申请书之日起五日内，认为不符合受理条件的，应当书面通知当事人不予受理，并说明理由。本案中仲裁委员会的通知超过了法定期限，且没有书面通知。

3. 被申请人中兴技术开发有限公司经仲裁庭书面通知，无正当理由不到庭的，可以缺席裁决。本案中仲裁庭的做法显然错误。拘传是民事诉讼中的强制措施，不能适用于仲裁程序。

4. 仲裁案件一方当事人不履行裁决的，另一方当事人可以向有管辖权的人民法院申请强制执行。因此，本案中的南江化工厂不应向仲裁委员会申请强制执行，仲裁委员会也不应受理申请。

三、本章复习思考题

1. 简述仲裁的概念、特征。

2. 试述仲裁的基本原则。

3. 简述仲裁协议的形式要件和内容要件。

4. 申请仲裁的条件有哪些？

5. 简述仲裁中的举证与查证。

第十九章　民事诉讼法律制度

"诉讼"一词是由"诉"与"讼"组成，"诉"是告的意思，即告诉、告发、控告；"讼"的基本含义是争或争辩。它是指司法机关在当事人及其他诉讼参与人参加下按照法定的程序，以国家法律为依据，解决争诉案件的全部活动。在市场经济活动中，更多的诉讼所涉及的是民事诉讼，故本章重点介绍民事诉讼的内容。

民事诉讼，是指人民法院在当事人和其他诉讼参与人的参加下，依法审理和解决民事纠纷以及强制执行生效的民事法律文书的活动，以及由这些活动所产生的各种法律关系的总和。除一般诉讼的原则外，它还具有当事人诉讼地位平等、自愿合法调解、处分等原则。判定民事诉讼是否符合法定条件的要素是主管和管辖。我国的民事诉讼制度有：合议、回避、公开审判、两审终审等制度。诉讼参与人包括：原告、被告、共同诉讼人、第三人和诉讼代表人。民事诉讼证据是法院判决的基础和前提，它具有客观性、关联性和合法性的特征。财产保全和先予执行是民事诉讼的保障制度。民事诉讼的程序包括：第一审普通程序、简易程序、第二审程序、审判监督程序、公示催告程序、法人破产还债程序等。

第一节　民事诉讼概述

一、民事诉讼的概述

民事诉讼，是指人民法院在当事人和其他诉讼参与人的参加下，依法审理和解决民事纠纷和强制执行生效的民事法律文书的活动，以及由这些活动所产生的各种法律关系的总和。

人民法院解决民事案件的活动，就是民事诉讼活动。如起诉、答辩、反诉、人民法院对案件的受理、作出判决、执行等活动，都属于民事诉讼活动。

民事诉讼活动必须依法进行，包括依照民事实体法和民事程序法。民事诉讼程序的合法性是保障实体判决合法性的前提和基础。只有严格依照民事程序法的规定，做到人民法院依法审判、当事人依法诉讼、其他诉讼参与人依法参诉，才能保障民事纠纷的正确处理。

二、民事诉讼的基本原则

民事诉讼的基本原则是指在整个民事诉讼活动中起指导作用的准则，它集中体现了我国民事诉讼法的本质和特点。基本原则可分为一般的诉讼原则和民事诉讼的特有原则。一般的诉讼原则是各类诉讼活动共同适用的原则，例如：人民法院审理案件必须以事实为根据、以法律为准绳的原则；当事人在诉讼中法律地位平等的原则；使用本民族语言文字进行诉讼的原则；人民检察院对诉讼实行法律监督的原则等。特有原则包括当事人诉讼地位平等的原则、自愿合法调解的原则、处分的原则等，本章主要介绍民事诉讼特有的当事人诉讼权利平等的原则、自愿合法调解的原则和处分的原则。

（一）当事人诉讼权利平等的原则

当事人诉讼权利平等的原则，是我国宪法中公民在法律面前一律平等原则在诉讼法中的具体体现。其基本内容包括：

1. 双方当事人诉讼地位的平等。在民事诉讼活动中，虽然有原告和被告的不同称谓，但他们在诉讼中都平等地享有诉讼权利和承担诉讼义务。

2. 双方当事人有平等的行使诉讼权利的手段。人民法院应当平等地保障双方当事人行使诉讼权利。例如：任何一方都有申请回避的权利、任何一方都有辩论和最后陈述的权利。

3. 人民法院对诉讼当事人在适用法律上一律平等。人民法院在适用法律上不因当事人身份、地位、教育程度、财产状况等因素的影响，对任何人在适用法律上都应当一律平等。

（二）自愿合法调解的原则

自愿合法的调解，是指人民法院在审理民事经济案件时，审判人员依照当事人的自愿和法律的规定，对能够调解解决的案件，在查明事实，分清是非的基础上，对当事人进行宣传教育，促使他们相互谅解，平等协商，达成调解协议，解决纠纷。在调解不成的情况下，及时判决。在适用这一原则时应注意以下几点：

1. 调解是处理民事纠纷的一种较好的方式，但调解并非解决民事纠纷的必经程序。

2. 调解必须完全出于当事人的自愿，人民法院不能以任何理由强迫当事人进行调解，应当依双方当事人的请求或经双方当事人的同意才能进行调解。

3. 调解书一经双方当事人签收就与判决书具有同等的法律效力。

（三）处分原则

处分原则，是指民事诉讼中的当事人有依法处分自己的民事权利和诉讼权利的自由，并且应当受到法律的保护。当事人处分权利的对象无非两大类：一是基于实体法律关系产生的民事实体权利，如在赔偿诉讼中部分要求或者不要求对方当事人赔偿或者自愿多赔偿对方当事人；二是基于民事诉讼法律关系产生的诉讼权利，如撤回起诉、不委托诉讼代理人、不请求调解等等。

需要注意的是：当事人行使处分权不得损害国家利益和社会公共利益，不得损害他人的合法利益。

三、民事诉讼的基本制度

（一）合议制度

合议制度是指若干审判人员组成合议庭对民事案件进行审理的制度。按合议制组成的审判组织称为合议庭。合议庭的组成人员由三至七人的单数组成。在普通程序中，合议庭的组成成员有两种形式，一是由审判员和人民陪审员组成，另一种是由审判员组成。在二审程序中只能由审判员组成。但是，对简单的民事案件也可以由审判员一人以简易程序独任审判。

（二）回避制度

回避制度是指为了保证案件的公正审判，而要求与案件有一定利害关系的审判人员、书记员等，不得参加本案的审理活动或诉讼活动的审判制度。

回避的对象包括审判员（含人民陪审员）、书记员、翻译人员、鉴定人、勘验人员等。

（三）公开审判制度

公开审判制度是指人民法院审理民事案件除涉及国家秘密、商业秘密和个人隐私外，审判过程及结果应当向群众、向社会公开，庭审过程、宣判过程允许群众旁听、允许新闻记者采访等。

（四）两审终审制度

两审终审制度是指一个民事案件经过两级人民法院审判后即告终结的制度。一般的民事案件，当事人不服一审人民法院的判决和允许上诉的裁定，可以上诉到上一级人民法院进行二审。二审人民法院作出的判决和裁定即为生效的判决和裁定，当事人不得再上诉。

第二节　民事管辖

一、主管

（一）民事诉讼主管的概述

主管是指国家机关的职权范围。人民法院在民事诉讼中的主管是指人民法院受理民事案件的权限范围。确定民事诉讼的主管，也就是明确哪些民事纠纷属于人民法院的处理范围。例如土地所有权纠纷、劳动争议纠纷就不属于人民法院的直接受案范围，必须经过人民政府、劳动仲裁机构处理后，才能依法向人民法院起诉。

（二）人民法院对民事案件主管的范围

《民事诉讼法》第3条规定："人民法院受理公民之间、法人之间、其他组织之间以及他们相互之间因财产关系和人身关系提起的民事诉讼，适用本法的规定。"根据这一规定人民法院主管的民事案件范围有以下几种：

（1）平等主体之间发生的财产权和人身权纠纷。具体包括：①由民法调整的物权关系、债权关系、知识产权关系、人身权关系引起的纠纷。②由婚姻法、继承法、收养法调整的婚姻家庭关系、继承关系、收养关系引起的诉讼。③由商法调整的商事关系引起的纠纷。④由经济法调整的经济关系中属于民事性质的诉讼。

（2）劳动法调整的因劳务关系所发生的不服劳动争议仲裁裁决的纠纷。

（3）其他法规调整的社会关系发生的纠纷。如环境污染所引起的损害赔偿案件、选民资格案件、宣告失踪人失踪和宣告失踪人死亡案件等。

（4）最高人民法院规范性文件规定的案件。如部分专利纠纷案件、海事案件、海商案件。

二、管辖

（一）管辖概述

民事诉讼中的管辖，是指各级人民法院之间以及同级人民法院之间受理一审民事案件的分工和权限。管辖对法院来说，是确定一个民事案件由哪一级的哪一个人民法院来审判的问题；对当事人来说，则是民事权益受到侵害或者发生争议后应到哪个地方的哪一级人民法院去起诉或应诉的问题。

管辖与主管不同。主管解决的是法院同其他有关机关之间处理民事纠纷或其他纠纷的分工和权限问题；而管辖解决的是人民法院系统内部处理第一审民事案件的分工和权限问题。同时，两者又有紧密的联系；主管是确定管辖的前提和基础，只有确定某一纠纷属于人民法院的受案范围的，才有必要通过管辖规定，确定属于某个法院受理；而管辖则是主管的继续和体现，是对属于法院主管范围的民事纠纷的落实，从而确定由哪个法院来具体受理行使审判权。

民事诉讼的管辖问题只涉及第一审属于哪个法院管辖。第二审法院的管辖只能是第一审法院的上一级法院，当事人没有选择的余地。

民事诉讼第一审案件的管辖种类一般分为级别管辖、地域管辖、专属管辖、移送管辖和指定管辖五大类。

（二）级别管辖

级别管辖，是指按照一定的标准，纵向划分上下级人民法院之间受理第一审民事案件的分工和权限。民事诉讼法有关级别管辖的规定是：

1. 基层人民法院管辖第一审民事案件

基层人民法院管辖除《民事诉讼法》明确规定的应当由中级人民法院、高级人民法院和最高人民法院管辖的所有第一审民事案件。

2. 中级人民法院管辖的第一审民事案件

中级人民法院管辖的第一审民事案件主要有三类：①重大的涉外案件。②在本辖区有重大影响的案件。③最高人民法院确定由中级人民法院管辖的案件。这类案件主要有：海事、海商案件；专利纠纷案件；重大的涉港、澳、台民事案件；诉讼标的金额大或者诉讼单位属省、自治区、直辖市以上的经济纠纷案件。

3. 高级人民法院管辖的第一审民事案件

只管辖在本辖区内有重大影响的第一审民事案件。

4. 最高人民法院管辖的第一审民事案件

最高人民法院管辖的第一审民事案件有两类：一类是在全国有重大影响的案件；另一类是最高人民法院认为应当由其审理的案件。

（三）地域管辖

地域管辖，是指确定不同地点同级人民法院之间在各自管辖区域范围内受理第一审民事案件的分工和权限。民事诉讼中，法院的管辖区域与行政区划相适应。人民法院在确定案件管辖时，除了首先确定级别管辖时，还必须通过地域管辖确定属于同一级别的哪个法院管辖。例如某省辖市的两个公民发生的民事纠纷需要通过诉讼解决，原告系本市甲县公民，被告系本市乙县公民。原告应向哪个法院起诉，首先必须确定该案件是属于市中级人民法院管辖还是属于基层人民法院管辖。如果确定该案件属于基层人民法院管辖，还必须根据《民事诉讼法》的规定，来确定属于甲县人民法院管辖还是乙县人民法院管辖。

地域管辖可分为一般的地域管辖和特殊的地域管辖。一般的地域管辖是指以当事人住所地与法院的隶属关系来确定的诉讼管辖。一般的地域管辖通常是以原告就被告的原则，即以被告住所地作为确定管辖的标准，由被告住所地的人民法院管辖。但是，《民事诉讼法》第23条规定了由原告住所地人民法院管辖的四种例外情形：(1) 对不在中华人民共和国领域内居住的人提起的有关身份关系的诉讼；(2) 对下落不明的或者宣告失踪的人提起的有关身份关系的诉讼；(3) 对被劳动教养的人提起的诉讼；(4) 对被监禁的人提起的诉讼。

特殊地域管辖是相对于一般地域管辖而言，针对案件的某些法律事实，由法律对某些案件的管辖作出的特殊规定。《民事诉讼法》第24条、第26~33条规定了九种适用特殊地域管辖的诉讼：

(1) 因合同纠纷提起的诉讼，由被告住所地或者合同履行地人民法院管辖。

(2) 因保险合同纠纷提起的诉讼，由被告住所地或者保险标的物所在地人民法院管辖。

(3) 因票据纠纷提起的诉讼，由票据支付地或被告住所地人民法院管辖。

(4) 因铁路、公路、水上、航空运输和联合运输合同纠纷提起的诉讼，由运输始发地、目的地或被告住所地人民法院管辖。

(5) 因侵权行为提起的诉讼，由侵权行为地或者被告住所地人民法院管辖。

(6) 因铁路、水路、水上和航空事故请求损害赔偿提起的诉讼，由事故发生地或车辆、船舶最先到达地，航空器最先降落地或者被告住所地人民法院管辖。

(7) 因船舶碰撞或者其他海损事故请求损害赔偿提起的诉讼，由碰撞发生地、碰撞船舶最先到达地、加害船舶被扣留地或者被告住所地人民法院管辖。

(8) 因海难救助费用提起的诉讼，由救助地或被救助船舶最先到达地法院管辖。

(9) 因共同海损提起的诉讼，由船舶最先到达地、共同海损理算地或者航程终止地人民法院管辖。

(四) 专属管辖

专属管辖，是指法律明确规定某些案件只能由特定的法院管辖。除此之外的其他法院无权管辖，当事人也不能协议约定由其他法院管辖。具有管辖上的不可选择性，但它不排斥级别管辖的确定原则。例如：因不动产纠纷提起的诉讼，由不动产所在地人民法院管辖，就不能因为被告住所地与不动产所在地不在同一法院管辖区域，而选择被告住所地法院管辖。但是，如果该案件不符合基层人民法院管辖，则该案件就应当由该不动产所在地的上级人民法院管辖。

我国《民事诉讼法》第34条规定的三种情形即属于专属管辖：

1. 因不动产所纠纷提起的诉讼，由不动产所在地人民法院管辖；

2. 因港口作业中发生纠纷提起的诉讼，由港口所在地人民法院管辖；

3. 因继承遗产纠纷提起的诉讼，由被继承人死亡时住所地或者主要遗产所在地人民法院管辖。

（五）移送管辖与指定管辖

移送管辖是指本法院对已受理的民事案件没有管辖权，需要移送有管辖权的法院进行审理。受移送的人民法院对受移送的案件应当受理，如果受移送的人民法院认为不属于本院管辖的，应当报请上级人民法院指定管辖，不得再自行移送。

指定管辖是指管辖权不明确或法院之间对管辖有争议，需要上级人民法院指定由哪一个人民法院对该民事案件进行管辖。适用指定管辖的情形有以下三种：

1. 在移送管辖适用过程中，受移送的人民法院认为自己对受移送的案件没有管辖权，报请上级人民法院指定管辖；

2. 有管辖权人民法院由于特殊原因认为不适合审理该案件，由其上级人民法院指定其他法院管辖。例如当事人一方是本院院长的情形，就需要由上级法院指定其他法院管辖；

3. 人民法院之间因管辖权发生争议，由争议的双方法院协商管辖不成时，逐级报请他们的共同上级人民法院指定管辖。

（六）管辖异议

当事人对管辖权有异议的，必须在答辩期内提出，逾期则不得再行使这项诉讼权利。根据《民事诉讼法》第一百一十三条的规定，被告应在收到起诉状副本之日起十五日内提出答辩状。也就是说，当事人对管辖权提出异议的有效期限为收到起诉状副本之日起十五日。在答辩期限内不提出异议的，视为放弃管辖权异议。

当事人在答辩期限内提出管辖权异议的，人民法院应当先就本案是否有管辖权的问题进行审议。管辖异议成立的，人民法院应将案件移送有管辖权的人民法院审理。管辖异议不成立的，裁定驳回管辖异议。申请异议的当事人对驳回异议的裁定，可以提出上诉。逾期不提出上诉或二审法院裁定驳回上诉维持原裁定的，原审人民法院应继续本案的审理。当事人在以后的诉讼中再提出管辖权异议的，人民法院不再审议。案件判决生效后，当事人就驳回管辖权异议的裁定和判决一并申请再审的，经审查，发现管辖虽有错误，但判决正确的，应当不再变动；如经审查，认为驳回管辖异议的裁定和判决均确有错误，应当按审判监督程序处理。经再审撤销原判决和裁定的，应将案件移送有管辖权的人民法院审理。

第三节 民事诉讼参加人

根据民事诉讼法的规定，民事诉讼参加人包括当事人和诉讼代理人。

一、民事诉讼当事人

民事诉讼当事人，是指因民事权利义务关系发生争议，以自己的名义到人民法院进行诉讼，并受人民法院裁判拘束的人，这里的“人”包括公民、法人或其他组织。民事诉讼当事人有狭义和广义之分，狭义诉讼当事人仅指原告和被告；广义的诉讼当事人还包括除原告、被告以外的共同诉讼人、第三人和诉讼代表人。

（一）原告与被告

原告，是指因民事权益与他人发生争议或认为自己的合法权益受到他人的侵害，以自己的名义要求人民法院保护其合法权益而提起诉讼的人。原告是引起民事诉讼程序发生的人，他所要求人民法院保护的权益能否得到法律的认可，则要通过诉讼来最终确定。

被告，是指被原告认为侵害了他的民事合法权益，被起诉到人民法院由人民法院通知到庭应诉的人。被告是被原告提起诉讼的人。他之所以涉入诉讼，是被原告“拖入”诉讼的。从诉讼程序的启动角度看，在主观意志上，被告一般是处于被动的地位。即不管被告愿意不愿意，也不论被告是否确实侵犯了他人合法权益，只要原告的起诉符合人民法院的受案条件，人民法院受理原告的起诉后，被告的特定角色就被依法确定了。至于被告是否要承担原告所诉请的民事法律责任，则要通过诉讼来最终确定。

原告与被告是民事诉讼中最主要的诉讼当事人。原告与被告一方面只是称谓的不同，另一方面从程序的启动角度来看，也是主动引起诉讼和被动拖入诉讼的不同，但无论是原告还是被告，他们都平等地享有民事诉讼权利，承担民事诉讼义务。

（二）共同诉讼人

共同诉讼人，是指在共同诉讼中的一方当事人或双方当事人为二人或二人以上的当事人。共同诉讼是指一方当事人或双方当事人为二人或二人以上，其诉讼标的是相同的，或者诉讼标的是同一类，人民法院认为可以合并审理的诉讼。

共同诉讼人可以是共同原告也可以是共同被告。共同诉讼有必要的共同诉讼和普通的共同诉讼之分。

1. 必要的共同诉讼。是指当事人一方或双方为二人以上，其诉讼标的是共同的、人民法院必须合并审理的诉讼。诉讼标的是共同的，是指共同原告或共同被告对诉讼标的享有共同的权利，或者负有共同的义务或连带义务。如共同共有的房屋被人侵犯，数个共有人依据对房屋享有的所有权一并向人民法院起诉。由于必要的共同诉讼是不可分之诉，因此，人民法院必须合并审理，作出判决。在必要的共同诉讼中，共同诉讼人对诉讼标的有共同的权利义务，其中一人的诉讼行为经其他共同诉讼人承认，对其他共同诉讼人发生效力。

2. 普通的共同诉讼。也称一般共同诉讼，是指当事人一方或双方为二人以上，诉讼标的是同一种类，人民法院认为可以合并审理并经当事人同意的诉讼。诉讼标的属于同一种类，是指当事人争议的诉讼标的具有同一种类的性质，即权利义务关系只有相同的性质，但不具有共同的性质。在普通共同诉讼中，由于共同诉讼人对诉讼标的没有共同的权利义务关系，因而，它是可分之诉，当事人不同意合并审理人民法院也可以将它分为各自独立的诉讼而成为各自独立的案件。在普通的共同诉讼中，其中一人的诉讼行为对其他共同诉讼人不发生效力。

（三）诉讼代表人

诉讼代表人，是指在人数众多的共同诉讼或集团诉讼中，为了便于诉讼，由他们推选出一人或数人，代表其利益到庭进行诉讼的人。诉讼代表人制度，是以共同诉讼为基础，并吸收了诉讼代理制度的机制。诉讼代表人不同于诉讼代理人，诉讼代表人既是当事人，也是代表人。由于诉讼代表人是本案的当事人，他与本案诉讼的结果有利害关系，诉讼代理人不是本案的当事人，与本案的诉讼结果没有利害关系。

至于多少人以上叫做人数众多，法律及司法解释尚无明确规定，司法实践中一般以五至十人以上为人数众多。根据最高人民法院司法解释规定，诉讼代表人的人数为二至五人，每位代表人还可以委托一至二人作为诉讼代理人。

诉讼代表人制度还适用于集团诉讼。所谓集团诉讼，是指争议发生后，当事人一方形成一个具有共同利益的人数众多的集团，由集团中的一人或数人代表其他具有共同利害关系的集团成员提起诉讼或应诉。它的构成必须具备两个条件：一是诉讼当事人一方人数众多，且在起诉时人数尚未确定。如果起诉时人数已经确定，就不构成集团诉讼，而只能按选定代表人制度办理。二是诉讼标的属于同一种类，即集团诉讼人对诉讼标的权利或义务属于同一种类型。例如某个企业的排污行为造成了众多的损害。部分受害人在提起诉讼时到底有多少人受害或者说有多少愿意参加诉讼尚不能确定，就只能以集团诉讼的形式进行诉讼。

根据《民事诉讼法》的规定，人民法院受理集团诉讼案件后，可以公告通知权利人在一定期间内向人民法院登记，如果权利人逾期未登记，且没有正当理由的，视为权利人放弃诉讼权利的行使。诉讼代表人的产生有两种方式：一是由向人民法院登记的权利人推选；二是权利人推选不出代表人时，可由人民法院与参加登记的权利人共同协商确定。诉讼代表人必须是本案的当事人。诉讼代表人的诉讼行为经人民法院审理后作出的判决、裁定，对参加登记的全体权利人发生效力。未参加登记的权利人在诉讼期间内再起诉的，也适用该判决、裁定。

对判决所得到财产一般按下列顺序依法进行分配：（1）诉讼费用；（2）诉讼代表人的报酬；（3）按判决确定的分配方法计算集团成员各自应得的财产。这里的“集团成员”，应只限于诉讼期间参加登记的全部权利人。满足前一顺序所剩余的财产，才能在下一个顺序中分配，财产不足以清偿同一顺序的，按比例分配。

（四）第三人

第三人，是指对他人之间的诉讼标的有独立请求权，或虽无独立请求权但与案件的处理结果有利害关系，为了维护自己的合法权益而参加到已经开始的诉讼中去的人。第三人的法律特征是：

1. 对他人之间的诉讼标的有独立请求权或与诉讼结果有利害关系。

2. 第三人参加诉讼时，他人之间的诉讼已经开始。第三人不同于原告，也不同于被告，有自己的独立诉讼地位。

3. 第三人参加诉讼，是为了维护自己的合法权益。

第三人可以分为有独立请求权的第三人和无独立请求权的第三人两类。

（1）有独立请求权的第三人，是指对其他当事人争议的诉讼标的有独立请求权的诉讼参加人。有独立请求权的第三人在诉讼中的地位，既不是原告，也不是被告，但他相当于原告，他在诉讼中既不同意原告的主张，也不同意被告的主张，而是有自己独立的主张。他认为无论是原告胜诉还是被告胜诉，都将损害他的利益时参加诉讼，将本诉的原告、被告作为其参加诉讼的被告。

（2）无独立请求权的第三人，是指对他人正在进行的诉讼标的不能独立地主张权利，但认为诉讼结果与自己有利害关系而参加诉讼的人。无独立请求权的第三人与诉讼当事人中的某一方有实体上的法律关系，与其有联系一方胜诉或败诉对其会产生有利或不利的法律后果。但他对本诉的诉讼标的又不能独立地主张权利，他不能对本诉的诉讼请求权进行处分，正因为如此，他会以帮助某一方当事人进行诉讼的方式参加诉讼，实则是避免自己的利益遭受损失。

二、民事诉讼代理人

民事诉讼代理人，是指为了保护被代理人的民事权益，根据法律的规定或被代理人授权，以被代理人的名义进行诉讼活动的人。民事诉讼代理人有以下几个特点：

1. 以被代理人的名义进行诉讼活动，其诉讼行为视为被代理人的诉讼行为。

2. 在法律规定或者被代理人授权的范围内进行代理活动，任何超越代理权限的行为，其效力都不及于被代理人，而且其由于超越代理权给对方当事人或被代理人造成损失的，代理人要负赔偿责任。除非得到被代理人承认。

3. 代理活动的后果由被代理人承担。

根据《民事诉讼法》的规定，诉讼代理人包括法定代理人、指定代理人和委托代理人。他们分别是根据法律的规定、人民法院的指定和当事人委托而产生。

（一）法定代理人

法定代理人，是指根据法律的规定代理无诉讼行为能力的当事人参加诉讼的人。无诉讼能力的人包括未成年人和精神病人。无诉讼行为能力人由其监护人作为法定代理人代为诉讼；法定代理人之间相互推诿代理责任的，由人民法院指定其中一人为代理人。不过这种情况下，人民法院指定的代理人仍然属于法定代理人的范畴。法定代理人还可以委托一至二人作为诉讼代理人。

（二）指定代理人

指定诉讼代理人，是指在无诉讼能力的当事人包括未成年人和精神病人，没有法定代理人或者法定代理人不能行使代理权的情况下，由人民法院依职权为该当事人指定的代理人。

指定诉讼代理人的诉讼地位与法定代理人基本相同。

（三）委托代理人

委托代理人，是指受当事人、法定代理人、诉讼代表人或第三人的委托而代为诉讼行为的人。委托代理的特点有：（1）代理权基于被代理人的授权而发生的；(2) 委托代理人代为诉讼时，必须向人民法院提交由委托人签名或盖章授权委托书。

根据《民事诉讼法》的规定，下列人员都可以被委托为诉讼代理人：(1) 律师；(2) 当事人的近亲属；(3) 社会团体或当事人所在单位推荐的人；(4) 经人民法院许可的其他公民。

第四节　民事诉讼证据

一、民事诉讼证据概述

民事诉讼证据是以法律规定的形式表现出来的能够证明案件真实情况的各种资料。要使证据能够证明案件的真实情况，证据必须具备以下三个特征：

(一) 证据的客观性

证据的客观性是指证据本身必须是客观的、真实的，而不是想象的、虚构的、捏造的。

(二) 证据的关联性

证据的关联性是指证据必须与证明对象之间存在一定的客观联系。这种联系可以是直接的，也可以是间接的；可以是肯定的，也可以是否定的，只要是由于证据的存在，使得待证事实的真实或虚假变得更为清晰，从而证明待证事实的真伪即可。

(三) 证据的合法性

证据的合法性是指证据必须符合法律规定的形式，并且必须按照法定程序收集和提供。证据的合法性的内容包括：

1. 证据形式的合法性。即证据的形式应当符合法律的要求。例如：以鉴定结论作为证据时，鉴定结论必须是由有鉴定资格的人作出的，鉴定书必须有鉴定人及鉴定机构签名盖章，否则，不能作为证据使用。

2. 搜集证据的合法性。即诉讼当事人、诉讼代理人和法院在搜集证据时应符合法律的要求。以侵害他人合法权益的方法或者违反法律禁止性规定的方法取得的证据，如以暴力或暴力相威胁的手段获取的证据，以侵害他人隐私权获取的证据都不能作为认定案件事实的依据。

二、民事诉讼证据的法定分类

根据《民事诉讼法》第63条的规定，民事诉讼的证据有以下七种：书证、物证、当事人陈述、证人证言、视听资料、鉴定结论、勘验笔录。

（一）书证

书证是指以文字、符号、图形等所表达的思想和记载的内容对案件起证明作用的文件或其他书面材料。例如：借据、合同、房产证、信函等都属于书证。书证具有以下特征：

（1）书证是以其所记载的与案件有客观联系的内容或表达的思想来证明案件事实的。

（2）书证是固定在一定物质上的思想内容，其真实性强，即使被伪造，也可以通过笔迹鉴定等方法来发现。

根据《民事诉讼法》规定，书证应当提供原件。书证为复制件的，如果提供人拒不提供原件或原件线索，也没有其他材料可以印证，对方当事人又不予承认的，该书证不能作为认定事实的依据。

（二）物证

物证，是指以其外形、特征、规格、质量、痕迹、受损程度等客观存在的情形来证明案件事实的物品。物证的基本特征是以物品的自然状态来证明案件事实，不带有任何主观内容。物证具有以下特点：

1. 物证具有较强的稳定性和可靠性。

2. 物证是客观实在物，是“不动嘴的证据”，往往需要举证人说明才能发挥证明作用。

根据《民事诉讼法》规定，物证必须提交原物，只有在提交原物确有困难的情况下，才允许提交复制品或照片。

（三）视听资料

1. 视听资料的概述

视听资料，是指以录音、录像等技术手段反映的声音、图像以及电脑储存的数据资料和其他电子信息来证明案件事实的证据。包括录音带、电话录音、录像带、胶卷、储存于软盘、光盘、硬盘中的电脑数据、电子邮件等等。视听资料具有以下特点：

（1）视听资料的形成、储存和再现，具有高度的准确性和逼真性。

（2）视听资料具有各种言词证据都不具备的高度直观性和生动性。

2. 视听资料在民事诉讼中的运用

视听资料易于伪造，容易被剪辑、拼接，因此，存有疑点的视听资料不能单独作为认定案件事实的证据使用。视听资料必须合法取得，才具有证据效力。以法律所禁止的手段窃听、窃照所获得的视听资料、以侵害他人隐私权的方法取得的视听资料都不能作为认定案件事实的证据使用。以法律法规禁止的手段窃听、窃照与一般的偷录、偷照有一定的区别，前者一般是指违反国家规定使用或者使用非法生产、销售的窃听窃照器材所获取的视听资料；后者是指使用一般的录音、录像、照相器材未经他人允许获得的视听资料。对于一般的偷录、偷拍证据的合法性问题要根据具体情况加以判断，不能简单地认为一概无效，一般以不侵害他人隐私权为原则。例如：双方在进行交谈过程中，偷偷将双方谈话的真实情况进行录音，银行使用的监控录像等都应当可以作为证据使用。

提供视听资料应当提供原始载体，提供原始载体确有困难的可以提供复制件，并应当由制作人提供证据来源和制作经过原说明。

（四）证人证言

1. 证人证言的概述

证人证言，是指证人就其所了解的案件情况向人民法院所作的陈述。证人证言具有以下特点：

（1）证人证言是了解案件一定情况的人以言词形式所提供的证明。

（2）证人证言只能是证人对自己耳闻目睹的，而不是推想、猜测可能发生的事实。

（3）证人证言是证人主观对客观的认识和反映，比较容易受主观因素的影响。如证人本身对某一案件事实了解得不全面或部分忘记，或在叙述时有遗漏等。除此之外，当证人与诉讼当事人之间是亲友关系或仇恨关系，也会影响证人证言的真实性。

2. 证人证言在民事诉讼中的运用

（1）由于证人证言的真实性容易受主观因素的影响，因此，最高人民法院《关于民事诉讼证据的若干规定》的规定，审判人员对“与一方当事人或其代理人有利害关系的证人出具的证言”不能单独作为认定案件事实的依据。

（2）证人应当出庭作证，接受当事人质询。只有在证人确有困难不能出庭，经人民法院许可的情况下，才可以提交书面证言。

（3）无民事行为能力人和限制民事行为能力人提供的与其年龄、智力状况和精神健康状况不相适应的证言不能作为证据使用。

（五）当事人陈述

1. 当事人陈述的概念和内容

当事人陈述，是指当事人在诉讼中就与本案有关的事实，尤其是作为诉讼请求根据或反驳诉讼请求根据的事实，向法院所作的陈述。当事人就案件有关的事实向法院所作的陈述，有两个方面的内容：一是对案件事实的陈述；二是对案件事实的承认。

2. 当事人陈述在民事诉讼中的运用

当事人的陈述必须借助其他证据来证明才能发挥证据的证明力，只有提出主张的一方当事人的陈述而不能提出其他相关证据的，不能证明其主张。但是，如果当事人认可的除外。

对一方当事人所作的陈述或者所提供的证据，另一方当事人明确表示同意或认可的，称为自认，法院即可作为认定事实的依据。最高人民法院《关于民事诉讼证据的若干规定》第8条、第74条对自认有其特别的规定：在诉讼过程中，一方当事人对另一方当事人陈述的案件事实明确表示承认的，另一方当事人无须举证；当事人在起诉状、答辩状、陈述及其委托代理人的代理词中承认的对己方不利的事实和认可的证据，人民法院应当予以确认，但当事人反悔并有相反证据足以推翻的除外。对一方当事人陈述的事实，另一方当事人既未表示承认也未否认，经审判人员充分说明并询问后，其仍不明确表示肯定或否定的，视为对该项事实的承认。当事人委托代理人参加诉讼的，代理人的承认视为当事人的承认。但未经特别授权的代理人对事实的承认直接导致承认对方诉讼请求除外，当事人在场但对其代理人的承认不作否认表示的，视为当事人的承认。在民事诉讼中当事人自认的事实和证据，人民法院应当作为认定事实的依据。

（六）鉴定结论

1. 鉴定结论的概述

鉴定结论，是指由鉴定部门指派具有专门知识和专门技能的人对案件中的某些专门性问题进行分析、鉴别和判断，从而得出的能够证明案件事实的书面结论。鉴定结论具有以下特点：

（1）鉴定人须是受聘请或指派，对所需要鉴定的问题具有专业的科学技术知识的人。根据法律的规定，鉴定人享有一定的权利和承担一定的义务。

（2）鉴定结论应当是针对诉讼中的待证的法律事实作出的。

2. 鉴定结论在民事诉讼中的运用

（1）在诉讼过程中，当事人申请鉴定的，应当在举证期限内提出。

（2）基于当事人意思自治的原则，鉴定机构和鉴定人员可以由双方当事人协商确定，如果双方当事人协议不成时，由人民法院指定。

（3）一方当事人自行委托有关部门所作的鉴定结论，另一方有证据足以反驳并申请重新鉴定的，人民法院应当允许。

（4）鉴定结论应当具有下列内容：委托人姓名或名称、委托鉴定的内容；委托鉴定的材料；鉴定的依据及使用的科学技术手段；对鉴定过程的说明；明确的鉴定结论；对鉴定人鉴定资格的说明；鉴定人员及鉴定机构签名盖章。

（七）勘验笔录

勘验笔录，是指法院审判人员在诉讼过程，为了查明一定的事实，对与案件争议有关的现场、物品、人身进行查验、测量、拍照后制作的笔录，是通过勘查、检验等方法形成的证据。勘验笔录是对物体或现场情况的客观再现，是独立的重要证据，因此对其制作的要求也比较严格，主要应注意以下几点：

（1）勘验笔录内容必须保持客观真实，不得掺入勘验人员的任何主观推测和分析判断。

（2）勘验笔录用语必须确切肯定，不能模棱两可、含混不清。

（3）勘验笔录必须是勘验过程中现场制作，不能事后追忆。

（4）勘验笔录制作完成后，要由勘验人员、当事人和被邀请参加的人签名或盖章。

三、民事诉讼证据的理论分类

在理论研究上，诉讼证据按照不同的标准，可以划分为不同类别。诉讼证据在理论上可以作如下分类：

（一）原始证据和传来证据

根据证据的来源不同，可以将证据分为原始证据和传来证据。

1. 原始证据。是指直接与待证事实有原始的关系，直接来源于案件事实的证据，也叫第一手证据。如证人、当事人关于案件事实的亲自所为、亲眼所见的陈述。物证、书证、视听资料、勘验笔录的原件等都是原始证据。

2. 传来证据。是指间接来源于案件事实的证据，即经过转述、传抄、复制的第二手及第二手以下的证据，如书证的副本、证人转述他人所见的案件事实等。

（二）直接证据和间接证据

根据证据与案件事实之间的关系，可以将证据分为直接证据和间接证据。

1. 直接证据。是指与待证的案件事实之间具有直接联系，能够单独证明案件事实的证据。

2. 间接证据。是指与待证的案件事实之间有间接联系，不能单独证明事实，而需要与其他证据结合起来才能证明案件事实的证据。

四、举证责任与举证时限

（一）举证责任

1. 举证责任。又称证明责任，长期以来一直被解释为当事人就自己所提出的主张向人民法院提出证据的责任。

我国民事诉讼法在举证责任的分配上，实行的是以谁主张谁举证原则为主，以特殊情况为例外的责任分配方式。《民事诉讼法》第 64 条第 1 款规定："当事人对自己提出的主张，有责任提供证据。"最高人民法院《关于民事诉讼证据的若干规定》第 1 条规定："当事人对自己提出的诉讼请求所依据的事实或者反驳对方诉讼所依据的事实有责任提供证据加以证明。没有证据或者证据不足以证明当事人的事实主张的，由负有举证责任的当事人承担不利后果。"

2. 举证责任倒置。即原告提出的事实主张不由其提供证据加以证明，而由被告承担举证责任。举证责任倒置主要发生在侵权诉讼中，我国民事诉讼中适用举证责任倒置的情况有以下几种：

（1）因环境污染致人损害引起的损害赔偿诉讼。由加害人就法律规定的免责事由及其行为与损害结果之间不存在因果关系承担举证责任。

（2）因新产品制造方法发明专利引起的专利侵权诉讼。由制造同样产品的单位或个人对其产品制造方法不同于专利方法承担举证责任。

（3）建筑物或其他设置以及建筑物上的搁置物、悬挂物发生倒塌、脱离、坠落致人损害的侵权诉讼。在这种诉讼中，受害人无须对侵权人过错负举证责任，而由所有人或管理人对其无过错承担举证责任。

（4）高度危险作业致人损害的侵权诉讼，由加害人对受害人故意造成损害的事实承担举证责任。

（5）饲养动物致人损害的诉讼，由动物饲养人或者管理人就受害人有过错或者第三人有过错承担举证责任。

（6）因缺陷产品致人损害的侵权诉讼，由产品的生产者就法律规定的免责事由承担举证责任。

（7）因医疗行为引起的侵权诉讼，由医疗机构就医疗行为与损害结果之间不存在因果关系及不存在医疗过错承担举证责任。

（8）因共同危险行为致人损害的侵权诉讼，被告（实施危险行为的人）就其行为与损害结果之间不存在因果关系承担举证责任。

（9）有关法律规定由被告承担举证责任的其他情形。

（二）举证时限

1. 举证时限的概念

举证时限是指法律和司法解释规定的或者人民法院依法指定的当事人能够有效举证的期限。举证时限是一种限制当事人诉讼行为的制度，当事人应当在人民法院依法指定的期限内提供证据，如果当事人没有在人民法院依法指定的期限内提供证据的，视为当事人放弃举证权利。对当事人逾期提供的证据除对方当事人同意的外，人民法院审理时不组织质证，未经过质证的证据显然不能作为认定案件事实的依据。因此，逾期提供证据将导致证据不能发生证明案件事实的效果。

2. 举证时限的确定

举证时限的确定有当事人协商和人民法院指定两种情形：举证期限可以由当事人协商一致并经人民法院认可。如果当事人没有协商或者协商不成时，由人民法院指定。人民法院指定的举证期限不得少于三十日，自当事人收到案件受理通知书和应诉通知书的次日起计算。但是，适用简易程序审理的案件，人民法院可以根据案件的情况指定或不指定举证期限，如果指定期限的可以不受“指定的期限不得少于三十日”的限制。

当事人增加、变更诉讼请求或者提出反诉的，应当在举证期限届满前提出。

当事人在举证期限内提交证据材料确有困难的，应当在举证期限内向人民法院申请延期举证。

《民事诉讼法》第125条第1款规定：“当事人在法庭上可以提出新的证据。”最高人民法院《关于民事诉讼证据的若干规定》对“新的证据”解释是：“一审程序中的新的证据包括：当事人在一审举证期限届满后新发现的证据；当事人确因客观原因无法在举证期限内提供，经人民法院准许，在延长的期限内仍无法提供的证据。二审程序中的新的证据包括：一审庭审结束后新发现的证据；当事人在一审举证期限届满前申请人民法院调查取证未获准许，二审法院经审查认为应当准许并依当事人申请调取的证据。”

五、人民法院调查搜集证据

（一）人民法院调查搜集证据

民事诉讼活动原则上由当事人举证，审判员处于居中的裁判员地位，所以一般情况下，人民法院不宜进行调查取证，否则，将违背当事人平等的原则。但是，民事诉讼法也不排除人民法院为了正确审判案件，维护国家利益和社会公共利益的情况下，认为需要调取审理案件需要的证据时，也可以依照职权主动调查搜集证据。

（二）人民法院依照职权主动调取证据的范围

对于人民法院依照职权主动调取证据的范围，最高人民法院《关于民事诉讼证据的若干规定》对“审理需要”作了限制性规定：“人民法院认为审理案件需要的证据”是指以下情形：

1. 涉及可能有损国家利益和社会公共利益或者他人的合法权益的事实。

2. 是涉及依照职权追加的当事人、诉讼中止、终结诉讼、回避等与实体无关的程序事项。此外，人民法院对于当事人及其代理人因客观原因不能调取的证据，在举证期限内申请人民法院调查搜集证据的情况下，人民法院可以依当事人符合条件的申请进行调查搜集证据。

（三）当事人可以申请人民法院调查搜集证据的条件

1. 申请收集调查的材料属于国家有关部门保存并须人民法院依职权调取的档案材料。

2. 涉及国家秘密、商业秘密、个人隐私的材料。

3. 当事人及其代理人确因客观原因不能自行搜集的材料。除上述人民法院依照法定情形主动调查收集证据和依当事人符合条件的申请调查搜集证据的两种情况外，人民法院一般不宜对案件事实进行调查取证。

六、质证与认证

（一）质证

所谓质证，是指在庭审中双方当事人及其代理人在法庭的主持下对有关证据发表意见，互相质询和辩论，以此确定证据的真实性、合法性和同案件事实的关联性，确定证据证明力的有无以及可否采信。这是庭审中的关键环节。质证可以在证据交换时进行也可以在庭审中进行。但是，对涉及国家秘密、商业秘密或者个人隐私的证据，人民法院审理时应当保密。如果确需向当事人出示的，也不应在公开场合下进行，但同样应经双方当事人质证辩论，只是在法律文书中不能直接运用。

（二）认证

所谓认证，是指法庭对经过质证或者当事人及其代理人在证据交换过程中认可的证据进行审查判断，确认其能否作为认定案件事实的依据。认证的目的是确认证据能否作为认定事实的依据，是正确认定案件事实和正确适用法律的前提和基础。认证的具体内容是对作为认证对象的证据资料是否具有证明力及证明力大小进行审查确认。认证的基本要求、认证方法和认证中应当注意的问题，最高人民法院《关于民事诉讼证据的若干规定》中都有相应的规定。

七、证据的保全

证据保全，是指在证据可能灭失或以后难以取得情况下，人民法院根据诉讼参加人的请求或依职权采取措施，对证据加以固定和保护的行为。证据保全，根据法律的规定必须具备以下条件：

（1）必须存在可能灭失或以后难以取得证据的情况，即证据以后有可能不存在或提供证据的人可能不存在，若失去某种机会或超过一定的时间，以后就难以取得该项证据。

（2）采取保全措施的证据必须是与案件事实之间存在着内在的联系，能够证明全部的或部分的案件事实，对诉讼得有证明力。

（3）提请证据保全的时间一般应当是在诉讼开始之后法院调查程序开始之前。

（4）由当事人申请保全或由受诉人民法院依职权决定保全。

证据保全措施在程序上一般是由当事人申请采取的，但人民法院认为必要时也可依职权主动采取保全措施。证据的保全措施不仅可以在起诉时或者法院受理后采取，也可以在起诉前采取，但是起诉前采取证据保全的，申请人在人民法院采取保全证据的措施后，十五内不起诉的，人民法院应当裁定解除已采取的证据保全措施。

第五节　民事诉讼的保障制度

诉讼保障制度，是指法律规定的排除诉讼障碍，保障诉讼顺利进行的制度的总称。诉讼保障制度仅指财产保全和先予执行制度外还应当包括妨碍民事诉讼的强制措施。

一、财产保全制度

（一）财产保全制度的概念及条件

1. 财产保全制度的概念

财产保全制度，是指在起诉前或诉讼过程中，人民法院根据当事人或利害关系人的申请，或者依职权对当事人的财产或争议的标的物作出强制性保护措施，以保证将来作出的判决能够得到有效执行的法律制度。根据《民事诉讼法》的规定，财产保全有诉前保全和诉讼保全（诉讼过程的保全）两种形式。

2. 财产保全制度的条件

（1）诉前财产保全及条件。诉前财产保全，是指在提起诉讼之前，根据利害关系人的申请，人民法院对被申请人的财产采取的强制性措施。

根据《民事诉讼法》第 93 条的规定，诉前财产保全应具备的条件是：①必须由利害关系人向有管辖权的人民法院提出财产保全申请；②必须具有采取财产保全措施的紧迫性。所谓紧迫性，是指利害关系人不立即申请财产保全将会使其合法权益受到难以弥补的损害。③申请人必须提供担保。

（2）诉讼中的财产保全及条件。诉讼财产保全，是指法院在受理起诉后，为了保障将来判决的执行，根据当事人的申请或依职权，对当事人争议的标的物采取的强制性措施。

采取诉讼保全措施应具备的条件是：①采取诉讼保全的案件必须是具有给付内容的案件；②因当事人一方的行为或其他原则，存在将来执行难或者不能执行的实际可能性；③实施财产保全的人民法院必须是受诉人民法院。

在第二审诉讼期间的诉讼保全，根据《民事诉讼法》第 92 条及《最高人民法院关于适用〈中华人民共和国民事法〉若干问题的意见》（以下简称《意见》）第 103 条规定，对当事人不服一审判决提出上诉的案件，在第二审人民法院接到报送的案件之前，当事人有转移、隐匿、出卖或者毁损财产等行为，必须采取财产保全措施的，由第一审人民法院依当事人申请或依职权采取财产保全措施。

3. 财产保全的范围和措施

财产保全的范围，限于申请人请求的范围，或者与本案有关的财产。财产保全的措施有查封、扣押、冻结或者法律规定的其他方法。

4. 财产保全程序

（1）申请人提出申请。

（2）责令申请人提供担保。

（3）人民法院审查并作出裁定。

（4）执行。保全裁定一旦作出就立即开始执行。

（5）财产保全的解除。财产保全因遇下列法定情形而解除：①法院生效的文书开始执行；②财产保全的原因和条件不存在或发生变化；③被申请人提供担保的；④诉前财产保全申请人在采取保全措施后十五日内不起诉的。

二、先予执行

（一）先予执行的概念

先予执行，是指人民法院在对案件作出判决之前，根据申请，为解决当事人一方生活或生产经营之急需，裁定另一方当事人先行给付申请人一定财物、实施或停止实施某种行为并立即执行的法律制度。

（二）先予执行的适用范围和条件

1. 先予执行的适用范围

根据《民事诉讼法》第 97 条的规定，先予执行只适用于以下几类案件：

（1）追索赡养费、抚养费、抚育费、抚恤金、医疗费的案件；

（2）追索劳动报酬的案件；

（3）因情况紧急需要先予执行的案件。

2. 先予执行须具备的条件

根据《民事诉讼法》第98条的规定，先予执行必须具备以下条件：

（1）当事人之间的权利义务关系明确；

（2）不先予执行将严重影响申请人的生活和生产经营的；

（3）被申请人有履行能力。

人民法院对申请先予执行的可以责令申请人提供担保，申请人不提供担保的，驳回申请。申请人败诉的，应当赔偿被申请人的因先予执行遭受的财产损失。

根据《民事诉讼法》第99条和《意见》第100条、第111条的规定，经人民法院审查，对符合先予执行条件的申请，应及时作出并送达先予执行的裁定；裁定采取书面形式，一经送达即发生法律效力，并立即执行。当事人对先予执行的裁定不服的可以申请复议一次，复议期间不停止裁定的执行。

第六节　民事诉讼程序

一、第一审普通程序

第一审程序是由公民、法人或其他组织认为自己的合法权益受到他人的侵害，以自己的名义要求人民法院保护其合法权益而提起诉讼，从而引起的最初的民事诉讼程序。第一审程序，包括起诉与管理、审理前的准备、开庭审理、撤诉、缺席判决和延期审理等。

（一）起诉与受理

1. 起诉的概念及条件

起诉，是指公民、法人或其他组织因自己的民事权益受到侵害或发生争议而以自己的名义，请求人民法院通过审判给予法律保护的诉讼行为。起诉是民事诉讼开始的前提和基础，我国民事诉讼实行的是“不告不理”的原则，没有起诉，人民法院就不能启动民事诉讼程序。

但是，根据《民事诉讼法》第108条和《民事诉讼证据若干规定》第1条的规定，起诉必须符合以下条件：（1）原告是与本案有直接利害关系的公民、法人和其他组织；（2）有明确的被告；（3）有具体的诉讼请求和事实根据；（4）属于人民法院主管和受诉人民法院管辖的。（5）原告向人民法院起诉或被告提出反诉应当提供符合起诉条件的相应的证据材料。

2. 起诉的方式

起诉的方式应当以书面形式向人民法院递交起诉状，对于书写起诉状确有困难的，可以口头起诉由人民法院记入笔录，并告知对方当事人。

3. 对起诉的审查和受理

人民法院接到起诉状或口头起诉后，经审查认为符合起诉条件的，应当在七日内立案，并通知当事人；认为不符合起诉条件的，应当在七日内裁定不予受理；起诉人对裁定不服的，可以提起上诉。

（二）审理前的准备

根据《民事诉讼法》的规定，审理前准备阶段的工作包括以下主要内容：

1. 人民法院应当在决定立案之日起五日内，将起诉状副本或口诉笔录抄件送达被告。被告应当在接到起诉状副本后十五日内提出答辩状，人民法院应当在收到答辩状之日起五日内，将答辩状副本送达原告；被告不提出答辩状的，不影响案件的审理。

2. 向当事人送达举证通知书，告知合议庭组成人员。人民法院在向原告和被告送达受理案件通知书和应诉通知书时应当一并向当事人送达举证通知书。

3. 合议庭组成人员确定后应当在三日内将合议庭成员名单告知当事人，以便当事人行使回避申请权。

4. 人民法院在向原告和被告送达受理案件通知书和应诉通知书时应向当事人告知有关诉讼权利义务，或者口头告知。

5. 审判人员必须认真审核诉讼材料，主动调查收集必要的证据。必须进行共同诉讼的当事人没有参加诉讼的，人民法院应当通知其参加诉讼。

6. 经当事人申请，人民法院可以组织当事人在开庭审理前交换证据，人民法院对于证据较多或者复杂疑难的案件，应当组织当事人在答辩期届满后、开庭审理前交换证据。

7. 依当事人申请应当解决的有关事项。如当事人提出管辖异议、申请证据保全、申请财产保全、申请鉴定、申请调查取证、申请回避等。

8. 在正式开庭前三日，把开庭时间、地点通知当事人和其他诉讼参与人；公开审理的案件应当公告当事人姓名、案由和开庭时间；对不通晓当地语言文字的诉讼参与人，要提供翻译。

（三）开庭审理

1. 开庭审理的概念

开庭审理，是指人民法院在当事人及其他诉讼参与人的参加下，依照法定的形式和程序，在法庭上对民事案件进行实体审理的诉讼活动的过程。人民法院开庭审理民事案件除涉及国家秘密、个人隐私或者法律另有规定的以外，应当公开进行。离婚案件和涉及商业秘密的案件当事人申请不公开审理的，可以不公开审理。公开审理的案件允许公民旁听。

2. 开庭审理的程序

法庭开庭审理民事案件，在庭审过程中，分以下阶段进行：

（1）准备阶段。开庭准备阶段是必经的法定程序。在此阶段中，应当完成的主要任务有：①查明当事人及其他诉讼参与人是否到庭，宣布法庭纪律。②审判长宣布开庭。③由审判长核对当事人身份，宣布案由、宣布审判人员、书记员名单，告知当事人有关的诉讼权利义务，询问当事人是否申请回避。

（2）法庭调查阶段。法庭调查的主要任务，是听取双方当事人的陈述，审查核实各种证据，全面查清案情。法庭调查应遵守下列顺序：①由当事人按原告、被告、第三人的顺序宣读起诉状、答辩状，也可以口头陈述和答辩。②审判长或独任审判员归纳争议焦点或法庭调查重点，并征求当事人的意见。③针对争议的问题按原告、被告、第三人顺序进行举证和质证，举证和质证的顺序是：当事人申请证人出庭作证的，告知证人的权利义务，证人有意作伪证的法律后果，证人宣誓后作证，证人作证前不得参加旁听；宣读未到庭的证人证言；出示书证、物证、视听资料；宣读鉴定结论；宣读勘验笔录；审判人员出示法庭调查收集的证据。④当事人及其诉讼代理人经法庭许可，可以向证人、鉴定人、勘验人发问。当事人及其诉讼代理人也可以互相发问。

经过法庭调查，审判人员认为事实已经清楚，证据已收集齐全并得到质证后，即可结束法庭调查，进入法庭辩论阶段。

（3）法庭辩论阶段。法庭辩论，是指当事人、第三人及其诉讼代理人，在审判人员的主持下，对已经经过法庭调查的事实和证据，就案件事实的认定、当事人的是非责任以及如何适用法律等问题，阐明自己的观点，互相辩论，并向法庭提出结论性意见的诉讼活动。

法庭辩论按照下列顺序进行：①原告及其诉讼代理人发言。②被告及其诉讼代理人答辩。③第三人及其诉讼代理人发言或答辩。④相互辩论。

（4）调解阶段。法庭辩论结束后，法庭可视情况，征求当事人意见，是否愿意进行调解，如果当事人请求调解，则当庭调解。调解成立的，即可制作调解书。如果一方或双方当事人不同意调解或者调解不成的。法庭进入最后陈述阶段。

（5）最后陈述阶段。法庭辩论结束，由审判长按照原告、被告、第三人的先后顺序征询各方当事人的最后意见。

（6）评议和宣判阶段。评议宣判阶段的主要任务是，由合议庭成员就案件的审理情况即案件是否查清，证据是否充分确凿，是非是否分明，应如何适用法律的问题进行评判。对评论结论实行少数服从多数的原则，对评议中的不同意见如实记录。评议过程应制作笔录，由合议庭成员签名。

宣告判决一律公开进行，可以当庭宣判，也可定期宣判。当庭宣判的应当在十日内发给判决书，定期宣判的，宣判后立即发给判决书。宣告判决时，必须告知当事人上诉的权利、上诉期限和上诉的法院。对离婚案的判决，还应告知当事人，在判决发生法律效力前不得再行结婚。

（四）开庭审理中的有关情况

1. 延期审理。延期审理是指人民法院审理案件时，由于发生某些特殊情况，需要把开庭审理的时间推迟到另一个时间开庭审理。有下列情形之一的，可以延期审理：（1）必须到庭的当事人和其他诉讼参与人有正当理由没有到庭的；（2）当事人临时提出回避申请的；（3）需要通知新的证人到庭，调取新的证据，重新鉴定、勘验，或者需要补充调查的；（4）其他应当延期的情形。

2. 缺席判决和按撤诉处理。被告经法庭传票传唤，无正当理由拒不到庭的，或者未经法庭许可中途退庭的，人民法院可以缺席审理作出判决；原告经法庭传票传唤，无正当理由拒不到庭的，或未经法院许可中途退庭的可以按撤诉处理，被告反诉的可以缺席判决。

3. 申请撤诉。申请撤诉是指原告在宣判前向人民法院申请撤回起诉的行为。对原告的撤诉申请是否准许，由人民法院裁定。人民法院准许撤诉的，本案终结诉讼程序。人民法院裁定不准许撤诉的，如果原告经传票传唤，无正当拒不到庭的，可以缺席判决。

二、简易程序

（一）简易程序的概念

简易程序，是基层人民法院及其派出法庭审理第一审民事案件的一种简易审判方式。适用于案件事实清楚、权利义务关系明确、争议不大的简单的民事案件。它是基层人民法院第一审普通程序的简单化。在简易程序中对普通程序的若干规定做了变通性的处理，从而形成了与普通程序不同的一种独立的诉讼程序。

（二）简易程序的特点

1. 简易程序只适用基层人民法院。简易程序只适用于基层人民法院及其派出法庭，中级人民法院及其以上的人民法院所审理的无论是一审案件还是二审案件，或者其他任何案件，都不适用简易程序。

2. 起诉方式可以简单化。简易程序案件的起诉方式，既可以口头起诉，也可提出书面诉状。

3. 受理案件的程序。按简易程序的规定，当事人双方可以同时到法院或者它的派出法庭，请求解决争议，基层法院或其派出法庭可以当即审理，也可以酌情择日审理。

4. 传唤当事人证人的方式。适用简易程序审理的民事案件，可以用简便方式如打电话、捎口信、便条、利用有线广播等方式传唤当事人、证人到庭参加诉讼。可以不受开庭前三日通知当事人的规定，可以随时传唤。

5. 审判组织的规定。适用简易程序审理的民事案件的审判组织采用独任制，不适用合议制，不需要审判员或者陪审员参加组成合议庭进行审判。这是简易程序中确定审判组织的特点，但应有书记员担任记录，不得由审判员自审自记，搞“独人审判”。

6. 举证时限的规定。指定当事人的举证时限可以不受不少三十日的限制。

7. 审结期限。根据《民事诉讼法》第146条的规定，适用简易程序审理的案件，人民法院应当在立案之日起三个月内结案，并且不得延长。这一规定从制度上保障了简易程序的办案效率。

三、第二审程序

（一）第二审程序的概念

第二审程序，亦称上诉审程序，是指上一级人民法院根据当事人的上诉，对下一级人民法院未发生法律效力的判决、裁定进行继续审理时所适用的程序。第二审程序并不是民事诉讼的必经程序，如果当事人在第一审程序中以调解方式结案或者在上诉期限内没有提起上诉，第二程序就不能发生，因此当事人上诉是民事诉讼二审发生的前提。上诉是当事人的一项重要的诉讼权利，任何人都不得非法剥夺。只要当事人的上诉符合法定条件，第二审人民法院都应当进行审理，除非上诉人撤回上诉。应当说明，这里的第二审人民法院是相对审理程序来说的，如果第一审裁判是由基层人民法院作出的，上诉后的第二审人民法院即为中级人民法院；如果第一审裁判是由中级人民法院作出的，上诉后的第二审人民法院即为高级人民法院，以此类推。

（二）上诉的概念、上诉条件与上诉期限

1. 上诉的概念

上诉是指当事人不服人民法院第一审民事判决、裁定，在法定期限内请求上一级人民法院给予纠正以保护自身合法权益的诉讼行为。

2. 上诉的条件

上诉条件包括实质性要件和形式要件两个方面：

（1）实质性要件。是指哪些裁判文书可以提起上诉。根据《民事诉讼法》规定，可以提起上诉的民事判决有：地方各级人民法院作出的第一审民事判决；第二审人民法院发回重审后重新作了审理的民事判决；按照第一审程序进行再审后作出的民事判决。可以提起上诉的民事裁定包括：（对原告的起诉）不予受理的裁定；对管辖权异议的裁定；驳回起诉的裁定。

（2）形式要件。提起上诉在形式上必须符合以下条件：①上诉必须在法定期限内提出：对一审民事判决不服的上诉期限为判决书送达之日起十五日，对民事裁定不服提起上诉的期限为裁定书送达之日起十日。②上诉必须递交书面上诉状；上诉状应当通过原审人民法院提出，当事人直接向二审人民法院上诉的，第二审法院应当在五日内将上诉状移交原审人民法院。③上诉必须按规定交纳上诉费。上诉费应当在提交上诉状时预交，最迟应当在接到人民法院预交诉讼费通知后七日内预交。双方当事人都上诉的，由上诉的双方当事人分别预交。

（二）上诉案件的审理与裁判

1. 上诉案件的审理

第二审人民法院审理上诉案件，应当由审判员组成合议庭开庭审理，按照第一审普通程序规定的方式进行。不能由人民陪审员组织合议庭，也不能实行独任制适用简易审理程序。但是，经过阅卷和调查，询问当事人，在事实核对清楚后，合议庭认为不需要开庭的，也可以不经开庭进行作出判决、裁定。应当指出的是，进行裁判不等于书面审理。书面审理是指接到上诉后，不进行调查、传唤当事人、证人等，只对一审的案卷材料进行审查后即直接作出裁判。我国民事诉讼法没有规定审判可以采取书面审理方式。进行裁判要求审判人员必须传唤当事人、证人，调查案件事实，然后根据案件的需要决定进行裁判。

2. 上诉案件的裁判

第二审人民法院对上诉案件，经过审理，按照下列情形，分别作出裁判：

（1）原判决认定事实清楚，适用法律正确的，判决驳回上诉，维持原判决。

（2）原判决适用法律错误的，依法改判。

（3）原判决认定事实错误，或者原判决认定事实不清，证据不足的，裁定撤销原判决，发回原审人民法院重审，或者查清事实后改判。

（4）原判决违反法定程序，可能影响案件正确判决的，裁定撤销原判决，发回原审人民法院重审。

3. 发回重审

发回重审就是由原审人民法院重新按照第一审普通程序重新审理，当事人对重审案件的判决、裁定，可以上诉。

第二审人民法院审理不服判决的上诉案件，应当在二审法院立案之日起三个月内审结；审理不服裁定的上诉案件，应当在二审法院立案之日起一个月内作出终审裁定。

（三）第二审判决、裁定的法律效力

除由最高人民法院受理的第一审案件外，我国实行两审终审制，第二审法院即为终审法院，第二审人民法院和最高人民法院第一审作出的判决和裁定为终审判决和裁定，终审判决和裁定一经作出即发生法律效力，当事人必须履行，不得对终审判决或者裁定再行上诉，也不得再就同一诉讼标的，以同一事实和理由重新起诉。

四、审判监督程序

（一）审判监督程序的概念

审判监督程序，又称再审程序，是指人民法院、人民检察院或当事人，认为人民法院已经发生法律效力的判决、裁定或调解协议确有错误，提请或申请原审法院或原审法院的上级法院再审或提审时所适用的诉讼程序。

（二）审判监督程序的提起

1. 人民法院依职权提起再审

（1）由各级人民法院院长提起再审。各级人民法院院长对本院已经发生法律效力的判决、裁定或调解协议发现确有错误，认为需要再审的，应提交审判委员会讨论决定。

（2）上级人民法院提起再审。最高人民法院对地方各级人民法院、上级人民法院对下级人民法院已经发生法律效力的裁判，发现确有错误的，有权提起再审或指令下级法院再审。

2. 人民检察院抗诉提起的再审

根据《民事诉讼法》的规定，最高人民检察院对各级人民法院、上级人民检察院对下级人民法院已发生法律效力的判决、裁定，发现有下列情形之一的，应当按审判监督程序提出抗诉：（1）原判决、裁定认定实事的主要证据不足的；（2）原判决、裁定适用的法律确有错误的；（3）人民法院违反法定程序，可能影响案件正确判决、裁定的；（4）审判人员在审理该案件时有贪污受贿、徇私舞弊、枉法裁判行为的。

人民检察院提起抗诉的案件人民法院应当再审。

3. 当事人申请提起再审

（1）当事人对已发生法律效力的判决、裁定，认为确有错误的，可以在该判决、裁定生效后的二年内向原审人民法院或者上一级人民法院提出申请再审，但不停止判决裁定的执行。当事人的申请符合下列情形之一的，人民法院应当再审：①有新的证据足以推翻原判决、裁定的。所谓新的证据，是指以前人民法院审理该案件过程中没有发现，当事人也未提供的证据。②原判决、裁定认为实事的主要证据不足。③原判决、裁定适用的法律确有错误。这种错误并非出自当事人自己主观的判断，而是经审判人员认定后确有错误。④人民法院违反法定程序，可能影响案件正确判决、裁定的。但是虽然违反法定程序，但对案件的判决、裁定不产生实质性影响的不在此列。⑤审判人员在审判中有贪污受贿、徇私舞弊、枉法裁判行为的。

（2）当事人对已经发生法律效力的调解书，提出证据证明调解违反自愿原则或者调解协议的内容违反法律的，可以申请再审。经人民法院审查属实的，应当再审。

（3）当事人对已经发生法律效力的解除婚姻关系的判决，不得申请再审。

（三）人民法院对再审案件的审判

人民法院决定再审的案件，必须按下列程序进行审判：（1）作出中止原判决、裁定的执行和决定再审的裁定。（2）另行组成合议庭。适用再审程序的案件原审为一审并且再审案件由原审法院再审的，不论一审是合议制还是独任制审判形式，必须按一审程序另行组成合议庭；原审为二审的，原审法院审理再审案件时也应另行组成合议庭。（3）由原审法院审理再审案件的，原审为一审的按一审程序审理；原审为二审的按二审程序审理。（4）由上级人民法院提审的，适用二审程序审理。（5）原审是一审的，再审后不服可以上诉；原审为二审的，不能上诉。

五、诉讼的中止和终结

（一）诉讼的中止

诉讼的中止是指在诉讼过程中，因遇到某种特殊情况，而暂时中断正在进行的诉讼程序的诉讼现象。中止即暂时停止之意，待中止事由消除后立即恢复继续进行诉讼。

中止与延期审理不同，中止可以出现在诉讼程序的各个阶段，而延期审理只能出现在审理阶段。在中止时期内法院和诉讼参与人都不能有任何诉讼行为，诉讼处于冻结状态；而延期审理则在法院作出延期审理后，并不停止诉讼程序；中止与延期审理所适用的法定事由也不相同。

（二）诉讼终结

诉讼的终结是指在诉讼的过程中，由于某种特殊情况的发生，使诉讼程序继续进行已不可能或失去意义，从而最终结束诉讼程序的一种法律制度。诉讼中止与诉讼终结的区别在于：前者只是诉讼的暂时中断，可待情况而恢复，继续进行诉讼；后者则是该诉讼的最终结束。

《民事诉讼法》第137条规定，有下列情形之一的终结诉讼：（1）原告死亡无继承人或者继承人放弃诉讼的；（2）被告人死亡，没有遗产，也没有应当承担义务的人；（3）离婚案件中一方当事人死亡的；（4）追索赡养费、抚养费以及解除收养关系案件的一方当事人死亡的。

六、民事判决、裁定和决定的概念及适用

人民法院在审理民事案件的过程中，需要对不同性质的事项作出结论性的判定，有的是针对实体事项的，有的是针对程序事项的，有的又是针对审理过程中发生的特定事项的。对不同事项作出结论性的判定，可以分别采用判决、裁定和决定三种形式。

（一）民事判决

民事判决，是指人民法院经对民事案件进行审理后，依法以国家审判机关的名义对案件纠纷的实体问题作出具有法律效力的判定。

（二）民事裁定

民事裁定，是指人民法院在审理民事案件过程中，为了解决诉讼程序上所发生的有关问题所做的判定。裁定的方式可以由审理案件的合议庭或独任审判员用书面或口头形式作出。

根据《民事诉讼法》第139条的规定，裁定适用于下列范围：（1）不予受理；（2）对管辖权的异议的；（3）驳回起诉；（4）财产促使和先予执行；（5）准许或不准许撤诉；（6）中止或终结诉讼；（7）补正判决书中的笔误；（8）中止或终结执行；（9）不予执行仲裁决定；（10）不予执行公证机关赋予强制执行效力的债权文书；（11）其他需要裁定解决的事项。

（三）民事决定

民事决定，是指人民法院为适应诉讼上的需要，依法处理诉讼中发生和发现的某些特殊事项所采用的处理、判定。

在民事诉讼中，人民法院对处理下列事项采用决定：

（1）对妨害民事诉讼秩序的行为采取强制措施时，使用决定；

（2）解决有关当事人对法庭组成人员申请回避的问题时；

（3）对公民申请缓交、减交或者免交诉讼费用，是否准许时；

（4）对当事人因不可抗力或其他正当理由而延误诉讼提出申请，顺延诉讼期限，是否准许时；

（5）在审判监督程序中，上级人民法院对下级人民法院已经生效的判决、裁定发现确有错误，有权作出提审或指令下级人民法院再审时。

七、督促程序概述

督促程序，是指人民法院根据债权人要求债务人给付一定数量金钱或有价证券的申请，不经审判直接向债务人发出支付令，要求债务人在收到支付令十五日内清偿债务，如果债务人在十五日内不提出异议又不履行支付令的，债权人可以据支付令申请强制执行的法定程序。督促程序是为了适应市场经济的迅速发展而制定的一种新的特殊程序，它是一种独立的司法程序，既不同于通常的诉讼程序，又有别于特别程序的非诉讼程序。

督促程序并不适用于一切民事案件。适用督促程序必须具备以下条件：

（1）必须向有管辖权的基层人民法院提出支付令的申请。

（2）必须是请求债务人给付金钱、有价证券的给付之诉案件。

（3）申请人必须提供相应的证据，债权债务关系明确、合法。

人民法院受理申请后，经审查债权人提供的事实和证据，对债权债务关系明确、合法的，应在受理之日起十五日内向债务人发出支付令。

支付令限于债务人清偿债务的期限为法定的十五日。

如果债务人在十五日内不提出异议又不履行支付令的，支付令发生法律效力，债权人可以据支付令申请强制执行。

如果债务人在收到支付令十五日提出书面异议，无论异议是否成立，人民法院都无须进行审查，直接裁定终结督促程序，支付令自然失效。但是如果债务人对债务本身没有异议，只是提出缺乏清偿能力的，不影响支付令的效力。

八、公示催告程序概述

（一）公示催告程序的概念

公示催告程序是指可以背书转让的票据持有人因票据被盗、遗失或者灭失，申请人民法院以公示的方法催告不明的利害关系人，在指定的时间内向法院申报权利，逾期不申报，法院作出除权判决，未申报权利的利害关系人即丧失权利，申请人的权利因此而得到确认的诉讼程序。

（二）申请公示催告的条件

公示催告程序只能以当事人申请而开始。申请公示催告必须符合以下条件：

1. 所申请的票据必须是依法可以背书转让的票据，如汇票、本票、转账支票等。

2. 必须是因票据被盗、遗失、灭失或者因其他原因造成原持票人对票据失控时，才能申请公示催告。

3. 必须是相对人不明的。如果有明确的相对人，则应向人民法院提起诉讼，而不能申请公示催告。

4. 申请人必须是票据最后持有人。所谓“最后持有人”就是指票据丧失前持有该票据的人。

5. 申请人必须向票据支付地的基层人民法院提出申请。

6. 申请人应当递交书面申请书，写明票面金额、发票人、持票人、背书人等票据的主要内容。

（三）公示催告的法律后果

人民法院受理申请后，应当同时通知付款人停止支付，并在三日内发出公告，催促利害关系人申报权利。公告期间不得少于六十日。利害关系人在公告期间向人民法院申报权利的，人民法院应当裁定终结公示催告程序。申请人或者申报人可以向人民法院起诉。公告期满没有人申报的，人民法院应当根据申请人的申请作出判决，宣告票据无效，判决应当公告，并通知付款人，自判决公告之日起，申请人有权向付款人请求支付。利害关系人因正当理由不能在判决前申报的，自知道或者应当知道判决公告之日起一年内可以向作出判决的人民法院起诉。

附　录：

一、案例分析

（一）案情

利达有限公司与北晨有限公司买卖合同纠纷案

甲市利达有限公司采购员与乙县北晨有限公司法定代表人王某在丙县签订了一份买卖木材合同。按合同的规定，利达有限公司交付定金 2 万元人民币，木材必须在同年 9 月发货。合同约定，验收地为乙县火车站，到站地为甲市邻近之县丁县，然后由供货方用汽车运至甲市，交货地为甲市。一旦双方发生争议，由合同签订地和原告或者被告住所地人民法院管辖。后来，双方因合同履行发生了争议，利达有限公司准备向法院起诉。

（二）问题

1. 两公司协议管辖的内容是否有效？

2. 本案的合同履行地应当如何确定？

3. 利达公司应当向哪个法院起诉？

二、案例分析答案要点

1. 上述两公司协议管辖的内容无效。根据我国《民事诉讼法》第 25 条规定，合同双方当事人可以在书面合同中协议选择被告住所地、合同履行地、合同签订地、原告住所地、标的物所在地人民法院管辖。两公司有权协议选择上述法院管辖，但其协议管辖的内容却明显违法。最高人民法院《关于适用〈民事诉讼法〉若干问题的意见》第 24 条规定，合同的双方当事人选择管辖的协议不明确或者选择《民事诉讼法》第 25 条规定的法院中两个以上法院管辖的，选择管辖的协议无效。本案中两公司协议同时选择了合同签订地、原告住所地、被告住所地的法院管辖，显然违背了法律的规定，致使管辖法院无法确定，显属无效协议。

2. 该案的合同履行地为甲市。根据法律的规定，当事人在合同中未明确约定履行地点的，以约定的交货地点为合同的履行地。合同中约定的货物到达地、到站地、验收地等等，不应当视为合同履行地。本案中当事人未在合同中明确约定履行地，但明确约定了交货地点为甲市，因此，合同履行地应当为甲市。

3. 利达有限公司应当选择被告住所地或合同履行地法院起诉。《民事诉讼法》第 24 条规定，因合同纠纷提起诉讼，由被告住所地或合同履行地法院管辖。被告住所地在乙县，合同履行地在甲市，所以利达有限公司可以选择乙县或甲市人民法院起诉。

三、本章复习思考题

1. 试述民事诉讼的基本原则。
2. 试述民事诉讼的基本制度。
3. 简述民事案件的管辖。
4. 民事诉讼证据的种类有哪些？
5. 简述证明标准与举证责任。
6. 简述举证责任倒置的条件。
7. 民事案件起诉的条件有哪些？

参考文献

1. 王保树、崔勤之著：《中国公司法原理》，社会科学文献出版社 1998 年版。

2. 甘培忠著：《企业与公司法学》，北京大学出版社 1998 年版。

3. 石少侠主编：《公司法概论》，当代世界出版社 2000 年版。

4. 王新、秦芳华著：《公司法》，人民法院出版社 2000 年版。

5. 冯果著：《公司法要论》，武汉大学出版 2003 年版。

6. 朱炎生等编著：《公司法》，厦门大学出版社 2004 年版。

7. 赵旭东主编：《新公司法讲义》，人民法院出版社 2005 年版。

8. 赵旭东主编：《新公司法制度设计》，法律出版社 2006 年版。

9. 张民安著：《公司法的现代化》，中山大学出版社 2006 年版。

10. 施天涛著：《公司法论》，法律出版社 2006 年版。

11. 史际春，温烨，邓峰著：《企业和公司法》，中国人民大学出版社 2003 年版。

12. 胡志明，施延亮，龚建荣编著：《经济法原理》，复旦大学出版社 2004 年版。

13. 焦富民主编：《经济法概论》，中国商业出版社 2003 年版。

14. 潘静成，刘文华主编：《经济法》，中国人民大学出版社 2005 年第二版。

15. 江平主编：《民商法学》，群众出版社 2000 年版。

16. 甘培忠著：《企业与公司法学》，北京大学出版社，1998 年版。

17. 卞耀武主编：《当代外国公司法》，国际文化出版社，1995 年版。

18. 陶广峰主编：《经济法原理》，中国政法大学出版社 2005 年 1 月版。

19. 蔡曙涛编著：《企业经济法概论》，中国人民大学出版社 2002 年 1 月版。

20. 甘培忠著：《企业法新论》，北京大学出版社 2000 年 9 月版。

21. 刘隆亨著：《经济法概论》（第六版），北京大学出版社 2005 年 8 月版。

22. 黄月华主编:《经济法通论》，法律出版社 2003 年 4 月版。

23. 黄锡生、罗世荣主编:《市场经济法论》，重庆大学出版社 2002 年 2 月版。

24. 刘丹主编:《经济法概论》，东南大学出版社 2005 年 2 月版。

25. 姜军松编著:《中国经济法概论》，国防科技大学出版社 2002 年 7 月版。

26. 单飞跃、王显勇著:《经济法视域中的企业法》，中国检察出版社 2005 年 3 月版。

27. 陈小君、麻昌华主编:《合同法学》，1999 年 5 月中国政法大学出版社出版。

28. 黎国智、张玉敏主编:《新合同法基本知识》，1999 年 4 月中国检察出版社出版。

29. 隋彭生、李国本主编:《合同法》，2000 年 8 月中国人民大会学出版社出版。

30. 杜万华、胡泽君、蒋志培、郑斌主编:《合同法精解与案例评析》，1999 年 4 月法律出版社出版。

31. 孙礼海、蒋乐民主编:《中华人民共和国担保法全书》，法律出版社 2000 年版。

32. 魏振瀛主编:《民法》，北京大学出版社 2006 年版。

33. 王超英、刘树强、张桂龙、杨鹤庆主编:《中华人民共和国广告法实用问答》，红旗出版社 1994 年版。

34. 李昌麒主编:《经济法学》，中国政法大学出版社 1999 年版。

35. 邱本著:《市场竞争法论》，中国人民大学出版社 2004 年版。

36. 陈建:《经济法概论》，中国人民大学出版社，2005。

37. 游文丽:《经济法》，中国财政经济出版社，2009。

38. 姜建初:《竞争法的历史曲线和完整组合》，《当代法学》1991 年 01 期。

39. 王学政:《中国反不正当竞争法的理论与立法经验》，《中国工商管理研究》，1998 年 11 期。

40. 吴彤馨:《中美商业秘密法比较研究》，《石家庄经济学院学报》，2005 年 03 期。

41. 卞耀武著:《产品质量法诠释》，人民法院出版社，2000 年 9 月版。

42. 扈纪华、毕玉安著:《新产品质量法释解》，九州出版社，2000 年 7 月版。

43. 李正华编著:《经济法》，中国人民大学出版社 2002 年版。
44. 贵立义主编:《市场管理法教程》，中国财政经济出版社 1999 年版。
45. 徐孟洲著:《经济法教程》，中共中央党校出版社 2004 年版。
46. 叶林主编．《证券法》，人民大学出版社 2000 年版。
47. 叶林主编．《证券法教程》，法律出版社 2005 年版。
48. 周正庆主编．《证券知识读本》．中国金融出版社 1998 年版。
49. 吴弘主编．《证券法》．法律出版社 2004 年版。
50. 孙国华　冯玉军主编．《证券法律基础知识》．中国金融出版社 2004 年版。
51. 罗培新、卢文道著．《最新证券法解读》．北京大学出版社 2006 年版。
52. 赵万一著．《证券法学》．中国法制出版社 2006 版。
53. 赵万一主编:《商法学》，法律出版社 2001 年版。
54. 范健主编:《商法》，高等教育出版社 2000 年版。
55. 李玉泉主编:《保险法》，法律出版社 2003 年版。
56. 王作全主编:《商法学》，北京大学出版社 2002 年版。
57. 强力著:《金融法》，法律出版社 2004 年 8 月版。
58. 唐波主编:《新编金融法学》，北京大学出版社 2005 年 2 月版。
59. 朱大旗著:《金融法》，中国人民大学出版社 2000 年 3 月版。
60. 刘隆亨著:《银行金融法学》，北京大学出版社 2005 年 8 月版。
61. 施一飞、束景明编著:《金融法教程》，立信会计出版社 2005 年 2 月版。
62. 吴志攀、刘燕编著:《金融法》，北京大学出版社 2008 年 3 月第 2 版。
63. 徐孟洲著:《金融法》，高等教育出版社 2007 年 7 月版。
64. 李玫主编:《金融法概论》，高等教育出版社 2008 年 6 月版。
65. 中国注册会计师协会编: 2011 年注册会计师全国考试指定教材——《税法》，中国财政经济出版社，2011 年 4 月。
66. 全国注册税务师执业资格考试教材编写组编: 2012 年全国注册税务师考试教材——《税法一》，中国税务出版社，2012 年 1 月。
67. 全国注册税务师执业资格考试教材编写组编: 2012 年全国注册税务师考试教材——《税法二》，中国税务出版社，2012 年 1 月。
68. 李国本主编《经济法概论》中国人民大学出版社 2004 年版。
69. 会计法讲座编写组《中华人民共和国会计法讲座》中国财经出版社 2000 年版。

70. 李延荣、周珂著《房地产法》，中国人民大学出版社 2000 年版。

71. 李宗锷著：《香港房地产法》，商务印书馆 2001 年版。

72. 程信和、刘国臻编著：《房地产法学》，北京大学出版社 2001 年版。

73. 赵勇山主编：《房地产法论》，法律出版社 2002 年版。

74. 高富平、黄武双著：《房地产法学》，高等教育出版社 2003 年版。

75. 符启林著：《房地产法》，法律出版社 2004 年版。

76. 李永军：《重申破产法的私法精神》，载《政法论坛》第 20 卷第 3 期。

77. 王卫国：《当前破产法起草的几个目标》，载中国民商法律网，http：//www. civillaw. com. cn。

78. 李曙光：《新破产法的管理人制度》，《人民法院报》，2004 年 7 月 30 日。

79. 邹海林著：《破产程序和破产法实体制度研究》，法律出版社 1995 年版。

80. 汤维健著：《破产程序与破产立法研究》，人民法院出版社 2001 年版。

81. 杨剑主编：《最新破产法律解读与案例精析》，中国法制出版社 2008 年版。

82. 王欣新主编：《破产法》，中国人民大学出版社 2002 年版。

83. 王欣新、徐阳光：《破产重整立法若干问题研究》，《政治与法律》2007 年第 1 期。

84. 李国光编：《最高人民法院关于破产法司法解释的理解与适用》，人民法院出版社 2002 年版。

85. 王欣新：《破产撤销权研究》，《中国法学》2007 年第 5 期。

86. 黄赤东、杨荣新著：《破产法及配套规定新释新解》，人民法院出版社 2002 年版。

87. 吴汉东主编：《知识产权法》，中国政法大学出版社 2002 年版。

88. 刘春田主编：《知识产权法》，中国人民大学出版社 2002 年第 2 版。

89. 刘春田主编：《知识产权法教程》，中国人民大学出版社 1995 年版。

90. 谢维华，谢明斌主编：《经济法概论》，云南民族出版社 2003 年版。

91. 戚昌文主编：《经济法概论》，华中理工大学出版社 1998 年版。

92. 王泽功编著：《新专利法条文例解》，湖南大学出版社 2002 年版。

93. 范愉著：《非诉讼纠纷解决机制研究》，中国人民大学出版社 2000 年版。

94. 张卫平：《司法改革：分析与展开》，法律出版社 2003 年版。

95. 熊先觉：《中国司法制度新论》，中国法制出版社 1999 年版。

96. 于俊奇：《仲裁法教程》，中国财政经济出版社 1998 年版。
97. 江伟主编：《民事诉讼法》中国人民大学出版社 2000 年版。